国家社会科学基金一般项目（编号：21BGL102）
上海市哲学社会科学规划基金一般项目（编号：2020BJB009）
上海市科委软科学重点项目（编号：22692106500）
中国证券业协会重点项目（编号：2022SACKT129）

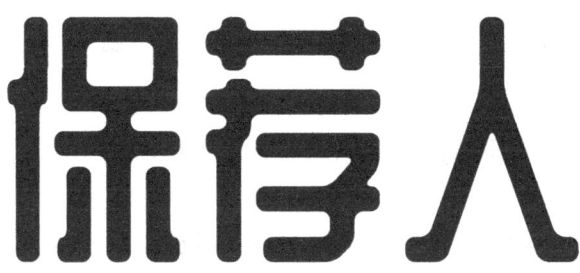

SPONSORS
Institutional Innovation and Function Evolution

制度创新与功能演进

吕怀立 ◎ 著

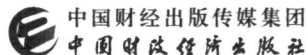

图书在版编目（CIP）数据

保荐人：制度创新与功能演进／吕怀立著．--北京：中国财政经济出版社，2022.9
ISBN 978-7-5223-1513-3

Ⅰ.①保… Ⅱ.①吕… Ⅲ.①股票-证券投资-制度-研究 Ⅳ.①F830.91

中国版本图书馆 CIP 数据核字（2022）第110980号

责任编辑：闫 娟　　　责任校对：胡永立
封面设计：陈宇琰　　　责任印制：刘春年

保荐人：制度创新与功能演进
BAOJIANREN: ZHIDU CHUANGXIN YU GONGNENG YANJIN

中国财政经济出版社 出版

URL：http://www.cfeph.cn
E-mail：cfeph@cfeph.cn

（版权所有　翻印必究）

社址：北京市海淀区阜成路甲28号　邮政编码：100142
营销中心电话：010-88191522
天猫网店：中国财政经济出版社旗舰店
网址：https://zgczjjcbs.tmall.com
北京财经印刷厂印刷　各地新华书店经销
成品尺寸：170mm×240mm　16开　23.5印张　387 000字
2022年9月第1版　2022年9月北京第1次印刷
定价：88.00元
ISBN 978-7-5223-1513-3
（图书出现印装问题，本社负责调换，电话：010-88190548）
本社质量投诉电话：010-88190744
打击盗版举报热线：010-88191661　QQ：2242791300

序 言

喜闻吕怀立博士的新书即将付梓出版，很高兴受邀为其新书作序。吕怀立博士毕业于西安交通大学，研究兴趣主要聚焦于资本市场与金融中介等领域，尤其是围绕投资银行这一重要的金融中介在资本市场的功能角色进行了深入研究，并取得了一系列较为丰富的研究成果。

2018年11月5日，习近平主席在首届中国国际进口博览会上正式提出我国资本市场"试点注册制"的重大战略。随后，科创板于2019年6月30日在上海证券交易所率先开板，并实行注册制；2020年6月12日，深圳证券交易所也在创业板完成注册制改革试点，接受企业上市的注册申请；2021年9月3日，北京证券交易所成立，并实行注册制。可以看出，我国资本市场的注册制改革推进迅速，每一年都有新动作并配套一系列制度创新。"十四五"时期，全面注册制改革也已成为我国资本市场建设的头等大事。

在注册制市场，政府将企业发行上市的选择权和决定权交给市场，其中投资银行所发挥的作用越来越重要。投资银行担负着企业IPO和SEO时的保荐人和承销商、并购重组时的财务顾问、公司债券发行时的承销商等重要职能，可以说是最为重要的金融中介机构。金融中介发挥作用的关键是建立有效的声誉资本，即投资银行在过往业务中形成的，能够代表其执业能力和业务经验的资本实力。然而，声誉资本的建立是一个漫长的过程，往往需要投资银行提供长期、持续的高质量服务才能实现。在全面注册制市场，中介机构承担的责任越来越重，因此，夯实投资银行的中介责任、提高其执业质量，促进其归位尽责并建立良好的声誉资本运作机制成为注册制建设的重要内容。

在书中，吕怀立博士系统研究我国资本市场发行制度的创新历程，将IPO市场与保荐人制度、并购重组市场与财务顾问制度、债券市场与承销商制度，以及再融资市场与承销保荐制度纳入统一的分析框架，并从跨市场的角度考察保荐人的功能演进及其归位尽责问题。该书通过投资银行所担任的保荐人这一关键角色，将 IPO 市场、并购重组市场、债券市场和再融资市场等四大市场联系起来，分别研究保荐人在跨核准制与注册制市场、跨股票市场与并购重组市场、跨股票市场与债券市场、跨 IPO 市场与再融资市场所发挥的功能。正如书中研究所揭示的，保荐人能够发挥跨市场功能，金融中介所担任的保荐人角色能够提升注册制 IPO 市场定价效率、企业并购重组效率、债券发行与定价效率，以及注册制 SEO 市场的定价效率等。书中的许多研究观点关注于注册制市场保荐人的遴选、资格准入，从而对发挥其信息挖掘、价值发现、持续督导等功能均具有较强的理论指导意义。同时，该书的研究也有助于推进我国资本市场金融中介机构的归位尽责，使其回归"看门人"的角色本位。

可以说，这一著作非常契合当前的制度大环境，将资本市场建设、注册制改革和保荐人功能等重要内容有机结合起来。在我看来，该书在多个方面均具有重要的创新之处，例如：梳理了自实施保荐人制度以来 20 余年的制度创新政策，囊括了审核制、核准制和注册制，层次分明、工作量巨大，对于实务工作者了解我国资本市场发行审核制度的改革创新历程具有很大帮助；通过对保荐人、财务顾问和承销商的金融中介功能进行系统梳理和述评，对于理论工作者了解有关金融中介功能角色的理论发展脉络也大有裨益。当然，除此之外，书中在实证分析环节所提出的数据处理、模型构建和实证检验的方式方法，也有助于硕博士研究生掌握基本的实证研究技能。

青年教师是最有活力的创新群体，贵在从事能坚持、可持续、有深度的研究。在全面注册制改革的大背景下，希望此书的出版能够增强我们对于资本市场制度创新与保荐人功能演进的理解，吸引更多的实务和理论工作者加入到资本市场建设和保荐人功能角色的研究中来，从而促使我国资本市场变得更为成熟，朝着更加市场化、规范化、法治化的方向不断前进。

此为序！

吕长江
2022 年 8 月 30 日于复旦大学

自 序

自证券市场建立以来,我国股票发行先后经历了"审批制""核准制"和"注册制"三个阶段。股票发行实行双重保荐制度,由保荐机构和保荐代表人(本书统称为:保荐人)共同完成企业的发行上市审核和持续督导工作,从而达到优化资源配置和保护投资者利益的目的。

与审批制和核准制市场相比,在注册制市场,证券监管的"父爱主义"现象得到大大缓解,政府逐渐把发行上市的选择权和决定权交给市场,企业的发行定价、信息披露等重要事项均由市场来决定。同时,随着注册制的持续推进,中介机构承担的责任越来越重,压实保荐人责任、提高其执业质量成为近年来监管的重中之重。

随着全面注册制改革,我国资本市场推出了一系列制度创新,不断压实保荐人在证券发行中的责任。2020年3月,新实施的《证券法》要求保荐人诚实守信、勤勉尽责,审慎核查发行资料、督导发行人规范运作;2020年6月,证监会颁布《证券发行上市保荐业务管理办法》,对保荐人的遴选、准入,违法责任和监管提出了新要求;证券业协会于2020年12月发布《证券公司保荐业务规则》,对保荐业务的执业规范、保荐机构的责任体系和执业质量均作出了详细的规定和说明,不断形成能力和责任相匹配的"看门人"机制。

但是自科创板和创业板相继实施注册制以来,我国新兴的注册制市场仍然存在着上市公司信息披露不充分、股票流动性不强等问题,甚至出现保荐人没有归位尽责、违法违规的现象。2021年5月,证监会主席易会满在中国证券业协会第七次会员大会上明确表态,证券行业要发挥好投资银行的市场和价值导向作用,坚持走专业化发展道路,切实提升保荐、定价、承销等核心能力。证监会更是多次强调"零容忍",严惩"带病闯关",强化中介机构的"看门人"

责任，这意味着监管部门将保持对违法违规行为的高压态势，加大执法问责力度，以严监管倒逼中介机构归位尽责。总之，在注册制市场，更加需要保荐人发挥价值发现、信息挖掘和持续督导等方面的功能角色，推进保荐人的归位尽责，使其回归"看门人"的角色本位。

本书将制度梳理、文献回顾和实证检验纳入到统一的分析框架，搭建了监管政策、理论架构与保荐人功能定位相结合的研究范式，试图考察资本市场的制度创新，以及从跨市场的角度研究保荐人的功能角色演进及归位尽责问题。核心问题包括：如何研判注册制市场的制度创新和监管规制逻辑？监管规制和保荐人的功能定位之间是否存在对应关系？如果存在，如何考察监管规制对于保荐人功能定位的影响及其作用机制？在全面注册制的环境，是否存在提升保荐人功能定位的具体路径？保荐人功能定位的提升会带来哪些经济后果？如何实现注册制环境下保荐人的归位尽责？

在机构层面，保荐人的功能角色由投资银行来完成，投资银行除了担任首次公开发行（IPO）市场的保荐机构以外，还担任着并购重组市场的财务顾问、公司债券市场的承销商，以及再融资市场（SEO）的承销保荐机构等职能。在个人层面，投资银行在上述四大市场的职能是由其执业代理人来完成，而且其执业代理人在四大市场分属不同的角色，有保荐代表人、财务顾问主办人和承销商经办人等。

本书通过保荐人这一关键中介，将首次公开发行市场、并购重组市场、债券市场和再融资市场等四大市场联系起来。具体而言：首先，本书从四个方面对制度文件进行梳理，包括 IPO 市场及保荐人制度、并购重组市场及财务顾问制度、债券市场及承销商制度以及再融资市场及承销保荐制度，解读资本市场制度创新现状。其次，对有关保荐人在 IPO 市场的功能角色、财务顾问在并购重组市场的功能角色、承销商在债券市场的功能角色，以及保荐人和承销商在再融资市场的功能角色的主要研究成果进行了梳理。接着，选择中国资本市场的经验数据，分别从跨核准制与注册制 IPO 市场、跨股票市场与并购重组市场、跨股票市场与债券市场、跨核准制与注册制 SEO 市场四个方面进行实证研究，探索保荐人功能角色的演进。最后，提出政策建议和未来的研究展望。

本书的主要观点如下：（1）在注册制 IPO 市场，保荐代表人的核准制保荐经历有利于提升科创板的 IPO 定价效率，即当保荐代表人承担过核准制市场的保荐业务，在核准制市场的保荐次数较多，或者核准制市场客户业绩表现较好时，其科创板客户的 IPO 抑价水平更低。(2) 在并购重组市场，当并购方聘请的财务顾问主办人具有 IPO 市场的保荐代表人资格时，企业并购后的绩效将会更佳，包括并购的高溢价行为更低、并购完成率更高，并购后也会表现出较好的市场和财务绩效，商誉减值也较低。(3) 在债券市场，当承销商经办人具有保荐代表人资格时，发债企业的信用利差会更低，债券的违约风险也较低，而且承销商经办人的保荐代表人资格与承销商机构层面的声誉具有替代作用。(4) 在注册制 SEO 市场，当企业再融资时聘请的保荐代表人具有核准制市场的承销保荐经历时，能够显著提升注册制市场的再融资定价效率，尤其是对于信息不对称程度较高或控股股东和少数股东之间存在严重代理问题的公司，这种现象更加明显。

在研究方法上，本书综合运用比较分析、制度梳理、文献研究、归纳演绎、实证研究和实地调研等研究方法，对问题进行多角度、全方位阐释。通过全面梳理和深度解读相关制度文件，对于完善不同市场的监管制度提出建议和应对措施，不仅有利于保荐人等中介机构的归位尽责，还有利于优化我国资本市场的市场结构，提升资本市场的监管水平，具备一定的实践价值。

本书以四个国家级和省部级项目作为支撑，是本人主持的国家社会科学基金一般项目"长臂管辖下的中概股问责管制及我国资本市场的监管应对机制研究"、上海市哲学社会科学规划基金一般项目"核准制保荐经历对科创板 IPO 绩效的影响及作用机制研究"、上海市科委软科学重点项目"券商数字化转型助推优质企业科创板上市：成效评价与典型案例"和中国证券业协会重点项目"数字化提升证券公司保荐、定价与督导能力的模式和路径研究"的阶段性研究成果。

书稿将成之际，欣喜之余更多的是对给予我帮助的众多专家学者的感激。感谢复旦大学吕长江教授、西安交通大学李婉丽教授、浙江大学王文明博士、上海对外经贸大学陈丽英副教授和鄢姿俏博士、华南师范大学徐思副教授、西北工业大学黄珍博士、首都经济贸易大学的周静婷博士，以及上海大学的苟燕楠教授、尹应凯教授、汪建教授、卢超副教授、贾琬娇博士给予的支持和帮助！也对我指导的研究生在本书的资料搜集和数据整理工作中做出的卓越贡献表示感谢，有侯亮、谭秀临、陈晨、范冬玉、林俊杰、王慧洁、李闶宇等。

作为对资本市场制度创新和保荐人功能角色演进的探索性尝试,尽管由于理论和实践水平有限,书中的一些观点和方法可能不够成熟,但仍希望本书能够给广大理论和实践工作者提供一些启发,成为有用的阅读和参考资料,同时也恳请各位读者对书中的不足之处不吝赐教。

吕怀立
2022 年 8 月 15 日于上大泮池园

目　　录

第一章　绪　论 ……………………………………………………（ 1 ）
　第一节　背景与意义 ………………………………………………（ 1 ）
　第二节　内容与结构安排 …………………………………………（ 5 ）
　第三节　方法与创新之处 …………………………………………（ 16 ）

第一篇　IPO 市场与保荐人制度

第二章　发行审核与保荐人制度的国际概况 ……………………（ 21 ）
　第一节　英国发行与上市"双重"审核 …………………………（ 21 ）
　第二节　美国"双重"注册制 ……………………………………（ 26 ）
　第三节　日本注册制 ………………………………………………（ 31 ）
　第四节　德国"中间型"发行审核制度 …………………………（ 34 ）
　第五节　中国香港注册制 …………………………………………（ 38 ）
　第六节　发行审核中的保荐人制度 ………………………………（ 41 ）
　第七节　优势与借鉴 ………………………………………………（ 49 ）
　本章小结 ……………………………………………………………（ 52 ）

第三章　我国发行审核和保荐人制度 ……………………………（ 53 ）
　第一节　股票发行制度变迁 ………………………………………（ 53 ）
　第二节　保荐人制度的发展进程与现状 …………………………（ 57 ）
　第三节　注册制的发行条件和保荐人的任职资格 ………………（ 76 ）
　第四节　保荐人制度的实施成效与问题 …………………………（ 82 ）
　本章小结 ……………………………………………………………（ 84 ）

第四章　首次公开发行市场：保荐人与IPO发行效率 …………（86）
第一节　保荐人功能角色的理论基础 ………………………（86）
第二节　保荐人的功能角色与IPO绩效 ……………………（89）
本章小结 ………………………………………………………（101）

第五章　核准制保荐经历对注册制IPO定价的影响研究 ……（102）
第一节　制度背景、理论分析和研究假设 …………………（102）
第二节　数据来源与研究设计 ………………………………（107）
第三节　实证结果与分析 ……………………………………（110）
第四节　稳健性检验 …………………………………………（117）
本章小结 ………………………………………………………（120）

第二篇　并购重组市场与财务顾问制度

第六章　我国并购重组市场与财务顾问制度 …………………（125）
第一节　并购重组参与要素与并购类型 ……………………（125）
第二节　并购重组市场与财务顾问制度的发展情况 ………（128）
第三节　并购重组市场与财务顾问制度的实施成效和问题 …（151）
本章小结 ………………………………………………………（154）

第七章　并购重组市场：财务顾问与并购重组效率 …………（155）
第一节　财务顾问功能角色的理论基础 ……………………（155）
第二节　财务顾问的功能角色与并购绩效 …………………（158）
本章小结 ………………………………………………………（168）

第八章　股票市场保荐经历对并购重组定价的影响研究 ……（170）
第一节　制度背景和研究假设 ………………………………（170）
第二节　数据、变量和实证模型 ……………………………（172）
第三节　实证结果 ……………………………………………（175）
本章小结 ………………………………………………………（188）

第三篇　公司债券市场与承销商制度

第九章　我国公司债券市场与承销商制度 (193)
　　第一节　公司债券市场概述 (193)
　　第二节　公司债券市场的发审制度 (198)
　　第三节　债券市场关于承销商的制度规定 (202)
　　第四节　债券市场与承销商制度的实施成效和问题 (218)
　　本章小结 (219)

第十章　公司债券市场：承销商与债券发行效率 (220)
　　第一节　承销商功能角色的理论基础 (220)
　　第二节　承销商的功能角色与公司债券发行 (222)
　　本章小结 (231)

第十一章　股票市场保荐经历对公司债券定价的影响研究 (232)
　　第一节　制度背景 (232)
　　第二节　理论分析、主要发现与研究贡献 (234)
　　第三节　数据来源和研究方法 (238)
　　第四节　实证结果 (241)
　　本章小结 (264)

第四篇　再融资市场与承销保荐制度

第十二章　我国再融资市场与承销保荐制度 (267)
　　第一节　再融资市场概述 (267)
　　第二节　再融资市场的制度变迁 (268)
　　第三节　再融资市场的承销保荐制度 (287)
　　第四节　再融资市场与承销保荐制度的实施成效和问题 (296)
　　本章小结 (297)

第十三章　再融资市场：承销保荐与再融资效率 (298)
　　第一节　再融资市场的理论基础 (298)

第二节　再融资效率与承销保荐功能 …………………………（300）
　　本章小结 …………………………………………………………（311）
第十四章　核准制承销保荐对注册制SEO定价的影响研究 ………（313）
　　第一节　制度背景 ………………………………………………（313）
　　第二节　理论分析与研究假设 …………………………………（315）
　　第三节　数据来源和变量定义 …………………………………（318）
　　第四节　实证模型和回归结果 …………………………………（320）
　　第五节　进一步检验 ……………………………………………（330）
　　本章小结 …………………………………………………………（335）
第十五章　结论、建议与展望 …………………………………………（336）
　　第一节　研究结论 ………………………………………………（336）
　　第二节　政策建议 ………………………………………………（341）
　　第三节　研究展望 ………………………………………………（344）
主要参考文献 ……………………………………………………………（347）

第一章

绪　论

第一节　背景与意义

一、研究背景

2018年11月5日,国家主席习近平在首届中国国际进口博览会上正式提出"将在上海证券交易所设立科创板并试点注册制"的重大战略决策。我国资本市场快速推进科创板的筹建和注册制的试点工作。2019年1月30日,上海证券交易所设立科创板及试点注册制的相关配套业务规则的征求意见稿正式完成,并向社会公开征求意见;同日,证监会推出《科创板首次公开发行股票注册管理办法(试行)》和《科创板上市公司持续监管办法(试行)》。随后,证监会又相继出台了两项信息披露格式准则和相关配套指引,中国证券登记结算公司也制定了科创板股权登记结算业务细则,不断推进制度创新。自此,我国资本市场的注册制改革开启了新篇章,也真正意义上实现了落地实施。

注册制以信息披露为核心,强调形式审核而非实质审核,通过建立以市场价值为导向的多元化审核标准，让"看不见的手"选择高质量的上市公司，为许多有潜力的公司提供了公开透明的上市机会。市场能够充分发挥其在资源配置中的作用，对各主体资产状况、市场价值、证券质量等进行判断。我国科创板注册制改革，主要针对高新技术企业、新兴产业以及具备一定规模的创新企业，涵盖的产业包括大数据、人工智能、云计算、新能源和生物科技等。这一系列产业都依托国家重大需求且走在世界科技前沿，注册制改革给证监会、交易所和中介机构等主体的职能角色带来巨大改变。

2020年6月12日，注册制改革在科创板试点一年多后，创业板试行注册制的相关制度也正式发布。深圳证券交易所于2020年6月15日开始受理创业板企业的IPO、并购重组和再融资的注册申请。至此，上交所和深交所分别在科创板和创业板开启了证券发行注册制改革的试点工作。创业板注册制改革配套实施一系列的制度文件，有《创业板首次公开发行股票注册管理办法》《创业板上市公司证券发行注册管理办法》《创业板持续监管办法》《证券发行上市保荐业务管理办法》等。制度设计的初衷是推进市场化和法制化进程，以信息披露为核心实现创业板注册制试点改革，打造出健康、规范、有活力的资本市场，加强对成长型企业的服务，发挥资本市场服务实体经济的功能。创业板注册制借鉴了科创板改革中的有效做法，以信息披露为核心、简化发行条件、强化主体责任、加大处罚力度等。创业板在发行条件、注册程序、信息披露要求、违规处罚等方面与科创板基本保持一致。

为了配合科创板和创业板注册制的顺利实施，监管层也推出了一系列制度创新。通过制度创新，政府逐渐把发行上市的选择权和决定权交给市场。与核准制市场相比，在注册制市场，证券监管的"父爱主义"现象（Paternalism）得到大大缓解，企业的发行定价、信息披露等重要事项均由市场来决定（唐应茂，2019）。已有研究认为在由市场而不是政府起决定作用的注册制，监管层需要压实中介机构的责任，使中介机构回归"看门人"的角色本位（封文丽和卢素艳，2017；夏东霞和范晓，2019）。保荐人，作为资本市场最为重要的中介机构，通过尽职调查、发行定价和持续督导等多个环节，发挥着降低股票发行企业与投资者之间的信息不对称的作用。

虽然通过制度建设可以增强保荐人等中介机构的责任，但是我国新兴的注册制市场仍然存在着保荐人没有归位尽责的违法违规现象，例如中金公司的保荐代表人违规篡改招股说明书和交易所问询函（证监会文件，2020-5-21）。

2021年4月6日证监会披露了38份监管决定书，涉及包括IPO、债券发行、再融资等各类违规事项，其中IPO业务更是监管机构处罚的重灾区，多名IPO项目保荐代表人被监管机构"点名"。正如证监会主席易会满所说"注册制改革只是有了好的开端，制度安排尚有待市场的检验，有些制度还需要不断磨合和优化"（易会满，2020-10-17，上海证券报）。

2020年10月29日，党的十九届五中全会决议将"全面实行注册制、建立常态化退市机制"作为"十四五"时期我国资本市场改革的头等大事。2021年9月，北京证券交易所成立，并实行注册制。2022年3月5日，"全面实行股票发行注册制，促进资本市场平稳健康发展"写进政府工作报告。全面注册制在促进资本市场更好地服务实体经济的同时，也意味着中介机构要承担更多的责任。

因此，在全面注册制的市场，我们需要进一步提升保荐人的功能角色，包括他们在企业信息披露、发行估值和定价中的责任和能力等（广发证券课题组，李风华和葛凌，2020）。证监会于2020年6月重新修订了《证券发行上市保荐业务管理办法》，不断压实保荐人等中介机构的"看门人"责任。从核准制到注册制，保荐机构的功能角色发生了实质性变化，在核准制市场，保荐人将提高发行人获得审批通过的"可能性"作为首要目标，而在注册制市场，将重点关注发行人的"可投性"，即是否能为投资者提供更有价值的投资标的。因此，全面推行注册制不仅提高了对上市公司的质量要求，也更加强化了对保荐人的"看门人"责任要求。

但是不可否认的是，我国新兴的注册制市场仍然处于初级阶段，注册制市场的整体流动性有待提升，甚至仍然存在着上市公司信息披露违规、保荐人把关督导不严的现象，不仅给投资者带来了损失，也弱化了金融服务实体经济的效能。因此，只有有效界定保荐人在全面注册制市场所承担的功能角色，推进保荐人等金融中介的归位尽责，才能真正实现我国资本市场的全面深化改革，打造出规范、透明、有活力的资本市场，提高金融服务实体经济能力。

二、研究意义

本书基于我国资本市场全面推行注册制改革这一制度创新的大背景，对保荐人的功能角色演进进行了深入的研究，针对保荐人在资本市场的功能角色提出了新的思路和见解。通过检验保荐人在注册制市场的功能演进，本书的研究成果对于提升保荐人在我国注册制市场的功能角色具有重要的理论价值和实践意义。

（一）理论意义

第一，在全面注册制的环境下研究保荐人的功能角色，区别于以往基于核准制的研究。已有针对保荐人的研究大多是基于核准制的背景，而在我国资本市场推行全面注册制改革的背景下，资本市场的制度环境发生了巨大变化，发行审核条件和上市标准与核准制市场根本不同。因此，在注册制市场保荐人所充当的功能角色需要进一步检验，本书的研究成果对于深化我国资本市场的全面注册制改革具有重要的理论意义。

第二，考察保荐人在跨市场中的功能角色，区别于以往基于单一市场的研究成果。已有保荐人功能角色的研究一般立足于单一市场，本书结合现阶段我国资本市场的特殊制度环境，将这一研究拓展到跨市场领域，研究保荐人对于注册制股票首次公开发行（IPO）市场、并购重组（M&A）市场、债券（Bond）市场以及再融资（SEO）市场的影响。本书的研究有利于更全面地评估、衡量保荐人在现行制度背景下的价值，对于提升保荐人在跨市场中的价值发现功能具有重要的理论意义。

第三，专注于保荐代表人等个人层面的研究，区别于以往基于机构层面的研究成果。通过梳理有关保荐人、承销商、财务顾问等金融中介机构在IPO市场、SEO市场、债券市场和并购重组市场的最新研究成果，归纳整理并发现现有研究的不足之处，并提出未来研究展望。本书结合我国资本市场正在推行的全面注册制改革，从保荐代表人、财务顾问主办人和承销商经办人等个人层面考察金融中介在不同市场所起到的关键作用，弥补了机构层面的不足之处，具有重要的理论贡献。

（二）实践意义

第一，有利于保荐人等中介机构的归位尽责。保荐人的归位尽责是全面注册制改革有效推进的重要基础和保障，本书研究注册制环境下保荐人的功能演进，从而为督促保荐人在注册制市场勤勉履职、归位尽责，有效发挥"看门人"职能，具有重要的实践价值。

第二，有利于强化对保荐人等中介机构的监管。完善对金融中介的监管，避免欺诈发行证券是金融监管工作的核心。本书有利于我国监管部门通过重构委托代理关系、加强行业自律监管、完善责任承担机制等来遏制金融中介机构的违法违规行为，为完善监管执法提供了经验证据和政策建议。

第三，通过梳理有关 IPO 市场、并购重组市场、债券市场和 SEO 市场的制度文件，本书总结了各个市场的发展情况及制度创新现状，从而为在全面注册制的环境下完善不同市场的法律法规制度提出监管应对措施。本书的研究有利于推进中国资本市场朝着优化结构、提升活力、加强监管、提高效率的方向发展。

第二节 内容与结构安排

一、主要内容

本书通过四篇共计十三个核心章节来探究资本市场制度创新和保荐人的功能演进。第一章为绪论。第一篇介绍 IPO 市场与保荐人制度，包括第二章、第三章、第四章和第五章；第二篇介绍并购重组市场与财务顾问制度，包括第六章、第七章和第八章；第三篇介绍公司债券市场与承销商制度，包括第九章、第十章和第十一章；第四篇介绍再融资市场与承销保荐制度，包括第十二章、第十三章和第十四章。第十五章是本书的研究结论、政策建议和研究展望。每个章节的大概内容和主要观点如下：

第一章为绪论。首先介绍了本书的研究背景和意义，研究背景部分梳理了我国资本市场全面注册制的实施进程，研究意义部分从理论和实践两方面总结了本书对于提升保荐人在跨市场中的功能角色具有重要的理论和实践意义；其次介绍了主要内容与结构安排，方便读者理清本书的写作思路；最后介绍了本书所采用的研究方法以及研究内容、方法和观点方面的创新之处。

第二章介绍了发行审核制度与保荐人制度的国际概况。发行审核制度是各国监督管理部门对证券发行进行监管的重要依据，在资本市场中具有举足轻重的地位。监管部门依据证券发行的制度文件，对发行人招股或募集资金的相关申报资料进行审核。由于历史、经济和社会文化等方面的差异，各国和地区关于证券尤其是股票的发行审核制度存在着很大差异，但其所体现出来的监管理念却有共通之处，对我国资本市场的全面注册制改革实践也具有借鉴意义。

因此，本章首先对代表性国家或地区的证券发行审核制度进行梳理和归纳，包括英国"双重"审核制、德国"中间型"发行审核制度、美国"双重"注册制以及日本和中国香港的注册制，并从监管机构、发行审核机构、信息披露制度、发行定价制度等方面进行具体分析与对比。接着，又进一步介绍了发行审核中保荐人制度的历史渊源、参与要素以及世界范围内各具特色的保荐人制度。本章力求在借鉴国外先进经验的基础上，进一步完善我国资本市场的保荐人制度。

第三章梳理了我国资本市场的发行审核和保荐人制度。我国发行审核与保荐人制度经历了一系列的改革与创新，本章分别从审批制、核准制与注册制三个阶段梳理我国股票发行制度的改革历程。审批制要求拟发行公司向所属的证券管理部门提出申请，经审核及复审后，证监会批准发行，企业获得发行股票的权利。此时，发行上市主要是为政府或者部委内部企业解困，进行利益均衡。核准制要求股票申请上市须经过证券监管机构的核准，包括通道制和保荐制两个阶段。在通道制阶段，证监会对发行企业的数量有着严格的限制。在充分吸收国外先进经验的基础上，2004年我国开始正式实施保荐人制度。这要求保荐人勤勉尽责，在未完成当前发行人的上市发行之前，不得推荐其他发行人上市。2019年，我国资本市场开始施行注册制。在注册制的背景下，企业只要符合证券监管部门的相关要求即可申请发行上市。通过发审制度的一系列改革和创新，我国资本市场不断向着市场化方向前进。

我国保荐人制度共经历了引入与探索、发展、再前进三个阶段，不断发布相关法律并进行修订与完善。基于《证券法》和《公司法》，资本市场积极颁布《首次公开发行股票辅导工作办法》《证券发行上市保荐制度暂行办法》《证券发行上市保荐业务管理办法》等法律法规，并不断对其进行修订与更新，以规范不同时期的保荐业务行为，提高保荐质量。

保荐人制度实施以来，我国资本市场的信息透明度、上市公司的整体质量、市场效率均得到大幅度提升。在原来的核准制市场，保荐人制度在实施过程中仍然存在着保荐人"只荐不保"、责任不明确、违规成本与保荐收入不对等等问题。为进一步完善保荐人制度，在新兴的注册制市场，证监会不断提高保荐人的违法违规成本、增强对持续督导的相关规定、厘清保荐业务相关人员及其他中介机构的责任等，以规范保荐业务及保荐人行为，优化我国资本市场的股票发行秩序。

第四章回顾了保荐人制度的理论基础和主要研究观点，对涉及保荐人制度的若干理论和重要文献进行了整理和概述,这一章起到了承上启下的作用,为后面章节的实证研究提供了理论分析的依据。本章首先介绍几个与本书研究内容关系较为紧密的理论,有金融中介理论、声誉机制理论、IPO定价理论、盈余管理理论、社会网络理论等,以帮助我们了解保荐人制度的理论发展脉络。

然后,本章梳理了保荐人制度与IPO发行效率的主流观点,以帮助我们了解有关保荐人制度的国内外最新的研究成果。已有研究发现,保荐人的声誉机制会影响到企业IPO中的盈余管理、抑价水平和承销费用等,也会影响到企业IPO后的长期绩效。现有研究基本支持承销商声誉能够发挥作用的观点,但作用的发挥程度也受到制度环境和监管水平等的影响。对于保荐人和承销商的有效监管是其发挥作用的关键,也是保护发行企业和投资者利益的重要方式。在个人层面,保荐代表人的声誉机制、社会网络和监管处罚能够发挥一定程度的正面作用,但保荐代表人变更的作用往往为负。

综合来看,目前关于保荐机构、承销商或保荐代表人的研究大多是关注于同一个市场,而没有从跨市场的角度分析保荐人的功能角色。本书研究保荐人对于多个市场的影响及其跨市场功能角色,有利于我们更系统地评价保荐人在全面注册制市场的价值。

第五章研究了保荐人的核准制市场保荐经历对注册制IPO市场的影响。科创板的成功推出,标志着我国在建立多层次资本市场体系中向前迈进了一大步,试点和推行注册制是科创板区别于其他市场板块的重要标志。在注册制下,保荐机构成为资本市场的实质"看门人",充分发挥保荐机构的认证功能,促进科创板市场和核准制市场的有效链接是政策制定者关注的重点。在学术界,保荐机构在跨市场中的作用机制也是一个尚未涉及的话题。

因此,本章采用保荐代表人个人层面的数据,研究保荐代表人在核准制市场的保荐经历对其科创板IPO定价的影响。我们研究发现拥有核准制市场保荐经历的保荐代表人,其科创板客户的IPO定价效率较高,表现为较低的抑价水平;而且,如果该保荐代表人在核准制市场的保荐次数较多,或者客户业绩较优,其科创板客户的IPO抑价水平更低。进一步检验发现,在上市过程中,保荐代表人的核准制保荐经历可以降低其科创板客户遭受的监管问询次数,问询语调也更加偏向积极;在上市后,保荐代表人的核准制保荐经历可以降低短期股价波动率,而且能够为投资者带来更多的长期超额回报;另外,有核准制保荐经历的保荐代表人会收取一定费用作为声誉溢价。本章的研究从发行定价的角度验证了保荐代表人的跨市场认证和价值发现功能，对于提升保荐代表人在跨市场中的功能角色具有重要的理论和实践意义。

第六章介绍了我国并购重组市场与财务顾问制度。并购重组是市场化配置资源的重要方式，并购重组市场在我国企业发展和产业整合中发挥着重要作用。作为中介机构，财务顾问的作用贯穿于整个并购重组过程，财务顾问及其执业代理人财务顾问主办人为上市公司寻找并购标的，提供重大资产重组、后续经营的专业咨询服务，保证并购重组业务规范、有效地进行，发挥着中介机构的角色。

证监会和交易所等相关部门对上市公司的并购重组活动进行严格的监管，并出台和完善监管措施，维护并购重组市场秩序。我国陆续出台了一系列与并购重组和财务顾问相关的法律法规，不断推进并购重组市场的制度创新，以促进并购重组市场的健康发展。1993年颁布的《股票发行与交易管理暂行条例》是并购重组活动可以参照的最早的制度文件。证监会于2002年颁布《上市公司收购管理办法》，其中明确了上市公司进行并购重组时应当聘请财务顾问的制度要求。2008年，监管机构相继发布《上市公司并购重组财务顾问业务管理办法》和《上市公司重大资产重组管理办法》，对财务顾问职责以及并购重组行为进行详细规定。随着科创板的建立，上海证券交易所陆续出台《科创板上市公司重大资产重组特别规定》和《科创板上市公司重大资产重组审核规则》等，对新环境下的并购重组活动与财务顾问的职责提出了新要求。

随着市场化改革的进行，我国资本市场通过制度创新，不断完善具有中国特色的并购重组与财务顾问制度。现阶段，监管部门不断简化申报材料与过程、强化事前事中事后监管、整治重组乱象、提高市场信息透明度等工作。我国并购重组市场环境得到进一步的优化，并购重组在推动资源优化配置中取得成效，尤其是近年来加大对"忽悠式""跟风式""三高类"重组等乱象的整治力度，提高了监管效率。

在并购重组中，财务顾问发挥着金融中介的作用，缓解了并购重组中的信息不对称，有助于并购重组业务规范有效地完成。随着财务顾问制度建设，我国并购重组市场财务顾问的专业能力得到大幅度提升，财务顾问在服务企业并购重组中发挥的作用越来越明显。但是，在现阶段我国并购重组市场和财务顾问制度仍然存在着一些不足之处，例如并购重组在推进产业升级中的功能仍需进一步加强，并购重组导致的高溢价和高业绩承诺现象仍然存在等。证券监管部门需要进一步加强信息披露要求、优化并购重组程序、充分调动财务顾问的金融中介功能，从而建立一个健康有效的并购重组市场。

第七章对财务顾问在并购重组市场的理论基础和主要观点进行了总结和整理。由于财务顾问的职责范围、自身特征以及市场的复杂性，并购重组市场涉及多个理论来解释财务顾问的角色。本章首先介绍了与财务顾问的职责、地位以及独立性相关的几个基本理论，以及这些理论在并购重组市场的运用，包括委托代理理论、信息不对称理论、金融中介理论和声誉机制理论等。其次，本章梳理了财务顾问与并购绩效相关的主要研究成果，对国内外有关财务顾问研究的主要观点进行了整理和总结。本章起到了承上启下的作用，为后续的实证研究提供了理论分析的基础。

整体上来看，国内外学者对财务顾问这一重要角色进行了大量的研究工作，形成了丰硕的理论成果。通过主要观点的梳理，我们发现学术界将研究的重点放在财务顾问的声誉机制、认证功能和行业专长等方面，也是当前学术研究的热点话题。主流文献研究发现财务顾问的声誉机制、认证功能和行业专长能够发挥作用，提升企业的并购重组绩效。但是与其他中介机构的研究类似，国内外对于财务顾问的研究也是主要关注于机构层面，而对个人层面的研究不足。在我国资本市场，财务顾问的角色一般由其执业代理人，即财务顾问主办人来担任，从财务顾问主办人出发来研究其在并购重组市场的功能角色将是一个创新性的研究视角。

学术界有关财务顾问跨市场功能演进的研究，主要专注于从IPO市场到并购重组市场，或者由一个并购重组市场到另一个并购重组市场，研究发现财务顾问的跨市场功能有助于其在并购重组市场发挥作用。当然，对于财务顾问在跨市场中的功能角色，当前学术界也主要从机构层面进行考察，而没有从个人层面展开进一步的研究工作。

第八章研究了保荐人的股票市场保荐经历对并购重组定价的影响。在并购重组中，证监会要求上市公司聘请独立的财务顾问，参与重大并购交易的整个过程，财务顾问通常是由具备资质的证券公司来担任。如果被聘用的证券公司及其委派的财务顾问主办人未能尽职尽责，他们均将受到证监会的监管处罚，并承担相应的责任。本章结合我国并购重组市场的特殊制度背景，即部分参与并购重组的财务顾问主办人也同时具备担任IPO保荐代表人的经历。由于IPO保荐业务的规模要比并购咨询业务大得多，利润也更丰厚。因此，对于财务顾问主办人而言，IPO 市场中的业务通常比并购重组业务更为重要。

本章以 2012 年至 2018 年我国上市公司的并购重组交易为样本，探讨了财务顾问主办人对个人 IPO 市场声誉的关注是否为并购绩效带来影响。我们发现在由具有保荐代表人经历的财务顾问主办人提供咨询服务的并购交易中，并购方对标的公司支付的溢价相对较低，并购完成率也相对较高。进一步的分析表明，财务顾问主办人的保荐代表人经历与企业长期并购后业绩呈正相关关系。研究结果显示，保荐代表人的股票市场保荐经历，在激励财务顾问主办人提供高质量并购咨询服务方面发挥着重要作用。

本章针对财务顾问主办人在并购交易中的角色问题提出了新的见解，能够帮助投资者从并购方聘请财务顾问主办人的角度来评估并购交易的价值。本章的研究对于探讨保荐人的跨市场功能角色具有重要的理论价值和实践意义，有助于学术界和实务领域从 IPO 市场和并购重组市场，理解保荐人的跨市场声誉机制及其所发挥的金融中介功能。

第九章介绍了我国公司债券市场与承销商制度。债券市场是我国资本市场的重要组成部分，为上市和非上市公司提供了便利的融资渠道。作为重要的融资方式，公司债券的融资成本相比于发行股票也比较低，而且还可以避免稀释股东的所有权，是优化企业融资结构的有效途径。

我国公司债券市场从 20 世纪八九十年代开始，经过三十多年的发展已经形成一定规模，成为全球第二大固定收益市场，在金融市场上的地位也日益变得更为重要。信用类债券的发行主体、产品品种等日益丰富且更加多元化，发行总额不断增长。常见的公司债券形式主要有企业债、公司债、中期票据和短期融资券四大类。四种类型的债券分属不同的监管部门负责，具体而言由发改委管理企业债，证监会管理公司债，央行和银行间交易所协会管理中期票据及短期融资券等。除此之外，由承销机构、评级机构以及担保机构等负责对发债企业的资质、实力等进行尽职调查和跟踪检查，切实维护债券投资者的利益。

伴随着债券市场的不断发展，我国不断推进制度创新，公司债券的发行审核制度体系逐渐完善。债券发审制度经历了从审批制、核准制到注册制的变迁，提高了发审效率和市场活力。承销机构作为债券市场的重要角色，具备专业知识和高声誉的承销机构能够为投资者提供认证、审核，同时避免不合格的发债主体进入市场。近年来，有关承销商在债券市场的相关法律制度也在不断完善，包括对于承销商责任的具体内容、违反责任的处罚等监管措施，在债券发行中，承销商的重要性日益增强。

第十章回顾了承销商在公司债券市场的若干理论和主要观点。通过有关公司债券市场环境的介绍，我们发现随着债券市场的发展，承销商的作用日益凸显，在债券发行中担任着重要角色。为了更加深入地了解承销商在公司债券市场中的功能，本章对承销商在债券市场的理论基础和相关文献进行梳理和总结。在理论基础部分，主要介绍了信息不对称理论、委托代理理论、声誉机制理论和金融中介理论等几个较有代表性的理论。在主要观点梳理部分，对国内外与承销商相关的主要观点进行了整理和评价，包括承销商声誉对债券定价和承销费用的影响、承销商功能、承销商行为和承销商偏好等方面，力求为后续的实证研究提供理论支撑和文献借鉴。

通过文献梳理，我们发现承销商在债券市场的功能角色和声誉机制属于学术界关注的热点话题。承销商的功能角色主要通过声誉机制发挥作用，承销商的声誉具有信息功能和认证功能，担负着"信息生产者"和"认证中介"的角色。在公司债券市场，承销商也会与发债企业建立长期的合作关系，形成关系型承销行为。长期的业务合作一方面有利于降低信息不对称，另一方面也可能导致承销商与发行企业之间的合谋。关系型承销商也是当前学术研究的热点话题之一。

综合来看，当前有关债券市场承销商行为的研究大都是关注于机构层面，而从个人层面研究的文献仍然较少。在公司债券市场，承销商在个人层面的代理人即承销商经办人发挥着重要作用，但其具体的作用形式和机理尚有待进一步的研究。另外，相对于股票市场，目前对于债券市场承销商监管和归位尽责的研究仍然不足。由于股票市场和债券市场都是金融市场的重要组成部分，二者之间存在着天然的联系，金融中介在跨股票市场和债券市场的功能角色也是未来研究的重要方向。

第十一章研究了保荐人的股票市场保荐经历对债券发行定价的影响。在我国债券市场，企业在发行债券时需要聘请金融中介机构作为承销商。受聘承销商机构通常指定两名或两名以上合格的承销商经办人作为其执业代理人，进行尽职调查并评估债券发行风险。承销商经办人在债券发行中发挥着重要作用，包括协助发行人履行监管部门规定的信息披露义务，确保发行过程中披露的信息真实、准确、完整、不存在误报等。受聘的承销商经办人必须在债券募集说明书上签字，并承担相应的法律责任。

在债券承销发行中，部分承销商经办人具有股票 IPO 市场的保荐代表人资格。那些具有保荐代表人资格的承销商经办人在从事债券承销业务时，会更加注重自己的声誉问题。因为一旦债券市场的声誉受损，会迅速传导到股票市场，从而影响到保荐代表人的业务收入和职业前景。

我们采用承销商经办人是否在IPO市场担任保荐代表人作为其声誉衡量的指标，选取2007—2019年公司债券市场数据，研究发现债券信用利差与承销商经办人的声誉之间存在着显著的负相关关系。这种关系在违约风险较高、承销商经办人声誉较低以及公司制度环境较弱的债券中更加明显。本章内容强调了承销商经办人具有保荐代表人资格的重要性，这一资格决定着债券承销服务的质量。本章的研究从个人层面考察了承销商经办人的声誉在债券市场所发挥的作用机制，既拓展了有关保荐代表人的研究成果，也推动了有关金融中介跨市场功能角色的研究。在实务领域，本章的研究结论对于债券投资者在承销商经办人层面上评价债券发行质量，也具有重要的启示。

第十二章介绍了我国再融资市场与承销保荐制度。再融资是上市公司筹集资金的重要方式之一，对于上市公司持续发展具有重要作用。再融资主要包括三种方式：配股、增发和发行可转债，它们共同构成了上市公司的主要融资渠道。随着再融资市场的发展，我国资本市场再融资中的"圈钱"和违规使用资金的现象大大缓解，尤其定向增发再融资中的违规行为得到规范，防止了大股东对中小股东的利益侵占现象。

与IPO市场一致，我国再融资市场也经历了从审核制，到核准制，再到注册制的变革。2004年以来，伴随着IPO市场的核准制改革，我国再融资市场也推出了保荐人和承销商制度。本章为了与IPO市场的保荐人制度相区分，我们将其称为承销保荐制度。保荐人和承销商作为证券市场的"看门人"，在上市公司再融资过程中的金融中介作用也日益凸显。保荐人和承销商能够对再融资企业进行筛选，推荐优质企业进行再融资。运用他们专业的知识对需要再融资的企业进行辅导和监督，抑制和约束上市公司的不规范行为，保障上市公司的发行秩序。

伴随着承销保荐制度，证监会等监管层推出了大量的制度文件来规范我国资本市场的再融资行为，通过制度创新来不断加强保荐人和承销商等金融中介的职能。尤其是在全面推行注册制背景下，我国上市公司股权再融资也相应推出了若干新的规定，有《科创板上市公司证券发行注册管理办法（试行）》《创业板上市公司证券发行注册管理办法（试行）》等。再融资新规中，前端管制进一步放松，法定融资工具逐渐丰富，我国再融资监管总体上呈现出市场化趋势。另外，上市公司再融资的不断放开为我国资本市场注入新活力，市场规模迅速增长。再融资能够促进上市公司的发展壮大，也更有利于实现资本市场的资源有效配置。

第十三章介绍了再融资与承销保荐制度的理论基础和主要观点。首先，在理论基础部分，介绍了控制权理论、信息不对称理论、自由现金流理论和机会之窗理论等。其次，在再融资绩效与承销保荐功能研究部分，对国内外与再融资相关的主要观点进行了整理和评价，包括再融资的方式、动机，以及再融资中的盈余管理和利益输送行为，监管层对于企业再融资的监管，以及企业再融资的效率等。

普遍研究认为配股、增发是常用的再融资方式，而且存在着控制权私利的动机，尤其是定向增发，再融资中存在着盈余管理和大股东的利益输送现象。一般而言，企业再融资后会出现显著为负的股票市场反应，而且长期基本面绩效表现也较差。在企业再融资中，承销商能够发挥认证功能，尤其是高声誉的承销商，研究发现承销商的声誉越高，越能够降低再融资中的盈余管理行为，而且在融资后，企业的股价表现也较好。对于 IPO 企业，在随后的 SEO 中，经常出现承销商变更的现象，已有研究发现相对于质量好的公司，质量差的公司在 SEO 时更换承销商的概率更高。

虽然国内学术界对再融资行为进行了大量的研究，形成了丰富的理论成果和研究观点。但目前来看，有关承销商在再融资中的功能角色研究主要集中在机构层面，研究投资银行在再融资中所发挥的作用，而有关个人层面的研究仍然不足。当前我国资本市场的注册制改革，为我们从个人层面研究保荐人和承销商的功能提供了特殊的制度环境。本章起到承上启下的作用，为接下来的实证研究提供了理论基础和文献借鉴。

第十四章研究了保荐代表人拥有核准制承销保荐经历对注册制市场再融资定价效率的影响。在我国再融资市场，上市公司在再融资中需要聘请保荐机构和保荐代表人进行配股、增发等再融资证券的承销保荐工作。保荐代表人在再融资中发挥的作用主要是降低交易成本和信息不对称程度，有利于再融资证券的顺利发行。在当前核准制和注册制市场并存的环境下，考察保荐人的核准制承销保荐经历对于注册制再融资市场定价效率的影响意义重大。我们认为有核准制市场承销保荐经历的承销商或保荐人，可以利用其积累的经验，发挥其跨市场的价值发现和信息挖掘功能，提高再融资市场定价效率。而且，有核准制市场承销保荐经历的承销商或保荐代表人往往拥有高市场份额和高声誉。因此，高声誉能激励承销商或保荐代表人在注册制市场再融资中更加尽职尽责，履行持续督导义务，提高执业质量。

本章研究发现保荐代表人的核准制承销保荐经历（我们用于衡量人力资本）与增发折价之间存在显著负相关关系，尤其是对于信息不对称程度较高或控股股东和少数股东之间存在代理问题的公司，这表明人力资本较高的保荐代表人可以提供高质量的承销服务。但对于先前客户存在欺诈发行的保荐代表人，人力资本和增发折价之间的关系不显著。我们进一步地分析发现，保荐代表人的人力资本可以减少客户的盈余管理，与增发募集说明书的语调有正相关关系，还能帮助客户在增发后取得良好的长期业绩。本章的研究有助于理解保荐人在跨核准制与注册制 SEO 市场的功能角色，有助于推进保荐代表人的归位尽责，使其回归"看门人"的角色本位。

第十五章为结论、建议和展望。本章从制度梳理、文献回顾和实证检验三个方面总结了本书的研究结论，并分别从提升保荐人在首次公开发行市场的功能、提升财务顾问在并购重组市场的功能、提升承销商在公司债券市场的功能，以及提升保荐人和承销商在再融资市场的功能四个方面，提出了完善保荐人等金融中介功能角色的对策建议。在此基础上，本章分别从机构层面、个人层面和团队层面提出了未来可以进一步的研究方向。

作为金融中介，保荐人、财务顾问和承销商是资本市场的实质"看门人"，在首次公开发行市场、并购重组市场、债券市场以及再融资市场均发挥着重要作用，对我国资本市场的发展具有深远影响。随着资本市场的制度创新，尤其是全面注册制改革，证监会等监管部门不断出台相关政策来规范金融中介的行为，资本市场的市场化和法制化建设不断完善。在学术研究中，国内外学者针对金融中介的功能角色这一重要问题开展了大量的研究工作，形成了较为丰富的理论成果，用于解释保荐人、财务顾问和承销商的行为。相关理论成果有金融中介理论、声誉机制理论、IPO 定价理论、盈余管理理论、社会网络理论、委托代理理论、信息不对称理论、控制权理论、自由现金流理论和机会之窗理论等。

基于个人层面的数据，我们研究了保荐人在制度创新环境下的功能演进，实证检验发现保荐人在首次公开发行市场、并购重组市场、债券市场和再融资市场发挥着跨市场功能。具体而言，保荐人在核准制与注册制 IPO 市场能够发挥跨市场功能，表现为在注册制市场，保荐代表人的核准制保荐经历有利于提升科创板的 IPO 定价效率；保荐人在股票市场与并购重组市场能够发挥跨市功能，表现为在并购重组市场，当并购方聘请的个人财务顾问具有 IPO 市场保荐代表人资格时，企业并购后的绩效将会更佳；保荐人在股票市场与债券市场能够发挥跨市场功能，表现为在债券市场，当承销商经办人具有保荐代表人资格时，发债企业的信用利差和违约风险会更低；保荐人在核准制与注册制 SEO 市场能够发挥跨市场功能，表现为在再融资市场，当企业再融资时聘请的保荐代表人具有核准制市场的承销保荐经历时，能够显著提升注册制市场的再融资定价效率。

在政策制定中，监管部门应充分考虑保荐人的跨市场功能角色及其特点，从多个角度发挥保荐人等金融中介的作用，促进各市场的互联互通。在首次公开发行市场中，监管层应积极发挥监管作用，规范业务行为，保证注册制市场和核准制市场的相互衔接，进而有效推进和不断完善全面注册制改革；在并购重组市场，我国应继续完善并购重组市场的财务顾问制度，通过保荐代表人在财务顾问中担任的不同角色来提升并购重组的定价和交易效率；在债券市场中，承销商中介功能的充分发挥有利于促进债券市场发展，我们要关注承销商经办人是否具有保荐代表人资格，从而通过保荐人这一关键中介来实现股票市场和债券市场的互联互通，优化债券发行的定价机制，提升定价效率；在再融资市场，增强对金融中介的监管与约束，通过保荐人的归位尽责来提升企业的再融资效率。

在后续的研究中，我们还可以分别从机构层面、个人层面和团队层面考察保荐人等金融中介的功能。在机构层面，重点考察全面注册制改革和当前正在推进的数字化转型、"双碳"政策带来的深层次影响；在个人层面，重点考察在全面注册制环境下保荐代表人、财务顾问主办人和承销商经办人的归位尽责问题，以及与其他金融中介的责任边界划分问题；在团队层面，团队的特征也会影响到保荐人、财务顾问和承销商的功能角色，甚至与个人或者机构层面的功能产生替代作用，未来的研究也可以对此展开进一步的检验。

二、框架结构

基于上述四个篇幅共计十五章的研究内容，本书分别考察我国 IPO 市场、并购重组市场、债券市场和 SEO 市场的制度创新现状，以及保荐人、财务顾问和承销商在这四大市场的功能角色，并从跨市场的角度探索资本市场制度创新背景下保荐人的功能演进。本书的整体框架如图 1-1 所示。

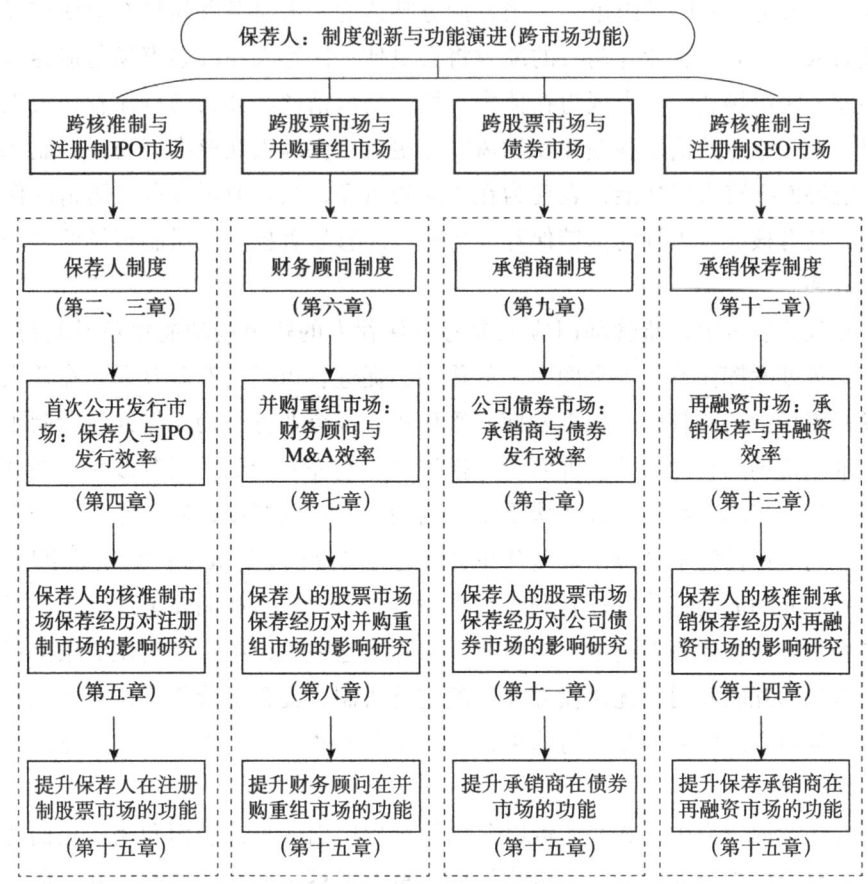

图 1-1 本书的框架结构

第三节 方法与创新之处

一、主要方法

(一) 比较分析法

通过整理国际上代表性国家的发行审核和保荐人制度,将不同经济法律环境下的制度进行比较分析。探讨代表性国家在发行审核和保荐人制度发展中的演化动机、优势特点和存在的问题，为我国在全面注册制环境下完善发行审核和保荐人制度提供借鉴。

（二）制度梳理法

通过阅读法律条文和制度文件，梳理我国保荐人制度、IPO 市场和发审制度、并购重组和财务顾问制度、债券市场和承销商制度，以及再融资市场和承销保荐制度的发展历程和制度创新现状。整理各个市场出台的制度文件及其演化，从而对我国资本市场的发展提出建议和展望。

（三）文献研究法

通过阅读并分别整理有关股票市场和保荐人、并购重组市场和财务顾问、债券市场和承销商，以及再融资市场和保荐人、承销商等四个方面的国内外文献。梳理所涉及的基础理论，包括委托代理理论、信息不对称理论、声誉机制理论、金融中介理论、市场择时理论等等。对有关金融中介在各个市场所发挥的作用进行梳理，归纳整理其发挥的功能角色，为实证研究奠定基础。

（四）归纳演绎法

通过梳理相关制度和文献，归纳其可借鉴与不足之处，并从已有研究成果中推理演绎，进行跨市场相关研究，提出适合我国资本市场特点的研究方向。该方法是由个别到一般、由一般到特殊的推理方法。通过归纳演绎，总结整理国内外已有制度的演化特点和存在的不足之处，从而为在全面注册制环境下优化我国资本市场的保荐人制度，实现中介机构的归位尽责提供借鉴和支持。

（五）实证研究法

在有关制度梳理、理论分析与文献回顾的基础上，采用构建实证模型并选取我国资本市场的独特数据进行实证检验的方法，研究保荐人的跨市场功能角色。在实证研究中，采用最小二乘法（OLS）、两阶段最小二乘法（2SLS）、倾向得分匹配法（Propensity Score Matching）、事件研究法（Event Study）、双重差分法（Difference in Difference）、分层线性回归法（Multilevel Linear Model）、文本分析法（Textual Analysis）等多种方法。

二、创新之处

第一，本书的分析框架具有重要的创新之处。本书将制度梳理、文献回顾和实证检验纳入统一的分析框架，搭建了资本市场制度创新、监管规制政策与金融中介功能定位的分析框架，为研究保荐人、财务顾问、承销商等金融中介在四大市场（IPO 市场、并购重组市场、债券市场和 SEO 市场）所发挥的功能角色提供制度依据和理论支持。对于实务工作者而言，有助于其了解四大市场的制度创新和监管规制的演化脉络；对于理论工作者而言，有助于其了解四大市场的文献发展脉络。结合实证检验部分，三者构成了本书的统一分析框架。

第二，本书的研究观点具有重要的创新之处。本书将保荐人的研究拓展到跨市场领域，结合现阶段我国资本市场特殊的制度创新环境，研究跨不同市场的保荐人的功能角色，对于会计和公司财务领域形成市场互联理论和思想具有重要的学术价值。基于全面推行注册制的大背景，本书分别研究保荐人在核准制市场的保荐经历对注册制 IPO 定价的影响，研究财务顾问主办人的保荐人资格对并购重组市场的影响，研究公司债券承销商经办人的保荐人资格对于债券发行定价的影响，以及保荐人在核准制市场的承销保荐经历对注册制 SEO 定价的影响，这一跨市场的研究观点具有重要的创新之处。

第三，本书的研究方法具有重要的创新之处。本书综合运用比较分析法、制度梳理法、文献研究法、归纳演绎法和实证研究法等多种研究方法，从国际与国内，核准制与注册制，股票市场、并购重组市场与债券市场，IPO 市场与 SEO 市场，保荐人、财务顾问与承销商等不同的角度来考察金融中介在四大市场，以及保荐人在跨市场所发挥的功能角色。本书所采用的研究方法对于理论界掌握公司财务领域的研究方法和研究范式，对于实务界掌握制度演化和发展脉络均具有重要的借鉴意义和参考价值。

第一篇

IPO 市场与保荐人制度

第一編

東亞人材の培養(前)

第二章

发行审核与保荐人制度的国际概况

作为股票市场的基础制度之一，发行审核及其保荐人制度具有重要的地位。发行审核与保荐人制度是一个国家或地区政治、经济和法律制度的延伸，也是资本市场发展的重要动力。从世界范围来看，股票的发行审核和保荐人制度也差异巨大。

第一节 英国发行与上市"双重"审核

英国股票发行审核制度采取的是核准制，但英国的核准制相对特殊，发行与上市相互分离。如果一家公司仅想发行股票而不需要在交易所上市，则不需要进行实质性审核，但如果其希望在交易所上市，就将由英国上市委员会（UK Listing Board）和伦敦证券交易所（London Stock Exchange，LSE，中文简称伦交所）对公司的财务状况、经营业绩、管理层架构及发展前景等进行双重审核，且都是实质性审核。一旦通过了英国上市委员会和伦交所的双重审核，该公司股票就可以发行上市。

由于英国证券市场监管体制的特殊性，与证券活动相关的各种规定大多分布在《公司法》（Corporation Law）、《金融服务法》（Financial Services Act）和

《伦敦证券交易所上市规则》（London Stock Exchange Listing Rules）等制度中。《公司法》和《金融服务法》中规定了证券发行的主体资格和条件，只有符合相关法律法规且通过有关部门的审核，才能发行股票。此外，伦交所还制定了《伦敦证券交易所上市规则》，进一步规范了证券发行主体的资格。一般意义上的核准制都是由监管机关对市场进行干预，但英国的核准制与其他许多地方并不完全相同。英国市场经济发展较早，其自由主义经济思想早已根深蒂固，更加强调由市场参与者进行自律性管理而不是由政府干预。

一、监管与审核机构

（一）监管机构

英国证券监管机构成立时间较早，于1986年10月通过了《金融服务法》，设立了证券投资局（Securities and Investment Board，SIB）负责监管证券市场。1997年10月，原证券投资局（SIB）改名为金融服务管理局（Financial Services Authority，FSA），改革后的FSA除了继续行使监督证券交易所和结算机构、管理投资活动等《金融服务法》所赋予的职责，还开始在货币市场、外汇市场以及金融机构的监管中发挥重要作用，也就意味着其开始承担混业监管的职责。2000年6月，英国议会正式确立了管理英国证券市场的主要法律《金融服务及市场法》（Financial Services and Market Act）。自此，FSA开始独立行使金融监管职权。

根据英国《金融服务及市场法》的相关规定，FSA是一个独立的非政府组织，直接向英国财政部负责并行使法定审批职责。其董事会由英国财政部任命，包括1名执行主席、1名首席行政官、2名管理董事以及19名董事会成员。董事会的主要职责包括制定FSA总体政策，对金融服务行业进行监管，同时还需要保证金融市场的廉洁、高效、有序，才能更好地帮助中小投资者进行公平交易。此外，FSA还设立了英国上市管理署（The UK Listing Authority，UKLA）。作为一个较为独立的部门，UKLA主要负责审批拟上市公司的发行审核文件、监督保荐人、稽查发行人是否持续履行义务、暂停和终止上市等。UKLA对于其职责的履行情况，可由其主任直接向财政部长汇报。2010年7月，英国政府正式解散FSA，之后分别设立了英国金融行为监管局（Financial Conduct Authority，FCA）和英国审慎金融监管局（Prudential Regulation Authority，PRA）承担相应职能。

(二) 审核机构

在金融监管体系发生重大变革的同时,伦交所也正悄然改变,逐步变革为纯粹的商业机构。伦交所于 2000 年 6 月由会员制转变为公司制,后来又改制为股份公司并于 2001 年 7 月 20 日上市。在经历一系列变革后,英国财政部认为其已不再适合继续承担上市审核的职责,将上市审核权转移至 FSA。FSA 的上市审核是实质性审核,除了要求充分披露真实情况,还要审核公司的盈利状况、营业能力、管理人员的资格和能力、公司资本结构是否健全以及行业前景是否良好等。拟在伦交所主板上市的公司需通过两项程序,且这两项程序同时进行。一是由 FSA 下属的上市管理部门 UKLA 依据《伦敦证券交易所上市规则》对上市文件进行审核并批准证券上市;二是由伦交所负责核准其市场交易。而拟在伦交所的另类投资市场(Alternative Investment Market,AIM)交易,则只需要通过交易所的审核,无须获得 UKLA 的上市许可。

1. 英国上市管理署(UKLA)的审核

英国上市管理署的审核依据主要是上市规则和招股说明书。其中上市规则主要针对拟上市公司本身是否符合上市的相关要求,例如公司规模、盈利状况、管理层架构等,而招股说明书更多的是进行形式上的审核,如格式是否规范、所披露内容是否完整等。有关 UKLA 对拟上市公司的具体要求如表 2-1 所示。

表 2-1　　　　　　　　　　　UKLA 审核要求

项目	上市条件
公司条件	申请 IPO 的公司是有资格的、根据英国《公司法》批准注册的公司,并且依据相关公司章程进行经营管理。
经营要求	申请 IPO 的公司主营业务必须是独立的,且至少存在三年的经营收入。
公司管理	申请 IPO 的公司董事和高管人员必须具备较高的专业知识和经验,并且包括以往三年负责主营业务的相关人员。
运营资本	运营资本能够满足经营活动需要,财务报表是依据当地法律和证交所认可的会计准则制定的,且由会计师事务所出具审计报告。
发行股份	可自由转让所发行证券;公司市值不低于 70 万英镑且超过 25% 股份由公众持有;证券期权比例不高于在外流通股份的 20%。

2. 伦敦证券交易所(LSE)的审核

伦敦证券交易所的上市板块包括主板和 AIM 板,在主板上市的企业需要具备一定规模、经营状况良好且已经通过了 UKLA 的上市审核,而一些中小企业则可以选择在 AIM 板上市。在 AIM 市场交易的股票为非上市股票,无须经 UKLA 核准只需经伦交所的同意即可。但不论是在主板还是 AIM 上市的股票都必须符合"准入标准"(Admission Standard)和"披露标准"(Disclosure Standard）。"准入标准"对证券能否可以通过电子交易、能否自由议价以及交易流程等都作出了相关规定，主要针对的都是证券本身交易规则和交易手段；"披露标准"则具体规定了每个证券符合相应监管机构的披露要求。拟申请 IPO 的公司需要指定一家辅导公司和一名股票经纪商，由辅导公司指导其完成审核程序，股票经纪商则负责递交相关申请文件，包括管理层架构、主营业务、经营状况和发展前景等，伦交所通常会在收到申请文件的 72 小时内完成审核工作。

3. 实施实质审核

伦交所对拟发行证券的公司不仅要从形式上审查，还要做实质性审查，根据英国《公司法》《伦敦证券交易所上市规则》以及《金融服务法》，其对证券发行审核的依据、标准、程序和监督都有着制度上的规定。审查的具体内容包括公司上市的程序性和合规性、信息披露以及对公司的实质性审查等。首先，拟上市公司应当严格遵守信息披露制度，准确、真实、完整地在招股说明书中披露相关信息，供证券交易所发审机关决策的同时为投资者提供参考。核准制下证券发审机关会更加全面深入地了解企业，包括公司的经营性质；公司发行股票的目的；所筹集资金的具体用途；公司高管的专业技能和经验；公司资本结构；发行人报酬的合理性；所发行证券的权利义务是否合规；证券发行价格、发行数量、风险与发展前景等。英国证券发行上市具体流程如表 2-2 所示。

表 2-2　　　　　　　　英国证券发行上市流程

具体事项	参与主体
制定股票发行计划、确定发行目标、拟定股票发行种类、发行数量和发行价格	股份公司股东大会
针对有关发行事项形成董事会决议	股份公司董事会
编制发行申请文件和招股说明书	股份公司
向交易所递交申请文件并通过审核	股份公司、交易所
冻结股东名簿	股份公司
与证券发行承销机构签订委托募集合同	股份公司与证券发行承销机构
认购	投资者
向原股东公告及股票分割	股份公司
向股票管理部门登记	股份公司董事会

在英国，如果要在监管市场公开发行并在伦交所主板上市，必须符合 UKLA 的上市规定，并提供伦交所审核过的招股说明书；另外，证券发行价格在与承销商协商确定后也须向伦交所申请核准后才能公开发行。UKLA 将市场分为

标准市场（Main Market）和高级市场（Premium Market）两个等级，其中标准市场包括股权、债权和衍生品市场等，高级市场则主要是股权市场。与标准市场不同的是，高级市场要求指定保荐人，对信息披露的要求也比标准市场高，例如披露公司治理情况、运营资本情况等。但无论是标准市场还是高级市场，都要求公司注册资本超过70万英镑，且至少有25%的股份是社会公众持有。对于某些科技产业公司、矿产公司及承担重大基建项目的公司，可不提供过去三年财务报表，能够满足《伦敦证券交易所上市规则》中相关标准亦可上市。但是，如果UKLA认为发行该证券可能损害投资者利益，或者违反当地上市相关法律法规时，仍会拒绝发行申请。

二、自律性监管与信息披露

（一）自律性监管

英国证券的发行上市主要以自律监管为主，强调自我管理和自我约束，政府干预较少。监管机构包括两个层次：第一层是伦敦证券交易所，第二层是英国证券交易协会（UK Association of Stock Exchanges）、英国企业收购和合并问题专门小组（British Panel on Takeovers and Mergers）以及证券业理事会（Securities Industry Council）。

伦交所是完全自治的，行使着证券市场日常监管的职能，并制定相应的发行规则，相关规定主要体现在《证券上市批准书》（Letter of Approval for Listing Securities）中，包括"批准要求"和"上市协议"两部分。"批准要求"对信息披露作出了相关规定，发行人应当提供一份完整的股票发行文件给证券交易所，内容包括正式挂牌上市申请书、发行人关于资金能力的陈述以及招募章程等；"上市协议"则对披露规则和行为规则方面进行了相关规定，由发行人和交易所共同签订。这些规定除了是交易所批准公司发行上市的依据，更是对交易所行为的约束。

证券自律管理包括三个机构：（1）英国证券交易所协会。在交易所大厅内从事经营业务的券商们自愿组成该机构，负责管理英国各地方交易所大厅内的业务。该机构指定了批准证券上市和交易相关规则，也制定了一些特殊情况下的行动规则，主要记录在《证券交易所管制条例和规则》（Regulations and Rules Governing a Stock Exchange）中。（2）英国企业收购和合并问题专门小组。该组织于1968年由英格兰银行总裁提议建立并由参加"伦敦城工作小组"的九个专业协会组成，主要是为了起草企业收购计划，制定了《伦敦城关于收购和合并的准则》(City of London Guidelines on Takeovers and Mergers),负责解释和执行《伦敦城准则》(City of London Code),同时进行咨询并发布相关消息。(3)英国证券业理事会。该机构是1978年由十个以上专业协会代表组成的"自我管理"组织,主席由英格兰银行任命。主要职责是制定并实行《证券交易商行动准则》(Code of Conduct for Securities Dealers)、《基金经理个人交易指导》(The Fund Manager's Individual Trading Guide)、《大规模收购股权的准则》(Criteria for Large Equity Acquisitions)等规则。

(二)信息公开披露

英国的核准制十分重视信息披露,在发行和上市时均应当按照相关法律要求履行信息披露义务。在实践中,伦交所要求招股说明书必须严格按照英国《公司法》《伦敦证券交易所上市规则》《金融服务法》和欧盟的有关法律要求制作提交。交易所对招股说明书的审核集中在发行方提供的相关信息是否真实、准确、完整,是否存在虚假、不实的陈述,以最大程度确保投资者在决策时能够掌握可靠信息。但是,由发行人具体负责所披露信息的真实性和完整性,审核机构对信息披露材料无须承担任何法律责任。

第二节 美国"双重"注册制

美国证券发行审核制度采取的是注册制,又称双重注册制,即发行人在证券发行时需要在联邦和所涉州两个层面同时注册,前者以信息披露为基础,后者则是实质性审核。在信息披露方面,美国证券交易委员会(SEC)要求发行人公布最能反映公司真实状况和最能影响投资者决策的经营与财务信息。SEC的主要职责是审查发行材料在内容和格式上是否符合相关法律的要求,至于其真实性和完整性则由发行公司、主承销商和审计师承担。同时,监管机构对其所披露信息的准确性和充分性也不承担法律责任,对发行人的盈利能力也不做判断和评价。

一、发行审核机构与信息披露制度

(一)发行审核机构

1. 美国联邦证券的发行审核机构

美国实行的是双重注册制,20世纪初的《蓝天法》(Blue-sky Laws)、1933

年的《证券法》（Securities Law）及1934年的《证券交易法》（Securities Exchange Act）都对美国证券发行审核机构作出了规定。在联邦层面，由SEC负责成立审核小组对所发行材料进行审核，其中审核小组主要是由具有经验的律师、会计师、行业分析师等专家组成。SEC是根据《证券交易法》成立的独立准司法机构，直接由美国联邦负责，是美国证券行业的最高机构。其一般由5名委员组成，其中一名任命为主席，并有5个职能部门和23个办事处，具有准立法权、准司法权、独立执法权，目标是确保公司不存在财务欺诈、内幕交易、提供虚假信息等违反《证券交易法》的行为。

2. 美国各州证券的发行审核机构

与联邦层面相对应，美国各州也设立了证券发行审核机构，主要职责就是对证券的发行进行监管。如果未获得各州监管部门的允许，即使通过联邦政府的审核，仍无法在该州内进行证券的发行或销售，因此发行人需要将相关资料递交给监管机构注册。各州的证券发行审核机构虽然是以注册制为主要原则，但仍涉及以实质审核为基础进行的审查。美国各州的司法是独立的，各州的证券法规由本州自行制定，因此各州之间也存在不同的审核方式，典型的有登记注册制、协调注册制以及资质注册制三种。但在实际操作中，各州政府会联合成立州际证券专员联席会议来确定较为统一的证券法案，以提高工作效率。此外，还成立了另一个证券监管机构即北美证券监管协会，负责协调各成员机构的政策。

（二）信息披露制度

信息披露是注册制的"核心"，保证所披露信息的真实可靠对提高资本市场运行效率起到了至关重要的作用。作为实行注册制的代表性国家，美国特别重视对上市公司信息披露的监管。

1. 信息披露的内容

从投资者的角度出发，美国信息披露制度要求披露的内容详略得当、质量高、语言通俗易懂，以便于投资者理解。根据美国《证券法》的规定，针对不同的发行人、发行条件和证券性质，SEC提供了不同的登记表格，每种登记表格对要求披露信息都提供了一个框架，制定了详细的披露要求。信息披露的内容实质上就是招股说明书包括的内容，例如公司的业务信息、财务信息、主要证券持有人名单、董监高和主要职员信息等。

2. 信息披露的相关规定

从保护投资者利益出发，美国以法律法规为载体对信息披露内容作了一系列规定，除了保证信息真实、完整，格式规范，特别强调与财务报表相关的数字必须准确。发行人在编制财务报表时，必须严格遵循财务会计准则委员会（FASB）所颁布的公认会计准则（GAAP）。但在实际操作中，SEC在与FASB探讨后有权利对会计准则进行修订，还有权依据证券法区分某些报表细则，如固定资产折旧、资产评估与经营收入的确定等。

二、发行审核程序

美国注册制下的发行审核程序主要分为三个阶段：准备注册申请阶段、审核阶段和生效阶段。

（一）准备注册申请阶段

在准备注册申请阶段，投资银行、律师事务所、会计师事务所等中介机构需协助发行人制作股票发行注册说明书并递交给SEC，披露与此次发行相关的信息，包括公司组织架构、运营状况和财务状况等。注册登记说明书包括招股说明书和注册说明书两部分，此时提交的招股说明书是非正式招股书，其内容包括封面、概要、公司、资金投向、分配政策、资本化、财务数据摘要、管理层及主要股东、法律诉讼、证券介绍和总结；注册说明书的内容包括承销费用、董事及高管薪酬、尚未登记证券以及近期交易等。针对本阶段，1933年《证券法》明确规定发行人与承销商之间不得进行任何要约销售、要约购买及其他推销证券的行为，也不得公开发表与此次发行相关的言论，但可以商议发行数量、发行价格和费用分配等问题。此外，SEC在正式注册前还设置了预沟通机制，发行人和中介机构在遇到较复杂的会计或披露问题时可以申请进行预沟通，该阶段的时间不被计入审核周期。

（二）审核阶段

1. 填写表格并提交文件

SEC一直以来都遵循注册表格式化，注册信息披露内容综合化的基本原则。注册登记说明书的具体规定主要体现在《证券法》和《证券交易法》中S-1至S-18表格中，其中S-1是最重要的注册登记表格。为了简便，SEC设置了两种最为广泛运用的表格，分别是SB-1（规模小于1000万美元的证券）和SB-2（规模不限制）。除了填写上述表格外，通常还应当按照规定向SEC提交相关文件并要求董事出具宣誓书。这些文件包括：新要约证券的注册表、年度和季度报告、在股东年会召开前提交股东签署的委托书、股东的年度报告、与收购要约相关的文件和涉及收购合并的注册文件等。遵循 SEC 信息披露规定，拟发行证券的公司应当披露可能与投资者购买、抛售或持有该证券有关的所有信息，包括正面信息和负面信息。规范信息披露内容的规定则主要集中在《证券法》和《证券交易法》中 S-K 条例、S-X 条例、C 条例、GAAP 和 GAAS 中，其中 S-X 条例主要规定了注册登记书中与财务报告相关的要求，并要求会计师熟悉 S-K 条例内容；而 S-K 条例具体规定了除财务报告外的其他内容要求；C 条例则是一些程序化的规定，如注册登记的步骤、注册说明书的纸张大小和字体要求等；GAAP 和 GAAS 分别是一般公认会计准则和一般公认审计准则。

2. 提交登记

针对初次上市缺乏经验的公司，可以选择与 SEC 相关人员召开预备会议，得到专业人士指导，完善招股说明书的内容。SEC 的专业人士可以协助公司完善有关文件、解决某些复杂的会计问题和法律问题、帮助理解现有一些较模糊的法律法规、询问是否存在某些可能影响注册登记的具体事项等。另外，在召开预备会议前，公司与承销商、律师等应提前准备好相关问题和材料。

接着就是正式登记，由 SEC 的公司融资部审查公众公司按规定向 SEC 提交的文件。公司融资部有 12 个审查办公室，分别负责特定的行业，分别是：医疗保健及保险；消费产品；信息技术及服务；自然资源；运输及休闲娱乐；生产及建设；金融服务（一）；不动产及日用品；饮料、服饰及矿业；电力及机械；电信；金融服务（二）。根据不同的行业标准，各个审查办公室会收到不同的注册说明书。每个审查办公室均有 25—35 名审查员，主要由律师、会计师以及行业专家组成。每家公司通常会由两名主要审核人员组成，一名是 SEC 审查员，另一名是专职会计人员，另外，还会有其他的 SEC 审查员和专职会计人员进行复查。同时，每个审查办公室会受到 SEC 其他部门的协助，如首席会计师办公室、披露标准办公室和执行联络办公室。

审核人员审查申报文件通常是从投资者的角度出发，并询问潜在投资者可能提出的问题。重点审查可能违反相关法律法规要求的信息，以及披露不完整或披露不清晰的信息。但是，公司融资部不对企业价值做出评价，也不会判断其对投资者的适用性。根据有关规定，审核期限为注册文件提交 SEC 后的 20 天内，由于美国注册制自动生效的特性，如果 SEC 认为注册文件信息披露完整，20 天后公司将自动取得发行的资格。相反，如果 SEC 对注册文件有疑问，可以要求发行公司对材料进行修改和补充，如果还达不到要求，有权取消其注册资格。

3. 反馈意见及修改

通常情况下，SEC 的第一封反馈意见信会在申请人首次递交报告的 4—6 周内收到，该意见信主要是帮助公司修改和补充招股说明书，使其更完善并符合要求。SEC 审核人员的意见一般有三种：要求修改或澄清具体披露；要求补充相关信息；与技术或程序相关的事项。

收到反馈意见信后，发行人和保荐机构应当针对其中的问题做出真实、准确的回复并进行相应修改注册说明书和相关文件。主要包括延迟修改报告、实质修正报告和价格修正报告，分别是延长 20 天的注册登记失效日、弥补注册登记说明书的缺陷以及确认最终发行价和发行数。根据 SEC 的修改意见和公司的修改情况，审核人员可能会出具二次或多次反馈意见。

4. 复核

在收到并汇总所有反馈意见后，公司可以通过口头或书面方式提出复核，证明信息已恰当披露，申请复核的流程没有正式要求。复核包括 SEC 复核和全国证券交易商协会（National Association of Securities Dealers）复核，SEC 复核通常采用自上而下的复核程序，分为以下几种方式：延迟复核、概要复核、粗略复核及最终复核。复核程序主要由全国证券交易商协会负责，主要依据是 S-K 条例中对注册登记说明书的要求，同时也会对承销费用进行审查，保证广大投资者的利益。

5. 完成审核

公司在落实所有反馈意见并完成复核后，注册文件正式生效，从而可以实施证券发行。此外，公司融资部完成审核后，会在电子数据收集系统（Electronic Data Gathering Analysis and Retrieval System，EDGAR）中公告公司相关注册文件的有效性。至此，注册程序结束。

（三）生效阶段

注册程序完成后便是生效阶段，此时发行人可以从事证券发行并签订合同，同时可向证券交易所申请上市，交易所会参照上市标准决定是否允许其上市。这时主要的审查就会集中于招股说明书，应当保证其准确性并时刻保持更新。招股说明书是广大投资者的一手资料，若没有及时更新或载有虚假信息，投资者可以要求撤销已经进行的证券销售。此外，发行人应当在法律规定的时间内提交公开说明书，SEC 宣布注册文件生效，发行人完成发行。

发行成功后，公众公司同样也要面临着 SEC 的强监管，包括信息披露、内幕交易、财务欺诈等行为，对于违法行为进行行政处罚，甚至进行司法介入或进行独立执法。除了SEC的司法监管外，美国还有一个强有力的监管组织，即公众公司会计监督委员会（Public Company Accounting Oversight Board, PCAOB）。该组织是会计行业的自律性组织，由不同会员事务所的会计师组成，这些会计师要为PCAOB中的其他会员事务所进行年检，在公众公司间起到行业自律监管的作用。

第三节　日本注册制

日本证券市场的成熟程度仅次于美国和英国，积累了大量的资本市场建设经验。日本在证券发行审核制度方面实行的也是注册制，依据《金融商品交易法》（Financial Instruments and Exchange Law），准备上市的企业达到监管部门和证券交易所的相关要求即可上市。同时，交易所也对交易股票制定了转板制度和退市制度。

一、日本股票交易市场概述

日本拥有成熟且发达的股票交易市场，包括东京、札幌、名古屋、福冈和大阪等多家证券交易所，其中大阪证券交易所于2013年被东京证券交易所合并为日本交易所集团（Japan Exchange Group），旗下拥有证券交易所、交易所自律法人和证券清算机构等组织，拥有的上市公司高达三千多家。日本股票市场还拥有规模庞大、多样化的机构投资者。日本政府养老投资基金（Japan's Government Pension Investment Fund）是世界上最大的机构投资者。此外，日本证券市场的主要参与者还包括一些欧美机构投资者和数量巨大的个人投资者。

二、日本注册制的沿革与特点

（一）日本注册制的沿革

日本注册制的沿革实质上是其证券立法起源和完善的过程。早在1878年，日本就制定了《证券交易所管理条例》（Regulations on the Administration of Stock Exchanges）并建立了第一家证券交易所——东京证券交易所（Tokyo Stock Exchange，TSE，中文简称东交所）。二战后，日本在美国的监督指导下逐步重建其证券市场。1947 年发布的《证券交易法》（Securities Exchange Act）成为日本建设现代化证券市场的开端，开始实行集中立法型管理。管理机构是大藏省，日本自明治维新后直到 2000 年期间存在的中央政府财政机关，主管日本财政、金融、税收等，后更名为财务省。

日本于 1952 年修改《证券交易法》，将大藏省确定为日本证券市场的主管机构，股票公开发行上市均需经其审核并得到批准。证券业务主管部门则是大藏省下属的理财局，但后来其职责被证券局承接。然而，直到 20 世纪 90 年代，政府都很大程度上干预着日本的证券市场，导致其相对封闭，发展受到制约，之后又受到泡沫经济破裂影响，逐渐暴露了诸多问题。1997 年，日本政府进行了大规模的金融体制改革，企图对日本证券体制做出根本性变革。同年，日本成立"金融厅"接替原本的"大藏省"来履行金融监管职责，对日本银行业、保险业、证券业和其他非金融机构进行统一监管，也从事前监督逐步转变为事后监管，广大投资者的利益受到保护，证券市场也更加公正透明。

金融厅是日本内阁府的直属机构，其最高负责人也是由内阁总理直接委派，承担的主要职责包括制定和修改金融制度、监督行政法规的执行以及监督信息披露情况等。1998 年 12 月，《完善金融制度改革相关法律的法律》（Improve the Financial System Reform Related Laws）正式实施，该法律对《证券交易法》和日本已有的 24 部相关法律进行了一揽子修改。2001 年 1 月，金融厅承接大藏省的所有职能，负责审核、监督和备案的职能，并由其下设监督局证券科负责审核股票公开发行。至此，金融厅成为日本金融监管的最高机构。

进入 21 世纪，日本金融服务业发展迅猛，金融产品也日益多样化。为了满足金融服务业的需要，日本在 2006 年修改了《证券交易法》并统合成新的《金融商品交易法》。该法案完善相关法律法规，包含了更加广义的金融商品，并对从事金融服务的机构实行统一的监管，该法律框架除了有效保护投资者利益，更提高了对资本市场违法行为的惩处和监管力度。但是，2008 年国际金融危机爆发后，日本开始不断修订和完善《金融商品交易法》，以弥补日本证券市场监管体系在此次金融危机中暴露出的缺陷。

（二）日本注册制的特点

1. 证券发行信息披露制度

日本证券发行的信息披露制度主要体现在《商法》（Commercial Law）和

《证券交易法》中,发行方需提供发行申请书、发行登记书和补充文件、招股说明书等。信息披露要求相对宽松,两个法律对信息披露的内容和对象又有所差别。公司在发行股票时通常要制作股东名簿,并在上面记录与股东有关的事项。《商法》是直接面向股东名簿上股东的信息披露制度,公司直接依据股东名簿上的名单递交有关披露文件,包括资产负债表、现金流量表、营业报告书、损失处理方案、利润分配方案和监督报告书副本等。《证券交易法》中的信息披露制度主要针对有意向购买该公司股票的投资者,有直接披露和间接披露两种方式。直接披露包括行使表决权时的披露和通过说明书的披露等;间接披露包括有价证券申报书、有价证券报告书、临时报告书、半期报告书等。此外,在日本证券交易所上市的公司除了受到上述法律的约束,还要符合证券交易所的相关规定,这样做主要是为了更有效地保护投资者利益。

2. 证券发行方式

在日本,公司发起人会在制定公司章程时就规定了资本总额和首次公开发行股份数量,在服从法律规定的前提下,允许股东授权董事会根据业务的实际情况发行剩余股份。如《商法》就规定了股份有限公司设立必须发行股份总额14%以上的股份,发行人和股份认购人必须缴纳全部股款后,才能授权董事会发行剩余部分,对发行期限也有严格限定。

日本证券发行方式可以根据发行对象分为公开发行和非公开发行,公开发行指的是发行人将其证券以相同的条件发售给不特定的社会公众投资者,非公开发行指的则是发行人向少数特定投资者发售证券。公开发行又可以根据发行的不同阶段分为设立发行和增资发行,设立发行是公司为筹集资本在设立时就进行的证券发行,增资发行则是公司为了扩大资本在成立后才进行的证券发行。

3. 证券监管制度

日本的证券监管制度具体分为事前监管和事后监管两种类型。事前监管主要由金融厅、证券业协会、证券交易所授权机构进行监管;事后监管是对上市后的交易活动和信息披露等行为进行的监督,确保新股发行和交易更具备合规性和合法性,并对发行人的违法行为进行严厉的惩罚。对于在一定期间内不能满足维持上市条件的企业制定了退市制度,退市标准涉及股权结构、经营状况、财务状况、信息披露状况、股利分配情况等。当公司未达到交易所的上市标准时,将会要求其对相关内容进行修改以满足要求,且需要在规定的期限内完成,否则将终止其继续上市并在3个月后正式退市。

4. 证券发行审核制度

日本是实行注册制的代表性国家，但其证券交易所对股票发行上市仍具有实质审核权。各证券交易所上市规章的结构和内容大致相同，以日本最大的证券交易所东京证券交易所为例，该交易所包括市场一部、市场二部和创业板块，其中在市场二部上市相对容易，而创业板块则是专为新兴企业设立。一般情况下，在东交所初次上市的公司会在市场二部上市，而股份数额较大、股东数量多、股权分布较好的公司将被指定到市场一部上市。

东交所的审查小组将对拟上市公司进行形式审核和实质审核，所涉及的方式包括书面审核、实地调查、质疑听证和会谈等。形式审核通常只审核申请上市公司是否符合上市的最低标准，而实质审核将对公司持续经营能力、经营效益和信息披露情况等都进行考察，如对公司过去2—3年利润以及最近1年销售额均有要求。最终是由交易所决定是否通过企业申请上市的核准，在正式审核前，具有承销资格的证券公司可以与东交所进行事前商谈，对于发现的问题可以提早解决，提高审核效率。

第四节 德国"中间型"发行审核制度

在欧共体（European Community）和大陆法系（Civil Law System）的双重影响下，德国的证券发行审核制度与欧洲其他国家有所差别，采取的是核准制与注册制相互结合的"中间型"发审制度。具体来说，就是将证券发行与上市分割成两个环节，分别由不同的机构采取不同的审核制度进行监管，同时也对不同层次的资本市场进行分类管理，该监管体系在强调立法管理的同时又注重自律管理，证交所在其中也发挥着重要作用。

一、核准制与注册制相结合

德国的证券发行审核制度既没有像英国那样实行纯粹的核准制，也没有像美国、日本那样实行注册制，而是针对不同性质的股票采取核准制或注册制的发行审核制度，实际上是一种将核准制和注册制相互结合的制度。德国将发行公司分为申请上市和不申请上市两大类。公开发行并申请上市的公司涉及广大投资者的利益,为了保证证券质量及保护投资者,实行核准制,发行说明书直接递交给证券交易所,由证券交易所进行实质性审核。

由于发行上市是公司与证券交易所共同协商后形成的契约关系,需要订立契约并共同遵守。因此,由交易所进行审核是合理且有效率的,可以充分发挥其为规避自身风险而产生的管理职能,还能利用其专业从业人员的经验对相关风险进行预判、评估证券产品的价值。而对公开发行股票但不申请上市的公司则实行注册制,根据《证券发行说明书法》(Calligraphy of Securities Issuance Instructions) 规定,由隶属财政部的证券管理机构——联邦证券交易监管局 (Federal Securities and Exchange Regulatory Authority) 对发行说明书进行形式审核,检查所披露信息是否真实、准确和完整,但不对其披露质量负责,只要信息披露完备也无权否决其发行。这样做是为了提高审核效率、促进市场公平,并使更多中小企业有机会上市,充分发挥市场机制的作用。

(一)证券交易所的审核

拟发行新股并申请上市的公司可以直接由证券交易所进行实质性审核,而不用向联邦证券交易监管局提出申请。德国的证券交易市场分为标准市场、调控市场以及新市场三部分,如表2-3所示,根据其发行场所的不同,审核机构和审核标准均有所不同。

表2-3　　　　　　　　　　不同发行市场的差异化审核

发行场所	发行制度	审核机构	审核标准
标准市场	偏核准制	交易所上市许可局	由至少五人组成的委员会表决,半数以上赞成即审核通过。
调控市场	偏核准制	交易所上市许可委员会	人员构成、工作程序与标准市场相同,但信息披露和准入门槛较低。
新市场	偏核准制	交易所	必须先通过调控市场的审核,审核通过后可放弃在该市场上市而后选择在新市场上市。
未申请上市的公司	偏注册制	德国联邦证券交易监管局	仅需审核发行说明书内容是否完整。

1. 标准市场上市公司的审核

标准市场中的审核最为严格,拟申请上市公司将申请材料提交给证券交易所后,由交易所上市许可局(Marketing Licensing Authority)负责审核批准。上市许可局的组成为20—24人,负责对一家公司进行审核的委员应当不少于5人,依据《上市许可局工作程序规则》(Working Procedure Rules of the Marketing

Licensing Committee）规定，应当至少一半以上人数赞成才能通过审核，如果平票则由主席进行最终决定。通过上市许可局的审核后，公司应当在 3 个月内在交易所挂牌上市，否则就自动失去上市资格，需要重新申请才能继续上市。

2. 调控市场和新市场上市公司的审核

公司如果拟在调控市场和新市场上市，其审核标准与标准市场大致相同，只在审核机构方面有所差别。在调控市场上市的公司由交易所上市许可委员会（Marketing Licensing Authority）进行审核，其人员构成、工作程序与上市许可局相同，但对信息披露和准入门槛方面的要求较低。新市场上市的审核则由交易所负责，此外在新市场上市的公司首先需通过调控市场的审核，审核通过后可放弃在调控市场上市而选择在新市场上市。这样做的原因主要有两个，一是可以使新市场建立在原有的法律框架内，无须大幅度修改《交易所法》（Exchange Law）；二是使交易所在不与现有法律冲突的前提下灵活制定新市场的上市标准。

（二）联邦证券交易监管局的审核

根据《证券发行说明书法》的规定，如果拟上市公司在公布发行说明书前未向交易所申请，则由联邦证券交易监管局保管并审核其发行说明书，但其只负责对披露信息的完整性进行审核，不保证披露内容是否正确。如果联邦证券交易监管局发现其所披露信息不真实完整，或者未在规定时间内公布发行说明书，则很可能否决该证券的发行。违反规定者，将被处以最高 100 万德国马克的罚款。而当联邦证券办公室在收到推介书 10 天内未回复，则视为自动获准公开发行该股票，否则发行公司应当对推介说明书的内容进行补充或修改，直到符合相关规定。

二、信息披露制度

德国于 1990 年 12 月颁布了《证券发行说明书法》和《证券发行说明书条例》（Regulations on Securities Issuance Statement），其中对上市公司和未上市公司的信息披露要求都作出了具体规定，特别是未上市公司发行说明书的编制要求。作为德国规范发行说明书的基本法，《证券发行说明书法》规定了发行说明书的核准机构与保管机构、责任归属问题、可豁免情形以及违反相关规定的处罚等。

(一) 信息披露的主要方式

德国证券的发行与上市分别由不同的机构采取不同的审核制度进行监管，实质上被区分为两个环节，信息披露的主要方式包括发行说明书和上市公告书。当拟发行股票的公司同时申请上市，则可以将发行说明书和上市公告书合二为一，只需要编制发行说明书交由交易所审核即可。此外，标准市场、新市场和调控市场对发行说明书的编制要求也有所不同。标准市场和新市场中的发行说明书就是通常意义上的招股说明书，而调控市场中的发行说明书采用的是公司报告书的形式，其他公司的发行说明书则是推介说明书的形式。虽然不同市场上的发行说明书形式和名称都各不相同，但本质上均属于发行说明书。

(二) 不同市场信息披露要求的差异

在不同市场上市的公司对信息披露的要求也有所差异，对信息披露要求最高的市场是标准市场和新市场。其次是调控市场，与标准市场和新市场相比简化了许多，其公司报告书的信息披露要求只需要符合《证券发行说明条例》，但需包含上一年度的年报和审计报告。对未申请上市的公司信息披露要求最低，只需要提交符合《证券发行说明书条例》的推介说明书。由于建立新市场最初目的就是提高上市公司信息披露程度，所以与标准市场相比，在新市场上市的公司对信息披露的要求更加严格，具体来说，这两个市场的招股说明书有以下区别：

（1）招股说明书的语言。在新市场上市的公司招股说明书要求同时使用英语和德语，在标准市场上市的公司则只需用德语撰写。

（2）会计准则的选择。新市场上市的公司在编制财务报表时除了遵守德国国内的会计准则，还要考虑国际财务报告准则（IFRS）或美国公认的会计准则（GAAP），除非发行人证明其暂不能采用以上两种准则，且需要提供相关补充材料才能够暂时免除这项要求。在标准市场上市的公司只需要遵守国内会计准则即可。

（3）披露相关风险。新市场上市的公司招股说明书对披露风险有特殊的要求，单独列一章"风险因素"，要求列明任何可能影响发行人经营业绩或财务状况的风险因素，如竞争环境、过度依赖单一市场、合约期限将至、原材料价格上涨、政府干预或管理层专业能力受到质疑等风险因素。在标准市场上市的公司并无以上要求。

（4）预测未来。新市场上市的公司招股说明书中需要包含对未来的预测，必须介绍发行人未来一段时间的战略计划和目标，如下一年度市场的开拓、新的产品和服务、在生产过程中新的技术以及上述预测的假设基础等。在标准市场上市的公司则无上述要求。

第五节 中国香港注册制

中国香港资本市场十分繁荣，有严格规范的监管制度、全方位的金融服务体系以及强大的融资能力，是国际金融中心的重要组成部分。香港证券市场法律法规的成熟与完备堪称世界资本市场的典范，特别是发行审核制度、信息披露制度和发行定价制度。

一、发行审核与信息披露制度

（一）发行审核制度

发行审核制度被视为股票市场监管的第一道门槛，香港的发行审核制度属于"自律型注册"，政府极少干预，证券监管制度是"双重存档"制度。根据《证券及期货条例》（Securities and Futures Ordinance）及其配套规则的规定，发行人须在向香港联交所（The Stock Exchange of Hong Kong Ltd，SEHK）提交材料的一个营业日内将副本交给证券及期货事务监察委员会（以下称"香港证监会"）存档，由联交所转交给香港证监会。但是上市审核权归属联交所，对证券的发行上市起主导作用。

一方面，联交所侧重实质性审核，重点审核公司的盈利、市值、现金流、业务规模和收入等指标是否符合《香港联交所上市规则》（Listing Rules of the Hong Kong Stock Exchange）（以下简称《上市规则》）和《公司条例》（The Company Regulations）的规定，作为评价企业持续经营能力的依据。联交所还会将常见问题解决办法和上市决策向公众发布，以向拟上市公司提供政策性指引。另一方面，香港证监会主要是形式审核，审查的重点在于申请材料是否符合《证券及期货条例》及其配套规则的规定，关注招股说明书的整体披露质量，主要集中在信息披露是否完全以及是否有欺诈或者非法关联交易等违法行为，以及该证券的发行上市是否符合公众利益。

根据联交所与香港证监会双方签署的《上市事宜谅解备忘录》（Memorandum of Understanding on Listing），联交所的上市审核权是香港证监会赋予的，香港证监会通过对联交所审核情况的监督间接实现对证券发行上市的监管，与联交所相比更加侧重于形式审核。香港证监会重点关注申请材料是否符合《证券及期货条例》（Securities and Futures Ordinance）及其配套规则的规定，是否遵守相关法律法规，并已经真实、准确、完整地向公众披露相关信息，招股书的整体披露质量是否有利于投资者做出决策，但不会直接对公司的投资价值做出判断。此外，香港证监会还拥有法定调查权，如果其怀疑公司提供的材料存在虚假或误导，有权进行调查并对上市核准保留否决权。

（二）信息披露制度

香港证券市场的信息披露制度相对成熟和完善，构建了严密的法律框架，由联交所和香港证监会共同负责监管上市公司的信息披露。其中，联交所主要负责大部分与信息披露相关的一线监管工作，香港证监会主要负责监管收购、股份回购、合并、上市公司私有化等方面的活动，同时监督联交所的职责履行情况。香港证券市场与信息披露相关的法律主要体现在《证券及期货条例》和《公司条例》中，相关规定主要由《上市规则》确定。《证券及期货条例》对香港监管证券和期货市场的相关法规和案例进行了归纳整理，并从以往的案例中汲取经验，总结出信息披露的核心内容。《公司条例》主要是对招股说明书内容和格式的要求，如要求招股说明书必须使用英文并注明日期，公司董事或经书面授权的代理人应当登记并签名。《上市规则》包含了大部分香港发行上市对信息披露内容的要求，如规定了发行人编制发行公告需遵循的一般原则，要求上市文件必须提供能够让发行人评估经营状况、偿债能力、企业管理、权益和营运前景所必需的全部资料。其中，具有法律效力的《证券及期货条例》由香港证监会执行，不具备法律效力但具有契约性质的《上市规则》由香港联交所负责制定并实施。

此外，香港还成立了专门的监管机构对信息披露违规行为进行行政处罚及民事索赔，为保护投资者权益提供了法律保障。首先，当监管机构发现发行人存在虚假披露信息的情况时，可以进行调查并向其发出类似法院传票的通知，传唤人应当向其提供相应的证明文件。监管机构的调查和惩处行为都将受到相关制度的严格约束；其次，当相关行为涉及内幕交易、操纵市场时，由于其手段复杂、影响广泛，将会专门成立市场不当行为审裁处，裁断相关民事案件，以降低举证难度、增强执法实效性，并提高审理效率。

二、发行定价与上市制度

（一）发行定价制度

作为首次公开发行的核心环节，市场化程度更高的发行定价制度可以将发行方披露的信息和投资者的信息需求充分显示，最大程度地减少价格扭曲，提高市场资源配置效率。香港采用累计投标和固定价格公开认购混合招股机制，其具体流程是：

第一步，混合机制的股份分配方式。将股份配额分为两部分，个人和机构投资者能够认购其中的香港公开认购部分，其余的则是国际配售部分，该做法给予个人投资者更多的参与新股发行的机会。为防止机构投资者参与香港公开认购并导致散户投资者中签率降低，香港证监会和联交所要求承销商将公开认购部分平分为A、B两组。A组股份由认购额不高于500万港币的投资者认购，B组股份则由其余认购额较高的投资者认购，该措施能够提高个人投资者的中签率，一定程度上保护了散户的利益。

第二步，定价过程。拟上市公司定价过程主要包括两个环节，一是公司估值过程，二是价格发现过程，主要包括前期促销、路演、询价和竞价。

第三步，回拨机制。香港引入了回拨机制来平衡两个市场的需求，即可以根据认购结果适当调整各自的股份分配比例。

第四步，超额配售选择权。主承销商在股票上市后一段时间内将被授予一项选择权，即可以按相同的发行价格但不超过报销数额15%的股份向投资者发售。主承销商可以通过行使该权利要求发行方增加股数分配给认购的投资者，或者运用"绿鞋机制"筹集的资金从二级市场购买股票，能在一定程度上使股价维持在一定水平。

第五步，发行过程。混合机制发行通常需要在几个交易所内同时上市，并满足其他司法区有关股票公开发行的规定。

香港累计投标询价与固定价格混合机制既可以充分发挥机构投资者在定价中的主导作用，使股票定价能够真实反映市场状况，又可以有效保护中小投资者的权益。这种发行定价制度更加适合国际化程度高、机构投资者比重高的证券市场。

(二) 发行与上市合二为一

香港将股票发行与上市合二为一，发行股票的公司必须在联交所上市。拟发行股票的公司至少应当提前两个月向香港联交所提出申请并提交材料，交易所上市科会在收到申请的一个月内对相关材料进行仔细审查，并向保荐人发出首份意见函提出问题和修改意见。与美国不同，香港地区的意见函中通常会列举较多问题，且大多是指向保荐人的问题，要求保荐人对于某些问题阐述自己所做的尽职调查及在此基础上形成的结论。保荐人在收到意见函后会要求发行企业根据意见函的内容进行修改和答复，并在两周内向上市科发出答复函和相关材料修改稿。

通常持续数轮后，香港联交所上市科会将修改满意后的上市文件提交上市委员会聆讯。如果聆讯获得无条件通过，发行企业便可以发布公开招股书并开始宣传并销售股票；如果聆讯未通过且上市委员会对该申请提出实质问题，发行方和保荐人应当回复并修改，之后会再次安排上市委员会聆讯；若聆讯再次被拒绝，可酌情提出上诉，最终由上市委员会决定是否通过审核。在申请上市的同时，申请人还需向香港证监会递交申请文件副本，香港证监会可根据条例将审核权力移交给交易所，申请人可经交易所批准上市。

第六节 发行审核中的保荐人制度

"保荐人制度"是在企业上市过程中对发行人进行监督的一系列制度中最具备特色的，该制度指的是由券商担任保荐人对拟上市公司进行推荐和指导，核实发行人上市文件中所披露的信息是否真实、完整，同时应当承担风险防范责任。保荐人制度起源于英国另类投资市场（AIM），随后德国、美国、中国香港等发达资本市场的创业板也开始引入保荐人制度，还有其他一些国家的主板同样存在保荐人制度。保荐人在企业上市准入环节发挥了辅导、监督等一系列作用，保障了资本市场的良好秩序。

一、保荐人制度的历史渊源

证券发行的保荐人制度最先诞生于英国。1995年6月，英国证券市场建立了另类投资市场（AIM），也就是实际意义上的"创业板"，它专门为规模小但具有高成长性的公司建立。自此，证券发行开始引进保荐人制度，伦交所也成为第一批引入保荐人制度的证券交易所。

AIM 上市条件较为宽松，除了招股说明书之外的大多数上市文件无须经过伦敦交易所或上市管理署的事先审查。为了平衡这种较宽松的审核条件，英国伦敦交易所规定凡是在 AIM 市场上申请上市的企业，必须聘请一名保荐人指导上市，即"指定保荐人"（Nominated Adviser）。该保荐人必须通过证券交易所的资格认证，负责上市过程中企业和证券交易所之间的往来事务，并在整个过程中为发行公司提供保荐服务以确保所披露信息的真实、准确和完整。《指定保荐人规则》（Rules for Appointing Sponsors）中对保荐人制定了严格的标准，要求保荐人需先获得交易所审批，并承担指导和监督的双重职责。

保荐人制度在伦敦证券交易所成功实施后，其他国家也开始模仿其设立或监管二板市场，如德国新市场（Neuer Market）、法国新市场（Nouveau Marche）、意大利新市场（Nouvo Mercato）、加拿大风险交易所（CDNX）等证券交易所也纷纷建立起保荐人制度。亚太地区日本、新加坡、韩国等国家也纷纷开始建立起本国的二板市场。在借鉴美国纳斯达克市场成功经验的基础上，实施保荐人制度来发行新股。世界各国实践证明，保荐人制度能有效降低二板市场上市股票风险并提高二板市场上市股票质量。

香港是中国资本市场最先采取保荐人制度的，并将其不断发扬光大。在香港，投资银行时常扮演保荐人的角色，并被视为证券市场的"看门人"，保障上市公司的质量及提供信息的真实和完整。投资银行在发行和上市过程中扮演着保荐人、簿记管理人、全球协调人、承销商等不同角色。

在充分借鉴世界各国以及我国香港地区保荐制度的成功经验的基础上，我国内地资本市场也建立了保荐人制度。中国证监会于 2003 年 12 月发布了《证券发行上市保荐制度暂行办法》并决定在 2004 年正式开始实施保荐人制度。2005 年，全面修订《证券法》，明确规定了保荐人的职责和法律义务。

二、证券保荐业务的参与要素

在保荐业务中，涉及的主要参与者包含保荐人、投资者、证券发行人以及相关监管机构。保荐人（Sponsor）是指依法为拟上市公司承担推荐职责，向投资者承担担保责任，并在上市后一段时间内仍对发行人的信息披露进行监督的法人或个人。法人又称保荐机构（Sponsor Institution），由符合资格标准的金融机构担任，是保荐行为的实行者，而保荐对象通常是证券发行人和上市公司，他们进行股票发行的前提是获得保荐人的保荐服务。个人又称保荐代表人（Sponsor Representative），在保荐业务中主要指的是推荐者或者担保人。保荐代表人作为上市公司和证券监管机构之间的中介，代表保荐机构向监管部门作担保推荐企业上市，并需要在保荐文件上签字保证所披露信息的真实性、完整性和准确性。在保荐业务中，与承销商相比，保荐人的任职期限相对较长。

投资者（Investor）是指在资本市场上从事投资的机构或个人，是有价证券认购人或者证券发行市场上认购股票或债券的人，即证券发行对象。在保荐业务中，保荐人有责任对投资者的权益进行保护，证券监管部门对投资者的权益进行维护。

发行人（Securities Issuer）指为筹集资金而发行债券、股票等证券的政府、公司或组织。发行人是保荐业务中的主体之一，其希望通过发行有价证券筹集资金来满足经营和发展的需要。在保荐业务中，保荐人对发行人进行保荐，同时监管机构也对发行人进行监管。

承销商（Securities Underwriter）是指与发行人签订证券承销协议，协助其公开发行证券，并取得相应承销费用的证券经营机构。证券公司既可以是保荐人又是承销商。在保荐业务中，证券承销商与保荐机构一般为同一证券公司。

三、代表性的保荐人制度

（一）英国 AIM："终身"保荐人制度

保荐人制度最早诞生于英国 AIM 市场，即英国首家创业板市场，专门为具有发展潜力的中小新兴企业和风险较高的高科技企业提供融资服务。相对于主板市场的上市标准，AIM 市场对企业的要求相对较低，因此有必要引入保荐人制度降低风险。在 AIM 市场，保荐人需要严格审查和监督上市公司的信息披露行为，使投资者获得更加真实、充分的信息。保荐人不仅可以督促上市公司规范运作与治理、提高信息的透明度，还能有效防范上市公司给投资者带来的利益损失，维护证券市场稳定并提升英国证券市场的国际竞争力。

1. "终身"保荐人制度

在英国 AIM 市场，指定保荐人是通过上市审核的首要条件之一，所有拟在 AIM 上市的企业都应当聘请一名保荐人和一名经纪商，可以由同一家公司兼任。

保荐人的主要职责是指导发行公司顺利在 AIM 市场完成上市发行，并就上市规则、流程等方面提供咨询，而经纪商主要是为上市公司的股票交易提供便利。英国实行的是"终身"保荐人制度，发行人在任何时候都应当有一名具有保荐人资格且获得伦交所认可的保荐人，该保荐人在上市发行的整个阶段都将持续为发行人提供咨询与帮助。保荐人的任期就是拟上市公司的存续期间，只要公司上市一天，保荐人就应当存在并履行职责。如果保荐人辞职或被辞退，该上市公司将被停止股票交易直到新的保荐人到任。如果一个月内仍没有新的保荐人到任，该上市公司将被摘牌退市。这些规定都体现了英国 AIM 市场保荐人的终身性。

2. 保荐人的资格要求

根据伦交所发布的上市规则，拟在 AIM 上市的发行人首先必须聘请一名具备资格的保荐人。有些国家和地区的保荐人仅局限于投资银行或经纪商，但在英国 AIM 市场中保荐人除了可以由投资银行和经纪商担任，还可以是其他具备丰富经验的金融机构，但都必须是《金融服务法案》注册的公司或者是伦交所的会员。具体来说，拟在 AIM 市场上市的公司聘请的保荐人应当满足下列要求：保荐人是符合要求的事务所或公司；至少雇用四名具备资格的从业人员；从事两年以上金融或资本业务；两年内至少进行过三次相关交易。另外，交易所还会从其他一些方面考量保荐人，例如：申请人是否被合理授权并接受相关机构监督；申请人的整体信誉；申请人或它的从业人员是否曾经受到过相关管理机关的处罚；针对某些事项是否能够给予客户关于商业和受规制情况的建议。

3. 保荐人的义务职责

伦交所在保荐人职责履行方面也做了严格的规定，主要包括上市前和完成上市以后两个阶段。保荐人在申请上市前通常扮演着"辅导者"和"独立审计师"的角色，负责对发行人进行实质性审查并作出详细的尽职调查，评估其是否符合上市标准，审核通过后将以书面形式上交交易所予以确认。此外，保荐人还应当对公司董事进行充分辅导，确保其了解并遵守该市场的相关规定。

完成上市后，发行方的信息披露仍应当遵循相关规定，保荐人也应当持续地为上市公司提供一系列信息披露相关的辅导，以便随时了解并披露公司经营状况、财务状况等，同时以此为依据做出盈利预测。作为证券交易所和发行方之间的沟通桥梁，保荐人还需要根据交易所相关规定提供上市公司的有关信息，并妥善保管相关上市文件、资料和咨询记录至少三年，便于交易所和监管机关进行检查。另外，保荐人应当独立客观并承担举证责任，不得帮助或隐瞒发行方违背市场准则的行为，更不得与其形成利益同盟。可见，伦交所对 AIM 市场保荐人的职责与义务作出了详细而严格的规定，构成保荐人履行保荐义务的规范性文件。

4. 伦交所全面监管

伦交所对 AIM 市场保荐人进行监管是以维护市场声誉为首要原则。伦交所制定了严格的监管及处罚措施，涵盖保荐人的资格申请、资格授予、注册登记、日常监管、纪律处分和申诉等事项。一旦伦交所认定保荐人未履行保荐职责，缺乏应有的审慎原则或专业水平很可能导致交易所声誉受损，将视情节轻重给予处罚，如通报批评、取消保荐资格等。如果保荐人对处罚结果不服，也可以按照相关程序向申诉委员会提起申诉。此外，伦交所还设立了 AIM 市场法律小组、登记处、执行委员会、纪律委员会与申诉委员会等一系列机构，对保荐人进行全方位的监管。这些措施极大地促进了 AIM 市场的繁荣稳定并提升其国际知名度。

为了加强对保荐人的监管，伦交所制定的保荐人监管制度是以终身制为核心的，这意味着保荐人承担的法律责任加重，将和上市公司共进退，这样做很大程度增强了投资者的信心。伦交所对 AIM 市场的监管政策既有效率又符合现实状况，在稳定 AIM 市场声誉的前提下还保证了市场的公平有序，促进英国证券行业的发展。

（二）德国新市场的保荐人制度

在其他国家或地区的创业板市场，保荐人都承担了较重的保荐责任，但在德国的"新市场"，上市公司的保荐责任大部分由主承销商承担，责任相对最少。德国"新市场"引入保荐人仅仅是作为上市公司的做市商，满足证券上市交易的要求。

1. 保荐法律责任

德国在其证券发行审核制度的背景下，强调立法管理的同时也注重自律管理，实质上是两种管理体制相互协调、相互渗透的产物。德国虽然也设立了保荐人制度，但是承担的保荐责任比其他创业板市场小得多。保荐人所承担的保荐责任主要包括三种：上市保荐责任，又被称为事前保荐责任或初始保荐责任；证券交易所责任及信息披露保荐责任，又被称为事后保荐责任或持续保荐责任。

上市保荐责任是大部分创业板市场较为重要的责任,但德国证券市场却不同,其最主要的保荐责任是证券交易保荐责任,而且关于保荐人责任的相关规定大多在主板的规则中,而非在《德国新市场规则》(Germany's New Market Rules)中。根据相关法律规定,发行人需聘请主承销商负责发行上市的申请工作,另外再指定两名保荐人负责股票交易活动。至于信息披露责任,德国新市场保荐人需要披露的信息主要包括公司发展前景、资产状况、经营业绩及可能产生的风险等,主要目的是为投资者提供参考。可以看出,德国新市场的保荐人制度和真正意义上的保荐人制度相比有所差别。

2. 保荐人从业资格

其他国家或地区的创业板市场对保荐人从业资格都有着各自的标准,英美法系的国家标准较为严格,如英国 AIM 市场和香港创业板市场,而德国新市场作为大陆法系国家,规则相对宽松。尽管如此,每个市场都有着需要共同遵守的原则,例如:能够维护创业板市场的声誉;具备较高的专业水平;具备良好信誉;具备完善的审核和选拔标准等。

(三)美国纳斯达克:"什锦"保荐人制度

美国纳斯达克(NASDAQ)保荐人制度通常被称为"什锦"(Assorted)保荐人制度,该制度将保荐人的市场功能分解,并互相协调配合,更好地控制和分散创业板市场投资者的风险。"什锦"保荐人制度要求上市公司建立完善的"法人治理结构",并且由交易所提供"理事专业指导计划"。除此之外,"什锦"保荐人制度还要求各州的证券交易委员会对发行人进行实质审查,并且由中介机构提供便利服务。

1. 法人治理结构

纳斯达克市场要求上市公司必须拥有完善的"法人治理结构",为了保护中小投资者利益,还对发行人进行严格的信息披露要求,以提高上市公司的质量,有效化解创业板上市过程中的众多风险。1999 年 12 月,SEC 又批准了有关纳斯达克上市公司的独立董事和审计委员会标准的修正办法,强化了独立董事、审计委员会和管理层的责任和义务。新上市规则通过强制性的法人治理结构标准,聘请足够数量的独立董事使得公司具备自律管理的能力,保证成功上市后能自觉遵守市场规则并规范运作。

2. 理事专业指导计划

纳斯达克交易所为上市公司提供了"理事专业指导计划",即上市后发行人将获得一名理事的全面指导。类似于"市场顾问"处理交易所与投资者之间的相关事宜,该服务与保荐人在公司上市后履行的某些职责非常相似。理事通常在发行人所处行业拥有丰富的经验,能够运用自身专业知识在市场运作和股票交易方面提供建议与指导。此外,理事还可以依据发行人所处行业的发展情况以及相关法规的变化情况为上市公司制定可行的发展计划,同时还能帮助发行人建立与投资者的良好关系。

3. 对发行人的实质审查

许多国家或地区的创业板市场都是由保荐人对发行人的上市条件进行实质性审核,但纳斯达克市场却是由监管机构履行该项职责,发行人只有在通过监管机构就上市标准对其的审核后,才能向各州的证券交易委员会申请注册。在美国,首次公开发行除了受到美国联邦法律和州法律的双重监管,还受到交易所等自律型组织的约束。SEC 主要对发行人的经营业绩、财务状况、管理层薪酬等相关信息进行审查;全美证券交易商协会重点关注承销费用是否合理,发行条件和安排是否公正;而各州的证券交易委员会则会对发行方内在质地进行实质性审核。

4. 中介机构的服务

在纳斯达克市场,承销商、分析师和做市商在上市过程中提供了一系列服务。承销商可以帮助上市公司掌握融资技巧,选择合适的收购目标,具有经验和实力的承销商为了保持知名度和声誉,还会发表各种研究报告。做市商同样能够提供专业而全面的服务,包括发表研究报告,对 IPO 股票或再融资等活动向发行人提供财务顾问意见,通过零售渠道和机构交易商撮合股票的买卖等。

(四) 中国香港 GEM 的保荐人制度

香港资本市场最开始采用保荐人制度的是主板市场。香港联交所设立创业板市场(Growth Enterprise Market,GEM)后,其上市标准较低但又更加强调信息披露,因此引入了与主板市场有所不同的保荐人制度。在保荐人制度下,保荐人可以监督发行人履行信息披露义务,发挥审核作用,有效防止发行人欺诈发行。

1. 香港的保荐人制度

香港联交所在 1999 年正式启动创业板市场,但由于其存在一定风险,便参照伦敦证券交易所引入了保荐人制度,要求在该板块上市公司至少指定一名保荐人,负责辅导发行方完成上市过程并在上市完成后继续履行持续督导责任。虽然香港创业板市场的保荐人制度是模仿伦交所制定的,但是在保荐人独立性方面的规定远远不如伦交所。香港创业板市场自 2002 年下半年来财务丑闻频发,引发香港资本市场动荡,外界纷纷开始担忧香港证券市场监管水平,更是开始质疑保荐人的执业水平,认为是其责任的缺失。2003 年 1 月,香港特区政府发布了《企业行动纲领》(The Agenda),其中涉及的措施主要是针对首次发行上市中对保荐人的监管,正是由于保荐人这一角色的重要性,监管机构决定通过加强对保荐人的监管来改善香港资本市场环境。2004 年 5 月,在听取陆陆续续的修改建议后,香港证监会和联交所最终修订了《香港联交所主板上市规则》和《创业板上市规则》,对保荐人的资格、职责、行政处罚和连带责任等方面做了进一步的规定。

2. 保荐人的资格

要符合担任上市发行保荐人的资格,必须满足相关准则。香港联交所对保荐人资格作出以下明确规定:(1) 是依据香港《公司条例》成立或注册的有限责任公司;(2) 是依据《证券条例》注册的证券交易商、投资顾问等;(3) 过去五年曾经担任过主板或创业板 IPO 主保荐人或至少三次担任过副保荐人;(4) 至少有 1000 万港元的实缴资本或非抵押的有形净资产;(5) 公司至少包括两名符合资格的董事或职员全职负责香港企业的财务业务;(6) 过去五年未曾受到公开谴责或纪律处分等。此外,香港联交所每年都会对已通过审核的保荐人资格进行年审,若年审中发现保荐人已不再符合有关资格要求,将给予摘牌除名。

3. 保荐人的职责

香港创业板市场保荐人的职责包括首次公开招股期间和成功上市后两个阶段。在首次公开招股期间,保荐人需要指导公司提供真实、完备的上市文件所需材料并严格遵守创业板上市规则。另外,也要保证拟上市公司的董事理解并能够遵守上市规则中与他们相关的责任,并保证他们也具备需要的经验和专业知识。在完成上市后,保荐人就需要以"顾问"的身份履行持续职责,成为联交所和发行方之间的沟通桥梁,并保证发行人持续遵守上市规则并披露相关信息。最后,保荐人还需要预审阅发行人依据上市规则而刊发的公告、通函及其他上市材料。

4. 对保荐人的审查和处罚

根据《保荐人指引》，证券公司首先应当遵守相关法律法规，才能以保荐人的身份开展业务。同时，香港证监会也会对其进行一定的调查。如果证券公司不符合保荐人资格要求，将被摘牌。即使获得了保荐人资格，同样需要接受香港证监会的持续监管，如果保荐人违反了保荐人的资格要求，香港证监会就可以采取措施限制其继续开展业务。《创业板上市规则》同时规定，如果保荐人违反了相关法律法规，香港证监会也可以对其进行处罚，包括谴责、罚款、吊销牌照等措施，情形严重时还可能面临刑事处罚。

5. 保荐人承担连带责任

不同于英国 AIM 市场对保荐人的要求，对于上市资料的真实性、准确性和完整性，香港保荐人制度要求保荐人应当承担连带责任。这个制度主要是为了督促保荐人做好尽职调查，确保信息披露的真实、完整。此外，香港 GEM 市场中保荐人对上市公司履行义务情况也要承担连带责任。这些制度从源头上保护了 GEM 市场广大投资者的利益，同时还降低了创业板的风险系数。

第七节 优势与借鉴

一个国家采取什么样的证券发行审核制度，遵循什么样的原则，与本国政治、经济和文化等息息相关。市场化程度较高、制度较为成熟和完备的股票市场通常采用的是注册制，如美国、日本和中国香港。核准制主要用于资本市场发展的初期，由于处于起步阶段，各项制度相对薄弱，监管者出于风险考虑更倾向于政府干预的核准制。注册制与核准制经常相互交织，并不是注册制市场不要审核，完全意思上的自由注册发行并不存在。在两种审核制度下证券发行管理的基本原则都是充分公开，它们都强调对信息披露的监管，也都致力于促进市场公平和保护投资者利益。典型的 IPO 发行审核制度的国际比较如表 2-4 所示。

表 2-4　　　　　　　　　　　发行审核制度国际比较

国家（地区）	审核制度	典型特征	审核方式	交易所职能	发行与上市是否独立
英国	核准制	上市委员会与伦敦交易所双重核准制	实质审核	兼有政府机构职能管理和自律管理的双重性	独立
德国	中间型	注册制与核准制相结合	交易所实质审核与联邦证券交易监管局形式审核	作为股票发行上市的核心机构拥有实质审核权	独立
日本	注册制	内情公开制度	形式审核	实质审核权	独立
美国	注册制	联邦和各州双重注册制	联邦层面形式审核、各州层面实质审核	上市监管权	独立
中国香港	注册制	香港证监会与联交所双重存档制	香港证监会形式审核、联交所实质审核	实质审核权	合二为一

对于我国证券市场，在全面推行注册制的大背景下，我们需要借鉴其他国家的成功经验，并结合我国证券市场的发展现状，不断推进制度创新，完善相关配套制度建设。综合来看，国外资本市场的发行审核和保荐人制度具有以下几个方面的可供借鉴之处。

（一）注重信息披露质量

无论实行的是核准制还是注册制，信息披露质量对股票的成功发行都起到至关重要的作用，提高信息披露质量有利于提升整个市场的效率和活力。海外发达资本市场成功建设的经验，都无一例外地强调信息披露的重要性。从信息披露角度来看，发行人所披露的信息应当能够帮助投资者做出合理的投资决策。发行人应在客观中立的基础上，尽量用通俗易懂的语言代替专业术语和夸张"行话"用语，保证信息披露的准确性。同时，发行人应该依据行业和企业的特点，对相关信息进行差异化的披露和解释，如信息披露侧重于企业所处行业的特点与未来发展方向，或侧重于企业某些经营模式，有利于投资者从各方面了解企业及其所在行业。

（二）完善的中介机构声誉体系

在核准制下，部分保荐人为了满足持续经营能力、资产规模等发行指标，没有独立、诚信地履行职责，成为公司欺诈发行的"帮凶"。在我国注册制改革的背景下，发行审核环节转变为注册制，使得证券市场加深了对作为"看门人"的保荐机构的依赖。当前国内市场保荐责任逐步扩大，应该正确认识保荐机构和其他金融中介之间的责任分担，明确他们各自应承担的法律责任。为了保证中介机构能够真实、准确、完整地对相关信息进行披露，最重要的是完善中介机构声誉体系，使中介机构声誉信息更加公开透明，使广大投资者在进行投资决策前能获取更加充分的信息。因此，我们需要借鉴成熟资本市场，构建中介机构的声誉体系，并形成中介机构之间的良性竞争。

（三）灵活的监管制度

随着注册制改革的不断深化，虽然监管权力已逐步下放到交易所，但是监管层对发行人和中介机构的"父爱监管"仍很难完全消除。因此，在发行审核制度改革中应当推进审核主体下移，逐步下放上市审核权，充分发挥交易所的一线监管职能。此外，当前监管层对披露文件的撰写要求较为格式化，对不同行业、不同性质的企业应该采取差异化信息披露要求，加强监管的灵活性。将披露的重点放在对投资者更有用的信息上，其他比较次要的信息可以适当放宽其披露要求。美国、中国香港等地区的注册时间都在4个月左右，而我国科创板的平均注册时间与它们相比仍然较长，应尽量缩短注册时间，并逐步从事前监管过渡到事中事后监管。监管机构应当对上市公司的信息披露进行持续性监管以保护广大投资者利益，同时还可以设立吹哨人制度，加强对上市公司违法违规活动的监管。

（四）健全的退市制度和配套机制

一个成熟、完善的资本市场必然要求畅通入口和出口两道关，因此，除了稳步推进注册制并拓宽前端入口，健全退市机制同样重要。我国上市公司的年均退市率仍然比境外其他成熟市场低许多，加快出清持续经营能力差的公司或者严重违法违规公司可以在一定程度上提高上市公司质量，促进资源的有效配置，推动结构调整和产业升级。因此，要充分借鉴成熟市场的退市制度，进一步简化退市流程，提升退市效率，实现定性和定量指标之间的相互融合，不断向多样化、体系化和精细化发展，使证券交易所在执行退市标准过程中更加具备灵活性。另外，还要强化退市制度的配套机制，例如：破产重整机制、退市公司股份转让服务机制、退市公司重新上市机制等。

（五）完善的保荐人制度

海外保荐人制度的实践表明，只有以更加严格的标准约束保荐人，才能更有效地发挥保荐人制度的作用，进而真正推动资本市场的良性发展。目前，我们新兴的注册制市场取消了对保荐人的资格考试要求，一定程度上降低了保荐人的准入门槛。取消资格考试的同时，我们应加强对实际能力的考核，保证保荐机构和保荐人的专业性和权威性。我们应当通过"多重保荐"强化保荐力度，使保荐人的构成主体趋于多个中介机构担任，每一中介机构的业务范围和优势各不相同，要求其承担不同的责任。可以参考中国香港的保荐人制度，引入类似合规顾问等其他中介机构的角色，通过这些中介机构与保荐人的协作，强化对发行人的监督。另外，保荐人的督导期限在很大程度影响其履行职责的价值，过短的督导期很难使保荐人真正发挥其持续督导作用。因此，可以在一定程度上提高保荐人的持续督导期限。

本章小结

本章对世界范围内的证券发行审核制度进行梳理和归纳，包括英国"双重"审核制、美国"双重"注册制、德国"中间型"发行审核制度，以及日本和中国香港的注册制，并从监管机构、发行审核机构、信息披露制度、发行定价制度等方面进行具体分析与对比。然后，本章进一步介绍了发行审核中保荐人制度的历史渊源、参与要素以及国外的保荐人制度，有利于我国资本市场借鉴世界范围的成功经验。最后，为了推动我国证券市场的不断发展完善，本章总结了国外保荐人制度的若干优势和值得借鉴之处，如注重信息披露质量、建立完善的中介机构声誉体系、建立灵活的监管制度、健全退市制度及完善的保荐人制度等。

第三章

我国发行审核和保荐人制度

我国资本市场的发行审核和保荐人制度是在借鉴国际先进经验的基础上构建的，经历了一系列的制度改革和创新。从审批制、到核准制、再到注册制，发行审核制度的不断改革在企业发行上市中起着至关重要的作用。随着全面推行注册制改革，我国资本市场的发行审核制度与保荐人制度日益完善。

第一节 股票发行制度变迁

一、审批制

审批制是指按照行政和计划的方法，向各地方政府或者行业主管部门分配发行额度或者指标的证券发行管理制度，公司股票申请上市须经过各地方政府或中央企业主管部门审批。在审批制下，上海飞乐音响公司发行了新中国成立以来的第一只股票，打开了新中国证券市场的大门。在1990年之前，股票发行一般是由中国人民银行各地方分行进行审批。1990年成立了上海证券交易所和深圳证券交易，并建立了全国证券交易自动报价系统，这标志着新中国证券市场的正式诞生。1992年10月成立国务院证券委员会和证监会，国务院于1993年颁布了《股票发行与交易管理暂行条例》，这标志着我国正式采用审批制作为资本市场的发行制度。

审批制采取完全计划发行模式。在发行过程中，上市公司需先向所属的证券管理部门提出申请，证券管理部门受理并同意后转报证监会。在获得发行额度后，上市公司可以提出上市申请。审核及复审后，证监会出具批准发行的相关文件，拟发行公司获取发行股票的权利。1990年至1995年采用额度管理办法，各省级政府或者业务主管部门，依据下达的各额度指标来决定能够上市发行的企业。1996年至2000年采取指标管理的办法，这要求"总量控制，限报家数"。在指标管理办法下，根据国家股票发行总规模，证监会向各地区分配上市公司指标，最终统一由证监会来作出审批。

在审批制下，上市企业多为国有企业，主要是政府或者部委内部企业解困的一种手段，发行上市也是各方利益均衡的结果。审批制下存在着"丑女先嫁"的情况，即存在着将质量不佳或者难以满足投资者需求的企业获得发行上市资格，进而脱离经营困境的情况。审批制下政府的干预行为一定程度上破坏了企业之间的公平竞争，抑制了股票发行的效率，不利于我国资本市场的发展。

二、核准制

核准制是指上市公司股票申请上市须经过证券监管机构核准的证券发行管理制度。发行上市时，发行人在充分公开企业真实情况的同时还要满足证券监管机构以及有关法律法规的要求。由于审批制存在不可忽略的缺点，我国开始实施证券发行核准制改革。

证监会于2000年3月发布了《股票发行核准程序》并设立了"股票发行审核委员会"，以保证核准制改革的实施。核准制可以划分为两个阶段，分别为"通道制"和"保荐制"两个阶段。2001年至2004年，我国实行"通道制"。中国证券业协会发布《关于证券公司推荐发行申请有关工作方案的通知》，提出在发行上市时采取"证券公司自行排队、限报家数"的方案，这限定了证券公司推荐发行的企业数量。证券公司在推荐上市时每次仅能推荐固定数量的企业，并对这些企业进行一定的排序，证券公司按照所排顺序推荐发行上市。证券公司每年可推荐上市的企业数量由上年度所承销的企业数量决定。

在"通道制"下，证券公司对拟上市公司的发行资格进行审核。这有利于保证上市公司质量，在一定程度上提高了证券公司的执业能力。同时，由专业人士组成的"发审委"来对发行公司的相关材料进行审核，可以大大提升发行效率，提高发行企业的质量。然而"通道制"也存在着一定的缺陷，由于通道数量的限制，导致部分证券公司不能充分发挥自己的力量，出现"有劲使不出"的现象，证券公司的资源浪费，降低了证券发行效率。同时，部分发行人存在四处寻找通道，寻求上市的情况，这使得资源利用与需求不对称，不利于证券市场的高效运转。

2003年12月，证监会正式发布《证券发行上市保荐制度暂行办法》，并于2004年2月1日开始实行，这标志着我国资本市场的证券发行进入"保荐制"时代，延续至今。证监会于2004年12月发布《关于进一步做好〈证券发行上市保荐制度暂行办法〉实施工作的通知》，决定终止通道制，全面实施保荐制。保荐制的实施要求采取"单人单签"，即在完成当前发行人的上市发行之前，该保荐代表人不得推荐其他发行人进行上市发行。保荐制的实施增加了保荐人勤勉尽责的保荐责任，在发行人出现违规操作时，保荐人将被要求承担连带责任。2005年10月，《公司法》和《证券法》这两部法律进行了重大修订，将保荐人制度正式列入法律法规。

三、注册制

注册制又被称为"申报制"或"登记制"，是证券发行审核机构对发行申请人提交的文件进行形式审查的一种证券发行制度。现今世界上多数成熟市场均采用此种发行制度，其中主要以美国、日本、中国香港等为代表。随着我国资本市场的不断发展，注册制也已成为证券发行管理制度的主流方向。

在注册制背景下，证券发行首先要由证券监管部门发布相关要求。发行公司视自身情况，若符合相关要求即可申请上市发行。在注册制下，发行人被认为自然拥有发行证券的权力，不需要获得政府的额外授权。发行公司进行申请时，需向监管机构提交与证券发行相关的各种资料。相比于核准制，注册制采取形式审查。审核机构对发行申请人提交的文件资料等进行形式审核，判断其是否全面、真实和准确，而不对文件资料的内容进行实质审核。审核机构是否对发行公司进行价值判断可以作为区分注册制与核准制的主要标准之一。如果证券发行人在申报后的规定时间内未被证券监管机构拒绝上市，即可认为此次发行注册成功。因此，注册制对发行人、证券机构以及投资者的判断能力提出了更高的要求。

我国不断出台相关规定以推动资本市场的制度创新，实现从核准制到注册制的转变。国务院于2015年12月9日通过了在股票注册制改革中调整适用《证券法》有关规定的决定草案。2015年12月27日，第十二届全国人大常委会第十八次会议审议中通过了《关于授权国务院在实施股票发行注册制改革中调整适用〈中华人民共和国证券法〉有关规定的决定》。上交所和深交所被授权调整适用《证券法》，股票发行上市采取注册制，并于2016年3月1日开始为期两年的注册制改革。2018年2月24日，在第十二届全国人大常委会第三十三次会议审议通过了延长注册制改革的决议。

2018年11月5日，习近平主席提出将在上交所设立"科创板"并将其作为注册制的试点。2019年1月30日，证监会发布《关于在上海证券交易所设立科创板并试点注册制的实施意见》。3月1日，证监会正式发布《科创板首次公开发行股票注册管理办法（试行）》和《科创板上市公司持续监管办法（试行）》，上交所发布申请受理、上市审核、发行承销、交易规则、持续监管等系统规章，这标志着注册制正式启动。6月13日，上交所科创板开板。首批科创板公司于7月22日上市，我国资本市场的注册制改革由此正式落地实施。

2019年12月28日，在第十三届全国人大常委会第十五次会议上审议通过了修订后的《证券法》，并决定将于2020年3月1日起进行实施，全面推动注册制改革。2020年4月27日，创业板进行注册制改革的方案正式颁布，意味着我国资本市场再次踏上新的征程。2020年6月1日，证监会发布新修订后的《证券发行上市保荐业务管理办法》，以便深入落实我国注册制改革。2020年8月24日，创业板注册制首批企业上市交易，我国存量市场进入了注册制时代。2021年9月3日，北京证券交易所正式成立，证券发行同步推行注册制。

不同的发行市场需要对应的监管制度与之配合，在注册制下，证券发行以信息披露为核心，采取形式审核。证券监管机构主要审核发行人是否履行了信息披露的义务。核准制与注册制相比，核准制以择优发行为核心，采取实质审核。审批制以发行额度或者指标为核心，同时采取形式及实质审核。审批制与核准制、注册制相比较，其具有发行额度与发行指标的限制。

在注册制背景下，证券发行已经基本实现市场化，上市发行由承销商或者保荐机构推荐，而核准制阶段正处于逐渐市场化时期。审批制存在一定的计划经济色彩，实施期间市场化程度相对较弱，推荐发行上市主要由政府或者行业主管部门承担。在这三种制度中，注册制更加重视事中事后监管，重视以后端促进前端、以事中事后促进事前，而审批制则侧重于在事前进行控制。审批制与核准制及注册制不同，其以政府审批代替实质审核。三种制度主要特征的比较如表3-1所示。

表3-1　　　　　　中国证券发行制度主要特征的比较

比较内容	审批制		核准制		注册制
	额度管理	指标管理	通道制	保荐制	保荐制
实施年份	1990—1995年	1996—2000年	2001—2003年	2004年至今	2019年至今
制度核心	发行额度管理	发行指标管理	择优发行		以信息披露为中心
指标/额度	发行额度	发行指标	无		无
是否需要保荐人	否	否	否	是	是
推荐/保荐机构	政府或者行业主管部门		主承销商	承销商/保荐人	承销商/保荐人
监管理念	以审批代替监管		事前控制		以后端促进前端、以事中事后促进事前
审核方式	形式及实质审核		实质审核		形式审核
市场化程度	行政体制	市场经济初期	逐渐市场化	逐渐市场化	基本市场化

第二节　保荐人制度的发展进程与现状

我国证券发行的保荐人制度，又称"证券保荐制度"，是资本市场重要的发行上市制度，保荐人制度的推出是我国资本市场的一大制度创新。保荐人制度是国家为了规范证券保荐业务，提高上市公司质量，保证中介机构执业水平，从而切实维护广大投资者的利益，促进证券市场健康发展而制定的管理制度。自2000年，我国陆续出台与保荐人制度相关的法律法规，主要有《首次公开发行股票辅导工作办法》《证券发行上市保荐制度暂行办法》《证券发行上市保荐业务管理办法》等。保荐人制度自2004年正式实施至今，在证券发行过程中充分体现其作用，主要可以划分为引入与探索、发展和不断完善三个阶段。

一、探索阶段

我国内地资本市场早在2001年就开始了保荐人制度的探索工作。2001年至2008年，属于证券市场对保荐人制度的引入与探索阶段，在这个阶段，监管部门发布了多部法规，不断探索适合中国国情的保荐人制度，以促进资本市场的发展。

(一)《首次公开发行股票辅导工作办法》(2001年)

为确保保荐人制度的顺利实施，我国资本市场从21世纪初就已经开始了相关准备工作。证监会于2001年10月发布了《首次公开发行股票辅导工作办法》[以下简称"《辅导工作方法》(2001年)"]，为保荐人制度的实施奠定了基础。《辅导工作方法》(2001年)作为保荐人制度的先行准备，在保荐人制度的整个引入与探索阶段充当着重要角色。

《辅导工作方法》(2001年)共有七章七十八条，主要从辅导机构和人员、辅导内容、辅导协议、辅导程序、实施方案和对辅导工作的监管等方面进行了相关规定，为保荐人制度的实施提供了一定的法律基础。

《辅导工作方法》(2001年)第一条明确指出本办法的目的是"为保障股票发行核准制的顺利实施，提高首次公开发行股票公司的素质及规范运作的水平，保证从事辅导工作的证券经营机构(以下称'辅导机构')在首次公开发行股票过程中依法履行职责"。第三条表明总体目标是"促进辅导对象建立良好的公司治理；形成独立运营和持续发展的能力；督促公司的董事、监事、高级管理人员全面理解发行上市有关法律法规、证券市场规范运作和信息披露的要求；树立进入证券市场的诚信意识、法制意识；具备进入证券市场的基本条件。同时促进辅导机构及参与辅导工作的其他中介机构履行勤勉尽责义务"。在本阶段，该办法主要是为了核准制的顺利实施，且保证辅导机构对上市公司进行合适的辅导，使其具备上市的条件。

在《辅导工作方法》(2001年)中，第四条明确规定"辅导期限应至少为一年。辅导期自辅导机构向辅导对象所在地的中国证监会派出机构报送备案材料后，派出机构进行备案登记之日开始计算，至派出机构出具监管报告之日结束"。同时，在第五条中，《辅导工作方法》(2001年)指出辅导工作应当严格遵守"勤勉尽责、诚实守信、突出重点、鼓励创新、责任明确、风险自担"的原则。

《辅导工作方法》(2001年)第二章主要对辅导机构与辅导人员进行相关规定。第六条明确指出"辅导对象聘请的辅导机构应是具有主承销商资格的证券机构以及其他经有关部门认定的机构"。第七条和第九条分别指出"辅导机构应当针对每一个辅导对象组成专门的辅导工作小组"和"辅导机构至少应有三名固定人员参与辅导工作小组",且第九条中要求"辅导工作小组中至少有一人具有担任过首次公开发行股票主承销工作项目负责人的经验。同一人员不得同时担任四家以上企业的辅导工作",这对辅导机构进行了进一步的要求。从此处规定可以了解到,此时我国并未形成"保荐代表人"的说法。虽然要求"辅导人员应具备有关法律、会计等必备的专业知识和技能,有较强的敬业精神"。但是,并未明确提出保荐代表人应具有"专业胜任能力"。第十五条规定"辅导机构可以是辅导对象提出发行上市申请的推荐人或保荐人"。这表明在我国正式提出保荐人制度之前,保荐人的说法已经出现在我国的相关规定上,这为之后保荐人制度的实施提供了法律源头。

《辅导工作方法》(2001年)第三章主要对辅导协议的相关内容进行了有关的规定。《辅导工作方法》(2001年)第十六条指出"辅导机构和辅导对象应本着自愿、平等的原则签订辅导协议。辅导机构与辅导对象还可以订立专门的保密协议"。《辅导工作方法》(2001年)从第十七条至第二十二条对辅导协议的相关内容进行了详细并且具体的规定,后半部分则对辅导机构的行为进行了规定。其中,第二十六条明确提出"辅导机构变更后,新的辅导机构向派出机构明确表示认可前任的辅导工作,承担前任的辅导责任,并承诺按本办法规定的义务在派出机构监管下完成辅导工作的,辅导期可以连续计算。但继任的辅导机构须自前任辅导机构退出辅导之日且新的辅导协议订立之日起至少再辅导半年,其中集中授课时间应不少于10个小时,集中授课次数应不少于3次"。《辅导工作方法》(2001年)考虑了辅导机构变更的问题,并对继任的辅导机构的辅导时间与次数进行了具体要求,这一定程度上通过辅导机构对发行质量进行了控制。

《辅导工作方法》(2001年)第四章和第五章分别主要对辅导内容和实施方案以及辅导程序进行了具体的规定。第四十三条要求"辅导机构在辅导过程中应将有关资料及重要情况汇总,建立'辅导工作底稿',存档备查。辅导工作底稿的存档时间不少于五年"。这为之后可能出现风险时提供了一定的备查资料。

《辅导工作方法》(2001年)第六章主要规定了监管辅导工作的相关规定。第六十二条明确提出"中国证监会对首次公开发行股票前的辅导工作进行监督和指导,派出机构负责辖区内辅导工作的监督管理。派出机构的监管主要采取登记备案监管的形式,重点监管辅导机构履行勤勉尽责义务的情况,定期分析辅导备案材料,核查辅导内容是否完整,辅导计划和实施方案是否得到有效实施,辅导程序是否符合要求"。这明确指出在引入与探索阶段,我国采取的是明显区别于之后采取的"注册监管"的"登记备查案监管"的方式。

第七十四条规定"有下列情形之一的,中国证监会可认定辅导工作不合格:(1)发行人存在重大法律障碍或风险隐患而未在'辅导工作总结报告'中指明的;(2)'辅导工作总结报告'存在虚假记载、误导性陈述或重大遗漏的;(3)中国证监会认定的其他情况"。第七十五条规定"中国证监会对辅导工作认定不合格的,可不受理辅导对象的申请;受理辅导对象的申请文件后发现辅导不合格的,可中止或终止审核"。第七十六条规定"中国证监会将辅导工作情况作为考评主承销商的一项重要内容。经认定辅导工作不合格的,中国证监会可视情况对辅导机构及其有关责任人予以单处或并处通报批评、警告、暂停直至取消辅导业务资格、暂停直至取消从业资格的处罚"。据这三条可知,证监会是通过辅导工作来考核主承销商,当辅导机构及其有关负责人的辅导工作不合格时,将面临通报批评、警告、暂停甚至取消辅导资格的处罚,将视具体情况而定。这种处罚与保荐人制度下对保荐人的处罚相比较轻,很难对辅导机构构成重大影响。

(二)《证券发行上市保荐制度暂行办法》(2004年)

证监会颁布了《证券发行上市保荐制度暂行办法》[以下简称"《保荐暂行办法》(2004年)"],规定从2004年2月1日起开始实施,并取代了《辅导工作方法》。这是我国正式采取保荐人制度后实施的第一部相关法律法规。本法规共七章七十六条,主要对保荐机构和保荐代表人的注册登记、保荐机构的职责、保荐工作规程、保荐工作的协调、监管措施和法律责任等具体进行了相关规定。

《保荐暂行办法》(2004年)第一条明确指出"为规范证券发行上市行为,提高上市公司质量和证券经营机构执业水平,保护投资者的合法权益,促进证券市场健康发展,根据有关法律、行政法规,制定本办法"。本规则的制定除了保证上市公司质量和中介机构执业水平,还保护了广大投资者的合法权益,这有利于证券市场公平、健康地发展。

《保荐暂行办法》（2004年）第三条中首次提出"保荐职责"，并在第四条中规定"保荐机构应当遵守法律、行政法规、证监会的规定和行业规范，诚实守信，勤勉尽责，尽职推荐发行人证券发行上市，持续督导发行人履行相关义务。保荐机构履行保荐职责应当指定保荐代表人具体负责保荐工作"。第五条中规定"保荐机构负责证券发行的主承销工作，依法对公开发行募集文件进行核查，向中国证监会出具保荐意见"。同时，第六条明确指出"发行人及其董事、监事、经理和其他高级管理人员，为发行人提供专业服务的律师事务所、会计师事务所、资产评估机构等中介机构及其签名人员，应当依照法律、行政法规和证监会的规定，承担相应的责任，并配合保荐机构履行保荐职责。保荐机构及其保荐代表人履行保荐职责，不能减轻或者免除发行人及其高管人员、中介机构及其签名人员的责任"。这明确指出保荐机构的主要职责，要求发行人等相关人员与保荐机构相互配合，并对发行人及相关人员进行严格规定以保证保荐业务的顺利进行。

《保荐暂行办法》（2004年）第二章对保荐机构和保荐代表人的注册登记进行了更加详细的规定。第八条明确指出"经中国证监会注册登记并列入保荐机构、保荐代表人名单的证券经营机构、个人，可以依照本办法规定从事保荐工作。未经中国证监会注册登记为保荐机构、保荐代表人并列入名单，任何机构、个人不得从事保荐工作"。由于证券机构或个人从事保荐工作的前提是已在证监会注册登记，保荐代表人名单的出现使得已登记在册的保荐代表人成为保荐业务中各大券商抢夺的对象。

第九条规定"证券经营机构申请注册登记为保荐机构的，应当是综合类证券公司，并向中国证监会提交自愿履行保荐职责的声明、承诺"。同时，第十条明确登记为保荐机构的具体要求，其规定"证券经营机构有下列情形之一的，不得注册登记为保荐机构：（1）保荐代表人数量少于两名；（2）公司治理结构存在重大缺陷，风险控制制度不健全或者未有效执行；（3）最近二十四个月因违法违规被中国证监会从名单中去除；（4）中国证监会规定的其他情形"。第九条和第十条分别对注册为保荐机构的证券经营机构的类型、规模等进行了规定。由于小型券商自身等条件的限制，这导致符合条件的证券经营机构大多是大型券商。在采取通道制的背景下，发行上市数量由通道数量决定。通道的数量受券商拥有的保荐代表人数量的影响，导致了当时存在保荐代表人高薪以及吃空饷的现象。

《保荐暂行办法》（2004年）第十一条指出"个人申请注册登记为保荐代表人的，应当具有证券从业资格、取得执业证书且符合下列要求，通过所任职的保荐机构向中国证监会提出申请，并提交有关证明文件和声明：（1）具备中国证监会规定的投资银行业务经历；（2）参加中国证监会认可的保荐代表人胜任能力考试且成绩合格；（3）所任职保荐机构出具由董事长或者总经理签名的推荐函；（4）未负有数额较大到期未清偿的债务；（5）最近三十六个月未因违法违规被中国证监会从名单中去除或者受到中国证监会行政处罚；（6）中国证监会规定的其他要求"。这项规定的提出使得我国掀起了保荐代表人资格考试热潮。由于规定要求个人需取得执业证书并通过证监会认可的保荐代表人胜任能力考试，这使得众多申请者增加了对通过考试的关注而非胜任能力本身。"重考试、轻业绩"的现象成为当时的一大趋势。

《保荐暂行办法》（2004年）第三章主要是对保荐机构的职责进行了相关规定。第十九条明确指出保荐机构的责任主要划分为两部分，"保荐机构应当尽职推荐发行人证券发行上市。发行人证券上市后，保荐机构应当持续督导发行人履行规范运作、信守承诺、信息披露等义务"。

《保荐暂行办法》（2004年）第二十条规定"保荐机构在推荐发行人首次公开发行股票前，应当按照中国证监会的规定对发行人进行辅导。保荐机构推荐其他机构辅导的发行人首次公开发行股票的，应当在推荐前对发行人至少再辅导六个月"。同时，第二十一条规定"发行人经辅导符合下列要求的，保荐机构方可推荐其股票发行上市：（1）符合证券公开发行上市的条件和有关规定，具备持续发展能力；（2）与发起人、大股东、实际控制人之间在业务、资产、人员、机构、财务等方面相互独立，不存在同业竞争、显失公允的关联交易以及影响发行人独立运作的其他行为；（3）公司治理、财务和会计制度等不存在可能妨碍持续规范运作的重大缺陷；（4）高管人员已掌握进入证券市场所必备的法律、行政法规和相关知识，知悉上市公司及其高管人员的法定义务和责任，具备足够的诚信水准和管理上市公司的能力及经验；（5）中国证监会规定的其他要求"。证监会强调保荐机构要对发行人进行一定时间的辅导使其达到具体的要求后才可上市发行，这在一定程度上保证了上市质量，有利于证券市场的健康发展。

《保荐暂行办法》（2004年）第二十四条要求"保荐机构对发行人公开发行募集文件中有中介机构及其签名人员出具专业意见的内容，应当进行审慎核查，对发行人提供的资料和披露的内容进行独立判断。保荐机构所作的判断与中介机构的专业意见存在重大差异的，应当对有关事项进行调查、复核，并可聘请其他中介机构提供专业服务"。本条强调了保荐机构的职责，要求保荐机构对发行人提供的材料进行核查与判断，这是对保荐业务质量的严格要求，一定程度上提高了上市公司的质量。

《保荐暂行办法》（2004年）第二十九条对持续监督的时间进行了具体的规定，要求"首次公开发行股票的，持续督导的期间为证券上市当年剩余时间及其后两个完整会计年度；上市公司发行新股、可转换公司债券的，持续督导的期间为证券上市当年剩余时间及其后一个完整会计年度。持续督导的期间自证券上市之日起计算"。这保证了保荐机构在股票发行后对发行企业进行严格监督，控制"重发行、轻监督"的不良现象。

《保荐暂行办法》（2004年）第四章主要规定了保荐工作中的各种规程。由于我国保荐人制度规定保荐责任主要由保荐机构来承担，故此部分主要从保荐机构的角度来制定相关规程。《保荐暂行办法》（2004年）第三十四条明确规定"保荐工作档案应当真实、准确、完整，保存期不少于十年"。保荐工作底稿的时间相比于《辅导工作方法》（2001年）中的时间增加了一倍，这表明我国不断加强对保荐工作的监管。保留可供后续查阅的底稿有助于进行事后监管，这一定程度上显示了向事中事后监管发展的趋势。

《保荐暂行办法》（2004年）第四十三条明确指出"发行人证券发行后，保荐机构不得更换保荐代表人，但保荐代表人因调离保荐机构等情形被中国证监会从名单中去除的除外。保荐机构更换保荐代表人的，应当通知发行人，并在五个工作日内向中国证监会、证券交易所报告，说明原因。原保荐代表人应当承担其具体负责保荐工作期间的相应责任"。保荐机构作为保荐业务的重要机构，其变更对保荐业务质量起着决定性作用。本条款对保荐业务由于保荐代表人的变更导致的问题从源头上进行了有效的控制。

《保荐暂行办法》（2004年）第六章对"监管措施和法律责任"进行规定。第五十七条规定"中国证监会建立保荐信用监管系统，对保荐机构和保荐代表人进行持续动态的注册登记管理，将其执业情况、违法违规行为、其他不良行为以及对其采取的监管措施等记录予以公布"。公布保荐机构和保荐代表人的违规行为等管理措施可以有效警示和抑制其他保荐机构和保荐代表人，有助于规范证券市场。第五十八条明确指出"自保荐机构向中国证监会提交推荐文件之日起，保荐机构及其保荐代表人承担相应的责任"。本条对日期的明确规定为保荐机构和保荐代表人的职责判定提供了有力的法律依据。第七十四条规定"保荐机构及其保荐代表人、发行人及其高管人员、中介机构及其签名人员违反法律、行政法规，依法应予行政处罚的，依照有关规定进行处罚；情节严重涉嫌犯罪的，依法移送司法机关，追究其刑事责任"。本条款表明我国严格制止任何违规保荐行为，并对违规中介与人员进行惩罚的法律态度。

(三)《证券法》(2005年修订)

《中华人民共和国证券法》[以下简称"《证券法》(2005年修订)"] 于2005年10月进行第一次修订。参照《关于推进资本市场改革开放和稳定发展的若干意见》中对于"进一步完善股票发行管理体制，推行证券发行上市保荐制度"的建议，本次修订中《证券法》首次加入保荐人的相关规定，这是我国实施保荐人制度过程中的重大里程碑事件。

《证券法》(2005年修订)中第十一条规定"发行人申请公开发行股票、可转换为股票的公司债券，依法采取承销方式的，或者公开发行法律、行政法规规定实行保荐人制度的其他证券的，应当聘请具有保荐资格的机构担任保荐人"。第四十九条规定"申请股票、可转换为股票的公司债券或者法律、行政法规规定实行保荐制度的其他证券上市交易，应当聘请具有保荐资格的机构担任保荐人"。这两条条款明确指出保荐人将参与发行人上市发行，这是保荐人制度实施在法律层面的重要体现。同时，第九条要求"保荐人应当遵守业务规则和行业规范，诚实守信，勤勉尽责，对发行人的申请文件和信息披露资料进行审慎核查，督导发行人规范运作。保荐人的资格及其管理办法由国务院证券监督管理机构规定"。该条款对保荐人的职责、资格等进行了规定，这为保荐人制度提供法律依据的同时推动了我国保荐人制度的实施。

《证券法》(2005年修订)第二十六条明确指出"保荐人应当与发行人承担连带责任，但是能够证明自己没有过错的除外"。这强调了保荐人和发行人的责任是相互联系的，连带责任有利于规范保荐业务，促进我国证券市场的健康发展。

《证券法》(2005年修订)第一百九十二条规定"保荐人出具有虚假记载、误导性陈述或者重大遗漏的保荐书，或者不履行其他法定职责的，责令改正，给予警告，没收业务收入，并处以业务收入一倍以上五倍以下的罚款；情节严重的，暂停或者撤销相关业务许可。对直接负责的主管人员和其他直接责任人员给予警告,并处以三万元以上三十万元以下的罚款;情节严重的,撤销任职资格或者证券从业资格"。本次修订明确了保荐人的责任,并对相关违规行为制定了处罚措施。本条款为违规行为的处罚提供了重要的法律依据,可以有效地降低违规风险,促进保荐业务的良性发展。

(四)《保荐人尽职调查工作准则》(2006年)

为提高保荐业务质量,规范保荐人的尽职调查工作,证监会于2006年5月29日发布《保荐人尽职调查工作准则》[以下简称"《尽调准则》(2006年)"],并自发布之日起施行。《尽调准则》(2006年)共十一章七十七条。

《尽调准则》(2006年)主要有两方面核心内容:一是提出了尽职调查的方法,二是提出了尽职调查的内容。《尽调准则》(2006年)详细规定了尽职调查的内容,包括发行人基本情况调查、业务与技术调查、同业竞争与关联交易调查、高管人员调查、组织结构与内部控制调查、财务与会计调查、业务发展目标调查、募集资金运用调查和风险因素及其他重要事项调查,并且有针对性地列举了尽职调查所运用的方法,为保荐人的尽职调查工作提供指导性的操作规范。

《尽调准则》(2006年)第四条规定"本准则是对保荐人尽职调查工作的一般要求。不论本准则是否有明确规定,凡涉及发行条件或对投资者做出投资决策有重大影响的信息,保荐人均应当勤勉尽责地进行尽职调查"。第五条规定"保荐人尽职调查时,应当考虑其自身专业胜任能力和专业独立性,并确保参与尽职调查工作的相关人员能够恪守独立、客观、公正的原则,具备良好的职业道德和专业胜任能力"。上述规定对保荐人在尽职调查中的勤勉尽责、保持客观独立提出了要求。

另外,《尽调准则》(2006年)明确了保荐人尽职调查与其他中介机构意见的关系,强调了保荐人进行独立判断的能力。第六条规定"对发行人公开发行募集文件中无中介机构及其签名人员专业意见支持的内容,保荐人应当在获得充分的尽职调查证据并对各种证据进行综合分析的基础上进行独立判断;对发行人公开发行募集文件中有中介机构及其签名人员出具专业意见的内容,保荐人应当结合尽职调查过程中获得的信息对专业意见的内容进行审慎核查;对专业意见存有异议的,可要求其做出解释或出具依据;发现专业意见与尽职调查过程中获得的信息存在重大差异的,应当对有关事项进行调查、复核,并可聘请其他中介机构提供专业服务"。

《尽调准则》（2006年）第四十一条规定"对经注册会计师审计或发表专业意见的财务报告及相关财务资料的内容进行审慎核查。审慎核查时，不仅需关注会计信息各构成要素之间是否相匹配，还需关注会计信息与相关非会计信息之间是否相匹配，特别是应将财务分析与发行人实际业务情况相结合，关注发行人的业务发展、业务管理状况，了解发行人业务的实际操作程序、相关经营部门的经营业绩，对发行人财务资料做出总体评价。在此基础上，对重要的财务事项进行重点核查"。该条款强调了保荐人在进行尽职调查和业务核查时要特别关注的重要事项，注重保荐人的财务分析和独立判断能力，提升保荐业务质量。

（五）《证券发行上市保荐业务管理办法》（2008年）

证监会于2008年10月颁布《证券发行上市保荐业务管理办法》[以下简称"《保荐管理办法》（2008年）"]，并于2008年12月1日起开始实施。同时，废止之前采用的《辅导工作方法》以及《保荐暂行办法》。《保荐管理办法》（2008年）共有七章七十八条，分别对保荐机构和保荐代表人的资格管理、保荐职责、保荐业务规程、保荐业务协调以及监管措施和法律责任等方面进行了详细规定。

《保荐管理办法》（2008年）第一条明确指出本办法的主要目的是"为了规范证券发行上市保荐业务，提高上市公司质量和证券公司执业水平，保护投资者的合法权益，促进证券市场健康发展，根据《证券法》《国务院对确需保留的行政审批项目设定行政许可的决定》（国务院令第412号）等有关法律、行政法规，制定本办法"。

《保荐管理办法》（2008年）第四条规定"保荐机构及其保荐代表人应当遵守法律、行政法规和中国证监会的相关规定，恪守业务规则和行业规范，诚实守信，勤勉尽责，尽职推荐发行人证券发行上市，持续督导发行人履行规范运作、信守承诺、信息披露等义务。保荐机构及其保荐代表人不得通过从事保荐业务谋取任何不正当利益"。本条款与《保荐暂行办法》第四条相比，增加了对保荐代表人的相关要求和恪守业务规则和行业规范的要求。同时，本办法对持续督导的义务进行了更为具体的补充，说明我国不断增强对保荐人事后监督的重视。

《保荐管理办法》（2008年）增加了对保荐代表人的要求，在第五条中要求"保荐代表人应当遵守职业道德准则，珍视和维护保荐代表人职业声誉，保持应有的职业谨慎，保持和提高专业胜任能力。保荐代表人应当维护发行人的合法利益，对从事保荐业务过程中获知的发行人信息保密。保荐代表人应当恪守独立履行职责的原则，不因迎合发行人或者满足发行人的不当要求而丧失客观、公正的立场，不得唆使、协助或者参与发行人及证券服务机构实施非法的或者具有欺诈性的行为。保荐代表人及其配偶不得以任何名义或者方式持有发行人的股份"。我国首次对保荐代表人的职业道德、职业声誉、职业谨慎以及专业能力提出具体的要求。保荐代表人作为保荐业务的核心要素，该条款对其行为进行有效约束，有利于从根本上提高保荐业务的质量。

《保荐管理办法》（2008年）的第二章丰富了对保荐机构和保荐代表人进行资格管理的相关规定。《保荐管理办法》（2008年）第九条对证券公司申请保荐机构资格的条件进行了详细的列示，取消对保荐机构必须为综合类保荐机构的要求，而对保荐机构的注册资本、从业人员、符合保荐代表人资格条件的从业人员等方面进行了规定，一定程度上缓解了大型券商对保荐业务的垄断行为。

《保荐管理办法》（2008年）增加了对个人申请保荐代表人资格的条件进行了具体的规定。第十一条规定"具备3年以上保荐相关业务经历；最近3年内在本办法第二条规定的境内证券发行项目中担任过项目协办人"。相比于《保荐暂行办法》（2004年），其增加了对保荐相关业务经历和担任项目协助人时间的具体限制，良好地控制了保荐代表人的职业能力。同时，第十六条规定"个人通过中国证监会认可的保荐代表人胜任能力考试或者取得保荐代表人资格后，应当定期参加中国证券业协会或者中国证监会认可的其他机构组织的保荐代表人年度业务培训。保荐代表人未按要求参加保荐代表人年度业务培训的，中国证监会撤销其保荐代表人资格；通过保荐代表人胜任能力考试而未取得保荐代表人资格的个人，未按要求参加保荐代表人年度业务培训的，其保荐代表人胜任能力考试成绩不再有效"。本条款要求保荐代表人定期参加培训，要求保荐代表人不断提高自身的胜任能力而非简单的考试成绩，这一定程度上纠正了重考试轻业绩的不良趋势。

《保荐管理办法》（2008年）第三章对保荐机构的保荐职责进行了相关规定。第二十五条明确规定"保荐机构在推荐发行人首次公开发行股票并上市前，应当对发行人进行辅导，对发行人的董事、监事和高级管理人员、持有5%以上股份的股东和实际控制人（或者其法定代表人）进行系统的法规知识、证券市场知识培训，使其全面掌握发行上市、规范运作等方面的有关法律法规和规则，知悉信息披露和履行承诺等方面的责任和义务，树立进入证券市场的诚信意识、自律意识和法制意识"。本条款对保荐业务中保荐机构对发行人的辅导内容进行了具体和详细的规定。辅导对象涉及发行公司重要成员，并对其进行多方面规则和义务的辅导，这有助于提高上市公司质量、降低事中事后风险、提高保荐业务整体水平。

《保荐管理办法》（2008年）第四章主要规定了保荐业务规程的相关要求。第四十三条规定"保荐机构及其控股股东、实际控制人、重要关联方持有发行人的股份合计超过7%，或者发行人持有、控制保荐机构的股份超过7%的，保荐机构在推荐发行人证券发行上市时，应联合一家无关联保荐机构共同履行保荐职责，且该无关联保荐机构为第一保荐机构"。本条款对发行人与保荐机构存在一定关联时应采取联合保荐的方式进行了规定，无关联保荐机构的参与一定程度上可以保证保荐业务规范的进行，降低违规行为产生的风险，这有助于资本市场健康发展。

《保荐管理办法》（2008年）第五章对保荐业务协调的相关内容进行了规定。相比《保荐暂行办法》（2004年），本办法第五十四条增加了保荐代表人履行保荐职责时可以对发行人行使的权力。其规定保荐代表人及保荐机构可以行使"（3）列席发行人的股东大会、董事会和监事会；（4）对发行人的信息披露文件及向中国证监会、证券交易所提交的其他文件进行事前审阅；（5）对有关部门关注的发行人相关事项进行核查，必要时可聘请相关证券服务机构配合"等权利。同时，第五十八条规定"发行人为证券发行上市聘用的会计师事务所、律师事务所、资产评估机构以及其他证券服务机构，保荐机构有充分理由认为其专业能力存在明显缺陷的，可以向发行人建议更换"。保荐机构权利的增加以及可向发行人建议更换其他中介机构，这在一定程度上扩大了保荐机构的权利范围，这使得我国保荐业务正在逐渐市场化。

《保荐管理办法》（2008年）第六章规定了保荐业务中的监管措施和相关法律责任。第六十六条规定"保荐机构、保荐代表人、保荐业务负责人和内核负责人违反本办法，未诚实守信、勤勉尽责地履行相关义务的，中国证监会责令改正，并对其采取监管谈话、重点关注、责令进行业务学习、出具警示函、责令公开说明、认定为不适当人选等监管措施；依法应给予行政处罚的，依照有关规定进行处罚；情节严重涉嫌犯罪的，依法移送司法机关，追究其刑事责任"。同时，第七十九条规定"发行人及其董事、监事、高级管理人员、证券服务机构及其签字人员违反法律、行政法规，依法应予行政处罚的，依照有关规定进行处罚；涉嫌犯罪的，依法移送司法机关，追究其刑事责任"。这两条条款明确规定违规行为将可能会导致刑事责任，这使得本办法对部分违规行为起到了一定的警示作用，并为本办法的实施提供了法律保障，有助于规范资本市场行为。

二、发展阶段

自保荐人制度实施以来，我国上市公司质量得到了较大程度的提高，发行秩序也得到了进一步的规范。我国也在对保荐人制度进行不断完善，以充分发挥其保荐作用，促进资本市场的健康发展。2009年至2018年，资本市场经历了保荐人制度的发展阶段，从法律法规上不断对其进行调整与完善。

（一）《证券发行上市保荐业务管理办法》（2009年修订）

2009年5月14日证监会通过了《关于修改〈证券发行上市保荐业务管理办法〉的决定》。本次修改后的《保荐管理办法》（2009年修订）于2009年6月14日开始实施。

本次重大变动主要是对第三十六条进行了修改，第一款修改为"首次公开发行股票并在主板上市的，持续督导的期间为证券上市当年剩余时间及其后2个完整会计年度；主板上市公司发行新股、可转换公司债券的，持续督导的期间为证券上市当年剩余时间及其后1个完整会计年度"。本次修改延长持续督导时间，一定程度上抑制了"只荐不保"的现象，强化了事后的持续督导功能，有助于证券市场健康发展。本次修改中对第三十六条内容进行了扩充，增加了一款作为第二款内容。其规定"首次公开发行股票并在创业板上市的，持续督导的期间为证券上市当年剩余时间及其后3个完整会计年度；创业板上市公司发行新股、可转换公司债券的，持续督导的期间为证券上市当年剩余时间及其后2个完整会计年度"。本次修订对在主板上市和创业板上市的股票进行了区分，采取不同的持续督导规定。同时，第七十二条第（2）项修改为"公开发行证券并在主板上市当年营业利润比上年下滑50%以上"。本条款考虑了创业板企业具有高风险性、业绩不稳定性大等因素，在创业板取消了发行人当年营业利润同比下滑50%以上的，将对相关保荐代表人采取相应监管措施的要求。由于创业板企业的业绩等可能不会受保荐机构的努力而发生改变，如果继续沿用原条款，连带责任可能会对保荐人造成一定的打击。因此，本次修订一定程度上保证了保荐业务的正常顺利进行。

在本次修订中增加对保荐机构的规定并作为第三十六条第三款,要求"首次公开发行股票并在创业板上市的,持续督导期内保荐机构应当自发行人披露年度报告、中期报告之日起 15 个工作日内在中国证监会指定网站披露跟踪报告,对本办法第三十五条所涉及的事项,进行分析并发表独立意见。发行人临时报告披露的信息涉及募集资金、关联交易、委托理财、为他人提供担保等重大事项的,保荐机构应当自临时报告披露之日起 10 个工作日内进行分析并在中国证监会指定网站发表独立意见"。本次修订对涉及创业板上市的保荐机构提出了更高的要求,这一定程度上强调了事后监管,有利于规范保荐业务行为。

(二)《证券发行上市保荐业务管理办法》(2017 年修订)

根据《国务院办公厅关于进一步做好"放管服"改革涉及的规章、规范性文件清理工作的通知》(国办发〔2017〕40 号)要求,证监会于 2017 年对《保荐管理方法》进行了部分修订。修订后的《保荐管理办法》(2017 年修订)第五十九条要求"中国证监会对保荐机构及其相关人员进行持续动态的跟踪管理,记录其业务资格、执业情况、违法违规行为、其他不良行为以及对其采取的监管措施等。保荐信用记录向社会公开"。由原来的"必要时进行记录"变化为"动态跟踪管理",体现出我国不断加强对保荐机构及其相关人员的监管。

本次修订中,《保荐管理办法》(2017 年修订)的第十五条、十七条均删去了"保荐代表人"。同时,第十二条删去了"对保荐代表人资格的申请,自受理之日起 20 个工作日内做出核准或者不予核准的书面决定"的规定。这表明修订后的管理办法不再要求证监会对保荐代表人进行注册登记管理,这一定程度上放松了政府相关机构对保荐业务的管制,有利于充分发挥市场作用,促进保荐业务以及证券市场的发展。

三、完善阶段

自 2019 年至今,由于注册制的实施,我国保荐人制度进入不断完善的阶段。我国现行关于保荐人的规则主要见于《证券法》《证券发行上市保荐业务管理办法》和《保荐人尽职调查工作准则》等规范性文件。保荐人制度为适应注册制等新的发行制度也在进行不断改进,以谋求资本市场的进一步发展。

(一)《证券法》(2019 年修订)

2019 年 12 月 28 日第十三届全国人民代表大会常务委员会第十五次会议对

《证券法》进行了第二次修订[以下简称"《证券法》(2019年修订)"]。修改后的《证券法》于2020年3月1日起正式施行。本次修订的《证券法》全面推行注册制,以加强对投资者的保护,促进我国资本市场更加蓬勃发展。在本次修订中,与保荐人制度相关的内容变动相对并不大,基本保留了2005年修订后的相关内容。

本次修订中,第十条修订后规定"发行人申请公开发行股票、可转换为股票的公司债券,依法采取承销方式的,或者公开发行法律、行政法规规定实行保荐制度的其他证券的,应当聘请证券公司担任保荐人"。将原来的"聘请具有保荐资格的机构"更换为"聘请证券公司"。同时,由原来的"保荐人的资格及其管理办法由国务院证券监督管理机构规定"修订为"保荐人的管理办法由国务院证券监督管理机构规定"。此处修订取消了国务院对"资格"的直接管理,降低政府等机构对保荐业务的影响,不断推进市场化。

本次修订中对保荐人违规行为的惩罚进行了更加详细的规定。《证券法》(2019年修订)第一百八十二条规定"保荐人出具有虚假记载、误导性陈述或者重大遗漏的保荐书,或者不履行其他法定职责的,责令改正,给予警告,没收业务收入,并处以业务收入一倍以上十倍以下的罚款;没有业务收入或者业务收入不足一百万元的,处以一百万元以上一千万元以下的罚款;情节严重的,并处暂停或者撤销保荐业务许可。对直接负责的主管人员和其他直接责任人员给予警告,并处以五十万元以上五百万元以下的罚款"。相比于之前的规定,本次修订后罚款金额由原来的五倍以下变为十倍以下,由原来的三万以上三十万元以下修订为五十万元以上五百万元以下。违规行为处罚程度的加深有利于对保荐人的违规行为进行管控,有利于引导保荐人发挥"看门人"责任。

(二)《证券发行上市保荐业务管理办法》(2020年修订)

保荐人制度作为保荐业务中的关键要素之一,随着注册制的实施,证监会不断对其进行修订以便于更好地发挥监管作用。2020年6月1日,证监会通过《证券发行上市保荐业务管理办法》[以下简称"《保荐管理办法》(2020年修订)"],该办法自公布之日开始实施。

1. 《保荐管理办法》修订目的

本次修订主要是为了配合《证券法》的实施和创业板注册制等改革而进行的配套衔接活动。注册制对中介机构的专业能力和执业质量要求更高,体现了修订本办法的重要性。

一方面，本次修订目的在于与新《证券法》进行衔接。本次修订对于保荐业务程序相关的一系列条款都进行了调整，要求证券交易所在保荐过程中要实行自律监管，同时保荐机构也应当最大程度地配合证券交易所的审核工作。这要求保荐机构与交易所之间进行高度的相互配合以获得保荐业务的规范进行。同时，本次对保荐代表人资格管理相关条款进行了一定的变动。更加强调保荐人的事后监督而不是事前资格准入，也相继将暂停、撤销保荐人资格等监管措施改为将其认定为不适当人选。这一定程度上提高了保荐代表人的资格质量，强调了保荐业务各个阶段中监管的重要性。

另一方面，本次修订意在落实注册制改革要求。主要从四个方面进行了修订。一是落实发行方责任。发行人及其实际控制人、控股股东等应当配合保荐代表人的工作，对于未履行相关义务者给予相应处罚。二是明确保荐机构责任。制定保荐机构执业要求细则，督促其履行义务，提高保荐业务质量，另外，还需明确保荐机构对证券服务机构专业意见的核查义务。三是完善保荐机构内部控制机制。保荐机构内控机制要权责分明并相互制衡，保荐业务应当被纳入公司整体合规管理和风险控制范围内，同时，还需要进一步强化对保荐代表人的管控，并制定相应处罚机制。四是强化对保荐机构的问责力度。应当扩大保荐人员的问责范围，对于违反规定者加大处罚力度并探索多样化的监管措施，在实质上提高违法成本。

此外，本次还将科创板持续督导期对境外企业上市辅导验收等散落在其他法律法规之中的规定收入《保荐管理办法》（2020年修订）中，优化上市辅导安排，为我国注册制改革提供坚实的后盾。

2.《保荐管理办法》修订内容

《保荐管理办法》（2020年修订）为了配合新《证券法》的事实与注册制的改革对部分条款进行了调整。本次修订后，《证券发行上市保荐业务管理办法》共有七章八十三条，分别从保荐业务资格管理、保荐职责、保荐业务规程、保荐业务协调、监管措施与法律责任等方面进行具体的规定。同时，本办法自公布之日开始实施，并废止2008年发布的《证券发行上市保荐业务管理办法》（证监会令第58号）。

在本次修订中，《保荐管理办法》（2020年修订）第四条明确规定"保荐机构履行保荐职责，应当指定品行良好、具备组织实施保荐项目专业能力的保荐代表人具体负责保荐工作。保荐代表人应当熟练掌握保荐业务相关的法律、会计、财务管理、税务、审计等专业知识，最近5年内具备36个月以上保荐相关业务经历、最近12个月持续从事保荐相关业务，最近3年未受到证券交易所等自律组织的重大纪律处分或者中国证监会的行政处罚、重大行政监管措施。中国证券业协会制定保荐代表人自律管理规范，组织非准入型的水平评价测试，保障和提高保荐代表人的专业能力水平"。本次修订后，管理办法对保荐代表人的品行、能力、专业知识等方面进行了具体的要求，不再要求保荐代表人通过考试且签过项目协办人。这在一定程度上增加了对事中事后的监管压力，强调了事中事后监管的重要性。

《保荐管理办法》（2020年修订）第八条明确指出"发行人及其控股股东、实际控制人、董事、监事、高级管理人员，为证券发行上市制作、出具有关文件的律师事务所、会计师事务所、资产评估机构等证券服务机构及其签字人员，应当依照法律、行政法规和中国证监会、证券交易所的规定，配合保荐机构及其保荐代表人履行保荐职责，并承担相应的责任。保荐机构及其保荐代表人履行保荐职责，不能减轻或者免除发行人及其控股股东、实际控制人、董事、监事、高级管理人员、证券服务机构及其签字人员的责任"。本次修订明确要求保荐业务中涉及的上市公司相关人员与相关机构应承担相应的责任，一定程度上强化了发行公司相关人员及有关机构的责任，有利于落实注册制改革。

《保荐管理办法》（2020年修订）第十五条修订后要求"保荐机构应当在每一会计年度结束之日起4个月内向其住所地的中国证监会派出机构报送年度执业报告"。报送年度执业报告时间由"每年4月份"修订为"每一会计年度结束之日起4个月内"，放宽了报送时间，把自主权交给了保荐机构。

本次修订中《保荐管理办法》（2020年修订）自二十四条起至二十七条均增加了对实施注册制的板块的相关要求。修订后，本办法分别要求"在实施证券发行注册制的板块，保荐机构应当向证券交易所提交前款规定的与保荐业务有关的文件；在实施证券发行注册制的板块，前款规定的与保荐业务有关文件的内容要求和报送要求由证券交易所具体规定；在实施证券发行注册制的板块，前款规定的上市保荐书承诺事项由证券交易所具体规定；在实施证券发行注册制的板块，保荐机构应当配合证券交易所、中国证监会的发行上市审核和注册工作，并按规定承担相应工作"。增加对实施注册制板块的要求符合本次修订的主要目的，配合了创业板注册制改革，为中国资本市场的健康发展提供了一定的法律保障。

修订后的《保荐管理办法》(2020年修订)第三十一条规定"保荐机构应当建立分工合理、权责明确、相互制衡、有效监督的内部控制组织体系,发挥项目承做、质量控制、内核合规风控等的全流程内部控制作用,形成科学、合理、有效的保荐业务决策、执行和监督等机制,确保保荐业务纳入公司整体合规管理和风险控制范围"。本次修订对保荐机构进行合理分工、内控流程、风险控制等内容进行了明确的规定。这突出了本次强化保荐机构内部控制的目的。同时,第三十二条规定"保荐机构应当建立健全并执行覆盖全部保荐业务流程和全体保荐业务人员的内部控制制度,包括但不限于立项制度、质量控制制度、问核制度、内核制度、反馈意见报告制度、风险事件报告制度、合规检查制度、应急处理制度等,定期对保荐业务内部控制的有效性进行全面评估,保证保荐业务负责人、内核负责人、保荐业务部门负责人、保荐代表人、项目协办人及其他保荐业务相关人员勤勉尽责,严格控制风险,提高保荐业务整体质量"。本次修订对保荐机构的内部控制制度进行了更加详细的要求,有助于保荐业务质量的提高与保荐业务的规范进行,有利于落实注册制改革。

在本次修订的《保荐管理办法》(2020年修订)中,第四十二条要求"保荐机构及其控股股东、实际控制人、重要关联方持有发行人股份的,或者发行人持有、控制保荐机构股份的,保荐机构在推荐发行人证券发行上市时,应当进行利益冲突审查,出具合规审核意见,并按规定充分披露。通过披露仍不能消除影响的,保荐机构应联合一家无关联保荐机构共同履行保荐职责,且该无关联保荐机构为第一保荐机构"。本次修订后的办法取消了对"控制保荐机构的股份超过7%"的限制,这放宽了对联合保荐的要求,给予了券商更大的自主空间,符合市场的实际发展要求。同时,券商自主权的增加也给其风险管理与控制等方面带来更大的挑战,有助于资本市场朝着更加稳健、成熟的方向发展。

修订后的《保荐管理办法》(2020年修订)第五十三条明确规定"发行人应当为保荐机构及时提供真实、准确、完整的财务会计资料和其他资料,全面配合保荐机构开展尽职调查和其他相关工作。发行人的控股股东、实际控制人、董事、监事、高级管理人员应当全面配合保荐机构开展尽职调查和其他相关工作,不得要求或者协助发行人隐瞒应当披露的信息"。在保荐业务中,保荐机构与发行人应互相配合。修订后的办法对发行人与保荐机构进行充分的协调,以共同促进保荐业务的规范运行。

《保荐管理办法》(2020年修订)第六十一条规定"证券服务机构及其签

字人员应当严格按照依法制定的业务规则和行业自律规范，审慎履行职责，作出专业判断与认定，对保荐机构提出的疑义或者意见，应当保持专业独立性，进行审慎的复核判断，并向保荐机构、发行人及时发表意见。证券服务机构应当建立并保持有效的质量控制体系，保护投资者合法权益。证券服务机构应当妥善保存客户委托文件、核查和验证资料、工作底稿以及与质量控制、内部管理、业务经营有关的信息和资料"。新办法要求证券服务机构加强内部控制，建立有效的质量控制体系，有助于有效提高保荐业务质量，从证券服务机构责任与控制方面落实注册制的改革。

本次修订中第六十七条和第六十八条分别要求"中国证监会可以视情节轻重，暂停保荐业务资格3个月到36个月；中国证监会可以根据情节轻重，在3个月到36个月内不受理相关保荐代表人具体负责的推荐"。同时，第七十条规定"中国证监会可以暂停保荐机构的保荐业务资格12个月到36个月，责令保荐机构更换相关负责人，对保荐代表人采取认定为不适当人选的监管措施"。本次办法均将最长处罚时间增加至36个月，增加了对违规行为的处罚力度，提高了违规成本。

《保荐管理办法》（2020年修订）第七十七条修订后明确规定"发行人及其控股股东、实际控制人、董事、监事、高级管理人员未有效配合保荐机构及其保荐代表人开展尽职调查和其他相关工作的，中国证监会可以责令改正，并对相关单位和责任人员采取监管谈话、重点关注、出具警示函、责令公开说明等监管措施。情节严重的，采取12个月到60个月内不接受相关单位及其控制的下属单位公开发行证券相关文件，对责任人采取认定为不适当人选等监管措施，或者采取证券市场禁入的措施"。在实施注册制的背景下，本次修订规定发行人及相关人员的责任并明确相关处罚，对发行人及相关人员的责任进行了强化，有助于落实注册制改革。

（三）《保荐人尽职调查工作准则》（2022年修订）

为进一步提高保荐机构尽职调查工作质量，证监会于2022年5月27日对《保荐人尽职调查工作准则》进行修订［以下简称"《尽调准则》（2022年修订）"］，自发布之日起施行。《尽调准则》（2022年修订）主要修订的内容如下：

首先，明确保荐人在尽职调查中合理依赖的资料。明确保荐人在履行审慎核查义务、进行必要调查和复核的基础上，可以合理依赖发行人申请文件、证券发行募集文件中有证券服务机构出具专业意见的内容。同时明确，保荐人应评估证券服务机构及参与人员的相关工作是否具有充分、可靠的基础，评估内容包括相关机构及人员的胜任能力与独立性、核查范围是否受限、核查资料是否充分、核查程序是否充分恰当,必要时采取询问、查阅、走访、函证、抽盘等手段反向印证。此外,还明确如果尽职调查工作中存在选聘审计、资产评估、法律顾问、财务顾问、咨询顾问等第三方提供与尽职调查有关服务的情形的,保荐人应合理使用第三方外聘机构,不得将法定职责予以外包,保荐人应当依法承担的责任不因聘请第三方而减轻或免除。

其次,充分考虑行业业态新颖、抽象、复杂等情况,将保荐人"荐"的职责提到更重要位置。充分发挥保荐人在投资价值判断方面的前瞻性作用,对于行业业态或发行人业务新颖、抽象、复杂、稀缺的或一些特定的业务模式也提出了核查的要求。

最后,对《尽调准则》(2006年)中未涉及的一些尽职调查事项进行补充,红筹架构、特别投票权、协议控制、在其他证券市场上市/挂牌、契约型资管产品和契约型私募投资基金入股、发行人未实现盈利或最近一期存在累计未弥补亏损、业务高度依赖信息系统、投资者保护、估值、板块定位等需要核查的事项。结合会计准则的变化,对《尽调准则》(2006年)未涉及的合同资产等内容进行了补充,还增加了商誉、政府补助等一些重点事项的核查要求。

第三节 注册制的发行条件和保荐人的任职资格

一、注册制的发行条件

(一)科创板的发行条件

根据上交所2019年3月1日发布的《上海证券交易所科创板股票上市规则》,发行人拟在上交所科创板上市需要满足的条件如下:

第一,符合中国证监会规定的发行条件。证监会主要的职责是监督和管理全国证券期货市场,并负责制定和修改证券期货市场的法律和法规,以此维护正常的市场秩序。证监会针对想要上市发行的企业作了相关的规定,具体表现在下面几个方面:(1)披露信息必须真实,即发行人披露出来的信息必须是真实的,不得存在虚假行为,或是有重大遗漏;(2)主体的设立必须合法,即发行人主体的设立必须是建立在合法的基础上,并且发行上市的时候,还必须是处于合法存续的状态,并且公司性质为股份有限公司;(3)经营时间为 3 年以上,即公司成立后,持续经营的时间要在 3 年以上;(4)资产方面无纠纷,即在注册资本方面要缴纳完毕,并且主要资产方面不存在重大权属纠纷;(5)发行人公司年内主要业务和高层无重大变动,即公司的主营业务不能发生非常大的改变,公司的董事、高级管理员也不能存在非常大的变动,也就是说实际控制人不能发生变动;(6)股权清晰,即发行上市的公司股权方面要有非常清晰的呈现,并且股东之间不存在非常重大的权属纠纷。

第二,发行后股本总额不低于人民币 3000 万元。

第三,公开发行的股份占公司股份总数的比例在 25% 以上;公司股本总额超过 4 亿元的,公开发行股份的比例为 10% 以上。

第四,市值及财务指标符合规定的标准(五套标准)。发行人申请在上交所科创板上市,市值及财务指标应当至少符合下列标准中的一项:(1)同时满足预计市值不低于 10 亿元人民币、最近两年净利润为正且累计净利润不低于 5000 万人民币或者最近一年净利润为正且营业收入不低于 1 亿元人民币;(2)预计市值不低于 15 亿元人民币,最近一年营业收入不低于人民币 2 亿元且最近三年累计研发投入占最近三年累计营业收入的比例不低于 15%;(3)预计市值不低于 20 亿元人民币,最近一年营业收入不低于人民币 3 亿元,且最近三年经营活动产生的现金流量净额累计不低于 1 亿元人民币;(4)预计市值不低于 30 亿元人民币,且最近一年营业收入不低于 3 亿元人民币;(5)预计市值不低于 40 亿元人民币,主营业务或核心产品已取得阶段性成果,未来发展空间大。医药企业的核心产品应当至少有一项已开展临床试验,其他企业应当具备明显的技术优势或满足其他条件。其中,净利润以扣除非经常性损益前后的孰低者为准,所称净利润、营业收入、经营活动产生的现金流量净额均指经审计的数值。

第五,满足上交所规定的其他上市条件。

科创板的上市条件相对更包容,涵盖范围更广。目前,A 股上市以持续盈利为必要条件,完全将亏损企业排除在外。科创板制定了五套以市值为基础的上市标准,具备不同发展模式或处于不同发展阶段的企业可以适用不同的上市标准,所以那些具有高成长性的企业,即使尚未盈利,只要达到一定的市值门槛,就可以申请上市。几套财务指标互为因果,当下盈利能力越好,市值门槛就越低；如果当下不盈利，企业发展前景获得市场认可，符合相应的预计市值要求，也满足上市发行条件，同样可以登陆科创板。这样的设置，为更多科创企业上市融资提供了可能。

（二）科创属性的认定规则

1. 《科创属性评价指引（试行）》（2020年）

中国证监会于2020年3月20日制定了《科创属性评价指引（试行）》［简称"《评价指引》（2020年）"］，《评价指引》（2020年）进一步解释科创属性的内涵，并具体地提出了科创属性的评价指标体系。

科创属性评价指标体系采用"3+5"结构，包括三项常规指标和五项例外条款。当企业同时满足三项常规指标就可以被认定为具备科创属性；当无法同时满足三项常规指标，但满足五项例外条款中的一项时，同样可以视同为具备科创属性。该评价指标体系弹性较大且易于操作，深刻体现了我国资本市场对科创企业的包容性。

科创属性评价的三项常规指标分别是：（1）最近三年研发投入占营业收入比例5%以上，或最近三年研发投入金额累计在6000万元以上；（2）形成主营业务收入的发明专利5项以上；（3）最近三年营业收入复合增长率达到20%，或最近一年营业收入金额达到3亿元。常规指标既体现了坚守科创板定位的总体要求，又与我国科技发展的实际情况相接轨，进一步强化了科创板企业应有的科技创新属性。

科创属性评价的五项例外条款分别是：（1）发行人拥有的核心技术经国家主管部门认定具有国际领先、引领作用或者对于国家战略具有重大意义；（2）发行人作为主要参与单位或者发行人的核心技术人员作为主要参与人员，获得国家科技进步奖、国家自然科学奖、国家技术发明奖，并将相关技术运用于公司主营业务；（3）发行人独立或者牵头承担与主营业务和核心技术相关的"国家重大科技专项"项目；（4）发行人依靠核心技术形成的主要产品（服务），属于国家鼓励、支持和推动的关键设备、关键产品、关键零部件、关键材料等，并实现了进口替代；（5）形成核心技术和主营业务收入的发明专利（含国防专利）合计50项以上。《科创板首次公开发行股票注册管理办法（试行）》提出要"优先支持符合国家战略，拥有关键核心技术，科技创新能力突出的企业到科创板发行上市"，五项例外条款就是对该要求的细化和落实，也是对三项常规指标的进一步补充。

《评价指引》（2020年）提出的科创属性评价指标体系是在现阶段科创企业发展现状的基础上确定的，有利于资本市场更好地发挥其提升科技创新能力和实体经济竞争力的支持功能，并进一步深化供给侧改革，促进资本市场服务实体经济的高质量发展。

2. 《科创属性评价指引（试行）》（2021年修订）

2021年4月16日，中国证监会就科创板《科创属性评价指引（试行）》作出修订［简称"《评价指引》（2021年修订）"］，将科创属性评价指标由原来三项常规指标增加到四项，例外条款不变，旨在培育出更多具有硬科技实力和市场竞争力的创新企业，这既是科创板制度改革的目标，更是检验科创板是否成功的一个重要标准。《评价指引》（2021年修订）是科创板一项重要的制度调整，此次修订的主要内容包括：

（1）增加一项常规指标，即研发人员占比超过10%。修改后科创板"3+5"的评价体系变成了"4+5"，进一步丰富了科创属性的判断维度，充分体现了科技人才在创新中的核心作用。

（2）对支持类、禁止类和限制类等各领域的科创板企业进行分类处理，建立负面清单制度。包括鼓励一系列"硬科技"企业在科创板上市，包括高端装备、新一代信息系统等六大行业；对于金融科技、模式创新等类型企业在科创板上市的要求更加严格；房地产和主要从事金融投资业务的企业不再允许在科创板上市。

（3）进一步完善科技咨询工作规则中的专家库和征求意见制度。该修订能够通过完善工作机制、增加在科技管理、产业规划等领域的委员数量，充分发挥交易所科技咨询委的作用。

（4）交易所在上市审核中遵循实质重于形式的原则，更加关注发行人自我评价的客观程度，保荐机构对于科创属性核查的充分度，同时还进行综合判断。将定性和定量地对科创板"硬科技"进行评价，严格禁止研发投入注水、夸大科技技术标准、突击购买专利和科创技术行业分类不准确等行为，落实保荐机构责任，证监会也将强化对科创属性标准判定的监管。

《评价指引》（2021年修订）进一步明确了科创板支持方向、行业领域，科创属性指标等科创属性要求，并细化了对发行人科创属性是否符合科创板定位的披露和核查要求，进一步完善了科创属性评价指标体系，将有助于推进科创板持续健康发展，更好地服务国家科技创新战略。

（三）创业板的发行条件

根据深交所于 2020 年 6 月 12 日发布的《深圳证券交易所创业板股票上市规则》（2020 年修订），发行人申请在深圳证券交易所创业板上市，应当满足下列要求：

第一，符合中国证监会规定的创业板发行条件。中国证监会在《首次公开发行股票并在创业板上市管理办法》（2018 修正）中规定，发行人申请首次公开发行股票应当符合下列条件：（1）发行人是依法设立的股份有限公司且持续经营三年以上。由有限责任公司按原账面价值变更的股份有限公司，其可从公司成立之日起计算持续经营时间；（2）最近两年连续盈利且累计净利润不少于一千万，或者最近一年盈利且营业收入不少于五千万；（3）最近一期末净资产不少于二千万元，且不存在未弥补亏损；（4）发行后股本总额不少于三千万元。

第二，发行后股本总额不低于 3000 万元。

第三，公开发行的股份达到公司股份总数的 25% 以上；公司股本总额超过 4 亿元的，公开发行股份的比例为 10% 以上。

第四，市值及财务指标符合规定的标准。发行人为境内企业且不存在表决权差异安排的，市值及财务指标应当至少符合下列标准中的一项：（1）最近两年净利润均为正，且累计净利润不低于 5000 万元；（2）预计市值不低于 10 亿元，最近一年净利润为正且营业收入不低于 1 亿元；（3）预计市值不低于 50 亿元，且最近一年营业收入不低于 3 亿元。如果是营业收入增长较快、拥有领先技术和在同行业中处于优势地位的尚未在境外上市红筹企业，申请创业板上市其市值和财务指标应当满足下列标准：（1）预计市值不低于 100 亿元，且最近一年净利润为正；（2）预计市值不低于 50 亿元，最近一年净利润为正且营业收入不低于 5 亿元。发行人具有表决权差异安排的，市值及财务指标应当至少符合下列标准中的一项：（1）预计市值不低于 100 亿元，且最近一年净利润为正；（2）预计市值不低于 50 亿元，最近一年净利润为正且营业收入不低于 5 亿元。

第五，深交所要求的其他上市条件。

创业板与主板市场相比，上市要求往往更加宽松，主要体现在成立时间、资本规模、中长期业绩等的要求上，有助于有潜力的中小企业获得融资机会，是孵化科技型、成长型企业的摇篮。

二、保荐人的任职资格

（一）核准制市场保荐人的任职资格

根据2008年证监会发布的《证券发行上市保荐业务管理办法》[以下简称"《保荐管理办法》（2008年）"]第二章第九条的规定，证券公司申请保荐机构资格，应当具备下列条件：（1）注册资本不低于人民币1亿元，净资本不低于人民币5000万元；（2）具有完善的公司治理和内部控制制度，风险控制指标符合相关规定；（3）保荐业务部门具有健全的业务规程、内部风险评估和控制系统，内部机构设置合理，具备相应的研究能力、销售能力等后台支持；（4）具有良好的保荐业务团队且专业结构合理，从业人员不少于35人，其中最近3年从事保荐相关业务的人员不少于20人；（5）符合保荐代表人资格条件的从业人员不少于4人；（6）最近3年内未因重大违法违规行为受到行政处罚；（7）中国证监会规定的其他条件。

通过以上规定可以看出，《保荐管理办法》（2008年）在分析和总结域外成熟监管机制的基础上，综合我国经济和市场的发展状况，在拟申请保荐人资格的证券公司财务状况方面制定了较为合理的标准。

《保荐管理办法》（2008年）第二章第十一条规定个人申请保荐代表人资格，应当具备下列条件：（1）具备3年以上保荐相关业务经历；（2）最近3年内在本办法第二条规定的境内证券发行项目中担任过项目协办人；（3）参加中国证监会认可的保荐代表人胜任能力考试且成绩合格有效；（4）诚实守信，品行良好，无不良诚信记录，最近3年未受到中国证监会的行政处罚；（5）未负有数额较大到期未清偿的债务；（6）中国证监会规定的其他条件。

通过以上规定可以看出，《保荐管理办法》（2008年）对保荐代表人的任职资格提出了较高的要求，这有利于规范保荐代表人，确保保荐项目的实际执行人具备较高的综合素养。

（二）注册制市场保荐人的任职资格

《保荐管理办法》（2008年）实施以来，对规范证券发行上市保荐业务、提高中介机构执业水平和上市公司质量发挥了重要作用。但随着法律环境和市场环境的变化，《保荐管理办法》（2008年）部分内容需要相应调整完善，特别是新《证券法》实施后，相关条款需要做好配套衔接，注册制下对中介机构的专业能力和执业质量也提出了更高要求。2020年6月1日，证监会新修订了《证券发行上市保荐业务管理办法》（2020年修订）[以下简称"《保荐管理办法》（2020年修订）"]。在机构层面，对注册制下中介机构的专业能力和执业质量提出了更高要求，进一步规范了证券发行上市保荐业务活动，对提高中介机构执业水平和上市公司质量发挥了重要作用；在个人层面，调整了保荐代表人资格管理，取消保荐代表人事前资格准入，强化事中事后监管，相应将暂停、撤销保荐代表人资格等认定为不适当人选。

《保荐管理办法》（2020年修订）第一章第四条规定"保荐代表人应当熟练掌握保荐业务相关的法律、会计、财务管理、税务、审计等专业知识，最近5年内具备36个月以上保荐相关业务经历、最近12个月持续从事保荐相关业务，最近3年未受到证券交易所等自律组织的重大纪律处分或者中国证监会的行政处罚、重大行政监管措施"。同时，第六条规定"保荐代表人应当遵守职业道德准则，珍视和维护保荐代表人职业声誉，保持应有的职业谨慎，保持和提高专业胜任能力"。通过以上规定可以看出，新修订的《保荐管理办法》（2020年修订）调整了保荐代表人资格管理，取消保荐代表人事前资格准入，强化事中事后监管。

《保荐管理办法》（2020年修订）第二章第十条规定，证券公司申请保荐业务资格，应当具备下列条件：（1）注册资本不低于人民币1亿元，净资本不低于人民币5000万元；（2）具有完善的公司治理和内部控制制度，风险控制指标符合相关规定；（3）保荐业务部门具有健全的业务规程、内部风险评估和控制系统，内部机构设置合理，具备相应的研究能力、销售能力等后台支持；（4）具有良好的保荐业务团队且专业结构合理，从业人员不少于35人，其中最近3年从事保荐相关业务的人员不少于20人；（5）保荐代表人不少于4人；（6）最近3年内未因重大违法违规行为受到行政处罚；（7）中国证监会规定的其他条件。

第四节 保荐人制度的实施成效与问题

一、实施成效

自2004年实施保荐人制度以来，证监会、保荐机构、发行企业、保荐代表人等遵照相关法律法规，对保荐业务的执行进行严格把控。我国上市公司质量、信息透明度、证券发行效率、市场效率等方面均有一定程度的提高，保护了投资者的利益。

第一，保荐人制度有利于降低上市企业与投资者之间的信息不对称，提高信息透明度。保荐人制度实施后，保荐机构及保荐人通过对上市企业进行充分的调查，对上市公司的生产经营状况、盈利能力、偿债能力、可持续发展能力等多方面进行了解并出具书面报告。在发行企业上市后，保荐机构及保荐人对企业进行追踪督导，监督企业遵守各项法律法规和信息披露情况，从而帮助投资者进行更有效的投资判断，保护投资者的权益。

第二，保荐人制度有利于提高上市公司的整体质量。在上市前保荐机构及保荐代表人对上市公司进行严格的调查，确认其所提供资料的真实性和完整性。在公司上市后，保荐人及保荐机构要对公司起督导作用，辅导上市公司进行正常运转，帮助企业建立公司治理机制和确定操作流程。在这个过程中，企业一旦出现违规行为，保荐机构、保荐代表人与企业相关负责人将一同承担违规后果。因此，在保荐人制度下，保荐机构及保荐代表人会优先选择高质量的优质企业上市，以降低自身的风险，促进上市公司质量的提高。

第三，保荐人制度有利于提高我国证券市场效率。在保荐人制度实施前，我国资本市场的证券发行主要由政府掌控，政府承担了过多的责任，对企业上市发行的影响较大，不利于证券市场的自主发展。保荐人制度实施后，证监会将部分责任转移至保荐机构及保荐代表人身上，这增加了证券公司所承担的责任风险。证券发行的保荐业务更加趋于市场化，以市场为主，政府辅以有效监管，从而推动证券市场健康发展。

此外，保荐人制度实施后，我国上市公司数量显著增加，融资额度呈大幅度上升趋势，无论从微观与宏观层面均对我国证券市场起到了很大的促进作用，有利于资本市场的繁荣与稳定。

二、存在的问题

在保荐人制度下，我国资本市场得到了迅猛发展，但同时也存在着一些不可避免的问题。一方面是由于相关法律法规不健全而导致的问题，另一方面是源于相关法律法规执行不到位所产生的问题。主要表现在以下几个方面：

第一，保荐机构及保荐人与发行企业之间存在着"只荐不保"和"荐而不督"情况，不能充分发挥持续督导的作用。在核准制市场，保荐机构与保荐代表人以及发行人主要以把公司包装上市为目的，而未对发行后的行为进行有效的监管。这使得上市公司在发行上市后的行为缺乏一定的监督，增加了违规行为出现的风险。同时，保荐机构与保荐代表人之间存在责任划分不明确的现象。但随着注册制的改革，监管层在不断压实保荐人的责任，使其回归"看门人"的角色本位。因此，"只荐不保"和"荐而不督"的现象在注册制市场逐步得到缓解。

第二，我国实行"双重保荐制度"，要求保荐机构与保荐代表人共同参与保荐业务，承担相应的责任。在出现违规行为后，现有法规未明确双方应如何承担具体的责任与违规后果，这使得保荐代表人和保荐机构之间的责任划分并不明确。另外，在保荐业务中，保荐人的违规成本与保荐业务收入存在严重不对等的现象，这使得保荐代表人及保荐机构较易进行违规操作，扰乱证券市场秩序。相对较低的物质处罚与其高昂的保荐收益相比严重不对等，这一定程度上提高了违规行为出现的可能性。

第三，保荐人的声誉机制和人力资本能力有待进一步增强。在核准制市场，保荐人存在着帮助企业过度包装和欺诈上市的现象，在注册制市场虽然这种现象得到一定程度的缓解，但仍然时有发生。2021年4月6日，证监会披露的监管决定书显示仅在科创板IPO项目上就有38名保荐代表人被监管"点名"，其中IPO业务成为监管处罚的重灾区。随着注册制市场保荐代表人资格考试的取消，转而取代的是个人能力在股票发行中的作用将会变得越来越重要。因此，进一步提升保荐人的功能角色，包括构建保荐人的声誉机制和提升人力资本能力是当前注册制建设的重要内容。

本章小结

本章主要对我国发行审核与保荐人制度的发展历程与制度创新现状进行了研究。我国股票发行审核制度经历了审批制、核准制和注册制，不断推进市场化改革。伴随发审制度，我国保荐人制度共经历了引入与探索、发展和完善三个阶段，不断发布相关法律并进行修订与完善，逐渐形成具有中国特色的保荐人制度体系。自实施保荐人制度以来，我国上市公司质量、信息透明度、证券市场效率等得到了很大程度的提高，这有效地促进资本市场的发展。同时，保荐人仍然存在"只荐不保"与"荐而不督"、保荐机构与保荐代表人责任划分不明等问题。

第四章

首次公开发行市场：保荐人与 IPO 发行效率

通过前面章节梳理国内外保荐人制度的概况与发展情况，我们对保荐人制度的创新现状和演进历程有了深入的了解。接下来，本章对涉及保荐人和承销商的若干理论和重要文献进行梳理，以帮助我们了解保荐人和承销商相关的理论发展脉络和研究成果，也为后面章节的实证研究提供理论支撑。

第一节 保荐人功能角色的理论基础

一、金融中介理论

金融中介理论主要以信息经济学和交易成本为理论基础，认为金融中介的存在是为了降低信息不对称和交易成本（Chant，1990）。在证券市场上，保荐人具有"信息传递者"的功能，通过履行尽职调查责任，将相关信息传递给投资者，包括企业内部信息和外部信息等。通过保荐人的信息传递，投资者能够加深对发行企业的了解，缓解由于信息不对称和不确定性带来的地位劣势，从而做出更合理的投资决策。

在 IPO 市场，保荐人和承销商发挥着金融中介的功能，可以降低股票发行中的信息不对称。Rock（1986）将投资者分类为信息优势者和信息弱势者两类，新股发行时，信息优势者往往会自发地参与交易。为了确保新股顺利发行，单有信息优势者参与交易还不够，还需要信息弱势的投资者参与交易。为了吸引信息弱势者参与交易，对投资者收集信息所需费用的补偿，信息优势的一方需要"把钱留在桌上"。Booth and Smith（1986）指出承销商在证券市场发挥"认证中介"作用，发行人聘请承销商并以其在重复博弈中形成的高声誉作为担保，向市场传递 IPO 价格已正确反映内在投资价值的信号。

二、声誉机制理论

声誉是行为主体通过反复博弈而形成的，履行承诺的综合反映。声誉可以为其拥有者带来长期的收益，这些收益降低了经营成本、促进了未来绩效的增长、提高了市场定价效率和潜在竞争者的准入门槛等。随着现代金融中介理论的发展，许多金融学者愈发关注声誉对金融中介的影响。Puri（1999）深入研究金融中介的声誉和行为关系的基础上，探究声誉对金融市场的影响，指出高声誉金融中介机构往往有更强的动机为资本市场提供高质量的服务。

声誉对于保荐人的信息生产功能和认证中介功能至关重要，主要起到两个方面的作用。第一，保荐人的声誉是一种长期利益的激励机制。承销商之所以能在证券发行中发挥信息认证功能，是因为投资者会依据承销商过去的执业经历来衡量其声誉。高声誉的承销商拥有更强的定价能力，也更倾向于考虑长远利益，会更谨慎地选择发行企业并进行专业的上市辅导。第二，声誉作为一种约束机制，能够克服保荐人的机会主义行为。在发行市场，保荐人从事的是持续性业务，投资者、发行人与保荐人之间的博弈是反复的过程，在反复博弈的情况下，声誉机制在抑制道德风险和市场投机行为上发挥着重要作用。当然，声誉机制的作用发挥往往离不开证券监管，证券监管有利于促成声誉机制的良性循环，但也可能会对承销商声誉资本产生负面影响。

三、IPO 定价理论

股票定价机制和定价方法是股票发行的核心，而其中新股发行定价机制又是发行股票的重要组成部分。在新股发行定价中，普遍存在着 IPO 抑价现象，指新股发行价格和上市初期市场价格相比明显偏低,而投资者能够获得较高收益的现象。学术界已经有很多关于 IPO 抑价的研究,主要理论有:"赢者诅咒"假说(Rock,1986)、信息收集理论(Benveniste and Spindt,1989)、避免诉讼假说(Tinic,1988)、从众理论(Welch,1992)和信号假说(Allen and Faulhaber,1989)等。

在企业 IPO 中,发行价格是通过上市公司和保荐机构向机构投资者询价确定的,该定价机制首先要求保荐机构充分分析上市公司所处的行业、竞争力以及发展前景等,同时还要选取企业的部分指标进行估值,在此基础上最终确定发行价格。在注册制下,定价能力成为保荐机构的核心,新股能否成功发行取决于保荐机构能否帮助拟上市公司获得投资者的认可,恰当的股票定价对保荐机构的专业能力提出了更高的要求。

四、盈余管理理论

盈余管理是会计政策选择的后果,企业管理层由于可以自由选择不同的会计政策,往往会选择能够最大化自己效用或者符合管理层目标的会计政策。Schipper(1989)认为进行盈余管理的前提是会计信息是有用的,企业管理者有目的地对财务报告进行管理,以实现某些私人利益。在西方资本市场,上市公司进行盈余管理的目的往往是避免亏损、维持收益增长以及迎合财务分析师的预测等。我国上市公司进行盈余管理的动机主要是为了顺利 IPO、防止亏损、盈余平滑、获得融资等。

在企业 IPO 中存在着盈余管理行为,公司利用真实或应计盈余管理来操纵盈余,借以蒙混过关、顺利过会,盈余管理也是很多公司上市后"业绩变脸"频繁发生的重要原因。公司 IPO 中虽然有保荐人的监督,但有时会存在保荐人不能履职尽责的情况,一是因为保荐人可能会对公司的盈余管理行为监督不力,产生疏忽和松懈;二是保荐人作为经济人,其本身也有可能为牟取私利而参与公司的盈余管理甚至是利润操纵,尤其是在核准制的发行环境下,这种现象更加明显。

五、社会网络理论

社会网络是指社会中人与人之间存在的社会关系,随着社会关系概念越来越广泛,许多学者开始从社会关系的角度研究不同领域的问题,其中有代表性的是社会资源理论和结构洞理论。Lin（1982）将资源的概念引入社会关系的研究中，他将资源分为个人资源和社会资源。社会关系的异质性、社会网络其他成员的关系以及社会地位都会影响个人获取社会资源的能力。社会学家 Burt（1992）提出结构洞理论，该理论是在社会网络结构的基础上确立的，社会网络结构中的"洞穴"被描述为结构洞。处于结构洞位置上的成员往往能够获得更多收益，包括控制收益和信息收益。

在保荐制度下，拟上市企业希望通过社会网络获取企业成长所需的资金、人才和机会等，在获取资源的过程中，离不开上述提及的那一张由多种关系交织而成的、复杂重叠的社会网络。同时，在保荐人发挥其价值的过程中，也需要借助社会网络获取和传递信息。但是，随着中介机构的权力和责任越来越大，也可能会出现中介机构利用社会关系和社会网络而产生合谋的现象。

第二节　保荐人的功能角色与 IPO 绩效

一、保荐承销机构的声誉

（一）承销商声誉及其衡量

根据金融中介理论和声誉机制理论等，在保荐承销机构的研究中，学术界特别关注证券承销机构的声誉问题。在企业 IPO 中，保荐承销机构充当着证券发行市场信息生产者和认证中介的角色，声誉机制自然是一个无法回避的问题。由于早期的研究并没有将保荐人、承销商、投资银行等进行有效区分，因此我们将保荐承销机构发挥的这些功能角色进行合并研究。

在保荐承销机构的声誉衡量方面，CM 法和 MW 法为研究者采用的主要衡量方法。Carter and Manaster（1990）提出 CM 法，承销商将会被赋予 0—9 中的一个数以确定其声誉高低水平。国外资本市场中，CM 排名由相关的专业机构计算与公布，因此其在国外市场的使用频率较高。Megginson and Weiss（1991）认为承销商的声誉可以采用其市场份额来进行衡量，即 MW 法。承销商的声誉与其市场份额具有显著的正相关关系。Johnson and Miller（1988）提出 JM 法，将承销商划分为三个等级：三级是具有"突出等级"的承销商，二级是"主要等级"的承销商，一级是"次级等级"的承销商。因为 CM 法和 MW 法的计算方法和数据获取较为简单，所以其使用频率较高。在国内学术研究中，一般也是采用市场份额或基于市场份额的排名来衡量保荐人或承销商的声誉。但上述有关声誉的衡量方法均是基于单一市场的考虑，而没有基于多个市场，从跨市场的角度衡量金融中介的声誉问题。

（二）承销商声誉和 IPO 盈余管理

资本市场建立完善的承销商声誉机制有助于抑制企业盈余管理行为，好的企业也有选择高声誉证券承销商的倾向，以此来向市场传递积极的信号。Aharony and Loeb（1993）将 1985—1987 年的 229 个 IPO 上市企业作为样本，发现 IPO 盈余管理程度和证券承销商声誉之间的关系很弱。Brau and Johnson（2009）以美国 1985—2005 年的 3900 家上市公司为样本，以承销市场占有率和承销数量来衡量承销商的声誉，研究认为承销商的声誉和企业的盈余管理程度有着明显的负相关关系，并且通过进一步研究发现，导致负相关的原因主要是拟上市公司向市场传达积极信号。Lee and Masulis（2011）选择了 1993—2004 年上市的 1346 家企业，研究发现承销商的声誉可以抑制 IPO 盈余管理，有高声誉承销商和高声誉风险投资参加的 IPO 可以明显抑制盈余管理，验证了两者间的互补关系。

在我国资本市场，承销商声誉机制能否有效运行一直存在争议，一些学者认为承销商声誉与盈余管理有着负相关关系。陈超（2010）以 2002—2008 年的上市公司为样本进行实证研究，探究市场化程度对承销商发挥作用机制的影响，发现非国有企业、小规模企业和中小企业的承销商声誉与盈余管理负相关。李建军和唐松莲（2019）通过实证方法研究了风险资本和保荐机构的声誉对中国 IPO 前后的盈余管理的影响，发现保荐机构和风险资本的声誉明显抑制了公司上市前的盈余管理，而对 IPO 后的盈余管理没有显著影响。

还有一部分学者认为承销商声誉与盈余管理没有显著负相关关系，甚至存在正相关关系。王克敏和廉鹏（2010）探寻了保荐制度的实施对企业盈余质量产生的影响，实证研究发现保荐制度对公司的盈余质量没有影响，只改变了企业会计政策选择的时机，表明公司能够通过上市辅导期预支盈余的方式躲避上市后的监管，使得保荐制度不能发挥其应有的改善盈余质量的功能。柳建华等（2017）选取了 2001—2011 年中国的上市公司作为研究样本，实证研究发现券商的声誉越高，它所承销的上市公司的盈余管理水平也会越高，但这种情况只在法律环境较差的地区才会显著，表明我国还需加强对券商机会主义行为的法律惩处，以使券商的声誉机制充分发挥作用。胡志颖等（2012）以2009—2011年在创业板上市的282家IPO公司为样本研究风险投资对盈余管理的影响，发现风险投资能有效抑制企业IPO前的盈余管理行为，以期望实现IPO后的业绩反转套现，另外还发现承销商声誉和IPO后盈余管理的正相关关系。

（三）承销商声誉与IPO抑价水平

证券承销商声誉可以抑制信息的不对称性，减少IPO抑价程度。Dunbar（2000）分析了证券承销商声誉和IPO抑价水平之间的关系，发现高声誉承销商不仅能够准确评估企业价值，而且对投资者的投资需求也更能准确把握。因此，在选择高声誉承销商完成IPO业务时，所确定的发行价格与市场均衡价格更加相近，这种情况下高声誉承销商负责的IPO企业抑价程度往往很低。Bates and Dunbar（2002）对这个问题进行了进一步的研究，他们在分析了美国1985—2000年发行的5829家企业的IPO业务后，以承销商市场占有率衡量承销商声誉，实证检验了承销商声誉和IPO抑价之间的关系，发现他们之间存在显著的负相关关系，并且在承销业务更集中的行业，其抑价程度更低。Fernando（2015）研究发现高声誉承销商获得的平均声誉溢价等于平均IPO承销收益的0.65%，占其承销差价的10%，即与高声誉承销商合作的公司将获得显著收益，包括更高的发行价格和较低的息差百分比。Boeh and Dunbar（2016）通过调查2002—2013年的IPO项目，发现承销商会利用新兴的或是成熟的方式来促成更高的首日回报，这与承销商声誉的观点相一致。Gao（2019）研究了承销商建议的价格区间对机构投资者在IPO拍卖中出价的锚定效应，发现IPO最终发行价与发行价差正相关，而售后市场绩效与发行价差负相关。因此，保荐机构需要对上市公司进行充分尽职调查，加深对上市公司所处行业的了解，加强对上市公司财务状况、经营状况的判断能力。对上市公司价值有一个清晰准确的判断，使确定的发行价格更加合理准确，也更能为市场投资者所接受。

在我国资本市场的注册制改革之前，由于存在着股票发行定价管制，证券承销商在新股发行定价中的作用并不明显。承销商声誉和IPO抑价的关系被严重地歪曲了，因此国内学者对于承销商声誉和IPO抑价的研究与国外学者的研究成果并不一致。已有研究发现我国证券市场扭曲了承销商声誉与IPO抑价之间的负相关关系，他们认为高声誉的承销商无法向投资者传递发行企业发展良好的有效信号，反而促进IPO抑价发行。郭泓和赵震宇（2006）在根据不同发行制度是否管制市盈率的背景下,以 2000—2003 年 321 个 IPO 企业为研究样本,研究承销商声誉是否会影响新股发行价的准确性以及新股上市后一年的业绩,发现承销商声誉和新股定价并没有明显关联性。郭海星等(2011)通过创业板数据实证分析发现,承销商声誉与发行价格有着明显的关联性,且这种关联性是正向的关系,而与新股发行抑价没有显著的相关性。黄顺武和胡贵平(2013)选择了 2009—2011 年上市交易并且在一年内未停牌重组的 690 个企业作为研究对象,发现新股上市存在的过度包装现象在保荐制度下未能有效减少;保荐人声誉对 IPO 定价效率的提高没有帮助,证监会引进的保荐制度的初衷未能实现,所以完善保荐制度,特别是保荐机构和保荐代表人的违法处罚力度是十分必要的。董秀良等(2021)以 IPO 定价是否能有效地反映公司内在价值为着眼点,采用随机前沿模型实证检验了科创板 IPO 定价效率,研究发现样本公司定价效率均值仅为 66.68%,新股定价存在明显的高估现象,高估程度达到了 33.32%。公司规模越小高估程度越大,而且券商的声誉机制没有发挥出应有的作用;主承销商"只荐不保"以及道德风险问题仍然突出,保荐跟投制度对头部券商的约束作用不明显。

但还有一些学者研究表明,我国证券市场并未扭曲承销商声誉与新股发行抑价的负相关关系。徐浩萍和罗炜(2007)以 2002—2004 中国资本市场经验数据,实证检验承销商声誉和 IPO 抑价之间的关系,他们从市场占有率和执业质量两个方面衡量承销商声誉。由于这两方面之间的相互作用,承销商声誉机制表现出明显的有效性,即市场占有率高、执业质量好的承销商能有效降低 IPO 发行的抑价水平。邵新建等(2013)研究了投资者情绪、承销商声誉与 IPO 新股初始回报之间的关系,发现在 IPO 定价过程中,承销商声誉对投资者情绪利用强度起到了抑制作用,高声誉承销商制定的新股价格与该股票的真实价值更加吻合。许荣等(2013)认为承销商的功能是否有效发挥作用受资本市场信息不对称程度的影响,由于创业板相对于主板的信息不对称程度更高,导致高声誉的承销商在创业板发挥的作用更强。周孝华和陈鹏程(2017)研究发现承销商往往会顾及自身的声誉,抑制其对投资者情绪的过度使用,从而只有部分乐观情绪能够反映在 IPO 价格中。IPO 抑价水平反过来也会影响到承销商的市场份额,Fung et al.(2014)认为承销商为了获得内地股票在香港上市的承销业务,他们有动力向发行人提供较高的发行价,从而减少定价低估的可能性。研究发现投资银行低估 IPO 发行价格的可能性越低,其随后在香港联交所上市的内地公司赢得的市场份额就越大。

(四) 承销商声誉和 IPO 承销费用

承销商除了向投资者销售证券，还可以向投资者传递与发行企业相关的信息，承销费用便是对承销商上述行为的一种经济补偿。关于承销费用与承销商声誉之间的关系存在着一些分歧，直观来看，承销商声誉越好其承销服务费用也应当越高。Booth and Smith（1986）、Benveniste and Spindt（1989）均指出，高声誉的承销商为了获得声誉价值往往会要求高额的费用。Gilson and Kraakman（1984）、Tinic（1988）也认为声誉较高的承销商往往会向发行企业收取更高的承销费用，以维持其声誉资本。How（1994）认为高声誉的承销商收取更高的费用，主要是由于它们所提供的承销服务质量高。Lyandres et al.（2018）利用 IPO 数据研究发现，承销商尤其是大型承销商往往将承销费用和 IPO 定价对其竞争对手的影响内化，这与隐性串通假设基本一致。

其他一些研究发现持不同的观点。Logue and Rogalski（1979）很早就研究了承销商声誉对服务费用的影响，通过 1975—1976 年美国证券发行市场上的 258 份资料研究了承销商声誉与其承销服务费用之间的关系，结果并没有发现两者间存在正相关关系。Fang（2002）认为高声誉承销商之所以征收较低的服务费用并非因为声誉折扣，而是因为声誉高的承销商所负责的拟上市公司质量往往较高，承销的新股风险较低，如果排除了风险因素的影响后，会发现高声誉承销商收取的费用比低声誉承销商收取的费用高。James（1992）从承销商和发行企业之间的专用性关系资产的角度出发，说明为什么声誉高的承销商收取的服务费用低于声誉低的承销商。由于承销商和发行方之间专用性关系资产的存在，才使得那些进行再次发行的企业在 IPO 中支付的承销差价，显著低于那些不再进行再次发行的 IPO 企业。

基于中国证券市场，也有学者认为承销商声誉与承销服务费用之间存在着正相关关系。刘江会（2004）利用中国证券发行市场的数据资料，验证了承销商声誉和服务费用之间的关系。根据实证分析结果，承销商的费用金额与承销商声誉成正比，但是声誉等级不同的承销商之间的价差非常小，这种情况对承销商声誉资本的形成会产生不利影响，也削弱了声誉机制对承销商的激励作用。同时为了改变这种情况，作者认为有必要放宽当前对承销服务费用的限制，确立市场化承销服务的价格形成机制。杨记军和赵昌文（2006）发现询价制度明显地提高了上市公司的发行费用，但由于抑价水平更大程度的降低，使得上市公司总的发行成本下降。谭德凯和田利辉（2021）认为承销商之所以征收高额的承销费用是因为具有的信息优势，承销商和发行人所掌握的信息因素对承销费用率的形成具有重要影响。承销商在承销费用率的议定过程中具有绝对的信息优势，并使费用率平均增加0.85%，而且这一信息优势随新股定价制度改革而增强。

（五）承销商声誉和IPO长期绩效

普遍研究认为，承销商声誉与企业IPO长期业绩呈现正相关关系。以企业基本面收益作为长期业绩的衡量，Jain and Kini（1999）研究了1976—1990年美国公司上市后三年的经营绩效，发现承销商声誉能有效促进企业未来的长期业绩。他们认为拥有高声誉的承销商能为拟上市企业提供更专业的上市辅导，使其能够制定更加合理、准确的发行价格，保证未来收益稳定在某一水平。另外，高声誉承销商还能在企业上市后发挥重要的持续督导作用。金晓斌等（2006）以1996—2001年沪深两市678家IPO公司为样本研究承销商声誉和长期绩效的关系，发现上市公司质量不会影响发行上市前一周股票抑价水平，但是高声誉承销商与IPO企业长期绩效之间存在正相关关系。

以企业股价变动收益作为长期业绩的衡量，Carter et al.（1998）采用1979—1991年美国2292家上市公司的样本数据，研究不同声誉等级承销商所承销新股在上市三年后股票收益率的变化。作者分别用CM、JM、MW三种承销商声誉测量方式进行研究，其中CM测量方式的结果显著效果更好，说明高声誉的承销商能够获得较高的股票长期收益率。Logue et al.（2002）研究发现承销商声誉与股票长期趋势之间存在显著正相关关系，高质量企业更有动机选择声誉较好的承销商负责承销自己的股票。郭泓和赵震宇（2006）以2000—2003年的股票数据作为样本研究承销商声誉与IPO企业长期收益之间的关系，该研究中承销商声誉的衡量指标包括三个：承销商市场占有率、承销业务价值以及IPO股票发行价值，研究发现承销商声誉和IPO的长期收益有正的相关性。Hoberg（2007）发现承销商的声誉带来的收益具有持续性，高声誉的承销商带来的股票回报持续高于低声誉的承销商。Su et al.（2011）以中国资本市场1996—2005年936家IPO企业为样本，研究发现承销商声誉和IPO企业长期绩效之间存在显著正相关关系，但同时作者也发现采用不同的实证方法得到的结论有所差异。张学勇等（2020）以2004—2017年我国A股市场被发审委拒绝之后重新申请IPO的公司为研究对象，考察它们重返IPO的市场表现。通过理论研究发现，拟上市公司更换声誉更高的承销商有利于公司成功 IPO，并且能够提高公司上市后股价的长期表现。实证检验也显示相比首次申请 IPO 公司，重返 IPO 公司的抑价率和长期股票回报率更高。

也有研究发现，之所以产生正向影响是因为存在着承销商的托市现象。在 IPO 中，承销商往往会超额卖出头寸，然后在 IPO 后进行买入托市（Aggarwal，2000；Boehmer and Fishe，2004）。潘越等（2011）研究发现承销商会利用乐观但偏颇的分析师报告为市场表现不佳的新股进行托市，而声誉机制在新股解禁期后，才能约束承销商利用分析师报告托市的利益冲突行为。市场投资者总体上能够识别承销商的托市意图，并对承销商分析师报告的系统偏误进行调整。

（六）承销商的社会网络

在长期的业务合作中，承销商往往会结成一定的合作网络，包括承销商与企业之间、承销商与承销商之间、承销商与审计师之间，以及承销商与基金公司之间等。Schenone（2004）认为承销商与企业之间的业务合作关系，例如借贷关系可以显著降低 IPO 中的信息不对称，导致抑价水平的下降。Murat et al.（2007）发现存在着 IPO 询价圈现象，承销商青睐他们以前合作过的机构进行询价。Chuluun（2015）考察了承销商同行网络对 IPO 的影响，研究结果显示承销商所拥有的社会关系网络越丰富全面，其所承销的股票短期回报率也越高，表明承销商能够利用同行网络进行信息传递和证券配售，网络结构和特征对承销商之间的信息数量、信息质量和合作程度有一定的影响。Bajo et al.（2016）假设承销商在 IPO 过程中充当了"信息传播者"和"信息提取者"这两个角色，进而利用社会网络分析的各种中心度测量指标，研究了主承销商在投资银行网络中的地位如何影响 IPO。作者发现承销商拥有的社会关系网络越多，即中心度越好，往往越能够吸引更多的投资者关注其所承销的股票，从而实现更好的 IPO 绩效。Rumokoy et al.（2019）研究发现承销商社会网络中心性显著提高了承销商的业绩，并且与其所承销股票的长期业绩呈正相关关系，进一步研究还发现政治关系有助于提升承销商社会网络的中心性，因为有政治联系的承销商不仅相互间关系紧密，而且与关系良好的同行紧密相连。

在我国资本市场，余峰燕和梁琪（2017）研究发现在市场化程度比较低的地区，地方关系承销的发生概率较高，进一步研究还发现地方关系承销能够显著降低 IPO 抑价率，表明地方关系资产是有价值的且能够被市场有效地识别。邵新建等（2019）发现承销商可以驱动关系机构主动认购其承销的 IPO 新股，并引导关系机构给出与投行估值水平保持一致的高位报价。Chen et al. （2017）研究发现，有政治联系的承销商增加了企业 IPO 申请获得中国证监会批准的可能性。刘井建等（2021）认为承销商网络中心度越高，IPO 报价修订概率及程度越低，并存在向上修订的倾向。作者认为主要是由于网络中心度高的主承销商，具有较强的信息获取和传递能力，提高了 IPO 报价的准确性。

  承销商与其他中介机构也会形成关系网络，并影响到股票发行绩效。Du et al. （2016）研究发现由于承销商和审计师之间存在着长期的合作关系，导致其声誉机制并不能有效发挥作用，承销商与审计师的合作次数越多，企业上市前的盈余质量越差。孙亮等（2016）发现承销商的"御用会计师"能够显著地抑制发行公司 IPO 时的盈余管理程度。同时，这种制约效果随合作次数的增加而加强，在六次左右达到最大值。研究结论表明御用会计师是承销商和会计师事务所多次博弈有效合作的结果，这种合作关系能减少中介机构之间的交易成本，降低公司 IPO 时的盈余管理程度。白霄等（2017）将 2004—2015 年 A 股上市企业作为研究样本，发现承销商与审计师间存在的合作关系会对 IPO 盈余管理水平和发行定价产生正向的影响。孙淑伟（2015）研究表明中国 IPO 发行存在基金公司和保荐机构结成利益联盟的现象，即保荐机构接受了高额佣金，基金公司从保荐机构得到了发行方的敏感信息，将资本重点投入收益率高的新股发行项目上，从而获得丰富的收益。因此，监督部门应该改善 IPO 询价制度。黄亮华和谢德仁（2016）研究发现拟上市公司的承销商充当着公司和发审委间联系的桥梁，借助承销其他公司审计业务和发审委员建立了灰色关联，进而借此来帮助公司顺利地通过发审会。

二、保荐承销机构的监管

  一些承销机构往往不能很好地履行尽职调查的职责，不能确保信息披露的真实性，因此有必要对金融中介进行监管。对于保荐承销机构而言，有效的监管处罚是形成声誉机制的前提。在 IPO 市场上，投资者、监管机构和发行企业都会影响承销商的行为模式。投资者和监管机构共同构成保荐承销商业务的市场环境和监管环境。发行企业是承销商的业务来源，承销商处于发行企业和投资者之间的中介地位，给双方提供金融服务。

（一）投资者

  投资者可以采取"用脚投票"的方式保护自己的利益，投资者对承销商的

"用脚投票"会导致其后续承销风险的增加。如果投资者发现承销商在以前业务中存在弄虚作假的情况,高估了企业价值,则会降低其未来所发行股票的投资收益。此时,投资者们不愿购买或者只愿以低价购买,从而发行失败的风险大大增加,进一步导致承销商未来市场份额占有率和利润率的下降。

对于一些严重违规的发行事件,投资者也可以进行法律诉讼。Lowry and Shu(2002)认为国外 IPO 市场具备更加成熟的投资者保护机制,一旦承销商对发行企业估值失误,很可能被投资者提起诉讼,引发法律风险。这种市场交易主体之间的处罚机制,不仅需要投资者作出理性的投资判断,还需要建立完善的法律法规和投资者利益保护机制。

(二)发行企业

从发行企业的角度看,发行价格和发行风险都是上市过程中受到较多关注的问题。承销商对拟发行企业的价值评估会影响其金融服务的质量,而投资者和监管机构衡量承销商声誉的基础通常就是金融服务的历史记录。Johnson and Miller(1988)、Chemmanur and Fulghieri(1994)发现高声誉承销商出于后续交易的考虑,会更加重视其所提供金融服务的质量,并由此对发行企业形成一种"倒逼"机制——好的企业倾向于选择高声誉承销商,而较差企业只能去选择低声誉承销商,形成发行企业类型的分离均衡,呈现出发行企业质量和承销商服务质量之间的正向匹配关系。Chen et al.(2014)探讨了 IPO 承销市场占有率的决定因素,研究发现承销质量与承销商市场份额总体呈正相关,对监管改革的进一步检验表明,中国新股发行改革对于承销质量在提高承销市场份额方面发挥着越来越重要的作用。郑建明等(2018)以 1995—2016 年 A 股 IPO 公司为研究样本,发现外资参股的承销商承销上市公司的抑价率都小于境内的承销商,并且较完善的外资来源国制度环境进一步增强了外资参股承销商对 IPO 定价效率的提升作用。

(三)证券监管机构

证券监管制度作为承销商开展业务的制度环境,构成了承销商行为的重要外部制约力量。证券监管机构可以通过制度规范和制度执行两种方式发挥作用,例如制定规范的 IPO 发行管理办法,为承销商构建公平透明的外部制度环境,或者严惩违法违规行为,即制定事后处罚机制等。

国内一些学者认为,证券监管可以增加市场运作效率。黄春铃(2005)认为我国证券监管在信息传递方面的缺陷,以及投资者对承销商声誉的不关注,导致监管行动对承销商声誉的间接惩罚效应不足。陈冬华等（2008）研究了IPO 的潜在管制，实证结果发现如果某地区上市公司丑闻的发生频度高、程度重，证券监督机构将减少其资源，以达到处罚的效果。证监会的这个方法是权力的外溢效应，构成一种法律的替代监管作用。陈运森和宋顺林（2018）从机构层面研究行政处罚对承销声誉和行为的影响，系统地检验行政处罚在构建承销商声誉中所起的作用。结果发现当承销商声誉受损后，其之前承销的关联公司有显著负向的市场反应，之后承销的 IPO 项目过会率显著降低，而且在 IPO 环节的市场份额明显下降、所承销客户再融资时更可能更换承销商。张晓东（2017）利用事件研究法，考察了投资者对平安证券"先行赔偿"的认可度，结果发现在我国投资者保护法律存在缺陷的情况下，加强中介机构的问责机制以提高投资者保护水平，可以获得投资者的认可。

在注册制下，监管层更需要加强对中介机构的监管，引导其归位尽责。封文丽和卢素艳（2017）提出了注册制下中介机构的归位尽责思路，认为需要采取明确归位尽责的原则、重构委托代理机制、强化连带责任等措施。刘志云和史欣媛（2017）认为要使中介机构归位尽责，必须建立民事责任、行政责任、刑事责任三者形成良好衔接的责任格局。黄顺武和余霞光（2020）确立了以发行者、保荐人、监督者为主体的三方博弈模式。通过研究在 IPO 信息公开过程中参加者的决策和博弈均衡，发现如果监督者受到强大激励，或是发行者虚假披露和保荐人没有尽职调查而受到处罚，发行人往往会选择披露真实可靠的信息。因此，要提高 IPO 信息披露的质量，必须设计充分有效的激励和处罚机制。

也有一些学者认为，证券监督管理部门应当放松证券管制。张维迎（2001）从管制角度分析了承销商等证券市场参与者的声誉问题，他认为正是由于中国监管当局过多参与对证券市场的管制，才导致证券市场声誉机制的缺失以及垄断和寻租等腐败行为的泛滥。这极大地加剧证券市场的不确定性，从而扭曲市场参与者的预期，引起机会主义行为。因此，为了健全我国资本市场的声誉机制可以适当放宽对证券市场的管制并进行企业产权改革。白云霞等（2014）、夏东霞和范晓（2019）认为在当前我国资本市场保荐人牵头模式下，保荐人是证券发行承销保荐的第一责任人。因此，归位尽责首先要理清保荐人与会计师事务所、律师事务所、资产评估机构之间的职责边界，然后再确定不同中介机构之间的法律责任及其分担问题。

三、保荐代表人的声誉与监管

由于证券业协会要求,证券公司在其指定的网站上披露关于保荐代表人的个人信息数据,包括性别、学历、工作经历等,国内资本市场可以获得专门的关于保荐代表人的数据。因此,近年来学术界开始从个人层面考察保荐人的功能角色,逐渐成为一个热点话题。

(一)保荐代表人的声誉

已有研究发现,保荐代表人声誉对于IPO绩效具有正向促进作用。罗党论和汪弘(2013)研究发现保荐人声誉对上市公司IPO抑价水平产生影响,具体来说,保荐代表人声誉与拟上市公司IPO抑价水平呈现显著负相关关系;保荐代表人或其所在机构曾经被证监会处罚,也会影响拟上市公司的IPO抑价水平。另外,承销商声誉与IPO过会时间存在显著负相关关系,即声誉越高过会时间越短。戴亦一等(2014)以2007—2012年发审委收到的IPO过会申请的公司数据为研究样本,考察了个人和机构的双重保荐对IPO过会的影响,研究认为在企业申请上市的过程中,真正发挥重要作用的是保荐代表人,保荐机构的作用并不明显。此外,在社会诚信度低的地区,企业往往会利用高声誉的保荐代表人,以获得高的IPO过会成功率。李挺等(2019)认为拥有更多项目经验的保荐代表人能够有效提高拟上市公司的IPO审核通过率,并且这种提升效果当保荐机构缺乏声誉,企业业务复杂以及是民营企业时更为明显。研究还发现通过降低发行人与发审委间的信息不对称程度,以及提高企业上市合法性,使保荐代表人的项目经验产生价值和作用。

也有研究发现,保荐代表人声誉对于IPO绩效并没有显著的正向影响。应千伟等(2016)以2004—2013年证监会处罚的保荐代表人和保荐机构为研究对象,探究保荐代表人的违规行为与声誉资本的关系。实证结果发现与保荐机构相比,保荐代表人受到处罚对以前的顾客市场反应的消极影响较弱,表明保荐代表人的声誉机制主要体现在保荐机构层面,对应的保荐代表人声誉关联效果较弱。

(二)保荐代表人的社会关系

通过不断地进行业务合作,中介机构之间会形成复杂的关系网络,保荐代表人个人也会如此。何雁等(2020)将2004—2016年的上市公司作为研究样本,实证研究发现当保荐代表人拥有当地关系网络时,其所保荐的上市公司往往质量更高、被行政处罚的概率更低，尤其是在社会资本紧密的地区，这种关系更为显著。进一步研究发现，拥有本地关系网络的保荐代表人所保荐的上市公司被监管机构问询的问题更少，媒体的负面报道数量更少，同时投资者的购买意愿也更强。

（三）保荐代表人的变更

也有学者对持续督导期间内保荐代表人的更换问题进行研究，认为变更保荐代表人会向市场传递较差的信号。白云霞等（2014）以2006—2009年定向增发上市公司为样本考察了保荐代表人变更的原因及市场反应，发现较大的保荐项目风险、较高的定增前盈余管理程度、较低的保荐机构级别，会使保荐代表人容易发生变更。进一步研究还发现当保荐代表人变更时，投资者大多会出现消极反应，因为保荐代表人变更会向市场传达项目质量差的信号。

（四）保荐代表人的监管

多数观点认为，对保荐代表人加强监管是促进其发挥金融中介功能的关键。易阳等（2019）通过研究2004—2015年保荐信用监管数据，发现与其他保荐代表人相比，有违规历史的保荐代表人被惩处以后接到的IPO项目的数量明显减少、规模明显变小、保荐服务费用明显降低，而承接的IPO项目质量明显提升，表现为盈余管理水平较低、项目盈利能力较强。通过优化主体行动方式，更加明确现行保荐制度下各主体之间的内在关系，能一定程度上提高股票发行效率并促进证券市场健康发展。蔡庆丰和刘锦（2014）发现在保荐人内部，需要厘清保荐机构和保荐代表人的职责，我国相关法律法规并未明确规定保荐机构和保荐代表人，在负责同一个项目时的责任应当按照怎么样的比例划分、怎么样去承担责任等问题，当问题发生时，保荐代表人往往承担了过多的责任。

四、主要观点总结

整体上来看，国内外学术界针对IPO市场保荐人与承销商等金融中介的功能角色这一重要问题开展了大量丰富的研究，形成了较为成熟的理论成果。保荐人在IPO市场的功能角色是探讨最多，也是最为完善的一个研究领域。现有研究的主要观点有：

第一，在IPO市场，涉及保荐人制度的理论主要有金融中介理论、声誉机制理论、IPO定价理论、盈余管理理论和社会网络理论等。这些理论成果对于我们理解保荐人在IPO市场的功能角色提供了有效支撑，为后续开展学术研究工作提供了基础。

第二，从机构层面，学术界研究较多的是保荐人和承销商的声誉问题和监管问题。保荐机构的声誉机制会影响到企业 IPO 中的盈余管理、抑价水平和承销费用，也会影响到企业 IPO 后的长期绩效。已有研究基本支持承销商声誉能够发挥作用的观点，但作用的发挥程度也受到制度环境和监管水平等的影响。对于保荐人和承销商的有效监管是其发挥作用的关键，也是保护发行企业和投资者利益的重要方式。

第三，从个人层面，国内学者对保荐代表人的功能角色开展了一些探索性研究，包括保荐代表人的声誉问题、社会网络，保荐代表人的变更和监管等问题。研究发现在个人层面，保荐代表人的声誉机制、社会网络和监管处罚能够发挥一定程度的正面作用，但保荐代表人变更的作用往往为负。

综合来看，国内外关于保荐机构或者承销商的研究大都是关注于同一个市场，而没有从跨市场的角度分析保荐人的功能角色和影响。事实上，研究保荐人对于多个市场的影响，有利于我们更全面地评估衡量保荐人在现行经济体制下的价值。因此，对我国跨市场保荐人功能角色及影响的研究是未来研究的重要方向。

本章小结

本章对有关保荐人制度相关的理论基础和研究文献进行了整理和讨论。在理论基础部分，介绍了最基本的几个理论，包括金融中介理论、声誉机制理论、IPO 定价理论、盈余管理理论、社会网络理论等。在研究观点梳理部分，对与本书研究主题相关的主要研究观点进行了整理和评价。这一章起到了承上启下的作用，为后面章节的实证研究提供了理论分析的基础。

第五章

核准制保荐经历对注册制 IPO 定价的影响研究

本章结合全面注册制改革的大背景，采用保荐代表人个人层面的数据，研究保荐代表人在核准制市场的保荐经历对其科创板 IPO 定价的影响。我国证券市场的全面注册制改革是一个渐进式过程，存在一定时期核准制与注册制并存的现象。本章的研究对于提升保荐代表人在跨核准制与注册制 IPO 市场中的功能角色具有重要的理论价值和实践意义。

第一节 制度背景、理论分析和研究假设

一、制度背景

科创板的成功推出，标志着我国在建立多层次资本市场体系中向前迈进了一大步，试点和推行注册制是科创板区别于其他板块市场的重要标志。在注册制下，保荐机构成为资本市场的实质"看门人"，例如：对发行资料进行审查，

包括是否符合科创板定位、上市标准和信息披露要求等，或者按照市场化规则确定发行人的股票发行价格。当前，充分发挥保荐机构的认证功能，促进科创板市场和核准制市场的有效链接是政策制定者关注的重点。在学术界，保荐机构在跨市场中的作用机制也是一个尚未解决的话题。

设立科创板并试点注册制改革，可以在很大程度上提升资本市场服务科技创新企业能力，同时增强市场包容性并强化市场功能。作为资本市场注册制改革的试验田，与核准制市场相比，科创板在发行上市方面主要存在三个方面的重要差异：

第一，发行上市条件更具包容性。在核准制市场上市，企业需要在上市前开始盈利。科创板不再唯盈利论，改为结合预期市值和净利润、营业收入、现金流、研发投入等划分的五套上市标准。其中，除了标准一要求企业"最近两年净利润均为正且累计净利润不低于人民币5000万元，或者最近一年净利润为正且营业收入不低于人民币1亿元"之外，其余标准均不再对净利润作出要求，标准五甚至未对企业的营业收入作出要求，只是要求"主要业务或产品需经国家有关部门批准，产品市场空间大，已取得阶段性成果"。此外，科创板还允许红筹企业和有表决权差异的企业发行上市。

第二，发行定价审核以信息披露为核心。在核准制下，证监会要对发行人的投资价值作出判断，尤其对发行条件进行"实质审查"；而在注册制下，发行审查职能下放到交易所，交易所对发行企业的监管更集中于信息披露的充分性、一致性和可理解性。在信息披露责任上，更加强调信息披露第一责任人是发行人，保荐机构和保荐代表人对发行人的信息披露进行严格把关。《审核规则》规定了保荐机构和保荐代表人在申报时同步交存工作底稿、审核中根据需要启动现场检查、事后监管给予"冷淡对待"等措施，推动落实保荐机构和保荐代表人在尽职调查、审慎核查的职责，更好发挥保荐机构和保荐代表人的"看门人"作用。

第三，发行定价机制更加市场化。在核准制下，资本市场的新股发行遵循"限价发行"的原则，甚至长期执行"23倍市盈率"，导致发行价格与企业实际价值长期背离；在注册制下，新股发行定价遵循"市场化"原则，以市场化的询价定价方式代替了原有的直接定价方式，企业的发行价格更加接近其实际价值。科创板同样需要以"市场主导、强化约束"原则对股票发行进行必要的改革，通过市场化方式决定发行价格、规模和节奏，并由机构投资者主导询价、定价和配售等环节。科创板股票发行与承销过程中的相关政策规定主要体现在《发行承销实施办法》中,包括网下询价参与者条件和报价要求、网下初始配售比例、网下网上回拨机制、战略配售、超额配售选择权等事项的差异化安排等。

我们可以看出,在以信息披露为核心的市场化定价机制下,科创板弱化了监管机构的定价功能,避免较多的行政干预。科创板将定价功能交给市场,由市场参与者对证券价值作出实质性判断,并决定新股发行价格。而上市标准的变化使科创板股票的定价更加复杂。因此,在科创板市场,保荐机构等金融中介的价值发现功能就显得尤为重要(吴础华,2020)。保荐代表人作为保荐机构的代理人,实际执行企业的保荐承销业务,所起的作用更加重要。

参与网下询价的机构投资者对新股价值进行判断的重要依据是发行人和保荐代表人披露的一系列文件,保荐代表人对文件的质量起鉴证作用。在核准制下,由于遵循"限价发行"原则,网下询价对象对新股定价所起的作用有限,披露的信息更多是用来满足证监会发行审核部的要求。在注册制下,由于上市条件的复杂化,询价机构难以简单根据同行业上市公司二级市场的市盈率进行定价,信息披露的重点在于满足投资者的需求。披露程度需要达到满足投资者做出投资决策所需的水平,信息披露内容要具有一致性、合理性和内在逻辑性,披露的内容要便于一般投资者阅读和理解。因此,与核准制相比,保荐代表人在科创板信息披露中所起的作用更加重要。

本章试图考察保荐代表人在核准制市场的保荐经历是否有利于增强其在科创板市场的价值发现能力和中介功能。逻辑框架如图5-1所示:(1)在核准制市场,保荐代表人甲是公司A的保荐代表人;(2)在科创板市场,保荐代表人甲还担任公司B的保荐代表人;(3)保荐代表人乙只担任科创板公司C的保荐代表人,没有核准制市场的保荐经历。本章旨在回答三个问题:第一,在科创板市场,公司B的IPO定价效率是否优于公司C?因为相比公司C的保荐代表人乙,公司B的保荐代表人甲承担过核准制市场的保荐业务;第二,如果保荐代表人甲相对于其他保荐代表人拥有更多的核准制市场成功保荐经验(例如保荐次数),那么科创板公司B的IPO定价效率是否优于其他企业?第三,如果核准制市场的公司A在IPO后的业绩较好,那么科创板公司B是否也拥有较好的IPO定价效率?因为公司A和公司B拥有相同的保荐代表人:保荐代表人甲。

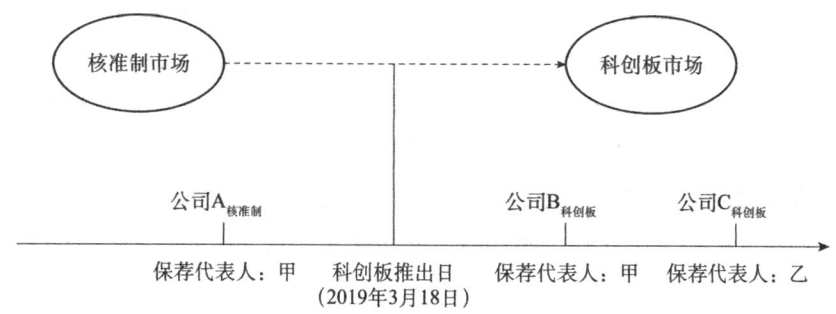

图 5-1　本章的逻辑框架

本章的研究主要有两个方面的政策启示：第一，在保荐代表人的选择方面，拟上市企业可以借鉴保荐代表人的核准制保荐经历、成功保荐次数和客户业绩表现，并将其作为选择科创板保荐代表人的重要依据，甚至监管机构在制定政策时可以以此作为保荐代表人承接科创板业务的门槛。第二，在股票发行定价中，需要充分发挥保荐机构的价值发现能力。与核准制相比，科创板遵循市场化发行定价规则，更加强调保荐机构的价值发现功能。本章的研究从发行定价的角度验证了保荐代表人的跨市场认证功能，未来的研究可以进一步关注交易所发行审查的具体内容，考察科创板的问询内容与核准制的差异，以及保荐代表人在其中发挥的功能角色。

二、理论分析

在新股发行中，投资者与发行人和发行审核机构之间均存在着严重的信息不对称。已有研究认为当投资者面临的信息不对称严重时，IPO抑价无法弥补投资者可能面临的风险（Rock，1986；张学勇等，2020），会导致IPO市场成为柠檬市场（Akerlof，1970）。当发行审核机构面临的信息不对称严重时，延长审核时间也无法降低发行审核机构可能面临的风险。

面对股票发行中的信息不对称，保荐人可以发挥金融中介功能，从而提升发行效率（戴亦一等，2014）。我国资本市场实行双重保荐制度，保荐机构和保荐代表人共同承担保荐中介的职责。《证券发行上市保荐业务管理办法》中规定：保荐机构履行保荐职责，应当制定品行良好、具备组织实施保荐项目专业能力的保荐代表人具体负责保荐工作。这意味着，保荐代表人作为具体负责保荐工作的主体，在发行上市保荐中所起的作用甚至比保荐机构还要重要。在IPO中，保荐代表人发挥着信息鉴证人的作用。在提交IPO资料之前，保荐代表人负责对发行人进行全面调查，根据发行人的委托组织编制申请文件并出具推荐文件（发行保荐书和上市保荐书），是发行人披露信息的鉴证人，对 IPO 项目质量进行把关。发行人披露的信息是投资者据以作出决策的重要依据。因此，保荐代表人的鉴证作用越强，投资者面临的信息不对称越低。

研究发现高声誉的保荐代表人更加注重对公司质量的把关，其保荐的公司拥有更稳定和高水平的业绩，而且高声誉的保荐代表人能够得到发行审核机构的信任，有助于企业提高 IPO 过会率（戴亦一等，2014）。项目经验丰富的保荐代表人能够减少发行人与发行审核机构之间的信息不对称，有助于企业成功过会（李挺等，2019）。针对保荐代表人的行政处罚能够引起他们对职业能力的重视，违规保荐代表人被处罚后承接项目质量显著改善（易阳等，2019）。

虽然已有研究充分肯定了保荐机构和保荐代表人的鉴证功能，但现有研究均是在同一发行定价、信息披露和发行审核框架下进行的考察。在全面推行注册制改革的大背景下，核准制市场和注册制市场具有截然不同的发审制度和信息披露监管要求，保荐代表人是否能够在跨市场中发挥作用，成为具有重要理论价值和现实意义的研究话题。

三、研究假设

在发行上市规则方面，科创板与核准制市场存在显著差异。上市标准的复杂化加大了投资者面临的不确定性，市场化定价机制的采用对投资者的价值评估能力提出了更高的要求。相比于核准制市场，科创板市场的信息披露变得更加重要，因为这些信息是投资者作出价值评估的重要依据，这使得对信息起鉴证作用的保荐代表人的作用在科创板市场变得更加重要。

股票首发上市中，IPO 抑价对于发行人而言是一种巨大的成本。IPO 抑价程度越高，发行人能够募集到的资金就相对越少。保荐代表人在核准制市场的保荐经历可能对科创板客户的 IPO 抑价产生两种不同的影响。

一方面，保荐代表人的核准制市场保荐经历可能带来路径依赖。核准制市场进行的是实质性审核，审核程序更加行政化，因此保荐人和发行人披露的信息更多是为了迎合证监会发审部门的要求，保荐人的核心能力被称为"包装上市"能力。而科创板采取的是注册制，审核是以信息披露为核心的，审核程序也更加标准化和市场化，保荐人和发行人的信息披露需要满足投资者的需求。如果有核准制保荐经历的保荐代表人无法很好地认识到这种区别，并对自己在

IPO 中的作用进行重新定位,那么其很可能没有办法诚实地组织信息披露,造成路径依赖,导致投资者面临的信息不对称程度更高。据此,提出假设 H1。

假设 H1:拥有核准制保荐经历的保荐代表人,其科创板客户的 IPO 抑价水平更高。

另一方面,保荐代表人的经验和声誉也可能发挥跨市场作用。Lyu and Wang(2020)发现保荐代表人的经验和声誉具有跨并购重组市场与 IPO 市场的作用,当企业在并购中聘请的财务顾问主办人具有保荐代表人资格时,可以显著降低企业并购中支付的对价,防止高溢价并购行为的发生。在企业 IPO 中,招股说明书是投资者作出一级市场投资决策的重要依据。对比科创板上市的招股说明书与核准制下的招股说明书可以发现,虽然披露的项目有所区别,但是包含的核心内容却十分相似。因此,保荐代表人在核准制市场积累的尽职调查与组织编制相关文件的经验在科创板依然适用。有核准制保荐经历的保荐代表人,可以利用其积累的经验提高科创板发行人的信息披露质量。另外,有核准制保荐经历的保荐代表人一般拥有更高的市场份额和声誉资本。声誉往往具有难建立和易受损的特点,因此越是具有高声誉的保荐代表人,越会更加注重他们的声誉资本。当前市场环境下,保荐代表人在的核准制市场(例如主板和中小板)仍然具有大量的承销保荐业务。如果保荐代表人在注册制市场没有很好地发挥应有的中介作用,无法有效降低投资者与发行人之间的信息不对称,那么其声誉就会受损,并进一步影响到其在核准制市场的保荐业务。因此,具有核准制保荐经历的保荐代表人更能够降低投资者所面临的信息不对称,提升科创板客户的 IPO 定价效率。据此,提出假设 H2。

假设 H2:拥有核准制保荐经历的保荐代表人,其科创板客户的 IPO 抑价水平更低。

第二节 数据来源与研究设计

一、数据来源

本章选取科创板市场和核准制市场(包括主板、中小板和创业板)上市公司数据、保荐代表人个人信息数据以及交易所监管问询数据进行研究。数据来源主要分为三个部分：第一，科创板和核准制上市公司数据来源于 WIND 和 CSMAR 数据库，包括上市公司的发审和保荐数据、公司财务数据等；第二，保荐代表人个人信息数据从中国证券业协会网站（https：//www.sac.net.cn）手工收集并整理得到；第三，交易所的监管问询数据在上海证券交易所网站（http：//www.sse.com.cn）查询，并手工整理得到。我们选取科创板开板日（2019 年 7 月 22 日）至 2020 年 7 月 31 日，共计一周年的数据为样本。截至 2020 年 7 月底，科创板共计挂牌招股 159 家上市公司，我们将上市公司与保荐代表人个人信息进行匹配和筛选，共得到 397 个"保荐代表人—公司"层面的研究样本（注：每家公司一般聘请 2—4 名保荐代表人），涵盖 156 家科创板上市公司。

我们根据科创板聚焦的六大类科创主题，对样本公司的分布情况进行了初步的统计。表 5-1 的统计结果显示，在科创主题分布上，新一代信息技术产业的上市公司数量最多，为 63 家，占样本公司总数的 40.38%；其次是生物产业、新材料产业和高端装备制造产业，占比分别为 23.08%、14.74% 和 14.74%。在募集资金分布上，新一代信息技术产业募集资金占比最多，高达 57.43%，其次是生物产业和新材料产业。在企业的研发投入方面，新一代信息技术产业和生物产业研发投入力度最大，平均来看，研发支出占营业收入的比重分别高达 13.50% 和 14.37%。

表 5-1　　　　　科创板上市公司样本分布情况

科创主题分类	企业数量（家）	企业数量占比	募集资金占比	研发支出占营业收入比重
新一代信息技术产业	63	40.38%	57.43%	13.50%
生物产业	36	23.08%	16.68%	14.37%
新材料产业	23	14.74%	13.25%	5.89%
高端装备制造产业	23	14.74%	7.88%	9.07%
节能环保产业	10	6.41%	4.60%	4.92%
科技相关服务业	1	0.64%	0.16%	7.79%
合计	156	100.00%	100.00%	平均（9.26%）

二、回归模型

我们构建回归模型（1），用于考察保荐代表人的核准制保荐经历对其科创板客户 IPO 绩效的影响，具体形式如下：

第五章 核准制保荐经历对注册制 IPO 定价的影响研究

$$SMarket\_Underpricing_i = \beta_0 + \beta_1 MMarket\_Experience_i + \beta_2 Male_i + \beta_3 Degree_i + \beta_4 Price_i$$
$$+ \beta_5 PE_i + \beta_6 Turnover_i + \beta_7 Dacc_i + \beta_8 Big8_i + \beta_9 VC_i + \beta_{10} SOE_i$$
$$+ \beta_{11} R\&D_i + \beta_{12} Size_i + \beta_{13} Leverage_i + \beta_{14} ROE_i + \beta_{15} Industry_i$$
$$+ \beta_{16} Bank_i + \varepsilon \tag{1}$$

其中,因变量 $SMarket\_Underpricing$ 为科创板上市公司的 IPO 价格表现,即 IPO 抑价。借鉴已有研究(徐浩萍和罗炜,2007;Loughran and McDonald,2013;张学勇等,2020),我们将 IPO 抑价定义为科创板公司股票在 IPO 首日的涨跌幅,等于上市首日的收盘价与其发行价之差除以股票发行价,该变量为连续变量。主要解释变量 $MMarket\_Experience$ 包含三个层层递进的子变量:第一,虚拟变量保荐代表人是否承担过核准制保荐业务($MMarket\_Dummy$),第二,计数变量保荐代表人的核准制成功保荐次数($MMarket\_Times$),第三,连续变量保荐代表人的核准制客户业绩表现($MMarket\_Perform$)。我们将是否承担过核准制保荐业务($MMarket\_Dummy$)定义为:当科创板上市公司的保荐代表人曾经在核准制市场承担过 IPO 保荐业务时取值为 1,否则为 0;核准制成功保荐次数($MMarket\_Times$)等于保荐代表人在承接科创板保荐业务之前,在核准制市场成功保荐上市的公司数量;核准制客户业绩表现($MMarket\_Perform$)等于保荐代表人的核准制市场客户在上市三年内营业收入的平均增长率(Sibilkov and McConnell,2014)。如果假设 H1 成立,则我们预计 β_1 的系数显著为正;若假设 H2 成立,则我们预计 β_1 的系数显著为负。其余控制变量的定义见表 5-2。

表 5-2 主要变量定义

变量类型	变量符号	变量定义
被解释变量	SMarket_Underpricing	IPO 抑价水平,为科创板企业上市首日股价的涨跌幅水平,见张学勇等(2020)
关键解释变量	MMarket_Dummy	核准制保荐业务,当科创板企业的保荐代表人曾经承担过核准制市场的保荐业务时取 1,否则为 0
	MMaket_Times	核准制保荐次数,指保荐代表人承接科创板业务之前,成功辅导核准制企业上市家数
	MMarket_Perform	核准制客户 IPO 后业绩表现,为保荐代表人的核准制客户在 IPO 后三年内营业收入的平均增长率,见 Sibilkov and McConnell(2014)
保荐代表人层面控制变量	Male	保荐代表人性别,当保荐代表人为男性时取值为 1,否则为 0,见 He et al.(2020)
	Degree	保荐代表人学历,当保荐代表人的学历为硕士及以上时取值为 1,否则为 0,见 He et al.(2020)

续表

变量类型	变量符号	变量定义
企业层面控制变量	Price	企业的发行价格,即科创板企业 IPO 时股票的发行价格,见张学勇等(2020)
	PE	企业的发行市盈率,即科创板企业发行时的股价与每股收益之比,见张学勇等(2020)
	Turnover	企业的换手率,用于衡量科创板企业的投资者情绪,等于企业上市后五日的平均换手率,见张学勇等(2020)
	Dacc	操纵性应计,采用修正的 Jones 模型计算的科创板企业上市前的操纵性应计水平,见 Dechow 等(1995)
	Big8	是否"八大"审计,当科创板企业由国外"四大"和国内"四大"审计时取值为1,否则为0,见李挺等(2019)
	VC	是否有风险投资,当科创板企业有风险投资入股时取值为1,否则为0,见李挺等(2019)
	SOE	企业的产权性质,当科创板企业为国有企业时取值为1,否则为0,见李挺等(2019)
	R&D	研发支出占营业收入比,用于衡量科创板企业的研发水平,即"含科量"
	Size	企业的规模,即科创板企业总资产的自然对数,见陈运森等(2019)
	Leverage	企业的杠杆率,即科创板企业总负债与总资产之比,见陈运森等(2019)
	ROE	企业的净资产收益率,即科创板企业净利润与净资产之比,见陈运森等(2019)
科创属性虚拟变量	Industry	用于控制科创板企业所在的六大科创主题的影响
机构层面虚拟变量	Bank	用于控制保荐代表人所在券商固定效应的影响

第三节 实证结果与分析

一、描述性统计

表 5-3 列示了主要变量的描述性统计结果。在被解释变量方面,IPO 抑价水平 $SMarket\_Underpricing$ 的均值为 1.571,中位数为 1.227,与郭泓和赵震宇(2006)研究的核准制市场的 IPO 抑价率(均值 1.510,中位数 1.390)十分接近。在主要解释变量方面,虚拟变量是否承担过核准制保荐业务 $MMarket\_Dummy$

的均值为0.607，说明有60%以上的科创板保荐代表人曾经承担过核准制市场的保荐业务。核准制保荐次数 $MMarket\_Times$ 的均值为1.776，说明平均每位保荐代表人有接近两家公司在核准制市场成功保荐。核准制客户IPO后业绩表现 $MMarket\_Perform$ 的均值为65.9%，中位数为54.3%，说明保荐代表人的核准制客户在IPO后营业总收入都有较稳定的增长。

表5-3 主要变量的描述性统计结果

变量符号	样本量	均值	中位数	标准差	最小值	最大值
$SMarket\_Underpricing$	397	1.571	1.227	1.224	-0.021	9.239
$MMarket\_Dummy$	397	0.607	1.000	0.489	0.000	1.000
$MMarket\_Times$	397	1.776	1.000	2.016	0.000	7.000
$MMarket\_Perform$	181	0.659	0.543	0.585	-0.204	2.420
$Male$	397	0.907	1.000	0.291	0.000	1.000
$Degree$	397	0.786	1.000	0.411	0.000	1.000
$Price$	397	34.41	26.490	30.627	3.890	271.120
PE	397	65.028	47.430	128.203	18.800	1737.490
$Turnover$	397	247.03	242.172	40.437	128.423	352.726
$Dacc$	397	0.000	-0.008	0.153	-0.650	0.838
$Big8$	397	0.612	1.000	0.488	0.000	1.000
VC	397	0.783	1.000	0.412	0.000	1.000
SOE	397	0.040	0.000	0.197	0.000	1.000
$R\&D$	397	11.588	9.820	7.738	3.470	31.720
$Size$	397	20.429	20.190	1.102	18.786	25.287
$Leverage$	397	0.365	0.344	0.184	0.058	1.030
ROE	397	0.121	0.156	0.428	-3.954	1.233

二、主回归分析

（一）核准制保荐经历与IPO抑价

表5-4报告了保荐代表人核准制市场的保荐经历对科创板上市公司IPO抑价的影响。回归（1）显示，虚拟变量是否承担过核准制保荐业务 $MMarket\_Dummy$ 的回归系数为-0.261，在5%的水平上显著，说明承担过核准制保荐业务能够有效降低科创板企业IPO抑价水平。回归（2）显示，计数变量核准制保荐次数 $MMarket\_Times$ 的回归系数为-0.093，在1%的水平上显著，说明保

荐代表人在核准制市场的成果保荐次数同样可以降低科创板企业的 IPO 抑价水平。同理，回归（3）显示，连续变量核准制客户业绩表现 *MMarket_Perform* 的回归系数为 -0.620，在 1% 的水平上显著，表明保荐代表人的核准制市场客户业绩表现越好，其科创板企业 IPO 抑价水平越低。回归（1）—（3）的结果支持本章的假设 H2，说明核准制市场的保荐经历对于保荐代表人而言，是一笔宝贵的声誉资本和经验财富。尽管核准制市场和科创板市场存在很大的制度差异，保荐代表人在核准制市场的保荐经历，对于提升科创板市场的 IPO 定价效率仍然有用。

从经济含义上来看，根据表 5-3 的描述性统计，*MMarket_Dummy* 的均值是 0.607，如果聘请曾经承担过核准制保荐业务的保荐代表人，将会帮助科创板企业降低 IPO 抑价水平 0.158（= 0.261 × 0.607），根据 IPO 抑价 *SMarket_Underpricing* 的均值可以推断，IPO 抑价水平的平均降低幅度为 10%（= 0.158/1.571）。同理，保荐代表人的核准制保荐次数平均会帮助科创板企业降低 IPO 抑价水平 0.165（= 0.093 × 1.776），IPO 抑价水平平均降低 11%（= 0.165/1.571）；核准制客户良好的业绩表现，平均会帮助科创板企业降低 IPO 抑价水平 0.39（= 0.620 × 0.659），IPO 抑价水平平均降低 26%（= 0.409/1.571）。

对于控制变量，在回归（1）和回归（2）中，发行价格 *Price* 的系数显著为负，说明科创板公司的发行价格越高，IPO 抑价水平越低。在回归（1）—（3）中，发行市盈率 *PE* 的系数显著为正，说明发行市盈率越高的股票，其 IPO 抑价水平越大。在回归（3）中，控制变量回归结果显示聘请"八大"审计机构 *Big8* 能够降低企业的 IPO 抑价水平；相反，有风险投资支持 *VC*、国有公司 *SOE* 和高杠杆率公司 *Leverage* 股票，IPO 抑价水平较高。

表 5-4　　核准制保荐经历对科创板 IPO 抑价影响的检验结果

	(1)	(2)	(3)
	SMarket_Underpricing	*SMarket_Underpricing*	*SMarket_Underpricing*
Constant	5.860** (2.28)	5.801** (2.26)	6.251 (0.78)
MMarket_Dummy	-0.261** (-2.10)		
MMarket_Times		-0.093*** (-2.79)	
MMarket_Perform			-0.620*** (-2.77)

续表

	（1）	（2）	（3）
	SMarket_Underpricing	SMarket_Underpricing	SMarket_Underpricing
Male	-0.369 (-1.54)	-0.372 (-1.58)	-0.291 (-0.90)
Degree	-0.042 (-0.27)	-0.076 (-0.49)	0.051 (0.24)
Price	-0.007*** (-2.68)	-0.007*** (-2.68)	0.005 (0.92)
PE	0.004* (1.84)	0.004* (1.97)	0.012*** (4.24)
Turnover	-0.004 (-1.48)	-0.003 (-1.29)	-0.025 (-1.64)
Dacc	0.002 (0.01)	-0.076 (-0.21)	-0.142 (-0.25)
Big8	-0.001 (-0.01)	0.027 (0.16)	-0.834** (-2.12)
VC	-0.074 (-0.37)	-0.107 (-0.54)	1.649** (2.59)
SOE	1.118*** (3.74)	1.019*** (3.38)	2.506*** (3.95)
R&D	-0.005 (-0.23)	-0.005 (-0.24)	-0.024 (-1.05)
Size	-0.110 (-1.02)	-0.109 (-1.02)	0.080 (0.28)
Leverage	-0.083 (-0.17)	-0.070 (-0.14)	2.076** (2.23)
ROE	-0.550 (-1.33)	-0.513 (-1.26)	0.082 (0.14)
Industry	YES	YES	YES
Bank	YES	YES	YES
Observations	397	397	181
Adj-R^2	0.561	0.564	0.771

注：***、**、*分别表示在1%、5%和10%的水平上显著，括号内为t值，且经过异方差调整（下同，不再赘述）。

（二）剔除违规保荐代表人检验

已有研究发现违规保荐代表人被处罚后承接 IPO 项目的数量减少、规模减小、保荐业务费也会降低（易阳，2019）。因此，我们的研究结论可能会受到违规保荐代表人的干扰。为此，我们在总样本中剔除违规保荐代表人样本，以查看本章的研究结论是否稳健。违规保荐代表人的信息来源于中国证券业协会网站（https：//www.sac.net.cn）。剔除违规保荐代表人后的检验结果见表5-5，回归（1）—（3）显示，是否承担过核准制保荐业务 MMarket_Dummy、核准制成功保荐次数 MMarket_Times、核准制客户业绩表现 MMarket_Perform 的回归系数均显著为负，与表5-4的结论一致，说明我们的研究结论不受违规保荐代表人数据的影响。

表5-5　　　　　　　　　剔除违规保荐代表人检验结果

	(1)	(2)	(3)
	SMarket_Underpricing	SMarket_Underpricing	SMarket_Underpricing
Constant	3.135 (1.27)	3.207 (1.26)	2.177 (0.27)
MMarket_Dummy	-0.314*** (-2.61)		
MMarket_Times		-0.091*** (-2.82)	
MMarket_Perform			-0.505* (-1.77)
Controls	YES	YES	YES
Industry	YES	YES	YES
Bank	YES	YES	YES
Observations	389	389	177
Adj-R^2	0.565	0.565	0.792

三、进一步检验

（一）对监管问询的影响

作为发行人与审核机构之间的沟通代理人，保荐代表人按照发行上市审核机构的要求对相关事项进行必要的补充调查和核查，组织发行人和中介机构及时、逐项对发行上市审核机构提出的意见进行回复，并根据需要接受质询。在沟通中，保荐代表人越可信，发行审核机构面临的信息不对称越低（戴亦一等，2014；李挺等，2019）。因此，我们还考察了核准制保荐经历对科创板企业监管问询的影响，包括监管问询次数和问询文本语调。

借鉴有关交易所问询函和SEC意见信的研究（Li and Liu, 2017；陈运森等，2019），我们将监管问询次数 SMarket_ComLetter 定义为科创板公司从提交发行申请到首发上市的区间内，受到交易所监管问询的总轮次，该变量为计数变量。借鉴 Huang et al.（2014）、王华杰和王克敏（2018）和李晓溪等（2019）的研究，本章采用台湾大学制作的《中文情感极性词典》，定义问询文本语调变量 $SMarket\_ComTone$，等于问询函文本中（积极性词汇数量-消极性词汇数量）/总词汇数量，其中总词汇包括积极性词汇、消极性词汇和中性词汇，该变量为连续变量。

我们将上述变量代入模型（1），回归结果见表 5-6 的回归（1）—（4）。回归（1）—（3）的因变量为监管问询次数 $SMarket\_ComLetter$，采用 Poisson 回归估计方法；回归（4）的因变量为问询文本语调 $SMarket\_ComTone$，采用 OLS 回归估计方法。回归（1）—（3）显示，承担过核准制保荐业务 $MMarket\_Dummy$、保荐次数 $MMarket\_Times$ 和客户业绩表现 $MMarket\_Perform$ 的回归系数均显著为负，说明曾经承担过核准制保荐业务的保荐代表人，或者核准制成功保荐次数越多的保荐代表人，亦或者核准制客户业绩较好的保荐代表人，均可以显著降低科创板企业在上市过程中被交易所问询的次数。回归（4）显示，客户业绩表现 $MMarket\_Perform$ 的回归系数为 0.399，在 5% 的水平上显著，表明保荐代表人在核准制市场的客户业绩表现越好，交易所在发审问询中的语调越偏向积极。

表 5-6　　核准制保荐经历对科创板监管询问的影响

	（1） $SMarket\_ComLetter$	（2） $SMarket\_ComLetter$	（3） $SMarket\_ComLetter$	（4） $SMarket\_ComTone$
Constant	0.882 (1.32)	0.906 (1.36)	-4.368*** (-2.67)	-6.233 (-0.56)
$MMarket\_Dummy$	-0.057** (-2.25)			
$MMarket\_Times$		-0.012* (-1.74)		
$MMarket\_Perform$			-0.199*** (-4.03)	0.399** (2.38)
Controls	YES	YES	YES	YES
Industry	YES	YES	YES	YES
Bank	YES	YES	YES	YES
Observations	363	363	166	145

（二）对股价表现的影响

我们进一步考察核准制保荐经历对科创板企业上市后股价表现的影响，包括短期股价波动性和长期持有超额回报。借鉴已有研究（Loughran and McDonald, 2013; 张学勇等, 2020), 我们采用 IPO 后 30 个交易日内个股回报率的标准差来衡量科创板企业的股价波动性 SMarket_Volatility, 该值越大, 说明企业的股票收益率波动越大; 我们采用企业 IPO 次日至 120 个股票交易日内持有超额回报率来衡量长期持有超额回报 SMarket_BHAR, 该值越大, 说明投资者半年内的持有期超额回报率越高。

我们将上述变量代入模型 (1), 回归结果见表 5-7 的回归 (1)—(6)。回归 (1)—(3) 的因变量为股价波动性 SMarket_Volatility, 回归 (4)—(6) 的因变量为长期持有超额回报 SMarket_BHAR。回归 (1)—(3) 显示, 承担过核准制保荐业务 MMarket_Dummy、保荐次数 MMarket_Times 和客户业绩表现 MMarket_Perform 的回归系数均在 5% 及以上水平上显著为负, 说明拥有核准制保荐经历的保荐代表人, 或者核准制成功保荐次数越多的保荐代表人, 抑或者核准制客户业绩较好的保荐代表人, 均可以显著降低科创板企业股票收益的波动率。回归 (4)—(6) 显示, 承担过核准制保荐业务 MMarket_Dummy、核准制保荐次数 MMarket_Times 和客户业绩表现 MMarket_Perform 的回归系数均在 10% 及以上水平显著为正, 说明保荐代表人拥有核准制保荐经历, 或者核准制成功保荐次数越多, 或者核准制客户业绩较好, 其科创板客户的投资者在企业上市半年后拥有更高的持有期超额回报率。

表 5-7　　核准制保荐经历对科创板股价表现的影响

	(1)	(2)	(3)	(4)	(5)	(6)
	SMarket_Volatility	SMarket_Volatility	SMarket_Volatility	SMarket_BHAR	SMarket_BHAR	SMarket_BHAR
Constant	1.445*** (2.89)	1.466*** (2.86)	2.943*** (4.33)	-0.573 (-0.56)	-0.585 (-0.58)	2.369* (1.70)
MMarket_Dummy	-0.052** (-1.99)			0.056* (1.72)		
MMarket_Times		-0.018*** (-2.86)			0.030** (2.32)	
MMarket_Perform			-0.049*** (-3.44)			0.048** (2.02)
Controls	YES	YES	YES	YES	YES	YES
Industry	YES	YES	YES	YES	YES	YES
Bank	YES	YES	YES	YES	YES	YES
Observations	329	329	145	329	248	107
Adj-R²	0.753	0.755	0.992	0.720	0.726	0.975

(三)对保荐费用的影响

针对中介机构的研究认为,承销商等中介机构收取的中介费用是其声誉和服务质量的一种衡量指标,高声誉的中介机构往往会收取一定的声誉溢价(Fang,2005;郑莉莉和郑建明,2017)。因此,我们又进一步查看保荐代表人的核准制保荐经历对其科创板保荐费用的影响。我们定义承销及保荐费用指标 *SMarket_Fee*,用科创板企业 IPO 时所支付的承销及保荐费用的自然对数来表示。回归结果见表 5-8 的回归(1),承担过核准制保荐业务 *MMarket_Dummy* 的回归系数为 0.080,在 1% 的水平上显著,说明拥有核准制保荐代表人经历的保荐代表人,会对科创板企业收取一定的声誉溢价。

表 5-8 核准制保荐经历对科创板保荐费用的影响

	(1)
	SMarket_Fee
Constant	7.499***
	(9.36)
MMarket_Dummy	0.080***
	(3.29)
Controls	YES
Industry	YES
Bank	YES
Observations	355
Adj-R^2	0.860

第四节 稳健性检验

一、Bootstrap 检验

由于科创板尚处在起步阶段,上市企业较少,因此本章的研究结论可能会受到小样本的影响。为排除这一干扰,我们借鉴连玉君和苏治(2009)的研究,采用重复抽样的方法进行稳健性检验。我们采用 Bootstrap 方法,对本章的研究样本重复抽样 1000 次,检验结果如表 5-9 所示。在回归(1)—(3)中,承担过核准制保荐业务 *MMarket_Dummy*、核准制成功保荐次数 *MMarket_Times*、核准制客户业绩表现 *MMarket_Perform* 的回归系数均显著为负，假设 H2 进一步得到验证，说明在进行重复抽样后，我们的研究结果仍然成立，不受样本量的影响。

表 5-9　　　　　　　Bootstrap 检验结果（1000 次重复抽样）

	(1) *SMarket_Underpricing*	(2) *SMarket_Underpricing*	(3) *SMarket_Underpricing*
Constant	1.143 (0.78)	1.004 (0.64)	2.906 (0.99)
MMarket_Dummy	-0.253** (-2.02)		
MMarket_Times		-0.068** (-2.16)	
MMarket_Perform			-0.539*** (-2.74)
Controls	YES	YES	YES
Industry	YES	YES	YES
Bank	YES	YES	YES
Observations	397	397	181

二、分层线性模型检验

在本章的研究设计中，因变量和控制变量属于公司层面的数据，而解释变量属于保荐代表人层面的数据，不同水平的数据可能违背 OLS 中关于残差相互独立的假设。为此，我们借鉴已有研究，采用分层线性模型进行稳健性检验（解洪涛等，2018）。在构建分层线性模型时，我们将数据分为保荐代表人和公司两个层次，采用随机截距与随机斜率模型进行估计。在保荐代表人层次（层 2）的回归中，解释变量为保荐代表人的性别 *Male* 和学历 *Degree*；在公司层次（层 1）的回归中，解释变量为模型（1）中除保荐代表人性别 *Male* 和学历 *Degree* 之外的其余控制变量。分层线性模型的回归结果见表 5-10。在回归（1）和（3）中，承担过核准制保荐业务 *MMarket_Dummy* 和核准制成功保荐次数 *MMarket_Times* 的回归系数均显著为负，说明在保持残差相互独立的情况下，我们的研究结论仍然成立，即核准制保荐经历有利于降低科创板企业的 IPO 抑价水平。

表 5-10 分层线性模型检验结果

	(1)	(2)	(3)	(4)	(5)	(6)
	HLM-层1	HLM-层2	HLM-层1	HLM-层2	HLM-层1	HLM-层2
	SMarket_Underpricing	SMarket_Underpricing	SMarket_Underpricing	SMarket_Underpricing	SMarket_Underpricing	SMarket_Underpricing
Constant	1.842 (1.02)	-0.149* (-1.85)	1.278 (0.70)	-0.148* (-1.85)	-9.521** (-2.02)	-0.715*** (-5.32)
MMarket_Dummy	-0.439** (-2.14)					
MMarket_Times			-0.431** (-2.03)			
MMarket_Perform					-0.328 (-1.13)	
Male		-0.422* (-1.75)		-0.443* (-1.78)		0.108 (0.27)
Degree		-0.080 (-0.48)		0.057 (0.31)		0.568** (2.05)
Controls	YES	NO	YES	NO	YES	NO
Industry	YES	NO	YES	NO	YES	NO
Bank	YES	NO	YES	NO	YES	NO
Observations	397	397	397	397	181	181

三、工具变量检验

我们的研究结果还可能受到关键解释变量内生性的影响,即承担过核准制保荐业务 MMarket_Dummy、保荐次数 MMarket_Times 和客户业绩表现 MMarket_Perform 可能存在内生性。例如:科创板上市公司的发行定价是基于公司对保荐代表人的特殊"要求",而不是基于保荐代表人的个人能力,只有那些服从公司定价需求的才被选做科创板保荐代表人。因此,我们需要控制关键解释变量的内生性。借鉴已有研究(Chemmanur et al., 2019; Lyu and Wang, 2020),我们选择保荐代表人获得资格证书当年的考试通过率 Exam 作为工具变量,通过率越低,代表资格考试难度越大,保荐代表人的胜任能力越强。由于我们无法直接获取保荐代表人的考试通过率数据,我们定义代理变量来近似衡量,等于保荐代表人当年取得资格证书的总人数与证券从业人员总数的比值。我们引入该工具变量,采用两阶段最小二乘法(2SLS)进行回归估计,第二阶段回归结果见表 5-11。

由表 5-11 可以看出,在控制可能存在的内生性后,关键解释变量承担过核准制保荐业务 MMarket_Dummy、核准制成功保荐次数 MMarket_Times、核准制客户业绩表现 MMarket_Perform 的回归系数依然显著为负,进一步验证了本章的研究假设 H2。另外,关于工具变量的识别检验和有效性检验显示,识别不足和弱工具变量的统计量均通过了显著性检验,表明模型不存在识别不足和弱工具变量问题;过度识别检验的统计量也接受原假设,即模型不存在过度识别的问题。

表 5-11　　　　　　　　　工具变量检验结果(第二阶段)

	(1)	(2)	(3)
	SMarket_Underpricing	SMarket_Underpricing	SMarket_Underpricing
Constant	5.014** (2.35)	4.949** (2.31)	-12.240 (-0.72)
MMarket_Dummy	-0.844*** (-3.17)		
MMarket_Times		-0.196*** (-3.37)	
MMarket_Perform			-3.978** (-2.32)
Controls	YES	YES	YES
Industry	YES	YES	YES
Bank	YES	YES	YES
Observations	397	397	181
Adj-R^2	0.512	0.538	0.585
识别不足检验:Kleibergen-Paap rk LM	94.807***	158.767***	9.08***
弱工具变量检验:Stock-Wright LM	17.070***	17.070***	44.94***
过度识别检验:Sargan Chi^2	0.001	0.001	0.001

本章小结

本章采用保荐代表人个人层面的数据,研究保荐代表人在核准制市场的保荐经历对其科创板 IPO 定价的影响。我们研究发现，当保荐代表人曾经承担过核准制市场的保荐业务时，或者在核准制市场的保荐次数较多或客户业绩较优时，其科创板客户的 IPO 定价效率较高，具有较低的 IPO 抑价水平。进一步检验发现，在上市过程中，保荐代表人的核准制保荐经历可以降低其科创板客户遭受的监管问询次数，问询语调也更加偏向积极；在上市后，保荐代表人的核准制保荐经历可以降低短期股价波动率，而且能够为投资者带来更多的长期超额回报；另外，有核准制保荐经历的保荐代表人会收取一定费用作为声誉溢价。本章的研究对于推进我国资本市场的全面注册制改革，充分发挥保荐人的跨核准制市场和注册制 IPO 市场的功能角色具有重要的理论价值和实践意义。

第二篇

并购重组市场与财务顾问制度

第六章

我国并购重组市场与财务顾问制度

近年来,国家陆续出台相关法律法规,推动我国并购重组市场的制度创新。通过不断完善并购重组市场和财务顾问制度,规范企业的并购重组行为,我国逐渐形成具有中国特色的并购重组市场及其财务顾问制度,从而提高并购重组质量,推进资本市场的健康发展。

第一节　并购重组参与要素与并购类型

一、参与要素

并购重组(Merger and Acquisition,M&A)的主要参与者包括并购方、被并购方、中介机构以及监管机构等。并购方与被并购方在中介机构的帮助以及监管机构的监管下,共同完成企业并购重组活动。

(一) 并购方

在并购重组中,兼并或者收购目标公司的企业被认定为并购方(Acquirer Company)。并购方作为并购重组的主要参与者之一,其在并购重组后对目标公司具有实际控制权。

(二) 被并购方

被吸收或者被收购的企业为目标公司（Target Company），又称为被并购方。目标公司与并购方是相对存在的，目标公司的确定是并购重组的关键。理想的目标公司一般符合并购方企业的经营战略，应具有良好的营运能力与财务状况。目标公司的确定由并购动因、并购方情况等众多因素共同决定。

(三) 中介机构

中介机构是在企业并购过程中为并购双方提供融资、咨询等服务并收取一定费用的第三方当事人。在并购重组中，主要涉及到的中介机构包括财务顾问、会计师事务所、律师事务所以及资产评估机构等。

财务顾问具有协调整个并购项目的重要作用。财务顾问是具有一定专业能力，主要负责为可能影响企业股权结构、资产、负债的并购重组交易提供交易估值、方案设计、出具专业意见等咨询服务。财务顾问主要由具有上市公司并购重组财务顾问业务资格的证券公司、证券投资咨询机构或者其他符合条件的财务顾问机构担任。

会计师事务所作为中介机构主要任务是审计与税务两个方面。会计师事务所需要对目标公司的财务状况、营业绩效、资产状况等进行审核，确保其所提供材料信息的真实性与可靠性，为并购方降低并购重组的风险。同时，会计师事务所对涉及的相关税务问题进行处理。

律师事务所也贯穿于整个并购重组过程。律师事务所参与资产重组方案的制定，以保证并购重组合理合法地进行。我国证监会规定上市公司重大购买或出售行为中需具有从事证券业务资格的律师就有关事项出具法律意见书。在并购重组中，事务所帮助并购方审核相关文本并起草与制订相关法律文件，使得并购重组得到法律的保护。同时，律师事务所在并购过程中也帮助处理产生的相关纠纷。

资产评估机构是为并购方提供有效的价值衡量尺度，对目标企业进行资产评估的独立的第三方专业机构。资产评估是并购重组的核心部分，我国上市公司重大重组的交易价格主要依赖评估结果来进行确定，这可以有效提高并购重组定价的公允性以及交易的公平性。

(四) 监管机构

证监会负责监管境内上市公司并购重组活动，出台《上市公司并购重组财务顾问业务管理办法》《上市公司证券发行管理办法》等相关法律法规，对并购重组的并购方、被并购方和中介机构等参与者进行严格规定，不断完善并购重组制度，以降低内幕交易等违规行为产生的可能性，规范并购重组行为的正常进行。

证券交易所作为法定监管机构，其采取问询函的方式来对并购重组进行监管。证券交易所为主要的发函机构，一旦发现上市公司存在未达到标准的问题，上海证券交易所和深圳证券交易所可针对财务报告、并购重组等向其发出问询函并要求其在一定时间内回复与披露。如果存在企业回复不清楚或者问题仍未解决的状况，交易所将重复问询以确保并购重组等行为的规范运行。

二、并购类型

在不同的划分标准下，公司并购重组可以被划分为不同的类型，常见的划分标准有按合并方式划分、按产业组织特征划分、按并购的支付方式划分等。

（一）按合并方式划分

根据并购双方企业是否具有独立法人资格，以及并购后的存在方式对并购进行分类，主要划分为吸收合并、控股合并和新设合并。吸收合并是指两个或者两个以上的企业进行合并，并购方吸收被并购方的全部资产与负债，被并购方解散，失去其法人资格，吸收合并表现为甲公司＋乙公司＝甲公司。控股合并是并购方通过合并取得被收购方具有投票表决权的股份，获得被并购方的实际控制权。在控股合并后，并购方与被并购方仍具有独立法人资格。控股合并的实质是企业控制权交易行为。并购方对被并购方的生产经营活动等重大决策具有决定权，并从中获取相应收益。新设合并又称为创立合并，是指两个或者两个以上的公司合并后，并购方与被并购方同时失去独立法人资格，成立新公司的合并，新设合并具体表现为甲公司＋乙公司＝丙公司。新设合并的实质是企业的产权联合行为。

（二）按产业组织特征划分

根据并购方与被并购方是否属于同一行业领域，可以对并购重组类型划分为横向并购、纵向并购以及混合并购。横向并购一般指的是所属同一行业的生产与销售相似的产品或者提供相似服务的两家企业进行的并购重组。横向并购的实质是企业的横向一体化，这有助于企业完善资源配置，产生规模效应。纵向合并一般指处于同一价值链上下游的两个或者两个以上的企业进行并购，并购方与目标企业分别相对处于上下游关系，企业之间不存在直接竞争关系。纵向合并的实质是企业的纵向一体化。混合并购一般指所属不同行业的两个或者两个以上的企业进行并购，实质是多元化，能有效分散市场风险，寻求规模经济。该类型合并多发生在并购方意向于进入新领域时，并购已有企业能有效帮助并购方适应新市场与新环境，降低进入风险。采用混合并购的方式成为企业进行多元化发展的重要途径，有利于优化企业的发展模式。

（三）按支付方式划分

按照支付方式，具体可以将并购划分为现金支付并购、股票支付并购以及混合支付并购三种类型。现金支付并购是并购直接支付一定数额的现金来收购目标公司的并购。相对于其他支付方式，现金支付是最简单和迅速的一种常见的支付方式。现金并购后，目标公司股东将失去其所有者权益，并购方原有股东的权益不会受到稀释。股票支付并购是并购方通过发行新的股票来替换目标公司股票或者资产的并购，股票支付并购不需要并购方支付现金。在此种并购下，目标公司的股东仍具有对公司的所有权，同时由于发行新股票并购方原有股东的所有者权益受到一定的稀释。混合支付并购是指并购方同时采用两种或者两种以上的支付方式来收购目标企业。混合支付并购下，并购方可能采取现金、股票、公司债券、优先股、认股权证、可转换债等多种方式进行支付。采用该并购时，并购方和目标企业的股东权益因采用不同的支付方式组合而各有差异。

第二节　并购重组市场与财务顾问制度的发展情况

并购重组是市场化配置资源的重要方式，随着经济的发展，我国并购重组市场日益成熟，并购重组制度也在不断发展和完善。回顾并购重组制度的发展历程，我们将其划分为初始阶段、重点建设以及完善三个阶段，并从相关法律法规的角度对各阶段的并购重组制度进行梳理。为完善并购重组活动，国家先后发布《上市公司收购管理办法》《上市公司重大资产重组管理办法》《上市公司并购重组财务顾问业务管理办法》《国务院关于促进企业兼并重组的意见》等相关文件及修订文件，以保障并购重组的规范运行。

一、初始阶段

从 1990 年沪深交易所成立至 2000 年，我国并购重组市场的制度建设处于初始阶段。在这一阶段，我国颁布了一系列法律法规来规范上市公司的并购重组活动，有《股票发行与交易管理暂行条例》《公司法》《证券法》等。但此时并购重组中尚未引入财务顾问制度，以审批制为主。

（一）《股票发行与交易管理暂行条例》(1993 年)

国务院于 1993 年 4 月 22 日发布《股票发行与交易管理暂行条例》[以下简称"《暂行条例》(1993 年)"]，规定自发布之日起开始执行，该条例是为了适应社会主义市场经济发展、促进股票市场的高效透明、保护投资者合法权益和社会公共利益而制定。《暂行条例》(1993 年)共九章八十四条，分别从股票发行、股票的交易、上市公司的收购、保管、清算和过户、上市公司的信息披露、调查和处罚、争议的仲裁等方面对上市公司的相关股票交易行为进行规定。在这一阶段，上市公司早期的并购活动主要参照《暂行条例》(1993 年)的相关规定进行，核心制度是收购人强制全面要约收购义务和持股权益变动强制信息披露义务，是并购重组市场审批制阶段的重要文件之一。

《暂行条例》(1993 年)第四章对上市公司的收购进行了规定，第四十九条明确要求"收购要约人在发出收购要约前应当向证监会作出有关书面报告；在发出收购要约的同时应当向受要约人、证券交易场所提供本身情况的说明和与该要约有关的全部信息，并保证材料真实、准确、完整，不产生误导。收购要约的有效期不得少于三十个工作日，自收购要约发出之日起计算。自收购要约发出之日起三十个工作日内，收购要约人不得撤回其收购要约"。

在并购重组市场发展的早期，证监会要求收购要约人要向其出具书面报告并对收购要约的撤回进行了规定，这为我国企业的并购重组提供了一定的法律依据，规范了并购重组相关行为，有利于保护投资者的合法权益。《暂行条例》(1993 年)第五十一条规定"收购要约人要约购买股票的总数低于预受要约的总数时，收购要约人应当按照比例从所有预受收购要约的受要约人中购买该股票"。本条款对收购要约人购买的股票数量进行了相关规定，为并购重组中股票的购买行为进行了细化，有助于构建良性发展的并购重组市场。

（二）《公司法》(1993 年)

1993 年 12 月 29 日全国人民代表大会常务委员会通过《中华人民共和国公

司法》[以下简称"《公司法》(1993年)"],并规定自1994年7月1日开始正式实施。《公司法》(1993年)是为适应现代企业制度建立、规范公司行为、保护股东和债权人等各方利益,同时维护社会经济秩序、促进社会主义市场经济发展而制定。在审批制阶段,《公司法》(1993年)中的公司合并与分立的相关规定是各公司进行并购重组时主要参考的相关法律法规之一。《公司法》(1993年)共十一章二百三十条,分别从股份有限公司的股份发行和转让、公司债券、公司财务与会计、公司合并与分立等方面进行规定。

《公司法》(1993年)第二章对有限责任公司的设立和组织机构进行了相关规定。第六十六条规定"国有独资公司不设股东会,由国家授权投资的机构或者国家授权的部门,授权公司董事会行使股东会的部分职权,决定公司的重大事项,但公司的合并、分立、解散、增减资本和发行公司债券,必须由国家授权投资的机构或者国家授权的部门决定"。本条款对国有独资公司的合并行为进行了相关规定,规范了公司的合并、分立、解散等行为。

《公司法》(1993年)第七章主要对公司的合并与分立行为进行了详细规定。第一百八十三条规定"股份有限公司合并或者分立,必须经国务院授权的部门或者省级人民政府批准"。本条款对公司的合并行为进行了一定的要求与限制。在审批制阶段,政府的行为可以直接决定公司的合并与分立。第一百八十四条明确指出可以采取两种方式进行公司合并,包括吸收合并和新设合并,同时对这两种合并方式进行了详细解释,规定吸收合并为一个公司吸收另一个公司,同时解散被吸收公司;新设合并则是两个以上公司合并为一个新的公司,同时解散合并各方。这明确指出公司合并的方式仅有吸收合并与新设合并两种,为公司进行合并行为提供了一定的法律依据。同时,本条款规定"公司合并,应当由合并各方签订合并协议,并编制资产负债表及财产清单。公司应当自作出合并决议之日起十日内通知债权人,并于三十日内在报纸上至少公告三次。债权人自接到通知书之日起三十日内,未接到通知书的自第一次公告之日起九十日内,有权要求公司清偿债务或者提供相应的担保。不清偿债务或者不提供相应的担保的,公司不得合并"。

《公司法》(1993年)对公司进行合并前的行为进行了详细的规定。这规范了公司合并行为,使得投资者和债权人的相关权益得到了一定的保护,有利于建立与维护我国资本市场秩序。第一百八十八条规定"公司合并或者分立,登记事项发生变更的,应当依法向公司登记机关办理变更登记;公司解散的,应当依法办理公司注销登记；设立新公司的，应当依法办理公司设立登记"。本条款对登记事项进行了规定，有利于政府对公司并购行为的监管，同时符合建立现代企业制度的要求。

《公司法》（1993年）第十章规定了公司行为等可能涉及的相关法律责任。第二百一十七条明确要求"公司在合并、分立，减少注册资本或者进行清算时，不按照本法规定通知或者公告债权人的，责令改正，对公司处以一万元以上十万元以下的罚款"。通过进行一定的处罚来对企业的并购重组行为进行规范，一定程度上规范了我国并购重组市场秩序，推进并购重组市场的健康发展。

（三）《证券法》（1998年）

《中华人民共和国证券法》［以下简称"《证券法》（1998年）"］由中华人民共和国第九届全国人民代表大会常务委员会第六次会议于1998年12月29日通过，规定自1999年7月1日起施行。《证券法》（1998年）共十二章二百一十三条，分别从证券发行、证券交易、上市公司收购、证券交易所等相关机构、法律责任等方面对相关证券发行和交易行为进行了规定。《证券法》（1998年）的出台规范了证券发行和交易行为，保护了投资者的合法权益，促进了社会主义市场经济的发展。

《证券法》（1998年）第四章对上市公司收购进行了规定。第七十九条明确要求"通过证券交易所的证券交易，投资者持有一个上市公司已发行的股份的百分之五时，应当在该事实发生之日起三日内，向国务院证券监督管理机构、证券交易所作出书面报告，通知该上市公司，并予以公告；在上述规定的期限内，不得再行买卖该上市公司的股票。投资者持有一个上市公司已发行的股份的百分之五后，通过证券交易所的证券交易，其所持该上市公司已发行的股份比例每增加或者减少百分之五，应当依照前款规定进行报告和公告。在报告期限内和作出报告、公告后二日内，不得再行买卖该上市公司的股票"。同时，第八十一条也要求"通过证券交易所的证券交易，投资者持有一个上市公司已发行的股份的百分之三十时，继续进行收购的，应当依法向该上市公司所有股东发出收购要约。但经国务院证券监督管理机构免除发出要约的除外"。这两条规定能够增强市场的透明度，避免恶意收购，有利于资本市场和上市公司的平稳健康发展。

《证券法》（1998年）第八十四条规定"在收购要约的有效期限内，收购人不得撤回其收购要约。在收购要约的有效期限内，收购人需要变更收购要约中事项的，必须事先向国务院证券监督管理机构及证券交易所提出报告，经获准后，予以公告"。这对收购要约的撤回进行了一定的限制，规范了并购重组相关行为，有利于保护投资者的合法权益。第九十一条规定"在上市公司收购中，收购人对所持有的被收购的上市公司的股票，在收购行为完成后的六个月内不得转让"。本条款对收购人在收购后的交易行为进行了相关规定，进一步细化了并购重组中涉及的相关股票交易行为，有助于完善我国并购重组市场体系。

《证券法》（1998年）第十一章对相关法律责任进行了规定。第一百九十五条明确规定"违反上市公司收购的法定程序，利用上市公司收购谋取不正当收益的，责令改正，没收违法所得，并处以违法所得一倍以上五倍以下的罚款"。严厉的惩罚制度不仅有利于保护并购双方的利益，也有利于维护并购重组市场秩序，推动并购重组市场的可持续发展。

二、发展阶段

在经历过最初的摸索阶段后，2002年至2018年，我国并购重组市场也随之进入核准制发展阶段，资本市场不断加强对并购重组的审核等相关要求。在本阶段，财务顾问制度被引入到并购重组市场。2002年证监会发布《上市公司收购管理办法》，首次明确对并购重组中的财务顾问进行相关要求，财务顾问制度正式落地。作为重要的中介机构，财务顾问在并购重组市场中的作用愈发突出与重要。随后资本市场陆续出台与并购重组、财务顾问相关的法律法规，并不断对其进行修订，努力建立与完善我国的并购重组市场相匹配的财务顾问制度。2008年，资本市场出台首部对财务顾问进行详细要求的法规《上市公司并购重组财务顾问业务管理办法》，这使得财务顾问在进行并购重组时更加有法可依。同时颁布《上市公司重大资产重组管理办法》，对并购重组中财务顾问的职责等进行了详细的规定。

（一）《上市公司收购管理办法》（2002年）

证监会于2002年9月28日发布《上市公司收购管理办法》[以下简称"《收购管理办法》（2002年）"]，于2002年12月1日正式实施。《收购管理办法》（2002年）共六章六十四条，主要从协议收购规则、要约收购规则、要约收购义务的豁免、监管措施及法律责任等方面进行了相关规定。

《收购管理办法》（2002年）第一章对收购活动进行了整体规定。第一条明确提出"为规范上市公司收购活动，促进证券市场资源的优化配置，保护投资者的合法权益，维护证券市场的正常秩序，根据《公司法》《证券法》及其他法律和相关行政法规，制定本办法"。第十条明确规定"证监会依法对上市公司收购活动实行监督管理。证券交易所和证券登记结算机构根据中国证监会赋予的职责及其业务规则，对上市公司收购活动实行日常监督管理"。根据规定，证监会、证券交易所与证券登记结算机构对上市公司的收购活动进行监管，以规范并购重组活动的正常进行。

《收购管理办法》（2002年）第二章对协议收购规则进行了相关规定。第十六条规定"涉及国家授权机构持有的股份的转让，或者须经行政审批方可进行的股份转让，协议收购相关当事人应当在获得有关主管部门批准后，方可履行收购协议"。本条款对涉及国家授权机构持有的股份转让进行了规定，为其进行并购重组提供了相关法律基础。

《收购管理办法》（2002年）第三章规定了要约收购的相关规则，明确了需聘请财务顾问的相关要求。第二十八条规定"收购人应当聘请律师对其要约收购报告书内容的真实性、准确性、完整性进行核查，并出具法律意见书。收购人应当聘请财务顾问等专业机构对收购人的实际履约能力做出评判。财务顾问的专业意见应当予以公告"。同时，第三十一条要求"被收购公司董事会应当为公司聘请独立财务顾问等专业机构，分析被收购公司的财务状况，就收购要约条件是否公平合理、收购可能对公司产生的影响等事宜提出专业意见，并予以公告。管理层、员工进行上市公司收购的，被收购公司的独立董事应当为公司聘请独立财务顾问等专业机构，分析被收购公司的财务状况，就收购要约条件是否公平合理、收购可能对公司产生的影响等事宜提出专业意见，并予以公告。财务顾问费用由被收购公司承担"。这一规定正式将财务顾问制度引入到我国并购重组市场，明确了并购重组中律师事务所、财务顾问等中介机构的责任与义务，有利于提高企业并购重组的质量。

《收购管理办法》（2002年）第五章规定了并购活动中相关的监管措施，并明确了相关法律责任。第五十五条要求"收购人未按照本办法的规定履行报告、公告义务的，应当主动改正；未能改正的，证券交易所依据业务规则进行处理；拒不改正的，中国证监会责令改正、停止收购活动。收购人在改正前不得向被收购公司选派董事、监事、高级管理人员；在整改期间，中国证监会不受理任何专业机构为其出具的文件。构成证券违法行为的，依法追究法律责任"。第五十八条规定"为上市公司收购出具资产评估报告、审计报告、法律意见书和提供财务顾问意见等文件的专业机构和专业人员，其出具、提供的文件中有虚假记载、误导性陈述或者重大遗漏的，应当主动改正；未能改正的，证券交易所依据业务规则进行处理；拒不改正的，中国证监会责令改正。在整改期间，中国证监会不受理其出具的文件。构成证券违法行为的，依法追究法律责任"。这两个条款从中介机构、证券交易所以及证监会三方对收购活动中的相关违规行为进行有效的惩罚措施，这有助于规范并购重组中收购人与相关中介机构的行为，保证并购重组活动的公平进行。

（二）《上市公司收购管理办法》（2006年修订）

2006年5月17日，证监会通过新的《上市公司收购管理办法》[以下简称"《收购管理办法》（2006年修订）"]，并规定自2006年9月1日起施行。同时，废止证监会2002年颁布的《收购办法》《上市公司股东持股变动信息披露管理办法》《关于要约收购涉及的被收购公司股票上市交易条件有关问题的通知》。本次颁布的《收购管理办法》（2006年修订）将原《收购管理办法》（2002年）和《披露办法》合二为一，共十章九十条，分别从权益披露、要约收购、协议收购、间接收购、豁免申请、财务顾问、持续监管、监管措施与法律责任等方面进行了规定。

《收购管理办法》（2006年修订）第一章从整体上对并购重组活动进行了相关规定。第九条要求"收购人进行上市公司的收购，应当聘请在中国注册的具有从事财务顾问业务资格的专业机构担任财务顾问。收购人未按照本办法规定聘请财务顾问的，不得收购上市公司"。这一规定强调了财务顾问在并购重组活动中的关键性与必要性。同时，该条款规定"财务顾问应当勤勉尽责，遵守行业规范和职业道德，保持独立性，保证其所制作、出具文件的真实性、准确性和完整性。财务顾问认为收购人利用上市公司的收购损害被收购公司及其股东合法权益的，应当拒绝为收购人提供财务顾问服务"。通过对财务顾问的履职要求可以有效提高企业并购重组的质量，促进并购重组市场的健康发展。第十一条规定"证券交易所对相关证券交易活动进行实时监控"。这表明我国对并购重组及相关证券交易活动进行严格监管，以降低违法违规等不良行为的出现。

《收购管理办法》（2006年修订）第三章规定了要约收购的相关要求。第三十六条规定"收购人可以采用现金、证券、现金与证券相结合等合法方式支付收购上市公司的价款。收购人聘请的财务顾问应当说明收购人具备要约收购的能力"。本条款对并购的支付方式进行了规定，并要求财务顾问对收购人的支付能力进行一定的说明，这在一定程度上加强了对并购重组中支付环节的监管。

《收购管理办法》（2006年修订）第四章对协议收购提出了相关要求。第五十条规定"境外法人或者境外其他组织进行上市公司收购的，除应当提交第一款第（二）项至第（六）项规定的文件外，还应当提交以下文件：（1）财务顾问出具的收购人符合对上市公司进行战略投资的条件、具有收购上市公司的能力的核查意见；（2）收购人接受中国司法、仲裁管辖的声明"。由于我国加入世界贸易组织，在国际贸易中扮演着越来越重要的角色。我国相关法规也及时更新，增加对境外法人或者境外其他组织的要求。在境外法人或者境外其他组织进行上市公司收购时参考财务顾问出具的核查意见，这表明财务顾问的地位与作用正在日益上升，并在并购重组中担负着越来越重要的作用。第五十一条规定"公司应当聘请具有证券、期货从业资格的资产评估机构提供公司资产评估报告，本次收购应当经董事会非关联董事作出决议，且取得2/3以上的独立董事同意后，提交公司股东大会审议，经出席股东大会的非关联股东所持表决权过半数通过。独立董事发表意见前，应当聘请独立财务顾问就本次收购出具专业意见，独立董事及独立财务顾问的意见应当一并予以公告"。本条款要求公司聘请资产评估机构以及财务顾问来共同参与收购活动，在明确评估机构的责任的同时，充分发挥财务顾问的作用。

《收购管理办法》（2006年修订）第六章规定了申请豁免的相关内容。第六十四条规定"收购人提出豁免申请的，应当聘请律师事务所等专业机构出具专业意见"。这要求收购人应按照律师事务所等专业机构的意见来进行豁免申请，为企业进行豁免申请提供了法律支持。

《收购管理办法》（2006年修订）第七章对财务顾问进行了详细的规定。第六十七条规定"上市公司董事会或者独立董事聘请的独立财务顾问，不得同时担任收购人的财务顾问或者与收购人的财务顾问存在关联关系。独立财务顾问应当根据委托进行尽职调查，对本次收购的公正性和合法性发表专业意见"。本条款要求财务顾问具有一定的独立性，这有效降低了财务顾问与上市公司之间勾结而产生违规行为的情况。通过提高财务顾问的职业素养，可以规范企业并购重组活动，促进我国并购重组市场的发展。第六十九条要求"财务顾问在收购过程中和持续督导期间，应当关注被收购公司是否存在为收购人及其关联方提供担保或者借款等损害上市公司利益的情形，发现有违法或者不当行为的，应当及时向中国证监会、派出机构和证券交易所报告"。这表明我国监管方式存在一定的转变,由原来的事前审批逐渐转换为事前与事后相结合的方式来对企业的并购重组行为进行监管。强调要充分发挥财务顾问在并购和持续督导期间的作用,促进并购重组活动的良性发展。第七十条规定"财务顾问为履行职责,可以聘请其他专业机构协助其对收购人进行核查,但应当对收购人提供的资料和披露的信息进行独立判断"。本条款要求财务顾问提供核查工作,而且可以聘请其他专业机构进行协助核查,有助于提高并购重组质量。

《收购管理办法》(2006年修订)第八章主要对持续监管进行了相关规定。第七十三条要求"派出机构根据审慎监管原则,通过与承办上市公司审计业务的会计师事务所谈话、检查财务顾问持续督导责任的落实、定期或者不定期的现场检查等方式,在收购完成后对收购人和上市公司进行监督检查;在持续督导期间,财务顾问与收购人解除合同的,收购人应当另行聘请其他财务顾问机构履行持续督导职责"。本条款规定监管层可以采取不定期现场检查来进行持续监督,强调了监管层对事后监管,以及对会计师事务所、财务顾问等中介机构的关键作用的重视,监管由事前监管向事后监管转移。

(三)《上市公司并购重组财务顾问业务管理办法》(2007年)

证监会于2007年7月10日通过了《上市公司并购重组财务顾问业务管理办法》[以下简称"《财务顾问管理办法》(2007年)"],并规定2008年8月4日起开始正式实施。《财务顾问管理办法》(2007年)共五章四十五条,分别从业务许可、业务规则、管理责任等方面对并购重组财务顾问进行了详细的规定。在并购市场核准制阶段,《财务顾问管理办法》(2007年)为财务顾问业务提供了坚实的法律基础与可靠依据。

《财务顾问管理办法》(2007年)第一章对财务顾问进行了整体性要求。第二条规定"经中国证监会核准具有上市公司并购重组财务顾问业务资格的证券公司、证券投资咨询机构或者其他符合条件的财务顾问机构,可以依照本办法的规定从事上市公司并购重组财务顾问业务。未经中国证监会核准,任何单位和个人不得从事上市公司并购重组财务顾问业务"。同时,第五条要求"中国证监会依照法律、行政法规和本办法的规定,对财务顾问实行资格许可管理,对财务顾问及其负责并购重组项目的签名人员的执业情况进行监督管理"。这两个条款对可以担任并购重组财务顾问的机构进行了要求,并肯定了证监会对财务顾问资格的把控,从证监会的角度对并购重组进行了事前、事中与事后的质量控制。

《财务顾问管理办法》(2007年)第二章详细规定了业务许可的相关内容。第八条明确要求"资产评估机构、会计师事务所、律师事务所或者相关人员从事上市公司并购重组财务顾问业务,应当另行成立专门机构"。这对除证券公司之外的其他中介机构在担任财务顾问时进行了要求。专门机构的成立使得各中介机构的内部责任划分更加明确。第十条规定"财务顾问主办人应当具备下列条件:(1)具有证券从业资格;(2)具备中国证监会规定的投资银行业务经历;(3)参加中国证监会认可的财务顾问主办人胜任能力考试且成绩合格;(4)所任职机构同意推荐其担任本机构的财务顾问主办人;(5)未负有数额较大到期未清偿的债务;(6)最近24个月无违反诚信的不良记录;(7)最近24个月未因执业行为违反行业规范而受到行业自律组织的纪律处分;(8)最近36个月未因执业行为违法违规受到处罚;(9)中国证监会规定的其他条件"。本条款对财务顾问的资格与能力等进行了严格要求,有效保证了财务顾问执业水平的质量。第十六条规定"中国证监会对财务顾问申请人的上市公司并购重组财务顾问业务资格申请进行审查、做出决定。中国证监会及时公布和更新财务顾问及其财务顾问主办人的名单"。对财务顾问资格进行审核,表明证监会在并购重组事前监督上起到重要作用。

《财务顾问管理办法》(2007年)第二十一条规定"委托人应当配合财务顾问进行尽职调查,提供相应的文件资料。委托人不能提供必要的材料、不配合进行尽职调查或者限制调查范围的,财务顾问应当终止委托关系或者相应修改其结论性意见"。本条款要求委托人积极配合财务顾问,并给予财务顾问一定的权力以充分发挥中介机构的作用,降低信息不对称程度,保证并购重组活动的正常进行。第二十二条规定"财务顾问利用其他证券服务机构专业意见的,应当进行必要的审慎核查,对委托人提供的资料和披露的信息进行独立判断。财务顾问对同一事项所作的判断与其他证券服务机构的专业意见存在重大差异的,应当进一步调查、复核,并可自行聘请相关专业机构提供专业服务"。这要求财务顾问进行独立判断并可向其他机构寻求帮助,有效地保证了财务顾问的服务质量。第二十四条要求"财务顾问应当关注上市公司并购重组活动中,相关各方是否存在利用并购重组信息进行内幕交易、市场操纵和证券欺诈等事项"。本条款通过财务顾问来对并购双方的违规行为进行监督,一定程度上可以降低并购双方违法违规行为产生的可能性。

《财务顾问管理办法》(2007年)第三十一条明确规定"在持续督导期间,

财务顾问应当结合上市公司披露的定期报告出具持续督导意见，并在前述定期报告披露后的 15 日内向上市公司所在地的中国证监会派出机构报告"。这一规定表明我国证监会正逐渐加强对并购重组事件的事后监督，以保证并购重组的质量。第三十三条指出"财务顾问应当建立并购重组工作档案和工作底稿制度，为每一项目建立独立的工作档案。财务顾问的工作档案和工作底稿应当真实、准确、完整，保存期不少于 10 年"。档案的建立使得并购重组事件有迹可循、有底可查，为控制并购重组质量提供了依据，可以有效提高财务顾问的工作质量。

《财务顾问管理办法》（2007 年）第三十四条要求"中国证监会建立监管信息系统，对财务顾问及其财务顾问主办人进行持续动态监管，并将以下事项记入其诚信档案：（1）财务顾问及其财务顾问主办人被中国证监会采取监管措施的；（2）在持续督导期间，上市公司或者其他委托人违反公司治理有关规定、相关资产状况及上市公司经营成果等与财务顾问的专业意见出现较大差异的；（3）中国证监会认定的其他事项"。持续动态的监管与诚信档案的建立加强了对财务顾问的监管，有效地约束了财务顾问行为，进而减少了违规行为。第四十三条要求"财务顾问及其财务顾问主办人在相关并购重组信息未依法公开前，泄漏该信息、买卖或者建议他人买卖该公司证券，利用相关并购重组信息散布虚假信息、操纵证券市场或者进行证券欺诈活动的，中国证监会依据《证券法》第二百零二条、第二百零三条、第二百零七条等相关规定予以处罚；涉嫌犯罪的，依法移送司法机关追究刑事责任"。本条款明确指出财务顾问应恪尽职守，一旦产生违规行为，可能会导致较为严重的后果，并承担法律责任，这从法律的角度对财务顾问进行了警示，对违规行为进行相应的处罚。

（四）《上市公司重大资产重组管理办法》（2008 年）

2008 年 3 月 24 日，证监会颁布《上市公司重大资产重组管理办法》[以下简称"《重组管理办法》（2008 年）"]，并规定自 2008 年 5 月 18 日开始实施。本办法共八章五十六条，分别规定了重大资产重组的原则和标准、程序、重大资产重组后申请发行新股或者公司债券等相关方面的内容。

《重组管理办法》（2008 年）是在《公司法》《证券法》等法律、行政法规的基础上制定的，旨在规范上市公司重大资产重组行为，保护上市公司和投资者的合法权益，促进上市公司质量的提高。第六条规定"为重大资产重组提供服务的证券服务机构和人员，应当遵守法律、行政法规和中国证监会的有关规定,遵循本行业公认的业务标准和道德规范,严格履行职责,不得谋取不正当利益,并应当对其所制作、出具文件的真实性、准确性和完整性承担责任"。本条款对重大资产重组涉及的证券服务机构和人员均提出道德与执业要求,以规范各机构及执业人员的行为。

《重组管理办法》(2008年)第三章详细规定了重大资产重组的程序。第十四条要求"上市公司及交易对方聘请证券服务机构的,应当立即与所聘请的证券服务机构签署保密协议"。这要求重组中涉及到的证券服务机构对相关事宜进行严格的保密,从而保护了上市公司信息安全,维护了我国资本市场的交易秩序。第十五条明确规定"上市公司应当聘请独立财务顾问、律师事务所以及具有相关证券业务资格的会计师事务所等证券服务机构就重大资产重组出具意见。独立财务顾问和律师事务所应当审慎核查重大资产重组是否构成关联交易,并依据核查确认的相关事实发表明确意见。重大资产重组涉及关联交易的,独立财务顾问应当就本次重组对上市公司非关联股东的影响发表明确意见。资产交易定价以资产评估结果为依据的,上市公司应当聘请具有相关证券业务资格的资产评估机构出具资产评估报告。证券服务机构在其出具的意见中采用其他证券服务机构或者人员的专业意见的,仍然应当进行尽职调查,审慎核查其采用的专业意见的内容,并对利用其他证券服务机构或者人员的专业意见所形成的结论负责"。本条款要求重大资产重组时上市公司应聘请一定的专业机构来保证重组的正常与规范,同时也明确了财务顾问、资产评估机构与证券服务机构的职责分工。

《重组管理办法》(2008年)第三十条要求"上市公司聘请的独立财务顾问和律师事务所应当对重大资产重组的实施过程、资产过户事宜和相关后续事项的合规性及风险进行核查,发表明确的结论性意见。独立财务顾问和律师事务所出具的意见应当与实施情况报告书同时报告、公告"。对财务顾问帮助上市公司进行的核查要求在一定程度上保证了企业重大资产重组的规范运行。第三十三条规定"上市公司应当在重大资产重组实施完毕后的有关年度报告中单独披露上市公司及相关资产的实际盈利数与利润预测数的差异情况,并由会计师事务所对此出具专项审核意见。资产评估机构采取收益现值法、假设开发法等基于未来收益预期的估值方法对拟购买资产进行评估并作为定价参考依据"。本条款表明我国对资产重组的定价与盈利进行严格的把控,这可以有效减少资产重组中违规行为的产生,提高重大资产重组的效率。第三十五条要求"独立财务顾问应当按照中国证监会的相关规定,对实施重大资产重组的上市公司履行持续督导职责。持续督导的期限自中国证监会核准本次重大资产重组之日起,应当不少于一个会计年度"。持续督导可以有效降低财务顾问与上市企业的短期投机行为,这规范了资产重组行为,有利于促进我国资本市场的健康与持续发展。

《重组管理办法》(2008年)第四章对重大资产重组的信息管理进行了相关规定。第三十九条强调"上市公司及其董事、监事、高级管理人员,重大资产重组的交易对方及其关联方,交易对方及其关联方的董事、监事、高级管理人员或者主要负责人,交易各方聘请的证券服务机构及其从业人员,参与重大资产重组筹划、论证、决策、审批等环节的相关机构和人员,以及因直系亲属关系、提供服务和业务往来等知悉或者可能知悉股价敏感信息的其他相关机构和人员,在重大资产重组的股价敏感信息依法披露前负有保密义务,禁止利用该信息进行内幕交易"。本条款对股价敏感信息进行保密的要求可以在一定程度上减少重大资产重组中的内幕交易,保证资产重组公平有效。

《重组管理办法》(2008年)第五章对发行股份购买资产提出了特别规定。第四十六条指出"向特定对象购买的相关资产过户至上市公司后,上市公司聘请的独立财务顾问和律师事务所应当对资产过户事宜和相关后续事项的合规性及风险进行核查,并发表明确意见。上市公司应当在相关资产过户完成后3个工作日内就过户情况作出公告,并向中国证监会及其派出机构提交书面报告,公告和报告中应当包括独立财务顾问和律师事务所的结论性意见"。这表明了独立财务顾问与律师事务所作为中介机构所担任的职责,强调了中介机构在重大资产重组中保证规范运行的责任。

《重组管理办法》(2008年)第七章对监督管理和法律责任进行了相关规定。第五十四条要求"上市公司的董事长、总经理以及对此承担相应责任的会计师事务所、财务顾问、资产评估机构及其从业人员应当在上市公司披露年度报告的同时,在同一报刊上作出解释,并向投资者公开道歉"。本条款将财务顾问等中介机构与上市公司相关人员同时进行要求,这有利于上市公司与中介机构加强对资产重组的重视,提高重大资产重组的质量与效率。

(五)《上市公司收购管理办法》(2008年修订)

2008年8月27日,证监会通过了《关于修改〈上市公司收购管理办法〉第六十三条的决定》,并规定《上市公司收购管理办法》(2008年修订)[以下简称"《收购管理办法》（2008 年修订）"] 自公布之日开始实施。

《收购管理办法》（2008 年修订）的第六十三条第二款修改为"根据前款第（一）项和第（三）项至第（七）项规定提出豁免申请的，中国证监会自收到符合规定的申请文件之日起 10 个工作日内未提出异议的，相关投资者可以向证券交易所和证券登记结算机构申请办理股份转让和过户登记手续；根据前款第（二）项规定，相关投资者在增持行为完成后 3 日内应当就股份增持情况做出公告，并向中国证监会提出豁免申请，中国证监会自收到符合规定的申请文件之日起 10 个工作日内做出是否予以豁免的决定。中国证监会不同意其以简易程序申请的，相关投资者应当按照本办法第六十二条的规定提出申请"。本次修订主要进行了两个方面的改动。一方面延长了等待证监会提出异议的期限，这在一定程度上为证监会的处理增加了时间，有助于证监会充分行使监管权力。另一方面，本次修订增加符合第（二）项规定时，证监会应在 10 日之内对相关投资者提出的豁免申请继续反馈，这为证监会决定事后予以豁免提供了法律基础。

（六）《上市公司重大资产重组管理办法》（2011 年修订）

证监会于 2011 年 4 月 27 日通过《关于修改上市公司重大资产重组与配套融资相关规定的决定》，决定对《重组管理办法》进行修订。《重组管理办法》（2011 年修订）自 2011 年 9 月 1 日起开始正式实施。

《重组管理办法》（2011 年修订）第三十六条增加了"实施本办法第十二条规定的重大资产重组，持续督导的期限自中国证监会核准本次重大资产重组之日起，应当不少于 3 个会计年度"。本次修订中增加了对重大资产重组进行持续督导的要求，表明我国相关法律法规正在不断细化，并购重组市场相关制度正在不断完善。

《重组管理办法》（2011 年修订）第三十六条增加了"独立财务顾问还应当结合本办法第十二条规定的重大资产重组实施完毕后的第二、三个会计年度的年报，自年报披露之日起 15 日内，对前款第（二）至（六）项事项出具持续督导意见，向派出机构报告，并予以公告"。本条款增加对第二个及第三个会计年度报告的关注，为持续督导意见的提出提供了更加有力的依据。

（七）《上市公司收购管理办法》（2012 年修订）

2011 年 12 月 29 日，证监会通过《关于修改〈上市公司收购管理办法〉第六十二条及第六十三条的决定》，并规定《上市公司收购管理办法》（2012 年修订）[以下简称"《收购管理办法》(2012年修订)"] 自2012年3月15日开始正式实施。本次修订主要对六十二条和第六十三条进行了相关修订。

《收购管理办法》(2012年修订)的第六十二条增加了相关规定，要求"收购人有前款第（三）项规定情形，但在其取得上市公司发行的新股前已经拥有该公司控制权的，可以免于按照前款规定提交豁免申请，律师就收购人有关行为发表符合该项规定的专项核查意见并经上市公司信息披露后，收购人凭发行股份的行政许可决定，按照证券登记结算机构的规定办理相关事宜"。本次修订考虑了收购前已获得实际控制权的情况，我国并购重组制度体系进一步完善。

（八）《上市公司重大资产重组管理办法》（2014年修订）

2014年7月7日，证监会通过《上市公司重大资产重组管理办法》[以下简称"《重组管理办法》(2014年修订)"]。本办法规定从2014年11月23日起正式实施，2008年和2011年修订的《重组管理办法》同时被废止。

《重组管理办法》(2014年修订)第六条规定"前款规定的证券服务机构和人员，不得教唆、协助或者伙同委托人编制或者披露存在虚假记载、误导性陈述或者重大遗漏的报告、公告文件，不得从事不正当竞争，不得利用上市公司重大资产重组谋取不正当利益"。本条款对证券服务机构及相关人员的行为进行要求，以保证重大资产重组活动的公平有效。

《重组管理办法》(2014年修订)第八条要求"中国证监会审核上市公司重大资产重组或者发行股份购买资产的申请，可以根据上市公司的规范运作和诚信状况、财务顾问的执业能力和执业质量，结合国家产业政策和重组交易类型，作出差异化的、公开透明的监管制度安排，有条件地减少审核内容和环节"。根据具体条件减少审核内容与环节，一定程度上强化了上市公司的经营能力与财务顾问的执业能力，对重大资产重组的监管向着市场化方向发展。

《重组管理办法》(2014年修订)第九条指出"鼓励依法设立的并购基金、股权投资基金、创业投资基金、产业投资基金等投资机构参与上市公司并购重组"。这表明我国现阶段积极激励机构投资者参与上市公司的并购重组，有利于活跃我国并购重组市场。

《重组管理办法》(2014年修订)第十八条规定"上市公司及交易对方与证券服务机构签订聘用合同后，非因正当事由不得更换证券服务机构。确有正当事由需要更换证券服务机构的，应当披露更换的具体原因以及证券服务机构的陈述意见"。本条款对更换证券服务机构进行了详细规定，证券服务机构的选择和更换虽然是市场化行为，但无正当理由不得随便更换。

《重组管理办法》（2014年修订）第二十条要求"重大资产重组中相关资产以资产评估结果作为定价依据的，资产评估机构应当按照资产评估相关准则和规范开展执业活动；上市公司董事会应当对评估机构的独立性、评估假设前提的合理性、评估方法与评估目的的相关性以及评估定价的公允性发表明确意见"。这一条款进一步对资产评估机构的职责进行了明确规定，相关资产可依据中介机构的评估而定价，这使得资产的价值更为公允，一定程度上降低了重大资产重组中的错误定价风险。

《重组管理办法》（2014年修订）第二十七条要求"中国证监会在审核期间提出反馈意见要求上市公司作出书面解释、说明的，上市公司应当自收到反馈意见之日起30日内提供书面回复意见，独立财务顾问应当配合上市公司提供书面回复意见"。这要求财务顾问作为中介机构在并购重组过程中充分协助证监会进行事中监督，保证重大资产重组的规范运行。

《重组管理办法》（2014年修订）第五十六条规定"重大资产重组涉嫌本办法第五十三条、第五十四条、第五十五条规定情形的，中国证监会可以责令上市公司作出公开说明、聘请独立财务顾问或者其他证券服务机构补充核查并披露专业意见，在公开说明、披露专业意见之前，上市公司应当暂停重组"。本条款要求在上市公司或者中介机构公开说明、披露专业意见之前暂停重组。同时，第五十八条明确指出"存在前二款规定情形的，在按照中国证监会的要求完成整改之前，不得接受新的上市公司并购重组业务"。这两个条款在一定程度上规范了并购重组行为，提高了重大资产重组的质量。

（九）《上市公司收购管理办法》（2014年修订）

2014年10月23日，证监会对《上市公司收购管理办法》进行了修订，并要求《上市公司收购管理办法》［以下简称"《收购管理办法》（2014年修订）"］于颁布之日开始正式施行。

《收购管理办法》（2014年修订）第九条增加了一款，要求"财务顾问不得教唆、协助或者伙同委托人编制或披露存在虚假记载、误导性陈述或者重大遗漏的报告、公告文件，不得从事不正当竞争，不得利用上市公司的收购谋取不正当利益"。本条款对财务顾问的行为进行了约束，有利于规范并购重组行为，提高并购重组质量。

《收购管理办法》（2014 年修订）第四十八条第一款修改为："以协议方式收购上市公司股份超过 30%，收购人拟依据本办法第六章的规定申请豁免的，应当在与上市公司股东达成收购协议之日起 3 日内编制上市公司收购报告书，提交豁免申请，委托财务顾问向中国证监会、证券交易所提交书面报告，通知被收购公司，并公告上市公司收购报告书摘要"。同时，并规定删除第四十八条第三款。这简化了并购重组流程，提高了并购重组效率，优化资源配置。

《收购管理办法》（2014 年修订）第六十三条修订后，要求"有下列情形之一的，相关投资者可以免于按照前款规定提交豁免申请，直接向证券交易所和证券登记结算机构申请办理股份转让和过户登记手续：（1）经上市公司股东大会非关联股东批准，投资者取得上市公司向其发行的新股，导致其在该公司拥有权益的股份超过该公司已发行股份的 30%，投资者承诺 3 年内不转让本次向其发行的新股，且公司股东大会同意投资者免于发出要约；（2）在一个上市公司中拥有权益的股份达到或者超过该公司已发行股份的 30% 的，自上述事实发生之日起一年后，每 12 个月内增持不超过该公司已发行的 2% 的股份；（3）在一个上市公司中拥有权益的股份达到或者超过该公司已发行股份的 50% 的，继续增加其在该公司拥有的权益不影响该公司的上市地位；（4）证券公司、银行等金融机构在其经营范围内依法从事承销、贷款等业务导致其持有一个上市公司已发行股份超过 30%，没有实际控制该公司的行为或者意图，并且提出在合理期限内向非关联方转让相关股份的解决方案；（5）因继承导致在一个上市公司中拥有权益的股份超过该公司已发行股份的 30%；（6）因履行约定购回式证券交易协议购回上市公司股份导致投资者在一个上市公司中拥有权益的股份超过该公司已发行股份的 30%，并且能够证明标的股份的表决权在协议期间未发生转移；（7）因所持优先股表决权依法恢复导致投资者在一个上市公司中拥有权益的股份超过该公司已发行股份的 30%"。这对可以直接办理股份转让和过户登记手续的情况进行了特别说明，进一步细化监管，保证监管得到有效地实施，以促进并购重组业务的规范运作。

（十）《上市公司重大资产重组管理办法》（2016 年修订）

2016 年 9 月 8 日，证监会发布《关于修改〈上市公司重大资产重组管理办法〉的决定》[以下简称"《重组管理办法》（2016 年修订）"]，对《重组管理办法》（2014 年修订）的部分条文进行修订。这一版修订稿旨在维护并购重组市场秩序，防止出现"忽悠式重组""恶意信息披露"等现象，规范上市公司的并购重组行为。

《重组管理办法》（2016年修订）第四十四条第一款规定"上市公司发行股份购买资产的，除属于本办法第十三条第一款规定的交易情形外，可以同时募集部分配套资金，其定价方式按照现行相关规定办理。若上市公司发行股份购买资产的方案被认定构成"重组上市"，则不得募集配套资金"。这一新规对重组方的自身实力提出了更高的要求，提高了重组上市的门槛，同时有助于避免重组方及其关联人通过配套融资进行的利益输送。

《重组管理办法》（2016年修订）第四十六条第二款规定"若构成重组上市，上市公司原控股股东、原实际控制人及其控制的关联人以及在交易过程中从该等主体直接或间接受让该上市公司股份的特定对象，需承诺交易完成后36个月内不转让股份；除收购人及关联人以外的特定对象（即拟注入的资产中的其他股东），其以资产认购而取得的上市公司股份自股份发行结束之日起24个月内不得转让。上述规定的主要目的是限制原控股股东、从原控股股东受让老股的新进小股东通过重组上市进行短期套利变现退出，以及延长对资产注入方中机构投资人或其他股东的锁定期（之前通常为12个月），进而督促重组各相关方关注重组资产质量，形成新老股东相互约束的市场化机制"。通过这些措施，对于无实际业绩支撑、以炒概念为主的重组方而言，上述规定会极大地提高了其寻找上市公司壳资源的难度以及相关方的博弈成本。

《重组管理办法》（2016年修订）第五十三条第二款设置了一项对规避重组上市的追责条款，具体内容如下："未经中国证监会核准擅自实施本办法第十三条第一款规定的重大资产重组，或者规避本办法第十三条规定，交易尚未完成的，中国证监会责令上市公司补充披露相关信息、暂停交易并按照本办法第十三条的规定报送申请文件；交易已经完成的，可以处以警告、罚款，并对有关责任人员采取市场禁入的措施。构成犯罪的，依法移送司法机关"。新增条款强化了对相关主体的追责力度，有助于各方以更加严格的合规标准审慎推进并购重组交易。

三、完善阶段

自2019年起，我国并购重组市场进入完善阶段，监管机构对并购重组市场的相关审核进一步放松，推进市场化改革，逐渐向注册制方向发展。在本阶段中，资本市场不断发布与完善并购重组相关的法律法规，努力健全中国特色社会主义并购重组市场制度。随着注册制改革，证监会出台专门针对科创板的并购重组制度，有《科创板上市公司重大资产重组特别规定》和《科创板上市公司重大资产重组审核规则》等，对财务顾问在并购重组中的职能提出了新要求，以适应新时代发展的步伐。

（一）《上市公司重大资产重组管理办法》（2019年修订）

2019年10月18日，证监会通过《关于修改〈上市公司重大资产重组管理办法〉的决定》，并规定《上市公司重大资产重组管理办法》[以下简称"《重组管理办法》（2019年修订）"] 自公布之日起开始实施。

《重组管理办法》（2019年修订）主要修改内容包括：一是简化重组上市认定标准，取消"净利润"指标。二是将"累计首次原则"计算期间进一步缩短至36个月。三是允许符合国家战略的高新技术产业和战略性新兴产业相关资产在创业板重组上市，其他资产不得在创业板实施重组上市交易。四是恢复重组上市配套融资。五是丰富重大资产重组业绩补偿协议和承诺监管措施，加大问责力度。此外，明确科创板公司并购重组监管规则衔接安排，简化指定媒体披露要求。

（二）《科创板上市公司重大资产重组特别规定》（2019年）

证监会于2019年8月23日发布《科创板上市公司重大资产重组特别规定》[以下简称"《资产重组特别规定》（2019年）"]，规定自发布之日起开始执行，本规定共十条。《资产重组特别规定》（2019年）依据市场化、法治化原则，规定了科创公司重大资产重组认定标准、发行定价机制等相关内容。

《资产重组特别规定》（2019年）第三条规定"上海证券交易所对科创公司发行股份购买资产进行审核，并对信息披露、中介机构督导等进行自律管理。上海证券交易所经审核同意科创公司发行股份购买资产的，报中国证券监督管理委员会履行注册程序。中国证监会收到上海证券交易所报送的审核意见等相关文件后，在5个交易日内对科创公司注册申请作出同意或者不予注册的决定。科创公司根据要求补充、修改申请文件，以及中国证监会要求独立财务顾问、证券服务机构等对有关事项进行核查的时间不计算在本款规定的时限内"。可以看出在注册制市场，中介机构的责任加强，证监会更加注重事后监督，我国并购重组市场的市场化与法制化程度得到进一步加深。

《资产重组特别规定》（2019年）第六条规定"科创公司发行股份的价格不得低于市场参考价的80%。市场参考价为本次发行股份购买资产的董事会决议公告日前 20 个交易日、60 个交易日或者 120 个交易日的公司股票交易均价之一"。这规定了科创公司发行股票价格的下限，与核准制市场相比，价格选择区间变大，有利于落实科创公司并购重组注册制试点改革要求，建立高效的并购重组制度，规范科创板公司的并购重组行为。

（三）《科创板上市公司重大资产重组审核规则》（2019 年）

上海证券交易所于 2019 年 11 月 29 日发布《上海证券交易所科创板上市公司重大资产重组审核规则》[以下简称"《资产重组审核规则》（2019 年）"]，规定自发布之日起开始执行，本规则共九章七十九条。

《资产重组审核规则》（2019 年）第二章对重组标准和条件进行了相关规定。其中第七条规定"科创公司实施重大资产重组或者发行股份购买资产的，标的资产应当符合科创板定位，所属行业应当与科创公司处于同行业或者上下游，且与科创公司主营业务具有协同效应"。第十条规定"科创公司实施重组上市的，标的资产对应的经营实体应当是符合《科创板首次公开发行股票注册管理办法（试行）》规定的相应发行条件的股份有限公司或者有限责任公司，并符合下列条件之一：（1）最近两年净利润均为正且累计不低于人民币 5000 万元；（2）最近一年营业收入不低于人民币 3 亿元，且最近 3 年经营活动产生的现金流量净额累计不低于人民币 1 亿元。前款所称净利润以扣除非经常性损益前后的孰低者为准，所称净利润、营业收入、经营活动产生的现金流量净额均指经审计的数值"。这规定了重组的标准条件以及方向，能够引导科创板公司的并购重组朝着健康良好的方向发展，在发挥注册制市场主导作用的同时，又弥补了其可能存在的缺陷和风险。

《资产重组审核规则》（2019 年）第三章对重组信息披露要求进行了相关规定。其中第十四条规定"科创公司、交易对方及有关各方应当依法披露或者提供信息，独立财务顾问、证券服务机构应当依法对信息披露进行核查把关"。第十七条规定"独立财务顾问应当诚实守信、勤勉尽责，保证重大资产重组报告书及其出具的独立财务顾问报告等文件的真实、准确、完整，切实履行尽职调查、报告和披露以及持续督导等职责。独立财务顾问应当严格遵守相关法律法规、行业自律规范的要求，严格执行内部控制制度，对申请文件进行全面核查验证，对本次交易是否符合法定条件和信息披露要求作出专业判断，审慎出具相关文件"。这强化了并购重组时的信息披露，符合注册制"以信息披露为核心"的要求，也对财务顾问的职能提出了更高要求，需要更加诚实守信和勤勉尽责。

《资产重组审核规则》(2019年)第八章对自律监管进行了相关规定。其中第七十四条规定"本所在审核中,发现科创公司、交易对方及有关各方,独立财务顾问、证券服务机构及其相关人员涉嫌证券违法的,将依法报告中国证监会"。对独立财务顾问的相关责任也作出了进一步的规定,增加了对违法违规行为的处罚,进一步提高了财务顾问的违规成本,通过惩罚与威慑来提高科创板市场的并购重组效率。

(四)《上市公司收购管理办法》(2020年修订)

2020年3月20日,中国证监会发布了《关于修改部分证券期货规章的决定》,对《上市公司收购管理办法》进行了最新的修订。本次修订主要是为了配合新《证券法》的实施。

《收购管理办法》(2020年修订)第九条要求"收购人进行上市公司的收购,应当聘请符合《证券法》规定的专业机构担任财务顾问。收购人未按照本办法规定聘请财务顾问的,不得收购上市公司"。因为新《证券法》要求除从事证券投资咨询服务业务外的其他证券服务业务实行备案制。由原来的"聘请在中国注册的具有从事财务顾问业务资格的专业机构"修订为符合新《证券法》,这符合新《证券法》对中介机构的规定,有助于共同促进证券市场的发展。同时,本条款要求"为上市公司收购出具资产评估报告、审计报告、法律意见书的证券服务机构及其从业人员,应当遵守法律、行政法规、中国证监会的有关规定,以及证券交易所的相关规则,遵循本行业公认的业务标准和道德规范,诚实守信,勤勉尽责,对其所制作、出具文件的真实性、准确性和完整性承担责任"。这明确了证券服务机构的职责,对中介机构的行为进行了严格要求。

《收购管理办法》(2020年修订)第四十八条修订后规定"以协议方式收购上市公司股份超过30%,收购人拟依据本办法第六十二条、第六十三条第一款第(一)项、第(二)项、第(十)项的规定免于发出要约的,应当在与上市公司股东达成收购协议之日起3日内编制上市公司收购报告书,通知被收购公司,并公告上市公司收购报告书摘要"。本次修订删除了"提交豁免申请,委托财务顾问向中国证监会、证券交易所提交书面报告"的要求。取消财务顾问的书面报告在一定程度上放松了对豁免申请的要求,有助于充分发挥市场机制的作用,促进证券市场的健康成长。

《收购管理办法》（2020 年修订）第五十一条规定"公司应当聘请符合《证券法》规定的资产评估机构提供公司资产评估报告"。同时，第六十四条修订为"收购人按照本章规定的情形免于发出要约的，应当聘请符合《证券法》规定的律师事务所等专业机构出具专业意见"。这两条条款对资产评估机构与专业机构的准入资格要求进行了调整，均变更为"符合《证券法》规定"，这使得《收购办法》（2020 年修订）与新《证券法》更加契合，共同作用促进我国并购重组市场的进一步发展。

《收购管理办法》（2020 年修订）第八十一条第一款规定"为上市公司收购出具资产评估报告、审计报告、法律意见书和财务顾问报告的证券服务机构或者证券公司及其专业人员，未依法履行职责的，或者违反中国证监会的有关规定或者行业规范、业务规则的，中国证监会责令改正，采取监管谈话、出具警示函、责令公开说明、责令定期报告等监管措施"。本次修订增加了对违反证监会或者行业规范、业务规则的规定，进一步明确了中介机构作为市场"看门人"的职责。这一规定为中介机构发挥有效作用提供了可靠的法律依据，也增加了对中介机构的监管，有利于规范并购重组行为，维护市场秩序。

（五）《上市公司重大资产重组管理办法》（2020 年修订）

证监会于 2020 年 3 月 20 日对《上市公司重大资产重组管理办法》进行修订［以下简称"《重组管理办法》（2020 年修订）"］，本次修订是为了与新《证券法》相衔接。

《重组管理办法》（2020 年修订）增加并单独列出信息披露要求中上市公司控股股东、实际控制人的责任，上市公司控股股东、实际控制人组织、指使违规信息披露或者隐瞒相关事项导致信披违规的，依照《证券法》第一百九十七条予以处罚；情节严重的，可以责令暂停或者终止重组活动，并可以对有关责任人员采取市场禁入的措施；涉嫌犯罪的，依法移送司法机关追究刑事责任。增加上市公司发行股份购买资产隐瞒重要事实或者编造重大虚假内容或上市公司的控股股东、实际控制人组织、指使从事前述违法行为的，按《证券法》第一百八十一条予以处罚。

《重组管理办法》（2020 年修订）删除对中介机构人员"责令参加培训"的监管措施。可以看出随着注册制的建设，证监会对于中介机构的监管逐渐向着市场化方向迈进。

（六）《监管规则适用指引——上市类第 1 号》（2020 年）

证监会于 2020 年 7 月 31 日发布了《监管规则适用指引——上市类第 1 号》

[以下简称"《监管规则适用指引》（2020年）"]。《监管规则适用指引》（2020年）共有十六项，内容包括募集配套资金、业绩补偿及奖励、并购重组内幕交易核查要求等问题，相较于原监管问答，《监管规则适用指引》（2020年）无新增内容，仅涉及存量问答的修改完善。《监管规则适用指引》（2020年）是对监管问题的系统梳理整合，实现了监管标准的全部公开，有利于及时回应市场关切，增强审核工作透明度，释放并购重组市场活力。

《监管规则适用指引》（2020年）第一项对募集配套资金进行了相关规定。其中有指出"募集配套资金用于补充公司流动资金、偿还债务的比例不应超过交易作价的25%；或不超过募集配套资金总额的50%"。原监管问答对配套募集资金的用途进行了明确，并要求一般重组中"募集配套资金用于补流、偿债的比例不得超过交易作价的25%，或不超过配募总金额的50%"，重组上市中"募集配套资金用于补充公司流动资金的比例不应超过交易作价的25%；或者不超过30%"。本次修订拓宽了"小额快速"审核通道，建立了更加便捷的小规模并购审核机制，促进了企业资本的获得，激发了市场活力。

《监管规则适用指引》（2020年）第二项对业绩补偿及奖励进行了相关规定。其中明确提出"上市公司应在重组报告书中明确业绩奖励对象的范围、确定方式。交易对方为上市公司控股股东、实际控制人或者其控制的关联人的，不得对上述对象做出奖励安排"。目前监管规则允许重组方案中设置业绩奖励，奖励对象可以是标的资产交易对方、管理层或核心技术人员。考虑到大股东对标的资产的操控能力较强，如设置业绩奖励，可能进一步助长大股东操纵业绩的动力，引发道德风险，实践中一般不予支持。为便于市场理解，本次修订明确大股东注资的重组不得对上市公司控股股东、实际控制人及其关联人进行业绩奖励。此外，第二项还提出"上市公司董事会及独立董事应当关注拟购买资产折现率、预测期收益分布等其他评估参数取值的合理性，防止交易对方利用降低折现率、调整预测期收益分布等方式减轻股份补偿义务，并对此发表意见。独立财务顾问应当进行核查并发表意见"。这一规定可以看出财务顾问在补偿股份数量的计算过程中所起的监管作用。

《监管规则适用指引》（2020年）第四项对发行对象进行了相关规定。其中有指出"发行对象为股东人数超200人非上市股份有限公司（以下简称'200人公司'）的，上市公司应当聘请财务顾问、律师，参照《非上市公众公司监管指引第4号——股东人数超过200人的未上市股份有限公司申请行政许可有关问题的审核指引》要求,对'200人公司'合规性问题开展核查并发表明确意见"。本次修订明确了发行股份购买资产的交易对象可以超过200人,并且要求发行对象超过200人的非上市股份有限公司聘请财务顾问,有利于保护投资者利益的同时,提高资本市场的资源配置效率。

《监管规则适用指引》(2020年)第十项对并购重组内幕交易核查要求进行了相关规定。其中有明确提出"上市公司首次披露重组报告书时,独立财务顾问和律师应对内幕信息知情人登记制度的制定和执行情况发表核查意见;在相关交易方案提交股东大会审议之前,上市公司完成内幕信息知情人股票交易自查报告,独立财务顾问和律师进行核查并发表明确意见。股票交易自查期间为首次披露重组事项或就本次重组申请股票停牌(孰早)前6个月至披露重组报告书。上市公司披露重组报告书后重组方案重大调整、终止重组的,应当在相关交易方案提交股东大会审议之前补充披露股票交易自查报告,独立财务顾问和律师应核查并发表明确意见;股票交易自查期间为披露重组报告书至披露重组方案重大调整或终止重组"。这一要求体现出我国监管机构对内幕交易防控的持续高度关注,也明确了财务顾问在提升信息披露质量上所发挥的作用,要求上市公司在披露重组报告书时需要独立财务顾问的核查以及给出明确意见。

第三节 并购重组市场与财务顾问制度的实施成效和问题

一、实施成效

(一)并购重组市场的建设成效

并购重组可以帮助企业实现规模效应与做大做强,一方面并购重组能够产生协同效应,通过成本的减少与经营效率的提高来达到规模效应;另一方面并购重组能够调整市场中的资源配置,提高资源的有效利用率。在产业层面,并购重组还有利于产业升级和优化调整,促进区域经济的快速发展。近年来,我国并购重组市场持续稳定发展,有效推动了实体经济发展与多层次资本市场建设。并购重组市场的建设成效主要体现在以下三个方面：

第一，不断推动并购重组市场的制度创新。我国并购重组市场经历了从审批制，到核准制，再到注册制的发展历程。在每一阶段，监管层均出台了大量有效的法律制度来规范企业的并购重组行为，不断提升企业并购重组效率。在政策制定中，我国坚持与时俱进，不断更新相关法律法规，以促进并购重组市场的可持续发展。当前，为了进一步深化市场化改革，我国围绕注册制颁布了多个与并购重组相关的政策文件，并购重组在资本市场中的作用日益凸显。

第二，并购重组在推动资源优化配置中取得成效。近年来，随着我国并购重组市场不断完善，并购重组活动在服务上市公司发展和推动资源优化配置中的作用越来越强。一方面为上市公司提质增效注入"新鲜血液"，提升企业发展内生动力；另一方面，充分发挥资本市场的资源配置作用，有利于提高我国直接融资的比重，使资本市场更好地服务于我国经济结构调整和产业升级，助推经济实现高质量发展。

第三，证监会不断加强对并购重组市场的监管。证监会通过强化事前、事中、事后监管，严惩上市公司并购重组中的违法违规行为，尤其是近年来加大对"忽悠式""跟风式""三高类"重组等乱象的整治力度。随着注册制改革，虽然监管层在不断放松对并购重组的管制，但加强监管仍然是大势所趋。在注册制市场，并购审核由原来的排队审核转换为网上申报披露为主，提高了审核效率。同时，证监会也在不断增强对违法违规行为的处罚力度，提高监管效率。

（二）财务顾问制度的实施成效

财务顾问在企业并购重组中发挥着重要作用，证监会于2002年发布的《上市公司收购管理办法》正式提出了公司收购时应聘请财务顾问这一要求。2008年，证监会颁布了《上市公司重大资产重组管理办法》和《上市公司并购重组财务顾问业务管理办法》，对财务顾问在并购中的相关行为进行了明确规定。现阶段，针对涉及科创板并购重组的财务顾问，监管层在《科创板上市公司重大资产重组特别规定》和《上海证券交易所科创板上市公司重大资产重组审核规则》中对财务顾问提出了新要求，以适应注册制改革的进程。我国财务顾问制度的实施成效主要有：

第一，随着财务顾问制度建设与创新，我国并购重组市场财务顾问的专业能力得到大幅度提升。财务顾问贯穿于整个并购交易过程，在并购前，财务顾问负责分析并购双方的经营环境、商业模式、财会制度、并购的可行性等；在并购中，财务顾问可以帮助企业设计并购方案、协调其他中介机构，向证监会披露信息与申报，协助谈判等；在并购完成后，财务顾问还需要提供持续督导与监督服务。通过持续不断地制度创新，财务顾问在我国并购重组市场的专业能力得到大幅度提升。

第二，财务顾问在服务企业并购重组中发挥的作用越来越明显。聘请财务顾问的重要意义在于保证并购重组交易能够顺利进行，使得并购双方实现共赢。在并购交易中，由于涉及金额较大、部门较多，甚至还存在着内幕交易的情形，需要由财务顾问和其他金融中介机构对并购重组活动进行严格把关。在我国并购重组市场，财务顾问能够较好地发挥中介作用，包括制定业绩承诺条款、确定并购价格、监督并购重组过程等，从而有利于并购重组市场的长远发展。

由此可见，在并购重组中，我国资本市场努力建设并完善具有中国特色的财务顾问制度，使其充分发挥中介机构作用，保证并购重组的质量，提高并购重组的效率，促进资本市场的健康发展。

二、存在的问题

并购重组市场作为资本市场的重要组成部分，我国积极推动并购重组市场的制度建设。经过近三十年的不断发展，我国并购重组市场和财务顾问制度取得一定的成效，但同时也存在一些问题。

第一，并购重组在推进产业升级中的功能仍需进一步加强。当前我国经济的产业格局面临着从中低端产业向高端产业迈进的大环境，并购重组是淘汰落后产能、提升产业能级的重要方式。因此，我们需要充分发挥市场机制，采用并购重组的方式推进我国产业升级。

第二，并购重组导致的高溢价和高业绩承诺现象仍然存在。2013年到2016年间，我国并购重组市场出现了"高溢价""高业绩承诺""忽悠并购"等现象，给并购方带来大额亏损和商誉减值，造成投资者的损失。因此，财务顾问需要进一步优化并购中的估值体系，帮助并购方挖掘有价值的并购标的，杜绝高溢价并购现象的发生。

第三，当前对于财务顾问归位尽责的监管制度相对不足。随着注册制改革，监管层对于保荐人的监管力度在不断加强，而相对于保荐人，证监会对于财务顾问的监管仍然不足，使得财务顾问的独立性未得到有效发挥，难以实现归位尽责，这不利于规范财务顾问与上市公司的行为。

因此，并购重组作为优化资源配置的一种手段，在资本市场起着重要作用。我国应继续完善对并购重组市场的建设，维护市场秩序，不断推进制度创新，积极促进资本市场的健康发展。

本章小结

本章主要对我国并购重组市场和财务顾问制度进行了相关研究。通过制度梳理，我们将并购重组市场划分为初始阶段、发展阶段与完善阶段，每个阶段监管层均出台了大量的制度文件来规范企业的并购重组行为。近年来，随着财务顾问制度被引入到并购重组市场，我国资本市场的并购重组规模不断扩大、资源配置不断优化、市场化程度不断加深、产业能级不断提升。但是，我国并购重组市场和财务顾问制度仍然存在一定的问题，需进一步加强制度创新，完善信息披露、优化并购程序、充分发挥中介机构的作用，共同促进并购重组市场的健康发展。

第七章

并购重组市场：财务顾问与并购重组效率

由制度分析我们可以看出，财务顾问在并购重组市场担任着重要角色。由于财务顾问的职责范围、自身特征以及市场的复杂性，在并购重组市场涉及多个理论来解释财务顾问的功能，包括委托代理理论、信息不对称理论、金融中介理论和声誉机制理论等。本章在介绍相关理论的基础上，对财务顾问领域的重要文献进行梳理和总结。

第一节 财务顾问功能角色的理论基础

一、委托代理理论

委托代理理论兴起于20世纪60年代末到70年代初（Wilson，1969；Ross，1973；Mirrlees，1974），主要研究如何设计有效契约以应对委托人和代理人之间的利益冲突和信息不对称。委托代理理论具有两大基本假设：(1) 委托人与代理人存在着利益冲突；(2) 委托人与代理人存在着信息不对称。在企业层面，委托人和代理人之间往往存在着两类委托代理冲突。第一类委托代理冲突是指管理层和股东之间的利益冲突，与之相对应的理论又称为第一类委托代理理论；第二类委托代理冲突是指大股东与中小股东之间的利益冲突，与之相对应的理论又称为第二类委托代理理论。

财务顾问作为并购重组市场的专业中介，当上市公司参与企业并购重组时，并购方应当聘请专业的财务顾问。财务顾问同样面临着利益冲突和信息不对称问题。首先，并购方与财务顾问存在着委托代理关系。财务顾问对并购方的相关情况进行尽职调查，在调查的基础上接受委托，并将材料等递交至监管部门。财务顾问根据并购方的委托要求提供专业的服务，包括分析并购风险、评估企业财务与经营状况、给予收购建议、提供指导等。其次，财务顾问与证券监管机构之间也存在着委托代理关系。根据监管层的规定，财务顾问作为中介机构应该勤勉尽责，具备独立判断能力，严格遵守相关规定，保证提供真实、准确以及完整的信息。但现实中，监管层与财务顾问存在信息不对称，监管层无法参与到财务顾问与并购方的协议中，更无法持续监管财务顾问的行为，这给监管层带来了巨大的挑战。

二、信息不对称理论

信息不对称理论研究的是在不完全信息市场中，由于交易双方信息不对称导致的影响市场交易行为及运营效率的问题，该理论是信息经济学的核心内容之一（Akerlof，1970）。信息不对称理论有两个基本假设：第一个假设是相关信息在交易双方间分布的非对称性，其中一方相较于另一份处于信息优势，能够获取更多的信息；第二个假设是交易双方清楚各自信息占有的相对地位。实际上，委托代理问题产生的前提也是信息不对称，其中代理人是处于信息优势的一方，而委托人是占有信息劣势的一方。

信息不对称带来的两个核心问题是逆向选择和道德风险。逆向选择指处于信息优势的一方利用其优势隐瞒某些相关信息，获得更多利益，导致不合理的市场分配行为。道德风险是指有信息优势的人为了自己的利益故意隐瞒信息，给对方造成损失的行为。在并购重组市场，信息不对称问题仍然存在。收购企业相关人员不能真实了解被收购方企业的内部信息，故其在并购中处于劣势。被并购方是并购标的所有者，对标的公司的实际盈利能力和未来发展前景了解透彻。因此，不合理定价、逆向选择以及道德风险在并购中较为常见。财务顾问等中介机构作为独立第三方，能够通过督导、检查和搜集信息等途径查找与鉴定信息盲点，降低信息不对称，以提高并购市场信息透明度，促进并购的顺利进行。在并购重组市场，财务顾问扮演着信息传递者角色。

三、金融中介理论

与保荐人类似，金融中介理论同样适用于财务顾问，主要用于解决并购重组市场的委托代理问题和信息不对称问题。学术界对财务顾问在并购重组中的作用有了广泛研究，均不同程度强调了财务顾问的金融中介功能。由于企业与其股东之间的信息不对称，具备专业知识以及公信力的财务顾问等中介机构能通过核查保证公司披露信息的真实性、准确性和完整性，同时保护投资者的利益。我国明确了财务顾问作为并购重组市场的"看门人"角色，由财务顾问协助企业在并购重组中进行标的筛选、尽职调查和风险防控等，推动并购重组市场的稳定发展。随着注册制改革，财务顾问的金融中介职责也应与时俱进，产生一定程度的改变，逐渐向市场化方向迈进。

四、声誉机制理论

在并购重组市场，声誉被看作财务顾问的无形资产，可以帮助财务顾问提升整体形象，提高投资者的信任度，增强行业竞争力。财务顾问在并购中提供设计并购方案和融资方案、提供尽职调查等专业化服务。高声誉的财务顾问会提供更高质量的专业服务，进而使自己获得更丰厚的回报。

财务顾问声誉可以缓解投资者以及并购交易双方之间的逆向选择问题。对于并购方来说，通过参考财务顾问过往的执业质量评价，雇用享有较高声誉的财务顾问以及利用财务顾问传递企业信息披露程度较高的信号，可以增加投资者对并购交易的了解程度，有助于提高市场中的信息透明度。从投资者角度出发，声誉是衡量财务顾问综合服务水平的有效指标。在并购重组中，高声誉的财务顾问向市场传递并购双方信息质量良好的信号，投资者通过财务顾问的声誉来判断和甄别并购双方所披露的信息，可以缓解财务顾问与投资者之间的信息不对称问题。财务顾问的声誉一旦受损很难恢复，往往会导致其业务范围的缩小、目标收益的降低。

第二节 财务顾问的功能角色与并购绩效

一、并购绩效及其衡量

并购绩效是指在并购完成后所反映的并购方或新设企业在生产效率、管理能力、盈利状况和协同效应等的情况。并购绩效与并购是否成功、是否达到并购目标、是否形成预期的协同效应、是否优化了资源配置等密切相关。现有研究中常采用的关于并购绩效的评估方法有事件研究法、因子分析法、非财务指标分析法等。一般有市场指标、基本面指标和协同效应指标三类，市场指标包括并购定价、短期市场反应和长期市场反应等；基本面指标一般有盈利能力、偿债能力、资产管理能力、核心竞争力和主营业务状况等；协同效应包括管理协同效应、经营协同效应和财务协同效应。

（一）市场绩效指标

1. 并购定价

并购定价是指并购双方在并购发生时对标的资产所确定的价格，是并购方在并购交易中花费的最主要的成本。并购成功的首要保证是恰当合理的定价，定价过高会降低并购后的投资回报率，甚至导致重组的失败。并购定价的方法主要包括净资产法、清算价值法、市盈率法等。

净资产法的计算公式为：期末净资产 – 期初净资产 + 该年度未列明的支出 – 免税收入 – 该年度申报表收入 = 校验值。

清算价值法的计算公式为：每股清算价值 = （总资产的实际清算价值 – 全部债务）/发行在外平均股数。

市盈率所反映的是公司按有关折现率计算的盈利能力的现值，它的数学表达是 P/E。根据市盈率计算企业价值的公式应为：企业价值 = （P/E）。P 为目标企业的股票价值，E 为净利润。

2. 短期和长期市场表现（CAR/BHAR）

事件研究法是探讨并购事件发生前后标的公司股票价格（或企业价值）反

应的经验研究方法。根据检验期间的不同,事件研究又具体分为短期事件和长期事件,计量模型包括两种:分别是 CAR(累计超额收益)和 BHAR(买入持有超额收益)。

$$CAR\text{ 值法}: R_{it} = \alpha_i + \beta_i R_{im} + \varepsilon_{it}$$

其中,R_{it} 是股票 i 在 t 时期的实际收益率;R_{im} 是市场在 t 时期的收益率;ε_{it} 为随机扰动项。

我们假设在事件期中,α_i 和 β_i 不会改变,则超额收益率和累计超额收益率为:

$$AR_{it} = R_{it} - \alpha_i - \beta_i R_{im} \quad CAR_i = \sum_{t=1}^{n} AR_{it}$$

其中,AR_{it} 是事件期股票 i 的超额收益率在 t 时期的值,R_{it} 为事件期股票 i 在 t 时期的实际收益,R_{im} 为 t 时期事件期的市场流通指数(市场收益率),α_i 和 β_i 为市场模型估计出的参数值,CAR_i 为股票 i 累计超额收益率在 t 时期内的值,AR_t 为平均超额收益率在 t 时期内的值,CAR_t 为累计平均超额收益率在 t 时期内的值。

$$BHAR\text{ 值法}: BHAR_i = \prod_{t=0}^{T}(1 + R_{it}) - \prod_{t=0}^{T}[1 + E(R_{it})]$$

其中,R_{it} 表示样本公司的股票收益率在 t 月的值,$E(R_{it})$ 表示样本公司的股票期望收益率在 t 月的值,T 表示考察的时间区间。

(二)基本面绩效指标

1. 偿债能力

偿债能力是企业保证正常经营的重要能力之一。在并购重组中,并购方式的差异会导致企业偿债能力发生不同程度的变化。在并购后,并购方需要关注的问题是如何尽快改善企业偿还借款的能力。企业偿债能力可以通过流动比率、速动比率、资产负债率等指标来进行衡量。

2. 盈利能力

并购方期望并购能为企业带来更高的预期收入或者弥补现有的损失。因此,在并购后,盈利能力的提高成为企业关注的重要问题。企业盈利能力可以通过净资产收益率(ROE)、总资产收益率(ROA)等指标来进行衡量。

3. 资产运营能力

在并购中,并购方通过判断目标公司在整合后的发展潜力来决定是否进行并购。企业可以通过并购来增强对资产的运营能力以提高自身利润。存货周转率、应收账款周转率、固定资产周转率、总资产周转率等指标可以衡量企业的资产运营能力。

4. 主营业务状况

并购重组绩效的评估应考虑企业的主营业务状况，不能出现因为过度并购而导致主营业务受损的情况。大多数研究中，均采用主营业务占比来反映在并购后企业主营业务收入对总利润的重要程度。

5. 核心竞争力

核心竞争力是企业谋求发展的根本。为了形成企业的核心竞争力，企业需要在高效利用自有资源的同时，积极利用并购重组来获得外部资源。企业核心竞争力可以通过市场占有率、新产品研发能力、市场拓展能力等指标来进行衡量。

（三）协同效应指标

1. 管理协同效应

管理协同效应指的是在并购后由协同效应产生的企业管理效率的提升。管理协同效应主要体现在：提高运营效率，降低管理费用，充分利用过剩的管理资源这三个方面。

2. 经营协同效应

经营协同效应指的是企业经营活动在并购后产生的变化以及为企业带来的效益，可以改善企业的经营效率，进而增加效益。经营协同效应包含有规模经济、优势互补、成本降低等。

3. 财务协同效应

财务协同效应指的是由财务上产生协同而使企业享受到的效益。财务协同可以增强企业财务能力、帮助企业避税、实现企业预期目标等。在并购中，财务协同效应主要体现在企业具有更好的现金流、更强的盈利能力、更低的融资成本、更强的偿还债款能力等。

二、并购对企业绩效的影响

学术界针对并购重组的早期研究，主要关注并购对股东财富的影响。Dodd and Ruback（1977）的研究表明在要约并购中，被并购方公司股东的超额收益大约在19%—21%，远超并购企业股东获得的8%—12%的超额收益，表明在要约并购中，被并购企业的并购绩效大于并购企业的并购绩效。Titman et al.（1991）的研究发现并购企业股东在并购事件后有显著的超额收益。Loughran and Vijh（1997）、Agrawal and Jaffe（2000）的实证研究都发现并购方企业的长期绩效与股票支付呈负相关关系，而与现金支付呈正相关关系。Stegemoller et al.（2002）的研究发现当并购方为上市公司，被并购方为非上市公司时，并购企业的超额收益显著为正。Bruner（2002）总结了近三十年关于企业并购绩效的文献，也发现并购企业的超额收益远低于被并购企业，且并购企业的收益出现了下降的趋势。

也有研究发现，并购重组为股东带来显著为负的财富效应。Asquith（1983）和Magenheim and Mueller（1988）都发现在并购事件发生的三年内，并购企业的股东获得的超额收益为负。Fuller et al.（2002）发现在收购私人企业或子公司时，收购方股东获得了收益，但在收购公共企业时却蒙受了损失。

随着国内并购活动的逐年增多，学术界也开始关注并购给企业短期和长期绩效带来的影响。朱宝宪和王怡凯（2002）对被并购企业的历史业绩好坏以及是否存在关联交易进行了区分，以研究并购对企业绩效的影响，研究发现通过有偿并购和没有政府干预的并购绩效更好。李善民（2005）通过实证研究发现并购事件发生后的三年内，股东持股的累计超额收益率为负值。雷辉和陈收（2006）发现并购企业在并购当年的绩效增量显著为负，但在后一年业绩有明显上升。刘白璐和吕长江（2018）分析了并购对于企业长期绩效的影响，相比较非家族企业，为了实现长期经营的目标，家族企业的并购动机具有长期价值导向，并购意愿更强且并购绩效更好。

三、财务顾问的声誉机制

（一）财务顾问的声誉及其衡量

并购重组财务顾问主要由券商即投资银行来担任，声誉被看作是财务顾问的重要资产之一，可以帮助财务顾问树立企业形象、增强同行业竞争能力、获得投资者的信任等。Both and Smith（1986）认为投行声誉反映的是利益相关者对投资银行先前业绩的普遍评价，投行声誉可以用来评判其专业能力和职业道德水平。Mainlath and Samuelson（1998）认为声誉是属于财务顾问的不可赎回的资本，一旦受损很难恢复，会严重影响到投资者对其的信任程度。Kotha and Rajgopal（2001）认为财务顾问的声誉，是投资者根据其之前的业绩对其服务水平与质量设定的预期。

在衡量财务顾问声誉方面，学术界一般采用市场份额或者业务收入排名来衡量（Both and Smith，1986；Kotha and Rajgopal，2001；Golubov et al.，2012）。国内学者一般也是以市场份额或者份额排名来衡量财务顾问的声誉，许荣等（2013）、宋贺和段军山（2019）将在并购事件上一年度财务顾问完成的并购交易金额的排名，作为评判财务顾问声誉高低的标准。

（二）财务顾问声誉与并购绩效

有关财务顾问声誉与企业并购绩效之间的关系，部分学者研究表明财务顾问声誉与并购重组绩效之间不存在显著的相关关系。Bowers and Miller（1990）发现并购方股东的超额收益与聘请声誉好的投资银行作为财务顾问之间没有显著关系。Zenner（1996）同样也发现在短期内，并购方的超额收益因所聘请的财务顾问的声誉高低而产生的波动较小。

也有研究关注投资银行提供财务顾问业务收取的费用与企业并购成功的关系。McLaughlin（1992）认为由于财务顾问费用是在并购完成后支付的，所以在此费用体系下，财务顾问会努力地促成并购项目。Rau（2000）通过实证研究发现并购方聘请财务顾问所产生的费用越高，企业并购后的长期表现越不佳。Hunter and Jagtiani（2003）研究发现高声誉的财务顾问更有可能完成交易，而且完成交易的时间更短。然而，当雇用高声誉的财务顾问时，收购方实现的协同效益下降了。Chen et al.（2015）同样认为财务顾问难以有效应对利益冲突。

但是，大部分学者的研究证明了财务顾问声誉对并购绩效有显著的积极影响。Kale et al.（2003）通过构建一个相对声誉指标来衡量财务顾问声誉，并研究声誉对公司并购重组中财富效应的影响，发现并购过程中创造的总财富与财务顾问的声誉呈正相关，也表明拥有更好顾问的公司能及时从具有潜在破坏性的收购中退出。Bi and Wang（2018）通过考察聘请高声誉的财务顾问是否会导致并购质量上升，重新审视了财务顾问在并购重组中的角色与功能，发现高声誉的财务顾问为收购股东创造了巨大的价值，也表明雇用高声誉的财务顾问有助于提高经营业绩和降低投标溢价。Chuang（2017）对1995年至2011年投标者的综合样本数据进行分析，用以研究亚太地区财务顾问在并购重组中的功能角色。研究结果表明在聘请低声誉的财务顾问时，竞标者需要更多的时间来完成交易，交易效率较低。

此外，实证证据也表明当聘请高声誉的财务顾问时，竞标者获得的公告回报更高，而竞标者在聘请低声誉的财务顾问时，会获得较低的公告回报。Guo et al.（2020）通过分析1990—2012年的3420宗美国并购交易，考察了高声誉的财务顾问在短期和长期内是否会给不同财务状况的收购企业创造价值。收购方企业的财务状况可以决定财务顾问对并购结果的影响。融资受限的并购方企业可以通过聘请顶级财务顾问的方式提高企业并购后的绩效,对中立的、不受融资约束的收购方业绩没有显著影响。在控制了行业、交易类型和市场特征后,高声誉财务顾问对受约束收购方的短期(5天)和长期(36个月)业绩分别提高了1.45%和24.27%。对于有财务顾问参与的交易,雇用高声誉财务顾问的受融资约束的收购方交易完成率最低,支付的收购溢价最低,而雇用高声誉财务顾问不受融资约束的收购方交易完成率最高,支付的收购溢价也相对较高。

国内从2009年陆续公开披露并购重组聘请财务顾问的相关信息,学术界开始不断关注财务顾问的声誉对于并购绩效的影响。李沁洋等(2017)的研究发现有"关系"的财务顾问参与公司并购能显著提高并购绩效。在短期绩效方面,财务顾问的参与使得股东价值实现了平均1.3亿元的增长;在长期绩效方面,企业净资产收益率实现了平均1.8%的增长,且"关系"紧密程度与并购绩效呈显著正向相关关系。国文婷和陈冀伟(2019)对企业并购后的短期财富效应是否受财务顾问声誉的影响和财务顾问如何影响绩效进行了研究。研究发现财务顾问的声誉与企业短期并购绩效之间不存在显著相关关系,但是当企业发布的并购公告质量较高时,财务顾问声誉与短期并购绩效之间存在正向相关关系。钟子英和邓可斌(2019)发现具有较高声誉的财务顾问会根据企业的具体情况,为企业提供量身定制的合适的专业化服务。当客户希望通过并购来取得增发资格或者保壳时,高声誉财务顾问会努力促进此次并购的完成;当客户要求高的并购绩效时,高声誉财务顾问会充分运用专业知识提高并购绩效。宋贺和段军山(2019)基于创业板这一自然实验平台,考察了并购绩效与财务顾问及其异质性之间的关系,发现高声誉财务顾问的"声誉鉴证"功能可以加快并购进程、缩短并购时间、降低并购溢价,最终提升并购绩效。洪祥骏等(2020)将证监会对财务顾问不合规行为的处罚看作是可能会降低其声誉的外生影响因素,以此来衡量财务顾问声誉损失,研究财务顾问声誉与并购绩效之间的关系。研究表明,在财务顾问受到处罚后,短期并购绩效会存在一定程度的降低,并购估值下降,同时并购所耗用的时间增加。

四、财务顾问的认证功能

财务顾问为企业并购重组活动提供评估交易价值、设计并购方案、提供咨询服务等,其中认证功能是财务顾问职责履行的首要前提和重要基础。Francis et al.（2014）研究了美国跨国并购中财务顾问选择的决定因素以及其对并购公告效应的影响。研究提出两个理论解释：一个是财务顾问的认证角色,另一个与财务顾问在目标国家的经验有关。在选择财务顾问方面,研究证据支持认证假说。Francis et al.（2014）还观察到收购方选择美国本土的财务顾问,比非美国本土的要更有利,当财务顾问在目标国家没有丰富经验时,这种积极作用更明显,表明美国收购者和股东重视财务顾问在跨境并购中的认证作用。

也有研究发现,财务顾问担负的其他角色可能会影响到其认证功能的发挥。Allen et al.（2004）认为作为贷款人和财务顾问,银行可以被看作具有认证功能。然而,作为贷款人和财务顾问的银行面临着潜在的利益冲突,这可能会减轻或抵消认证功能。总体而言,研究发现财务顾问对目标公司的认证功能是存在的,特别是当财务顾问为被收购公司自己的银行时,被收购公司会获得更高的异常回报。因此,收购者可以选择自己的银行（之前与之有过借贷关系）作为财务顾问。但这种选择削弱了认证效果,并产生了潜在的利益冲突,因为财务顾问的建议可能会为与银行过去和未来贷款活动相关的考虑所扭曲。

五、财务顾问的行业专长

财务顾问在并购中利用专业知识对并购双方进行调查、制定并购方案,并为并购双方提供专业咨询服务等,可以提高信息透明度、降低交易成本、提升并购绩效。Arena et al.（2017）通过分析大型跨国并购交易样本,研究了投资银行在促进跨国并购交易方面的国别专长的影响。研究表明具有地理相邻、文化相通和本地经验等优势的投资银行承担的跨境并购交易成功的概率显著增加,并购所需要的时间更少,并且能够增加收购方的经营业绩。

从个人层面,主要关注于财务顾问主办人的人力资本或者工作经验在并购重组中所发挥的作用。Chemmanur et al.（2019）将财务顾问主办人与他们所建议的并购交易联系起来,发现具有更多交易经验的财务顾问主办人与更高的并购回报和并购后的经营业绩相关,特别是对于复杂和不透明行业的并购者相关性更加显著。同样并购的咨询费也与财务顾问团队的经验呈正相关。当更有经验的财务顾问主办人跳槽到一家新的投资银行时,客户也更有可能跟着他们"跳槽"。总的来说,研究结果表明财务顾问主办人的人力资本对并购方客户来说是有价值的。Bradley et al.（2011）考察了财务顾问主办人的工作变动对投资银行的并购和股票市场份额的影响，研究发现在控制了交易性质和银行层面的固定效应后，雇用投资银行具有突出表现的主办人对获得股票和并购市场份额有一定的积极影响。当财务顾问主办人换公司后，大部分客户会跟着他们跳槽，特别是当客户公司和主办人之间的关系很牢固的时候。财务顾问主办人跳槽的消息传出后往往会使银行获得异常回报，这表明市场认为主办人会使投资银行的价值增加。Huang et al. (2014) 考察了拥有投资银行工作经验的董事对上市公司并购行为的影响，研究发现拥有投资银行工作经验的董事可以帮助企业进行更好的并购，例如选择合适的并购目标，或者降低并购成本。并购完成后，拥有投资银行董事的并购者可以获得更高的回报，表现出更好的长期绩效。

Shekhar et al. (2016) 通过关注，并购方企业雇用被并购方公司财务顾问的并购案例来研究财务顾问的信息作用。研究显示，通过这种方式收购者支付的收购溢价更低，并获得了更大的并购协同效应，相应的被并购公司显示较低的公告回报，表明并购方通过被并购对象的财务顾问，利用了被收购对象的价值相关信息，在交易谈判中取得了讨价还价的优势。而当目标公司聘请并购方的财务顾问时却没有发现明显的价值效应，表明目标公司聘请并购方财务顾问的信息作用弱于并购方聘请的被并购方的财务顾问。Golubov et al. (2012) 的研究为财务顾问在并购中的作用提供了新的证据，研究发现高声誉财务顾问比低声誉财务顾问提供更高的并购回报，普通竞购者会因为高声誉财务顾问的能力而获得较大的股东收益。而且，高声誉财务顾问能够带来更多的协同效应，并从这些交易中收取溢价费用。Liu et al. (2019) 考虑了投资银行资源配置的可能性，以理论分析投资银行与并购方的回报之间的关系，模型预测同一投资银行提供的咨询服务质量的异质性会导致并购方回报的异质性。在控制投资银行固定效应、并购方固定效应和潜在的自选择偏差后，实证检验也支持该结论。

国内学者对财务顾问在并购重组市场中的行业专长，及其作用也做出了一些研究。许汝俊和王雪平（2020）从专业水平以及信息安全方面研究财务顾问的选择以及变更问题，发现上市公司并购方不容易变更具有更高行业专长的财务顾问。但是基于信息泄露风险的考虑，若财务顾问与本公司同行业公司之间存在业务关联，则本公司更倾向于变更财务顾问。钟子英和邓可斌（2019）认为财务顾问的专业能力会随着级别的增加而升高，且其能力的发挥受客户要求的影响较大。这在一定程度上解释了有关财务顾问能力的争议，高声誉的财务顾问能够提供更加专业化的服务，会根据客户的具体需求调整服务方向。国文婷和陈冀伟（2019）研究发现，目标公司的市场势力与议价能力呈正向相关关系，使得并购方处于劣势地位；并购方的劣势地位可以通过雇用经验水平较高的财务顾问进行缓解；并购方势力越弱，经验丰富、市场化程度差、经营管理效率低的财务顾问的作用越明显。

六、财务顾问的跨市场功能

在并购重组中，投资银行往往扮演着双重角色，这一双重角色会帮助其发挥跨市场功能。并购方会基于之前与投资银行建立的关系，例如以前存在过的承销保荐关系，选择并购重组中的财务顾问（即关联财务顾问），从而促进并购交易的完成。Agrawal et al.（2013）指出作为主承销商，如果在企业并购中担任财务顾问，将比其他任何金融机构都更了解企业的信息。在这种情况下，投资银行可能面临着两种选择，一种是作为财务顾问更有动机去迎合并购方，因为并购方是规模更大的幸存公司，在未来可以为其提供更多的投资银行业务；另外一种选择是为了维护自身的声誉而不去迎合并购方，以免日后声誉受损或者增加不必要的法律诉讼成本。Chen et al.（2015）考察了投资银行与企业之间的股票承销关系在后续并购交易中的作用，研究发现企业在并购重组中往往会聘请自己的主承销商担任财务顾问。前期的股票承销关系有利于降低并购方支付的中介费用，而且并购完成后那些选择自己的主承销商担任财务顾问的企业也能够产生更大的协同效应。

但是，如果在并购交易中，投资银行既担任主承销商又担任财务顾问，例如在发行股份完成支付对价时，需要聘请投资银行担任主承销商，此时这一双重角色有可能存在着利益冲突，从而带来较差的结果。Ertugrul and Krishnan（2014）的实证检验证明了这种现象，他们指出在以股份支付为对价方式的并购交易中，如果主承销商既担任财务顾问，同时又担任股份支付的主承销商，这两个角色之间会产生利益冲突。投资银行为了促进交易的尽快达成，以便获得财务顾问费用，往往会要求并购方增加并购对价，从而损害并购方的利益。而且，由这一双重角色达成的交易还容易出现被分拆和剥离的现象，没有达到应有的协同效应。

众多研究发现，投资银行与客户之前的业务合作关系会影响并购绩效。

Hayward（2003）发现相对于现金融资的并购，股票融资的并购更需要投资银行的帮助。与预期一致，实证结果显示如果公司以前与投资银行合作过，那么它们更有可能在股票融资的并购中聘用该银行。实证结果还表明在此类并购中，聘用合作银行的并购方很容易取得不良业绩。Porrini（2006）发现自20世纪80年代以来，随着并购交易的数量增加，与投资银行的合作也在不断增加。研究发现并购方和他们的投资银行之间存在代理冲突，导致并购方支付更高的并购溢价。Sleptsov et al.（2013）研究了并购方企业与信息经纪人或投资银行等中介机构的关系特征，如何影响并购方获取并购信息，从而影响并购绩效的问题。作者认为提升中介机构的能力可以为并购企业提供有利的信息，研究发现并购方的预期收购绩效随先前与投资银行的交易次数增加而增加，但当与投资银行的关系变成排他性时则相反。研究进一步发现在相关性较低的并购中，先前交易数量的积极影响更强。Herron（2021）通过收集在1985年至2014年的1507宗美国并购重组的样本数据，发现5%的并购方会聘用被并购公司IPO合作的那家中介机构。在其他条件相同的情况下，利用这些信息的并购方，其并购公告的三天累计异常收益（CAR）要高出2.048个百分点。李沁洋等（2017）考察了关联财务顾问在并购绩效中的作用，研究发现如果财务顾问担任过企业在IPO或SEO时的主承销商，或者担任过前期并购业务中的财务顾问，将会显著降低并购溢价水平、缩短并购持续时间，并最终提升并购绩效。

还有研究表明，投资银行在企业并购重组中表现出固定效应特征。Bao and Edmans（2011）发现当投资银行作为企业并购重组的财务顾问时，客户的收益存在着明显的固定效应特征。作者采用并购重组宣告后的三天累积超额收益研究发现，前期客户表现好的投资银行，在为其他企业的并购业务做财务顾问时，其客户的累积超额收益也较高，高收益组和低收益组其客户的累积超额收益相差高达1.26%。Mooney and Sibilkov（2012）从并购重组完成率的角度考察了投资银行所具有的持续性特征，他们研究发现当选择投资银行作为财务顾问时，并购重组的完成率与以前客户的完成率呈正相关，即投资银行过往的交易完成记录越好，在未来完成交易的可能性越大。Sibilkov and McConnell（2014）同样认为前期的客户表现，是决定投资银行是否被选为财务顾问的重要因素。他们研究发现前期客户在宣告并购重组预案后的绩效（5天累积超额收益）每增加一个标准差，投资银行在下次交易中被聘为财务顾问的可能性增加8.7%—10%。作者进一步研究表明，投资银行的并购市场份额与其之前的客户表现也呈显著正相关，即并购方的并购绩效越好，其财务顾问的并购市场份额增加得也越多。

七、主要观点总结

整体上来看，国内外学者对财务顾问这一重要问题进行了大量完善的研究工作，形成了丰硕的理论成果。通过主要观点的梳理，我们发现：

第一，在并购重组市场，涉及财务顾问的理论主要有委托代理理论、信息不对理论、金融中介理论和声誉机制理论等。这些理论成果有助于我们深入理解财务顾问在并购重组市场的功能角色，也为学术界针对金融机构的财务顾问角色开展实证研究提供了理论基础。

第二，财务顾问的声誉机制、认证功能、行业专长和人力资本等是其发挥金融中介功能的关键，也是当前学术研究的热点话题。高声誉的财务顾问更能有效发挥认证功能，提升并购绩效，而财务顾问的行业专长和人力资本也是提升声誉的重要手段。也有学者从个人层面研究财务顾问的人力资本在并购重组中的作用，也是当前的主流研究趋势。

第三，针对财务顾问的跨市场功能，我们可以看出投资银行所扮演的双重角色，有助于其在并购重组市场发挥重要作用。学术界有关财务顾问跨市场功能的研究主要专注于从IPO市场到并购重组市场，或者由一个并购重组市场到另一个并购重组市场。

综合当前学术界的研究，与其他中介机构类似，学术界对于财务顾问的研究也是主要关注机构层面，而对个人层面的关注不足。在我国资本市场，财务顾问的角色一般由其执业代理人，即财务顾问主办人来担任，从财务顾问主办人出发来研究其在并购重组市场的功能角色将是一个重要的突破点。对于财务顾问在跨市场中的功能角色，当前学术界也主要从机构层面进行考察，而没有从个人层面展开进一步的研究工作。

本章小结

本章对财务顾问在并购重组市场的理论基础和主流文献进行了梳理和总结。在理论基础部分，首先介绍了与财务顾问的职责、地位以及独立性相关的几个基本理论,包括委托代理理论、信息不对称理论、金融中介理论和声誉机制理论等;其次,梳理了当前学术界有关财务顾问研究的主流文献,分别论述了声誉机制、认证功能和行业专长等对并购绩效的影响,对国内外有关财务顾问研究的主要观点进行了整理和总结;最后,分析总结了财务顾问跨市场功能的研究成果。本章起到了承上启下的作用,为后续的实证研究提供了理论分析的基础。

第八章

股票市场保荐经历对并购重组定价的影响研究

上市公司在并购重组中需要聘请投资银行作为财务顾问,而其经办人员是专门从事并购重组业务的财务顾问主办人。因此,本章基于财务顾问主办人也同时担任 IPO 市场的保荐代表人这一特殊制度背景,研究财务顾问主办人的 IPO 市场股票保荐经历对并购重组市场的影响。本章的研究丰富了保荐人在跨 IPO 市场和并购重组市场的研究成果。

第一节 制度背景和研究假设

一、制度背景

根据证监会的要求,上市公司在重大资产重组中需要聘请独立的财务顾问参与并购交易的整个过程,财务顾问通常是由一家具有资质的投资银行来担任。被聘请的财务顾问,一般会委派两名及以上符合条件的财务顾问主办人开展并购重组业务。财务顾问主办人需要履行以下职责:(1)尽职调查和评估并购重组风险;(2) 为并购合同的设计提供建议,准备报送给证监会的材料;(3) 监督并购重组的合法合规情况;(4) 对并购事项发表专业意见;(5) 回应证监会的问询;(6) 对证监会规定的其他职责以及与客户的协议作出答复。财务顾问应确保并购有利于企业价值创造,且不损害并购方公司股东(尤其是少数股东)的利益。如果被聘用的财务顾问及其委派的财务顾问主办人未能尽职尽责,他们均将受到证监会的强制执行裁定,并承担相应的责任。

在并购重组市场,大概有30%参与并购的财务顾问主办人也同时担任IPO市场的保荐代表人。对于这一部分财务顾问主办人而言,股票的IPO市场也许更为重要。在我国资本市场,保荐代表人的IPO保荐业务的规模要比并购咨询业务大得多,利润也更丰厚。例如2018年,排名前30强的证券公司并购咨询业务收入为23.3亿元人民币,约占IPO市场总收入48.5亿元人民币的一半。平均每笔并购交易的咨询业务收入为710万元人民币,仅为每笔IPO交易收入4290万元人民币的16.59%。因此,对于保荐代表人而言,IPO市场中的业务通常比并购重组业务更为重要,他们更看中IPO市场带来的业务收入和可观的业绩。

二、研究假设

声誉被视为委托人对代理人的综合判断,这种判断基于其长时间观察到的行为和特征(Kreps and Wilson, 1982; Milgrom and Roberts, 1982; Diamond, 1989)。对于财务顾问主办人而言,声誉的衡量建立在社会地位、职业经历和其他已被观察到的行为之上,它标志着财务顾问主办人具有能产生价值的专业能力。已有研究已经检验了个人声誉对资本市场其他代理人的约束作用,例如声誉长期以来一直被认为是独立董事发挥治理作用的主要动机(Fama and Jensen, 1983; Jiang et al., 2016; Masulis and Mobbs, 2014)。Graham et al.(2005)提供的调查证据表明,职业考虑尤其是那些与外部声誉相关的职业考虑,对他们做出的财务报告决策产生了重大影响。Fang and Yasuda(2009)发现,对个人声誉的关注是防止卖方分析师产生利益冲突的有效手段。

与独立董事和卖方分析师一样,财务顾问主办人也长期活跃于金融市场,他们的职业考虑和未来收入也与声誉息息相关。机会主义行为可能会增加短期个人效用,但这是以损害声誉和损失未来收入为代价。财务顾问主办人需要权衡声誉的长期损失和利益的短期获得。因此,对自身声誉的关注可以作为一种有效的机制,用来激励财务顾问主办人在为并购提供咨询服务时尽职尽责，并在短期内避免机会主义行为的发生。

如果财务顾问主办人在提供并购咨询服务时表现不佳，他们的声誉将会受到损害。因此，声誉较高的财务顾问主办人将提供更优质的咨询服务，因为如果声誉受损，他们将失去更多的长期利益。在我国企业的并购重组中，如果财务顾问主办人具备保荐代表人的资格，那么他们在 IPO 市场上获得的利益将远远超过为并购交易提供咨询服务所获得的收益。在为并购交易提供咨询服务时的不佳表现甚至不当行为，可能会严重损害财务顾问主办人的自身声誉，并对其未来在 IPO 市场中的客户拓展产生不利影响。鉴于在 IPO 市场上拥有较高声誉的财务顾问主办人，会由于为并购交易提供咨询服务时的不佳表现蒙受更多损失，我们推测在 IPO 市场上拥有较高声誉的财务顾问主办人（即拥有 IPO 市场股票保荐经历），在为企业提供并购咨询服务时会更加尽职尽责，从而带来更好的并购绩效。因此，我们提出如下假设：

假设 H：当聘用的财务顾问主办人更关注自身在 IPO 市场的声誉时（即拥有 IPO 市场股票保荐经历时），并购方的并购绩效将会更佳。

第二节　数据、变量和实证模型

一、数据

我们的初始样本包含了 2012 年至 2018 年我国 A 股上市公司进行的所有重大并购重组交易。并购交易信息，以及为并购交易提供咨询服务的财务顾问主办人的姓名信息，均从 WIND 数据库获得，财务顾问主办人的其他信息来源于中国证券业协会（SAC）网站。根据规定，所有财务顾问主办人必须在中国证券业协会注册，我们从证券业协会网站中手动收集财务顾问主办人的数据，并通过整理 IPO 招股说明书的信息，确定有哪些财务顾问主办人曾经担任过 IPO 保荐代表人。其他的有关并购绩效、财务数据和股票收益数据等均来源于 WIND 数据库和 CSMAR 数据库。剔除金融行业的企业并购和数据缺失的样本后，我们的最终样本包含 2582 个观测值，其中 793 个并购交易观测值是由财务顾问主办人同时担任 IPO 保荐代表人来完成。

表 8-1 按年份展示了样本分布情况，结果表明我国上市公司并购规模增长较快，在 2015 年达到峰值，随后在样本期后期稳步下降。这与 2015 年资本市场的高估值相关，在资本市场估值较高时，上市公司往往愿意以股份支付的方式进行并购重组。除样本期前两年外，具有 IPO 保荐经历的财务顾问主办人参与并购交易的比例保持在 30% 左右。

表 8-1　　　　　　　　　　样本的年度分布情况

年度	样本量	财务顾问主办人有保荐经历		财务顾问主办人无保荐经历	
		样本量	占比	样本量	占比
2012	51	14	27.45%	37	72.55%
2013	183	46	25.14%	137	74.86%
2014	331	98	29.61%	233	70.39%
2015	690	224	32.46%	466	67.54%
2016	571	187	32.75%	384	67.25%
2017	485	141	29.07%	344	70.93%
2018	271	83	30.63%	188	69.37%
总和	2582	793	30.71%	1789	69.29%

二、财务顾问主办人的声誉衡量

根据前文所述，我们认为在为并购交易提供咨询服务时，如果财务顾问主办人在 IPO 市场上享有较高声誉，会比他们的同行表现得更好，因为糟糕的并购业绩可能会对他们 IPO 市场上的业务产生不利影响。根据此前的研究文献（Fang，2005；Golubov et al.，2012），我们采用财务顾问主办人在 IPO 市场中的市场份额来反映他们的声誉情况。由于市场份额反映了收入来源，市场份额较高的财务顾问主办人在声誉受损时的损失更大。具体而言，我们将声誉变量 *IPO Market Share*（*individual*）定义为，聘请的财务顾问主办人参与 IPO 的募集资金，除以并购交易发生前一年所有 IPO 募集的资金总额。

三、实证模型

根据已有研究（Rau，2000；Officer，2003；Song et al.，2013），我们采用下列回归模型（1）来检验假设 H：

$$Premium_{it} \text{ or } Completed\ Deal_{it} = a_0 + a_1 IPO\ Market\ Share\ (individual)_{it}$$

$$+ a_2 Controls_{it} + a_3 Industry_i + a_4 Year_t + e_{it}$$

我们基于两种方法来衡量并购绩效：第一种方法是用收购方支付给标的公司的溢价来衡量。我们将"溢价" Premium 定义为并购方的支付对价，除以标的公司可辨认净资产截至并购公告前最新报告日的公允价值。第二种度量是交易完成的可能性"已完成的交易" Completed Deal。我们将它定义为虚拟变量，如果并购交易最终完成，则取 1，否则取 0。

控制变量 Controls 包括：M&A Market Share (individual)，即财务顾问主办人在并购市场的市场份额；IPO Market Share (bank) 以及 M&A Market Share (bank) 分别表示在机构层面，财务顾问主办人所任职的投资银行在 IPO 市场和并购重组市场中的市场份额；Payment Incl. Stock 为虚拟变量，表示支付方式是否包括股票支付，如果支付方式包含股票支付即为 1，否则为 0；Horizontal Acquisition 为虚拟变量，表示并购是否为横向并购，如果并购方式为横向并购即为 1，否则为 0；Size 等于并购方总资产的自然对数，用于衡量企业规模；ROE 定义为并购方的净利润除以年末的所有者权益；Cash Flow to Equity 等于并购方的现金净流量除以年末的所有者权益；Leverage 被定义为并购方年末的总负债除以年末的总资产；Market to Book 指宣布并购重组前并购方年末的市值账面比；SOE 是关于并购方是否为国有企业的虚拟变量，国有企业为 1，否则为 0。Industry 和 Year 分别是行业和年度固定效应。在回归分析中，本章对主要的连续变量在 1% 至 99% 的水平上进行了缩尾处理。变量的详细释义参见表 8-2。

表 8-2 变量定义与说明

变量	变量定义
Panel A：因变量	
Premium	并购方的支付对价除以标的公司可辨认净资产的公允价值
Completed Deal	虚拟变量，如果并购交易最终完成，则取 1，否则取 0
Goodwill Impairment Dummy	虚拟变量，如果并购交易在交易完成后三年内发生商誉减值，则取 1，否则取 0
Goodwill Impairment Ratio	与交易完成后三年内进行的并购交易相关的商誉减值金额，除以并购交易价格
BHAR 2-Years	两年买入并持有期回报，根据交易完成后的同期市场回报进行调整
BHAR 3-Years	三年买入并持有回报期，根据交易完成后的同期市场回报进行调整
ROA 2-Years	交易完成后两年的总资产回报率
ROA 3-Years	交易完成后三年的总资产回报率

续表

变量	变量定义
Panel B：自变量	
IPO Market Share (individual)	财务顾问主办人在 IPO 市场的市场份额
M&A Market Share (individual)	财务顾问主办人在并购重组市场的市场份额
IPO Market Share (bank)	财务顾问主办人所在的投资银行在 IPO 市场的市场份额
M&A Market Share (bank)	财务顾问主办人所在的投资银行在并购重组市场的市场份额
Payment Incl. Stock	虚拟变量，如果并购交易涉及股份支付，则取 1，否则取 0
Horizontal Acquisition	虚拟变量，如果并购交易为横向并购，则取 1，否则取 0
Size	并购方年末总资产的自然对数
ROE	并购方净利润除以年末所有者权益
Market to Book	并购方在并购公告前的年末市值账面比
Cash Flow to Equity	并购方的净现金流除以年末所有者权益
Leverage	并购方的总负债除以年末总资产
SOE	虚拟变量，如果并购方是国有企业，则取 1，否则取 0

第三节　实证结果

一、描述性统计与相关性分析

（一）描述性统计

表 8-3 列示了变量的描述性统计结果。Panel A 为按照并购交易特征的统计，样本中 *Premium* 的平均值（中位数）为 6.309（3.170），标准差为 8.709，表明中国资本市场的并购溢价明显较高（Allen et al.，2004）。在所有已公告的并购交易中，约有 85.9% 顺利完成（*Completed Deal*），91.2% 涉及股票支付（*Payment Incl. Stock*），49.3% 为横向收购（*Horizontal Acquisition*）。

Panel B 为个人和机构层面市场份额变量的描述性统计。*IPO Market Share* (*individual*) 和 *M&A Market Share* (*individual*) 的均值分别为 0.147% 和 1.546%。*IPO Market Share* (*bank*) 和 *M&A Market Share* (*bank*) 的平均值分别

为1.691%和12.009%,表明无论是在机构层面还是在个人层面,并购业务都比 IPO 保荐业务更为集中。

Panel C 提供了其他变量的描述性统计结果,显示 51.4% 的并购交易在并购后发生商誉减值,这表明被并购企业的业绩普遍低于预期。并购方在交易完成后的两(三)年内,即 BHAR 2-Years(BHAR 3-Years)买入持有期异常股票收益的平均值和中值分别为 -0.288(-0.689)和 -0.270(-0.449),表明并购方在交易完成后的长期市场价值出现了损失。另外,27.6% 的并购交易是由国有企业(SOE)完成的。

表 8-3　　　　　　　　　　　　　描述性统计

	样本量	均值	中位数	标准差	最小值	25分位数	75分位数	最大值
Panel A:按并购交易特征统计								
Deal Value (in million RMB)	2582	3434.571	1476.248	7597.731	17.234	684	2900	97800
Book Value	2582	1322.703	243.262	4906	0.878	97.948	665.460	77395
Premium	2582	6.309	3.170	8.709	-0.338	1.145	7.465	67.867
Payment Incl. Stock	2582	0.912	1.000	0.283	0.000	1.000	1.000	1.000
Horizontal Acquisition	2582	0.493	0.000	0.500	0.000	0.000	1.000	1.000
Completed Deal	2582	0.859	1.000	0.349	0.000	1.000	1.000	1.000
Panel B:按个人和机构层面统计								
IPO Market Share (individual)%	2582	0.147	0.000	0.465	0.000	0.000	0.000	3.140
M&A Market Share (individual)%	2582	1.546	0.231	0.515	0.013	0.086	0.759	4.073
IPO Market Share (bank)%	2582	1.691	1.054	1.889	0.000	0.368	2.605	7.400
M&A Market Share (bank)%	2582	12.009	2.399	13.605	0.031	0.638	8.481	26.251
Panel C:按并购交易的其他特征统计								
Goodwill Impairment Dummy	2582	0.514	1.000	0.500	0.000	0.000	1.000	1.000
Goodwill Impairment Ratio	2582	0.154	0.000	0.385	0.000	0.000	0.090	2.355
BHAR 2-Years	2066	-0.288	-0.270	1.385	-4.979	-0.738	0.234	4.339
BHAR 3-Years	2066	-0.689	-0.449	1.650	-7.346	-1.146	-0.023	4.564
ROA Lag 2-Years	2248	0.048	0.058	0.126	-1.319	0.032	0.088	0.513
ROA Lag 3-Years	1681	0.021	0.051	0.154	-1.424	0.021	0.079	0.535

续表

	样本量	均值	中位数	标准差	最小值	25分位数	75分位数	最大值
Size (in million RMB)	2582	7816.238	2525.863	22400	8.703	1280.806	5714.703	287000
ROE	2582	0.065	0.065	0.133	-0.578	0.025	0.111	0.571
Market to Book	2582	7.075	4.588	10.221	-10.824	2.929	7.445	81.966
Cash Flow to Equity	2582	0.059	0.056	0.194	-0.784	-0.003	0.126	0.850
Leverage	2582	0.420	0.395	0.218	0.070	0.247	0.576	0.943
SOE	2582	0.276	0.000	0.447	0.000	0.000	1.000	1.000

（二）相关性分析

表8-4列示了主要变量之间的皮尔逊相关系数。IPO Market Share (individual) 与交易"溢价" Premium 呈显著负相关，与交易完成概率 Completed Deal 呈显著正相关关系。这些结果为本章的研究假设提供了初步的证据，表明声誉关注度较高的财务顾问主办人所参与的并购交易支付的溢价较低，且更有可能完成。M&A Market Share (individual) 与 Completed Deal 也显著正相关，说明财务顾问主办人的并购经验也会提升并购完成率。在机构层面，IPO 市场份额变量 IPO Market Share (bank) 与 Premium 显著负相关，与 Completed Deal 正相关，但不显著。

在其他变量中，Size、Cash Flow to Equity、Leverage 和 SOE 与 Premium 负相关，而 Payment Incl. Stock 和 Market to Book 与 Premium 正相关；Size、ROE、Leverage 和 SOE 与 Completed Deal 正相关，但 M&A Market Share (bank)、Payment Incl. Stock 与 Completed Deal 正相关，Market to Book 和 Leverage 与 Completed Deal 负相关。综上所述，这些结果表明，并购绩效受到交易本身、个人层面、机构层面和企业层面等因素的影响。因此，在分析财务顾问主办人的声誉关注对并购绩效的影响时，对其特征变量的控制就显得尤为重要。

二、主回归结果

表8-5列示了本章的主回归结果，即因变量 Premium 和 Completed Deal 与财务顾问主办人的声誉变量 IPO Market Share (individual) 以及其他控制变量的回归结果。括号中的t统计量是按照个人和机构层面聚类校正的标准误差（Petersen，2009）。第（1）列列示了对并购方支付交易溢价的回归结果。IPO Market Share

表 8—4 相关系数矩阵

	(1)	(2)	(3)	(4)	(5)	(6)	(7)	(8)	(9)	(10)	(11)	(12)	(13)	(14)
(1) Premium	1.000													
(2) Completed Deal	-0.095***	1.000												
(3) IPO Market Share (individual)	-0.015**	0.017*	1.000											
(4) M&A Market Share (individual)	-0.031	0.041**	0.006	1.000										
(5) IPO Market Share (bank)	-0.048*	0.011	0.036*	0.037**	1.000									
(6) M&A Market Share (bank)	-0.004	-0.038**	-0.002	0.296***	0.043**	1.000								
(7) Payment Incl. Stock	0.070***	-0.035*	0.009	-0.054**	0.046**	0.013	1.000							
(8) Horizontal Acquisition	0.005	0.010	0.024	-0.044**	0.086***	0.014	0.022	1.000						
(9) Size	-0.136***	0.102***	-0.004	0.100***	0.205***	0.016	-0.108***	0.100***	1.000					
(10) ROE	-0.004	0.155***	0.007	0.008	0.051***	0.010	-0.023	0.020	0.111***	1.000				
(11) Market to Book	0.068***	-0.083***	0.000	-0.019	-0.061***	-0.007	-0.005	-0.089***	-0.307***	-0.066***	1.000			
(12) Cash Flow to Equity	-0.045***	0.050***	-0.000	0.047**	0.074***	0.003	-0.051***	0.016	0.193***	0.139***	-0.044*	1.000		
(13) Leverage	-0.184***	-0.033*	-0.039**	0.033*	-0.004	0.007	-0.088***	-0.154***	0.349***	-0.120***	0.085***	0.055***	1.000	
(14) SOE	-0.236***	0.042**	-0.018	0.078***	0.065***	0.001	-0.175***	-0.048**	0.277***	-0.090***	-0.090***	0.070***	0.248***	1.000

注：此表列示了主要变量的相关性分析结果。变量的定义见表 8—2。***、**、* 分别表示在 0.01、0.05 和 0.1 水平上显著性。

(individual) 的系数显著为负,表明在并购交易中,并购方雇用 IPO 市场份额较高的财务顾问主办人时支付的溢价较低。这种影响也具有很重要的经济意义,根据系数测算,如果财务顾问主办人在 IPO 市场中的市场份额增加 1% 左右,并购方支付的交易溢价将减少 0.09% 左右,折合人民币 119 万元(0.09% × 132270.3 万元)。第(2)列列示了有关交易完成情况的回归结果。*IPO Market Share*(*individual*)的系数显著为正,表明 IPO 市场份额较高的财务顾问主办人参与的并购交易最终更有可能完成。综上所述,表 8-5 中的结果与我们的推测一致,即 IPO 市场份额较高的财务顾问主办人具有较高的声誉风险,并有动机在并购市场中提供更高质量的咨询服务,这反过来有助于并购方更好地进行收购。我们的研究结果强调了财务顾问主办人声誉的重要性,并证实了先前研究中的观点,即具有更高人力资本或更高技能水平的机构或者个人金融中介,往往为客户带来更好的并购绩效(Ertugrul and Krishnan, 2011;Chemmanur et al., 2019)。

控制变量的回归结果与以前的研究大体一致(Huang et al., 2014;Chemmanur et al., 2019)。具体来说,如果标的公司净资产收益率较高、杠杆率较高,或者是政府作为控股股东,那么收购方在并购交易中支付的溢价往往较低。规模越大、净资产收益率越高、杠杆率越低的收购方完成并购交易的能力越强。

表 8-5　　　　财务顾问主办人的声誉与并购绩效:OLS 回归

	(1)	(2)
	Premium	*Completed Deal*
Constant	12.363**	0.227
	(2.55)	(1.19)
IPO Market Share (*individual*)	-0.090**	0.004***
	(-2.50)	(2.68)
M&A Market Share (*individual*)	0.016	0.001**
	(0.48)	(2.16)
IPO Market Share (*bank*)	-0.185	0.003
	(-1.61)	(0.72)
M&A Market Share (*bank*)	-0.001	-0.000***
	(-1.20)	(-3.79)
Payment Incl. Stock	0.187	0.012
	(0.27)	(0.47)
Horizontal Acquisition	-0.326	0.009
	(-0.64)	(0.42)

续表

	(1)	(2)
	Premium	Completed Deal
Size	-0.333	0.032***
	(-1.42)	(3.39)
ROE	-2.285*	0.352***
	(-1.73)	(3.74)
Market to Book	0.009	-0.001
	(0.61)	(-1.14)
Cash Flow to Equity	-0.341	0.038
	(-0.22)	(0.78)
Leverage	-3.464**	-0.123**
	(-2.28)	(-2.46)
SOE	-2.543***	0.028
	(-4.52)	(1.16)
Industry	YES	YES
Year	YES	YES
Observations	2582	2582
Adj-R^2	0.147	0.086

注：***、**、*分别表示在1%、5%和10%的水平上显著，括号内为t值，且经过行业和年度聚类的异方差调整（下同，不再赘述）。

三、内生性问题

在并购重组中，财务顾问主办人是否被聘任可能存在内生性。例如声誉较高的财务顾问主办人可以自行选择去为溢价较低，且更可能完成的并购交易提供咨询；或者并购方倾向于聘请声誉较高的财务顾问主办人去参与溢价较低，且更可能完成的并购交易。如果是这样，我们先前观测到的IPO市场份额较高的财务顾问主办人对并购结果的影响，将存在着内生性的问题。

因此，本章在研究中引用工具变量，并进行两阶段最小二乘回归（2SLS），以缓解这种内生性问题。基于已有研究（Arena and Dewally, 2017; Chemmanur et al., 2019），我们构建了两个工具变量。第一个变量 Exam Time 定义为收购公告年度和财务顾问主办人，首次通过中国证券业协会资格考试年度之间时间差的自然对数。我们假设，财务顾问主办人在并购方之间的分配与他们通过资格考试的时间无关。然而，由于财务顾问主办人只有在通过资格考试后才能担任IPO保荐代表人，其通过资格考试的时间与其在IPO市场上的声誉有关。财务顾问主办人获得资格的时间越长，他们赢得更多IPO业务的可能性就越大。

因此，我们期望变量 *Exam Time* 与财务顾问主办人在 IPO 市场中的份额正相关。

另一个变量是 *Local IPOs*，定义为财务顾问主办人任职机构所在省份的公司 IPO 业务总收入，除以所有公司在给定年份的 IPO 业务总收入的比率。已有研究表明地理位置是 IPO 公司选择承销商的一个重要决定因素，这些公司更有可能聘任自己所在州的承销商（Corwin and Schultz, 2005；Cooney Jr. et al., 2015）。因此，财务顾问主办人在 IPO 市场中的份额，可能与其任职机构所在省内企业的 IPO 份额正相关。但没有任何理论表明，投资银行所在省的企业的 IPO 份额，会影响财务顾问主办人提供的并购咨询服务的质量。

表 8-6 展示了采用二阶段最小二乘法回归分析的结果。第（1）列的第一阶段回归结果显示，*Exam Time* 和 *Local IPOs* 两个工具变量都与 *IPO Market Share*（*individual*）呈显著正相关，这与我们的预测一致，即财务顾问主办人在 IPO 中的市场份额，与其在 IPO 市场中的职业经历和其任职机构所在省的 IPO 份额占比正相关。表中末尾几行的统计数据表明，第一阶段对所有工具变量的回归分析在 Partial-F 分布下的统计量通过了 1% 水平的弱识别检验。同时，Kleibergen-Paap 统计量通过识别不足检验，且不显著的 Sargan 统计量通过了过度识别检验，证明了工具变量的有效性。

第（2）列关于"溢价" *Premium* 的第二阶段回归结果显示，*IPO Market Share*（*individual*）与之负相关且具有统计显著性。同时，第（3）列中关于"已完成的交易" *Completed Deal* 的第二阶段回归结果显示，*IPO Market Share*（*individual*）的系数为正且具有统计显著性。总体而言，表 8-6 中的 2SLS 结果表明我们的主要回归结果不受内生性的影响。

表 8-6　财务顾问主办人的声誉与并购绩效：2SLS 回归

	(1)	(2)	(3)
	1st stage	2nd stage	2nd stage
	IPO Market Share (individual)	Premium	Completed Deal
Constant	-0.138 (-0.15)	12.814*** (3.10)	-0.158 (-0.83)
Examtime	0.154*** (3.05)		
Local IPOs	0.055** (7.92)		
IPO Market Share (individual)		-0.217** (-2.13)	0.020* (1.87)

续表

	(1)	(2)	(3)
	1st stage	2nd stage	2nd stage
Controls	YES	YES	YES
Industry	YES	YES	YES
Year	YES	YES	YES
Observations	2519	2437	2437
Adj-R^2	0.027	0.143	0.079
First-stage partial F-	41.55***		
First-stage partial R^2	0.012		
Anderson-Rubin Wald test	6.42***		
Kleibergen-Paap LM test	81.60***		
Sargan Chi^2 test	0.001		

四、控制权和现金流量权分离的影响

已有研究表明由于我国上市公司股权结构集中、公司治理机制薄弱、公共执法不力的特征，控股股东对中小股东的利益侵占现象普遍存在（Jiang et al.，2010；Peng et al.，2011）。并购可以作为控股股东从公司中挖掘资源以获取私人利益的直接渠道（Bhaumik and Selarka，2012；Yang et al.，2019）。具有较高声誉的财务顾问主办人会加强尽职调查力度、更好地保护并购方全体股东的利益。因此，我们预计对于那些遭受大股东掏空更为严重的并购方，财务顾问主办人的声誉关注度对并购溢价的影响将更为显著。

根据第二类委托代理理论，在控制权与现金流权分离的公司中，少数股东更容易遭受控股股东利益侵占（Claessens et al.，2000；Claessens et al.，2002；Lemmon and Lins，2003；Jiang et al.，2010）。Yang et al.（2019）提供的证据表明，在中国如果某个控制权和现金流权分离的公司由其控股股东持有，那么其控股股东会更倾向于利用并购进行掏空。因此，我们利用控股股东控制权和现金流权的分离情况来描述并购方的掏空动机。具体地说，我们将变量 Separation 构建为"1减去现金流权除以并购方控股股东拥有的控制权的值"。随后，本章进一步将 Separation 与我们的声誉指标、IPO Market Share（individual）的交乘项考虑在内，将 Premium 作为因变量重新进行回归，结果见表8-7。

结果显示交乘项 IPO Market Share（individual）× Separation 与 Premium 之间

存在显著的负相关关系,且 IPO Market Share (individual) 的系数为负,结果表明对于控制权与现金流权分离程度较高的并购方而言,财务顾问主办人的声誉所发挥的作用更强。

表 8-7 财务顾问主办人的声誉与并购绩效:控制权与所有权的分离

	(1)
	Premium
Constant	10.333**
	(2.00)
IPO Market Share (individual)	-0.062**
	(-2.16)
Separation	0.193
	(0.16)
IPO Market Share (individual) × Separation	-1.549**
	(-2.46)
Controls	YES
Industry	YES
Year	YES
Observations	2 582
Adj-R^2	0.167

五、财务顾问主办人的声誉对长期绩效的影响

在本节中,我们将进一步检验财务顾问主办人的声誉与长期并购绩效之间的关系。根据现有的文献(Savor and Qi, 2009; Gu and Lev, 2011; Chemmanur et al., 2019),我们用下列指标来衡量并购后的绩效:(1) 虚拟变量"商誉减值" Goodwill Impairment Dummy,如果并购交易后三年内发生商誉减值,则取1,否则取0;(2) 连续变量"商誉减值率" Goodwill Impairment Ratio,定义为并购交易后三年内商誉减值金额除以并购交易的发行价;(3) 买入并持有超额收益率变量"两年期 BHAR" BHAR 2-Years 和"三年期 BHAR" BHAR 3-Years,分别根据已完成的交易后的同期市场回报进行调整,作为两年和三年买入和持有回报情况的衡量指标;(4) 经营业绩变量"两年期 ROA" ROA Lag 2-Years 和"三年期 ROA" ROA Lag 3-Years,分别以并购交易后两年和三年的总资产回报率来衡量。

回归结果见表 8-8,显示以 Goodwill Impairment Dummy 和 Goodwill Impairment Ratio 为因变量的回归中,财务顾问主办人的声誉即 IPO Market Share (in-

dividual) 的系数在统计上显著为负；以 *BHAR 2-Years*，*BHAR 3-Years*，*ROA Lag 2-Years* 和 *ROA Lag 3-Years* 为因变量的回归中，*IPO Market Share* (*individual*) 的系数在统计上显著为正，表明聘用声誉较高的财务顾问主办人提供咨询的并购交易受到商誉减值影响的可能性更低，且往往会在并购交易完成后的一段时间内呈现出更好的股价表现和经营业绩表现。

表 8-8　　　　　　财务顾问主办人的声誉与长期并购绩效

	(1)	(2)	(3)	(4)	(5)	(6)
	Goodwill Impairment Dummy	Goodwill Impairment Ratio	BHAR 2-Years	BHAR 3-Years	ROA Lag 2-Years	ROA Lag 3-Years
Constant	0.307 (0.89)	0.551*** (2.70)	0.219 (0.21)	0.521 (0.33)	0.341*** (3.65)	0.393*** (3.46)
IPO Market Share (individual)	-0.007*** (-2.95)	-0.004* (-1.82)	0.013* (1.73)	0.016** (1.96)	0.001*** (3.85)	0.012*** (3.48)
M&A Market Share (individual)	-0.000 (-0.38)	0.001 (1.11)	-0.002 (-0.41)	-0.003 (-0.33)	0.000 (0.41)	-0.000 (-0.86)
Controls	YES	YES	YES	YES	YES	YES
Industry	YES	YES	YES	YES	YES	YES
Year	YES	YES	YES	YES	YES	YES
Observations	2582	2582	2066	1837	2248	1681
Adj-R^2	0.176	0.137	0.060	0.099	0.102	0.130

六、附加检验

(一) 团队层面的声誉衡量

对于投资银行而言，并购重组业务通常是由一支财务顾问团队来完成。在之前的分析中，本章以每个独立的财务顾问主办人作为观测值来衡量其声誉情况。在本节中，我们将从团队层面出发考察财务顾问主办人的团队声誉对并购结果的影响。具体而言，我们构建了一个团队层面的声誉衡量指标 *IPO Market Share* (*team*)，即团队成员的 IPO 融资额除以并购交易前一年所有 IPO 的总融资额。同样地，我们也为并购市场的市场份额构建了一个团队层面的变量 *M&A Market Share* (*team*)，即并购交易前一年并购市场财务顾问团队的市场份额。

随后，我们使用这两个团队层面的变量分别代替 *IPO Market Share* (*individual*) 和 *M&A Market Share* (*individual*)，重新进行表 8-5 中的回归分析。结果见

表8-9，表明团队层面的声誉变量 *IPO Market Share*（*team*）以 *Premium* 为因变量的回归系数显著为负，以 *Completed Deal* 为因变量的回归系数显著为正。这些结果说明，团队层面的声誉也促使财务顾问主办人提供高质量的咨询服务，这与表8-5中的结果一致。

表8-9　　财务顾问主办人的声誉与并购绩效：团队层面

	（1）	（2）
	Premium	*Completed Deal*
Constant	11.344**	0.227
	(2.12)	(1.11)
IPO Market Share（*team*）	-0.093***	0.004**
	(-2.64)	(2.52)
M&A Market Share（*team*）	0.007	0.000
	(0.34)	(0.46)
Controls	YES	YES
Industry	YES	YES
Year	YES	YES
Observations	1072	1072
Adj-R^2	0.131	0.063

（二）声誉的另一种衡量方法

在先前的分析中，本章遵循现有文献的研究方法，利用财务顾问主办人在 IPO 市场中的市场份额来代表他们的声誉情况。为了检验研究结果的可靠性，本节又构建了另外一种替代的衡量方法，即根据财务顾问主办人是否具备在 IPO 市场进行企业上市保荐的资格来表示其声誉情况。在我国资本市场，成为 IPO 保荐代表人的资格要求是很高的，尤其是在注册制改革之前。只有那些通过资格审查或考试，并符合证监会要求的标准（如工作经验）才有资格担任 IPO 市场的保荐代表人。

具体来说，我们定义了一个虚拟变量 *Spon Qualification*，如果财务顾问主办人具有 IPO 保荐代表人资格时取值1，否则取0。然后，我们采用 *Spon Qualification* 代替 *IPO Market Share*（*individual*），并重新进行表8-5中的回归分析。表8-10中列示的结果表明，*Spon Qualification* 的系数在两个回归中都具有统计显著性，这与表8-5中的结果一致。

表 8-10　财务顾问主办人的声誉与并购绩效：声誉的其他测度

	(1)	(2)
	Premium	*Completed Deal*
Constant	12.842***	0.209
	(4.00)	(1.36)
Spon Qualification	-0.789**	0.030*
	(-2.18)	(1.85)
M&A Market Share (individual)	0.015	0.001**
	(0.49)	(2.11)
Controls	YES	YES
Industry	YES	YES
Year	YES	YES
Observations	2582	2582
Adj-R^2	0.148	0.087

（三）服务同一家公司并购重组与IPO

在一些并购交易中，并购方聘请的财务顾问主办人也在其之前的 IPO 中担任过保荐代表人。一方面，这些财务顾问主办人可以享受并购方的信息优势；另一方面，与并购方的长期关系可能会影响财务顾问主办人的独立性。在本节中，我们考察作为并购方 IPO 保荐代表人的财务顾问主办人，在影响并购结果方面是否发挥了不同的作用。

具体而言，我们引入了一个虚拟变量 Advisor MA&IPO 来表示同时担任了并购公司 IPO 保荐代表人的财务顾问主办人。然后，将 Advisor MA&IPO 及其与我们的声誉衡量指标 IPO Market Share (individual) 的交乘项引入模型，重新进行表 8-5 中的回归。表 8-11 列示的结果表明在分别以 Premium（Completed Deal）为因变量的回归中，交乘项 Advisor MA&IPO × IPO Market Share (individual) 的系数不显著，变量 IPO Market Share (individual) 的系数仍然显著为负（正）。这些结果表明，担任并购公司 IPO 保荐代表人并不影响我们的研究结果，即对财务顾问主办人的声誉情况与并购绩效之间的关系影响不大。

表 8-11　财务顾问主办人的声誉与并购绩效：服务同一家公司

	(1)	(2)
	Premium	*Completed Deal*
Constant	12.161**	0.229
	(2.53)	(1.21)

续表

	(1)	(2)
	Premium	*Completed Deal*
Advisor MA&IPO	1.312 (0.91)	−0.017 (−0.32)
IPO Market Share (individual)	−0.090*** (−2.70)	0.004*** (2.74)
Advisor MA&IPO × IPO Market Share (individual)	−0.507 (−0.73)	0.002 (0.06)
M&A Market Share (individual)	0.016 (0.50)	0.001** (2.16)
Controls	YES	YES
Industry	YES	YES
Year	YES	YES
Observations	2582	2582
Adj-R^2	0.147	0.086

（四）考虑暂停上市期间的影响

在我国资本市场，证监会偶尔会暂停所有 IPO 活动以应对股市大幅度下跌的风险。这些 IPO 活动的暂停不仅无法被预见，而且持续时间也不确定（Shi et al., 2018; Cong and Howell, 2019）。在我们的样本期间，大概出现了三次主要的 IPO 暂停期：2008 年 9 月至 2009 年 7 月，2012 年 10 月至 2014 年 1 月，以及 2015 年 7 月至 2015 年 11 月。在 IPO 暂停期，证监会停止受理和批准 IPO 申请，导致投资银行从 IPO 市场赚取的收入大幅下降，它们被迫在其他市场（如并购重组市场）寻求业务，以此来弥补在 IPO 市场的损失。投资银行及其执业代理人都将面临更大的竞争压力，更可能与并购方进行合作，从而影响其独立性。因此，财务顾问主办人的声誉所发挥的作用很可能会在 IPO 暂停期间受到影响。

为了检验 IPO 暂停是否会降低财务顾问主办人对自身声誉的关注程度，进而削弱其并购咨询服务质量，我们引入了一个虚拟变量 *IPO Suspension*，用以表示并购交易是否发生于 IPO 暂停期间。我们将 *IPO Suspension* 及其与声誉的衡量指标 *IPO Market Share (individual)* 的交乘项纳入回归模型。如表 8-12 所示，我们发现，在以 *Premium* 和 *ROA Lag 3-Years* 为因变量的两个回归中，*IPO Suspension* 与 *IPO Market Share (individual)* 的交乘项在统计学上具有显著性。具体而言，在分别以 *Premium* 和 *ROA Lag 3-Years* 为因变量的回归中，交乘项在统计上显著为正（负），而 *IPO Market Share (individual)* 在统计上为负（正）。这些结果支持上述假设，即 IPO 暂停期削弱了具有较高 IPO 市场份额的财务顾问主办人对声誉的关注程度，并影响他们以牺牲咨询服务质量为代价来满足并购方公司的需求。

表 8-12　财务顾问主办人的声誉与并购绩效：IPO 暂停期

	(1)	(2)
	Premium	ROA Lag 3-Years
Constant	12.833*** (2.76)	0.391*** (3.38)
IPO Market Share (individual)	-0.102*** (-2.76)	0.016*** (3.53)
IPO Suspension	0.508 (0.61)	-0.008 (-0.61)
IPO Market Share (individual) × IPO Suspension	0.891** (1.97)	-0.020** (-2.20)
M&A Market Share (individual)	0.017 (0.52)	-0.000 (-0.76)
Controls	YES	YES
Industry	YES	YES
Year	YES	YES
Observations	2 582	1 681
Adj-R^2	0.147	0.130

本章小结

本章以 2012 年至 2018 年我国上市公司的并购重组交易为样本，探讨财务顾问主办人的声誉关注对并购绩效的影响。如果财务顾问主办人在 IPO 市场中担任保荐代表人，他们会更加关注自身的声誉，一旦声誉受损将会溢出到 IPO 市场中，对其职业前景造成影响。我们发现在IPO市场具有较高市场份额的财务顾问主办人,通常会提供更高质量的咨询服务,降低收购方支付的交易溢价,提高交易的完成率。我们进一步的研究结果还表明,在IPO市场中拥有较高市场份额的财务顾问主办人,通常会为其客户带来更好的并购后业绩表现。本章的研究对于探讨保荐人的跨市场功能角色,具有重要的理论价值和实践意义,有助于学术界和实务领域从IPO市场和并购重组市场的角度,理解保荐人的声誉机制及其所发挥的金融中介功能。

第三篇

公司债券市场与承销商制度

第九章

我国公司债券市场与承销商制度

与股票市场类似,我国公司债券市场也经历了从审批制,到核准制,再到注册制的制度创新历程。作为债券市场的主要中介机构,承销商担负着优质企业遴选、债券发行与定价、后续跟踪与调查等职责。近年来,随着承销商制度改革与创新,我国公司债券市场为企业提供融资便利的同时,极大地释放了市场活力,在资源的有效配置中发挥着巨大作用。

第一节 公司债券市场概述

一、基本情况

公司债券市场(Corporate Bond Market)是指企业采用信用类债券融资工具构成的市场,能够帮助企业获取资本,优化融资结构。近年来,我国公司债券市场发展迅速,债券类型不断丰富,发行规模逐渐扩大,公司债券市场正处于快速发展阶段。

在日常经营活动中，企业常见的获取资金的方式有发行股票、获得银行贷款，或者发行信用类债券等。信用债券是企业按照法律规定发行的，在约定时间内偿还本金与支付利息的有价证券。相比于国债和政府债券，信用债券的收益更高。信用债券具有一定的优点：一方面，可以有效避免企业决定权的分割与所有权的稀释；另一方面，可以帮助企业以更低的融资成本筹集到期限较长的资金。

信用债券作为企业融资的重要手段，是现代经济的主要信用形式之一，也是资本市场的重要组成部分。信用债券投资者借以依赖的是债券发行公司的资产质量、收益能力，以及信誉的好坏程度，能够满足信用债券发行条件的企业，一般具有雄厚的经济实力以及较高的信用等级。

二、产品种类

在我国债券市场，企业比较常用的信用债券包括四种类型：企业债、公司债、中期票据和短期融资券等。

（一）企业债

企业债是指具有法人资格的企业按照法定程序，在约定期限内偿还本金和相应利息的有价证券。企业债券的发行主体一般是中央政府部门所属机构以及国有企业，企业债券的发行需要国家发改委审核批准。

按照不同的分类标准，企业债券可以划分为不同的类型。按照期限划分，企业债有短期企业债、中期企业债和长期企业债；按是否记名划分，企业债可分为记名企业债和不记名企业债；按债券有无担保划分，企业债可分为信用债券和担保债券；按债券可否提前赎回划分，企业债可分为可提前赎回债券和不可提前赎回债券。

（二）公司债

公司债是指公司依照法定程序发行、约定在一定期限内还本付息的有价证券。发债公司按照约定向债权人支付利息，债券到期后按照票面金额无条件向债权人偿还本金。发行公司债须由董事会作出决定，制定债券募集说明书并报主管机关批准。公司债有规定的格式，应编号并在背面注明发行公司债的有关事项。公司债的发行由证监会监管。

作为公司融资的重要渠道之一，公司债券可以帮助企业吸收大量外部资金。公司债券分类标准较多，以发行目的为标准可以分为普通公司债、改组公司债、利息公司债、延期公司债；以持有人是否拥有选择权为标准，可以分为附权公司债和不附权公司债；以债券是否记名可以分为记名公司债和无记名公司债；以债券是否可以提前赎回分为可以提前赎回公司债和不可提前赎回公司债。

（三）中期票据

中期票据是一种具有独特性质的债务融资工具，指具有法人资格的非金融企业在银行间债券市场按照计划分期发行的，约定在一定期限还本付息的债务融资工具。中期票据的期限一般在 1 年以上，3 年和 5 年为主流品种，发行期限无上限规定。相比公司债的一次性、大规模足额发行，中期票据通常采取的是多次、小额的发行，具体发行时间和每次发行的规模依据市场情况而定。对于发行人，中期票据的融资资金主要用于补充流动资金、置换银行贷款、支持项目建设和战略并购等。

（四）短期融资券

短期融资券指企业在银行间债券市场发行（即由国内各金融机构购买不向社会发行）和交易，并在一年内偿还本金与支付利息的有价证券。短期融资券是由企业发行的没有担保的短期票据，期限最长不超过 365 天，发行企业可在最长期限内自主确定每期融资券的期限。根据相关规定，我国短期融资券仅在银行间债券市场发行与交易，并在约定期限内偿还本金与支付利息，这可以有效帮助企业获取短期资金。

三、参与机构

（一）监管机构

我国债券市场的监管体制是相对分散的多部门联合监管体系，不是统一的体系，而是各有所管。与这个体制相关的监管部门包括发展和改革委员会（即发改委）、中国人民银行、证监会和银行间市场交易商协会等。监管范围包括投资者行为、不同债券的发行与审批、交易规则的制定等。

对于公司债、企业债、中期票据和短期融资券这四类常见的信用债券，每类债券的管理机构不同。发改委负责管理企业债，证监会负责管理公司债，央行和银行间市场交易商协会负责管理中期票据和短期融资券。与股票市场类似，信用债券也可以在二级市场上市交易，交易场所一般有交易所市场（包括上海证券交易所和深圳证券交易所）、银行间市场和场外市场等。监管系统不仅在一级市场上存在着割裂的现象，其实在二级债券市场上这种割裂的现象也同样存在。在债券二级市场监管方面，交易所债券市场受证监会监管，中国人民银行负责监管银行间债券市场和商业银行柜台交易。除了企业债券可以跨市场发行和交易，其他债券的发行和交易范围都受到一定限制，如公司债只能在交易所市场发行和交易，短期融资券和中期票据只能在银行间市场发行和交易。我国债券市场不同类型信用债券的监管机构见表9-1。

表9-1　　　　　　　　不同类型信用债券的监管机构

债券类别	监管机构
企业债	国家发改委、央行、证监会
公司债	证监会、央行
中期票据	央行、银行间交易商协会
短期融资券	央行、银行间交易商协会

（二）承销机构

我国债券市场采用分业承销的模式，商业银行和投资银行都可以作为债券承销商，但在承销债券时，商业银行与投资银行具有不同之处。投资银行可以承销企业债和公司债，商业银行只能承销中期票据和短期融资券。承销商主要职责是代发行人销售证券，在销售之前通常需要尽职调查，保证所承销公司披露信息和募集文件的真实性、完整性和准确性，随后需要签订包销或代销协议。我国债券市场不同类型债券的承销机构见表9-2。

表9-2　　　　　　　　不同类型债券的承销机构

承销机构	债券类别
投资银行	企业债、公司债
商业银行	中期票据、短期融资券

（三）评级机构

信用评级机构是提供债务发行人，以及所发行债务工具的信誉判断与违约可能性的服务性商业组织。债券市场的信用评级，包括主体评级和债项评级两种。国际上有三大著名的信用评级机构，分别是标准普尔、穆迪和惠誉信用评级公司。在我国债券市场，1992年国务院下发了《关于进一步加强证券市场宏观管理的通知》，其中明确把债券评级作为债券发行审批的一个程序。随后新世纪、中诚信、联合资信以及大公国际等信用评级机构相继成立。随着中国债券市场的快速成长，信用评级行业作为债券市场重要的基础服务行业，也扮演着不可或缺的角色。我国主要的信用评级机构如表9-3所示。

表9-3 我国主要的信用评级机构

评级机构	成立时间
中诚信国际信用评级有限责任公司	1999-08
联合资信评估股份有限公司	2000-07
上海新世纪资信评估投资服务有限公司	1992-07
东方金诚国际信用评估有限公司	2005-10
大公国际资信评估有限公司	1994-03
联合信用评级有限公司	2002-05
中债资信评估有限责任公司	2010-08
中证鹏元资信评估股份有限公司	1993-03

但长期以来，国际评级机构在中国开展业务只能采取合资方式，惠誉在中国的合作方是联合资信，穆迪则持有中诚信国际的部分股权，标普虽未持有中国本土评级公司股权，但与上海新世纪资信建立了合作关系，主要在技术和培训方面提供帮助。近年来，随着中国债券市场不断推行对外开放，国际三大信用评级机构也逐步获准进入中国债券市场开展信用评级业务。

（四）担保机构

在债券市场，发债企业应债券投资者的要求往往会聘请担保机构进行债券担保。对于投资者而言，债券担保是降低信用风险，防止出现损失的重要手段。关于信用类债券，最常见的担保类型是第三方担保，又可进一步分类为担保公司担保和关联方担保等。

担保公司担保是指由专业的债券担保公司、信用增级公司提供担保。与其他第三方企业不同，担保公司的主营业务就是为有筹资需求的企业提供担保，担保更加独立，并且更具专业性。当债务人发生违约时，担保公司作为担保人将根据违约情况履行代偿义务。目前主流的债券担保公司主要是以国有企业为主，国有背景增加了担保公司对于发债企业的增信能力。关联方担保一般发生在母子公司、总公司与分公司之间，二者受同一公司或集团控制，存在着投资或者控股关系。

第二节 公司债券市场的发审制度

我国公司债券市场的发行审核经历了"审批制""核准制"和"注册制"三个阶段，其中审批制的审核最为严格，而注册制对信息披露的要求程度最高。在审批制和核准制阶段，债券发行需要进行层层审批或者经过发审机构的核准，在注册制阶段，债券发行逐渐迈向市场化。相比股票市场，我国债券市场的注册制改革启动得更早，债券发行审核制度改革是完善我国债券市场的必经之路。

一、审批制

审批制，即发行人向主管部门提出发行申请，经主管部门按规定的程序审批后，发行人才能进行发行申请登记，然后发行债券和买卖交易债券等活动。在审批制下，政府会对债券发行进行较多干预，发行人的选择和推荐大都由政府机构根据额度决定。

早在1982年，我国部分企业开始出现向社会或者企业内部征集资金的现象。在自发融资阶段，我国未制定相关的法律法规进行管理。1987年3月，国务院颁布并实施《企业债券管理暂行条例》，规定企业债券发行主要由中国人民银行进行管理，只有获取中国人民银行的审批才能发行债券，即我国企业债券实施集中管理分级审批制度。全国企业债券发行的年度控制额度由国家计委、人民银行、财政部共同制定，并将其下放至各省、自治区、直辖市和计划单列市。自此，我国债券市场建立了额度管理的审批制。

1987年3月，国家计委制定全国企业债券发行计划。1990年4月，国家计委将债券发行纳入国民经济和社会发展计划，将债券融资作为固定资产投资来源，并与人民银行联合制定了额度申报制度及管理办法。1993年8月，国务院出台《企业债券管理条例》，正式通过管理条例的形式加大对债券发行的管理力度。

1996年以后，债券发行开始实行"总量控制、集中掌握、限报家数"的办法。首先，地方政府或者中央主管部门依据证监会下达的指标对申请公司进行审核并向证监会进行推荐。然后，经证监会审核合格通过后，由地方政府或者中央主管部门下达额度。最后，企业向证监会上交正式材料，由证监会进行批准。

1998年12月，第九届全国人民代表大会常务委员会第六次会议通过《中华人民共和国证券法》，自1999年7月1日起施行。我国《证券法》第十条规定"公开发行证券，必须符合法律、行政法规规定的条件，并依法报经国务院证券监督管理机构或国务院授权的部门核准或审批，未经依法核准或审批，任何单位和个人不得向社会公开发行证券"。《证券法》第十一条第二款还规定"发行公司债券，必须依照公司法规定的条件，报经国务院授权的部门审批。发行人必须向国务院授权的部门提交公司法规定的申请文件和国务院授权的部门规定的有关文件"。

在审批制阶段，公司债券属于国家对经济进行宏观调控的对象，对于公司债券的发行，国家进行"全国总量控制"，并将之纳入"国家信贷计划"。此时，公司债券发行是在政府主导下的一种企业行为，政府对公司债券的发行、交易等都设定了较高的门槛。

二、核准制

核准制是指政府规定若干核准的实质条件，经主管当局审查符合条件后准予证券发行。核准制要求证券不仅须公开真实情况，还须合乎若干实质条件，并经主管当局审查。证券监管机构除了要对申报文件的准确性、完整性和及时性进行审核，还需要对发行人财务状况、经营能力、可持续发展状况、营业性质等进行实质性审核，以对发行人进行价值判断，以及是否应该批准发行。证券监管机构有权否决不符合规定条件的债券发行申请。

2005年11月，《证券法》第十条规定"公开发行证券，必须符合法律、行政法规规定的条件，并依法报经国务院证券监督管理机构或者国务院授权的部门核准；未经依法核准，任何单位和个人不得公开发行证券"。这标志着我国公司债券的发行由审批制过渡到了核准制。

核准制与审批制相比在政府干预程度上有了较大放松，主要表现在三个方面：一是在发行规模上，由发行人根据自身需要自主决定申请；二是在发行定价上，由发行人与主承销商协商定价，并使得投资者需求得到体现，内在价值与投资风险得到合理的评估；三是在发行方式上，发行人和主承销商进行自主选择。但也正由于发行过程中行政干预有所放松，对发行人的信息披露要求也就更高。

2007年8月,证监会出台《公司债发行试点办法》,规定"发行公司债券,可以申请一次核准,分期发行。自中国证监会核准发行之日起,公司应在六个月内首期发行,剩余数量应当在二十四个月内发行完毕",进一步完善核准制下的公司债发行。根据《公司债发行试点办法》,证监会提出了仿照股票IPO发行的思路,在债券发行中推行保荐人制度。《公司债发行试点办法》第三章第十四条规定"发行公司债券,应当由保荐人保荐,并向中国证监会申报。保荐人应当按照中国证监会的有关规定编制和报送募集说明书和发行申请文件"。第十六条规定"保荐人应当对债券募集说明书的内容进行尽职调查,并由相关责任人签字,确认不存在虚假记载、误导性陈述或者重大遗漏,并声明承担相应的法律责任"。

在核准制下,发审委需要对发行申请人进行实质审查,既行使行政权力又要作出商业判断。为此,发审委采用了证监会会内人员和会外人士相结合的人员结构,以便使其作出的审核决定更贴近市场。在当时的市场条件下,将核准制与保荐人制度相结合,保证债券发行效率的同时也促进了市场公平,符合当时监管部门对市场监管的要求。

但在债券市场,保荐人实际上只发挥承销商的职能,负责公司债券的发行与销售,并不像股票市场那样还担负着保荐职能。随着债券市场的发展,证监会于2015年1月推出了《公司债券发行与交易管理办法》,同时废止了《公司债发行试点办法》,停止使用发审委制度和保荐制度。《公司债券发行与交易管理办法》规定"发行公司债券应当由具有证券承销业务资格的证券公司承销",并规定"承销机构承销公司债券,应当制定严格的风险管理制度和内部控制制度,加强定价和配售过程管理"。至此,我国公司债券市场的承销商制度逐渐完善起来。

三、注册制

注册制指证券发行申请人依法公开披露所有涉及证券发行的信息与文件,并上交至主管机构,由主管机构对信息与文件是否满足公开披露义务进行审核的一种制度。注册制区别于核准制,具有快进快出的特点。在注册制背景下,注册文件只需接受形式审查,使得上市门槛降低;承销商等中介机构与审核机构相互配合对发行公司进行审核,违规机构将受到严格的惩罚。

随着债券市场的不断发展,松绑债市监管、刺激经济增长的呼声日益高涨。我国 2015 年连续出台一系列政策,以改进我国债券市场的整体规划与顶层设计,修订与完善我国金融监管相关制度。我国公司债券发行制度开始向"注册制"转变。2015 年 1 月,证监会发布了《公司债券发行与交易管理办法》,在简化审核流程的同时确定了注册制的实施。发行方只需在发行完成后的 5 个工作日内向中国证券业协会备案。2015 年 10 月,为了激励企业发行债券发展我国重点领域和项目建设,国家发改委在《关于进一步推进企业债券市场化方向改革有关工作意见》中放松了企业债发行报审以及核准环节,取消了省级审核,扩大了发行主体,缩短了申报时间。

2019 年新《证券法》全面取消体现监管者实质审查的证券公开发行核准制,取而代之彰显信息披露形式审查要义的注册制,意味着我国证券公开发行进入了真正市场化时代。第二十一条第一款和第二款规定,"国务院证券监督管理机构或者国务院授权的部门依照法定条件负责证券发行申请的注册。证券公开发行注册的具体办法由国务院规定。按照国务院的规定,证券交易所等可以审核公开发行证券申请,判断发行人是否符合发行条件、信息披露要求,督促发行人完善信息披露内容",提供了法律层面的合法依据并确立了"专业机构审核—监管机构注册"的分工协作框架。基于此,公司债券全面推行注册制,成为《证券法》实施后最早落地这一市场化机制的领域。

2020 年 3 月 1 日,新《证券法》正式实施。同日国家发改委发布的《关于企业债券发行实施注册制有关事项的通知》显示,即日起企业债券发行由核准制改为注册制,法定注册机关由国家发改委担任。新规后,省发改委转报环节被取消,受理及审核权限持续下放,受理及审核流程有效简化,同时企业债发行条件、强化信息披露要求和中介机构责任也得到了明确。沪、深交易所分别发布《关于上海证券交易所公开发行公司债券实施注册制相关业务安排的通知》和《深圳证券交易所关于公开发行公司债券实施注册制相关业务安排的通知》。沪、深交易所同时明确,自 2020 年 3 月 1 日起,不再实施暂停上市制度。2020 年 3 月 2 日,在公司债券注册制正式实施的第二天,怡亚通公司、华侨集体公司和蓝帆公司三家企业面向专业投资者公开发行公司债券的申请,成为首批"注册制"的公司债券,其累计申报募集资金规模更高达 217 亿元。

对于公司债,证监会于 2021 年 2 月 26 日重新修订《公司债券发行与交易管理办法》并予以实施,这进一步落实了注册制,明确了债券发行条件、注册程序以及对证券交易场所审核工作的监督机制。其中，第三章第十四条指出"公开发行公司债券，由证券交易所负责受理、审核，并报中国证监会注册"。

相比企业债和公司债发行的注册制改革，中期票据和短期融资券的发行市场化改革要早得多。2005年5月，中国人民银行制定《短期融资券管理办法》，规定短期融资券在银行间债券市场发行，企业申请发行短期融资券应当通过主承销商向中国人民银行提交备案。"中国人民银行自受理符合要求的备案材料之日起20个工作日内，根据规定的条件和程序向企业下达备案通知书，并核定该企业发行短期融资券的最高余额"；"短期融资券发行由符合条件的金融机构承销，企业自主选择主承销商，企业变更主承销商需报中国人民银行备案"。2008年4月，中国人民银行制定了《银行间债券市场非金融企业债务融资工具管理办法》，规定"企业发行债务融资工具应在中国银行间市场交易商协会注册"，"交易商协会依据本办法及中国人民银行相关规定对债务融资工具的发行与交易实施自律管理"。可见，早在2005年我国银行间债券市场已经开始施行注册制，改革步伐要明显快于股票市场。债券市场注册制改革的相关配套制度见表9-4。

表9-4 债券公开发行注册制的相关制度

发布机构	规则名称	实施时间
全国人大常委会	《证券法》	2020-03
国务院办公厅	《国务院办公厅关于贯彻实施修订后的证券法有关工作的通知》	2020-02
中国证监会	《中国证监会关于公开发行公司债券实施注册制有关事项的通知》	2020-03
上海证券交易所	《关于上海证券交易所公开发行公司债券实施注册制相关业务安排的通知》	2020-03
深圳证券交易所	《深圳证券交易所关于公开发行公司债券实施注册制相关业务安排的通知》	2020-03
国家发改委	《国家发展改革委关于企业债券发行实施注册制有关事项的通知》	2020-03
中国人民银行	《银行间债券市场非金融企业债务融资工具管理办法》	2008-04
中国人民银行	《短期融资券管理办法》	2005-05

第三节 债券市场关于承销商的制度规定

承销商是由发行人聘请，用于直接或者间接向投资者销售证券的机构。在证券市场中，承销商扮演着发行人与投资者之间的中间人的角色。作为证券市场的"看门人",承销商以其信誉为担保,为发行人提供认证与审查服务,并鉴别与阻拦不合格发行人发行债券。

一、审批制阶段

(一)《企业债券管理条例》(1993年)

国务院于1987年3月27日发布了《企业债券管理暂行条例》。该条例并没有对承销商作出专门的规定,根据该条例第二十一至二十三条规定"企业可以自己发售债券,也可以委托银行或者其他金融机构代理发售债券。代理发售企业债券的机构,按代理发售债券的总面额收取一定比例的手续费。代理发售企业债券的机构对委托企业的经营状况不承担责任";"经中国人民银行批准,各专业银行和其他金融机构可以经办企业债券的转让业务";"非金融机构或者公民个人不得经办企业债券的代理发售和转让业务"。可以看出,当时我国债券市场的承销商制度尚未建立起来。

国务院于1993年8月2日发布施行了《企业债券管理条例》[以下简称"《管理条例》(1993年)"]。同时,废止先前颁布的《企业债券管理暂行条例》。《管理条例》(1993年)共四章三十九条,虽然对于企业债券承销的规定较少,但也指明了大致方向。

《管理条例》(1993年)第二十一条规定"企业发行企业债券,应当由证券经营机构承销。证券经营机构承销企业债券,应当对发行债券的企业的发行章程和其他有关文件的真实性、准确性、完整性进行核查"。第二十三条规定"非证券经营机构和个人不得经营企业债券的承销和转让业务"。第二十六条规定"未经批准发行或者变相发行企业债券的,以及未通过证券经营机构发行企业债券的,责令停止发行活动,冻结并责令退还非法所筹资金,处以相当于非法所筹资金金额百分之五以下的罚款"。第三十一条规定"非证券经营机构和个人经营企业债券的承销或者转让业务的,责令停止非法经营,没收非法所得,并处以承销或者转让企业债券金额百分之五以下的罚款"。该管理条例指出企业债券必须由合法承销机构承销,表明承销商的尽职义务,更进一步对非法承销行为的处罚作出了相关规定。

(二)《证券法》(1998年)

《证券法》(1998年)第九条规定"发行人申请公开发行股票、可转换为股票的公司债券,依法采取承销方式的,或者公开发行法律、行政法规规定实行保荐制度的其他证券的，应当聘请证券公司担任保荐人"；"保荐人应当遵守业务规则和行业规范，诚实守信，勤勉尽责，对发行人的申请文件和信息披露资料进行审慎核查，督导发行人规范运作"；"申请公开发行公司债券，应当向国务院授权的部门或者国务院证券监督管理机构报送下列文件：公司营业执照；公司章程；公司债券募集办法；国务院授权的部门或者国务院证券监督管理机构规定的其他文件。依照本法规定聘请保荐人的，还应当报送保荐人出具的发行保荐书"。由此可见，《证券法》（1998年）对于债券发行中所要核准的文件作出了相关规定，有利于规范债券市场公司债券的发行。

二、核准制阶段

（一）《公司债发行试点办法》（2007年）

2007年5月30日，证监会审议通过了《公司债发行试点办法》[以下简称"《试点办法》（2007年）"]，自公布之日起施行。该办法共计六章三十二条，对公司债券的发行条件、发行程序、债券持有人保护等方面作了相关规定。

《试点办法》（2007年）的第十四条规定"发行公司债券，应当由保荐人保荐，并向中国证监会申报。保荐人应当按照中国证监会的有关规定编制和报送募集说明书和发行申请文件"。第十六条规定"保荐人应当对债券募集说明书的内容进行尽职调查，并由相关责任人签字，确认不存在虚假记载、误导性陈述或者重大遗漏，并声明承担相应的法律责任"。对于债券发行中聘请保荐人的制度安排做了相关规定，该办法为公司债券发行引入了保荐人制度。

同时，《试点办法》（2007年）的第二十九条也对保荐人的违规责任作了规定，规定"保荐人出具有虚假记载、误导性陈述或者重大遗漏的发行保荐书，保荐人或其相关人员伪造或变造签字、盖章，或者不履行其他法定职责的，依照《证券法》和保荐制度的有关规定处理"。

（二）《公司债券发行与交易管理办法》（2015年）

2014年11月5日证监会第六十五次主席办公会议审议通过《公司债券发行与交易管理办法》[以下简称"《公司债管理办法》（2015年）"]，并于2015年1月15日予以公布且施行。该办法规定了发行和交易转让、信息披露、监督管理和法律责任等方面内容，共有六章七十三条。

《公司债管理办法》（2015年）第一章总则第二条规定"在中华人民共和国境内，公开发行公司债券并在证券交易所、全国中小企业股份转让系统交易或转让，非公开发行公司债券并按照本办法规定承销或自行销售、或在证券交易所、全国中小企业股份转让系统、机构间私募产品报价与服务系统、证券公司柜台转让的，适用本办法"，指出承销公开发行或非公开发行的公司债券适用本办法。

《公司债管理办法》（2015 年）第七条规定"为公司债券发行提供服务的承销机构、资信评级机构、受托管理人、会计师事务所、资产评估机构、律师事务所等专业机构和人员应当勤勉尽责，严格遵守执业规范和监管规则，按规定和约定履行义务"。第八条规定"发行人、承销机构及其相关工作人员在发行定价和配售过程中，不得有违反公平竞争、进行利益输送、直接或间接谋取不正当利益以及其他破坏市场秩序的行为"。本条款对承销商的义务作出规定，承销商应勤勉尽责，严格遵守相关规定，不得有破坏市场秩序的行为。

《公司债管理办法》（2015 年）第十条规定"中国证监会依法对公司债券的公开发行、非公开发行及其交易或转让活动进行监督管理。证券自律组织可依照相关规定对公司债券的上市交易或转让、非公开发行及转让、承销、尽职调查、信用评级、受托管理及增信等进行自律管理。证券自律组织应当制定相关业务规则，明确公司债券承销、备案、上市交易或转让、信息披露、投资者适当性管理、持有人会议及受托管理等具体规定，报中国证监会批准"。本条款指出公司债券发行、承销的相关事宜由中国证监会进行监督管理，证券自律组织可依相关规定进行自律管理，制定相关业务规则，明确公司债券承销。

《公司债管理办法》（2015 年）规定承销商同样有协助证监会等监督机构对公司债券进行核查。第二十一条规定"中国证监会受理申请文件后，依法审核公开发行公司债券的申请，自受理发行申请文件之日起 3 个月内，作出是否核准的决定，并出具相关文件。发行申请核准后，公司债券发行结束前，发行人发生重大事项，导致可能不再符合发行条件的，应当暂缓或者暂停发行，并及时报告中国证监会。影响发行条件的，应当重新履行核准程序。承销机构应当勤勉履行核查义务，发现发行人存在前款规定情形的，应当立即停止承销，并督促发行人及时履行报告义务"。

对于非公开发行及转让的公司债券，承销商应确定识别合格投资者，向其充分揭示风险，并及时向证券业协会备案。第二十七条规定"发行人、承销机构应当按照中国证监会、证券自律组织规定的投资者适当性制度，了解和评估投资者对非公开发行公司债券的风险识别和承担能力，确认参与非公开发行公司债券认购的投资者为合格投资者，并充分揭示风险"。第二十九条规定"非公开发行公司债券，承销机构或依照本办法第三十三条规定自行销售的发行人应当在每次发行完成后5个工作日内向中国证券业协会备案"。

《公司债管理办法》（2015年）专设一节讲述公司债券"发行与承销管理"，对承销商的资质等作出明确规定。第三十三条规定"发行公司债券应当由具有证券承销业务资格的证券公司承销。取得证券承销业务资格的证券公司、中国证券金融股份有限公司及中国证监会认可的其他机构非公开发行公司债券可以自行销售"。第三十四条规定"承销机构承销公司债券，应当依据本办法以及中国证监会、中国证券业协会有关尽职调查、风险控制和内部控制等相关规定，制定严格的风险管理制度和内部控制制度，加强定价和配售过程管理"。本条款明确指出承销商的义务职责，认真履行相关规定，加强配售过程管理。

承销债券时，本办法规定包销与代销两种方式均可，对于承销协议，发行利率本办法也有所涉及。第三十五条规定"承销机构承销公司债券，应当依照《证券法》相关规定采用包销或者代销方式"。第三十六条规定"发行人和主承销商应当签订承销协议，在承销协议中界定双方的权利义务关系，约定明确的承销基数"。第三十七条规定"公司债券公开发行的价格或利率以询价或公开招标等市场化方式确定。发行人和主承销商应当协商确定公开发行的定价与配售方案并予公告，明确价格或利率确定原则、发行定价流程和配售规则等内容"。

《公司债管理办法》（2015年）同样也有大量规定禁止承销商从事的一系列行为。第三十八条指出"发行人和承销机构不得操纵发行定价、暗箱操作；不得以代持、信托等方式谋取不正当利益或向其他相关利益主体输送利益；不得直接或通过其利益相关方向参与认购的投资者提供财务资助；不得有其他违反公平竞争、破坏市场秩序等行为"。第四十条规定"发行人和承销机构在推介过程中不得夸大宣传，或以虚假广告等不正当手段诱导、误导投资者，不得披露除债券募集说明书等信息以外的发行人其他信息。承销机构应当保留推介、定价、配售等承销过程中的相关资料，并按相关法律法规规定存档备查，包括推介宣传材料、路演现场录音等，如实、全面反映询价、定价和配售过程。相关推介、定价、配售等的备查资料应当按中国证券业协会的规定制作并妥善保管"。

《公司债管理办法》（2015年）对承销商的处罚规定也有大量篇幅。承销商不得向不符合条件的投资者发行公司债券、不得承销不经核准的公司债券等等，违反者中国证监会可采取责令改正、监管谈话、出具警示函等相关监管措施；情节严重的，处以警告、罚款。第五十八条指出"对违反法律法规及本办法规定的机构和人员，中国证监会可采取责令改正、监管谈话、出具警示函、责令公开说明、责令参加培训、责令定期报告、认定为不适当人选、暂不受理与行政许可有关的文件等相关监管措施；依法应予行政处罚的，依照《证券法》《行政处罚法》等法律法规和中国证监会的有关规定进行处罚；涉嫌犯罪的，依法移送司法机关，追究其刑事责任"。第五十九条规定"发行人、承销机构向不符合规定条件的投资者发行公司债券的，中国证监会可以对发行人、承销机构及其直接负责的主管人员和其他直接责任人员采取本办法第五十八条规定的相关监管措施；情节严重的，处以警告、罚款"。第六十一条规定"承销机构承销未经核准擅自公开发行的公司债券的，中国证监会可以采取12至36个月暂不受理其证券承销业务有关文件等监管措施；对其直接负责的主管人员和其他直接责任人员，可以采取本办法第五十八条规定的相关监管措施"。第六十二条规定"除中国证监会另有规定外，承销或自行销售非公开发行公司债券未按规定进行备案的，中国证监会可以对承销机构及其直接负责的主管人员和其他直接责任人员采取本办法第五十八条规定的相关监管措施；情节严重的，处以警告、罚款"。第六十三条规定"承销机构在承销公司债券过程中，有下列行为之一的，中国证监会可以对承销机构及其直接负责的主管人员和其他直接责任人员采取本办法第五十八条规定的相关监管措施；情节严重的，可以对承销机构采取3至12个月暂不受理其证券承销业务有关文件的监管措施：（1）以不正当竞争手段招揽承销业务；（2）从事本办法第三十八条规定禁止的行为；（3）从事本办法第四十条规定禁止的行为；（4）未按本办法及相关规定要求披露有关文件；（5）未按照事先披露的原则和方式配售公司债券，或其他未依照披露文件实施的行为；（6）未按照本办法及相关规定要求保留推介、定价、配售等承销过程中相关资料；（7）其他违反承销业务规定的行为"。本条款有利于规范承销商行为，推动债券市场的健康良性发展。

（三）《公司债券承销业务规范》（2015年）

为了保护利益相关者的权益，规范市场秩序，促进债券市场发展，根据《公司债券发行与交易管理办法》，证监会对承销机构承销公司债券业务行为实施自律管理。为此组织起草了《公司债券承销业务规范》和《公司债券承销业务尽职调查指引》，于2015年9月30日第五届常务理事会第三十七次会议审议通过,并于 10 月 16 日发布实施。

《公司债券承销业务规范》[以下简称"《承销业务规范》(2015 年)"]共七章四十一条,分别从业务流程以及信息披露等方面对公司债券承销业务作出规定。第一章总则第一条首先指出"为规范承销机构承销公司债券行为,保护投资者合法权益,促进公司债券市场健康发展,根据《公司债券发行与交易管理办法》等相关法律法规、规范性文件和自律规则,制定本规范"。第二条指出"承销机构承销境内公司债券时,项目承接、发行申请、推介、定价、配售和信息披露等业务活动适用本规范"。第四条规定"承销机构应当建立健全承销业务制度和决策机制,制定风险管理制度和内部控制制度,加强定价和配售过程管理,落实承销责任"。

《承销业务规范》(2015 年)第二章对于公司债券承销商的申请与承接作出了详细规定。规范指出"发行公司债券应当由具有证券承销业务资格的证券公司承销"。第六条明确规定"承销机构应当遵循公平、公正、客观的原则承接项目,不得采用承诺价格或利率、承诺获得批文及获得批文时间等不正当手段招揽项目。确定承销费用时,承销机构应当综合考虑发行人资质、承销风险等多种因素,合理报价,不得扰乱正常的市场秩序。主承销商应当与发行人签订承销协议,在承销协议中界定双方的权利义务关系,约定明确的承销基数"。

对于公司债券承销商的责任,本规范也作出相应规定。承销机构有责任协助发行人协调中介机构的相关工作;使发行人了解债券发行方面的法律法规;做好相关备案工作等。第八条指出"承销机构应当协助发行人协调资信评级机构、会计师事务所、律师事务所等中介机构的相关工作。承销机构不得干涉发行人选取相关中介机构"。第十条规定"承销机构应当向发行人进行有关债券市场的法律法规、基础知识培训,使其掌握公司债券申报发行等方面的法律法规和规则,知悉信息披露和履行承诺等方面的责任和义务,树立进入债券市场的法制意识、诚信意识和自律意识"。第十一条规定"承销机构应当依据相关法律法规和规则,协助发行人开展发行申请,做好备案等工作"。第十二条指出"承销机构应当对自身出具文件的真实性、准确性、完整性负责,并承担相应的法律责任"。这些条款规定了承销商的责任和义务,为其在债券市场发挥金融中介功能提供了法律依据。

《承销业务规范》(2015 年)第三章对于承销商在承销过程中的推介行为进行了详细规定。承销机构可以采用现场、电话等多种方式进行推介。第十三条指出"承销机构可以和发行人采用现场、电话、互联网等合法合规的方式进行路演推介。采用公开方式进行路演推介的，应当事先披露举行时间、地点和参加方式。在通过互联网方式进行公开路演推介时，不得屏蔽投资者提出的与本次发行相关的问题。非公开发行公司债券的，不得采取公开或变相公开方式进行推介"。第十四条指出"承销机构和发行人在推介过程中不得夸大宣传，或以虚假广告等不正当手段诱导、误导投资者，不得披露除募集说明书等信息以外的发行人其他信息"。第十五条要求"在承销过程中，承销机构不得自行或与发行人及与本次发行有关的当事人共同以任何方式向投资者发放或变相发放礼品、礼金、礼券等，也不得接受投资者的礼品、礼金、礼券等。不得通过其他利益安排诱导投资者，不得向投资者做出任何不当承诺"。

在定价方面，《承销业务规范》（2015年）第十六条指出"承销机构应当建立集体决策制度，对公司债券定价和配售等重要环节进行决策，参与决策的人数不得少于三名。内部监督部门应当参与决策过程，并予以确认"。第二十条规定"承销机构和发行人不得操纵发行定价、暗箱操作；不得以代持、信托等方式谋取不正当利益或向其他相关利益主体输送利益；不得直接或通过其利益相关方向参与认购的投资者提供财务资助；不得有其他违反公平竞争、破坏市场秩序等行为"。对于公开发行定价与配售的公司债券，价格或利率主要以询价或公开招标等方式。第二十一条规定"公司债券公开发行的价格或利率以询价或公开招标等市场化方式确定；对于非公开发行定价与配售的公司债券，由承销商和发行人协商确定"。第二十六条规定"非公开发行公司债券的定价发行方式，由承销机构和发行人协商确定"。

《承销业务规范》（2015年）第五章对于承销商的信息披露作出规定。第二十九条规定"承销机构在公司债券承销期间应当督促发行人按照相关规定及时、公平地履行信息披露义务，并对披露信息的真实性、准确性、完整性进行核查。承销机构对信息披露的内容应当进行核查，确保信息披露的文件处于有效期内，在不同媒体上披露的信息保持一致"。第三十三条规定"非公开发行公司债券的，发行申请核准后，发行结束前，承销机构应当督促发行人按照约定履行信息披露义务"。

第六章规定了承销商的相关义务。承销商要保守发行方的商业秘密，配合其他方工作。第三十四条规定"在开展公司债券承销业务活动中，承销机构应当对获得的内幕信息和商业秘密予以保密，不得利用内幕信息和商业秘密获取不当利益"。第三十五条规定"承销机构应当配合受托管理人履行受托管理职责,积极提供调查了解所需的资料、信息和相关情况,维护投资者合法权益";"承销商要妥善保存承销过程中的文件,做好随时检查的准备"。第三十六条规定"承销机构应当保留承销过程中的相关资料并存档备查,如实、全面反映承销全过程,相关资料保管时间不得少于债券到期之日或本息全部清偿后五年"。第三十七条规定"协会可以采取现场检查、非现场检查等方式对承销机构进行定期或不定期检查,承销机构应当对协会的检查予以配合,不得以任何理由拒绝、拖延提供有关资料,或者提供不真实、不准确、不完整的资料"。

最后,《承销业务规范》(2015年)指出承销机构及相关业务人员违反规定,要接受相应惩罚措施。第三十八条规定"承销机构及其相关业务人员违反本规范规定,协会视情节轻重采取自律惩戒措施,记入协会诚信信息管理系统,并与为发行公司债券提供交易、转让服务的场所共享有关自律惩戒措施信息"。第三十九条规定"承销机构及其相关业务人员违反法律、法规或有关主管部门规定的,协会依法移交证监会或其他有权机关查处"。第四十条规定"发现承销机构及其相关业务人员违反本规范的,可向协会举报或投诉"。

(四)《公司债券承销业务尽职调查指引》(2015年)

《公司债券承销业务尽职调查指引》[以下简称"《尽职调查指引》(2015年)"]共五章二十九条,主要是为了规范承销业务行为,保证尽职调查的有效进行。该指引由中国证券业协会于2015年9月颁布,并于发布之日起实施。

《尽职调查指引》(2015年)第一条明确提出"根据《公司债券发行与交易管理办法》《公司债券承销业务规范》等相关法律法规、规范性文件和自律规则,制定本指引"。第一章总则中第二条指出,"本指引所称尽职调查是指承销机构及其业务人员勤勉尽责地对发行人进行调查,以了解发行人经营情况、财务状况和偿债能力,并有合理理由确信募集文件真实、准确、完整以及核查募集文件中与发行条件相关的内容是否符合相关法律法规及部门规章规定的过程"。第三条表明"本指引是对承销机构尽职调查工作的最低要求"。

《尽职调查指引》(2015年)第二章对于承销商承销工作的内容、方法以及相关资料的保存都作出了明确规定。第六条规定"尽职调查工作完成后,承销机构应当撰写尽职调查报告。同时,承销机构应当建立尽职调查工作底稿制度,工作底稿应当真实、准确、完整地反映尽职调查工作。尽职调查工作底稿及尽职调查报告应当妥善存档,保存期限在公司债券到期或本息全部清偿后不少于五年"。第八条规定"公开发行公司债券的,尽职调查内容包括但不限于:(1)发行人基本情况;(2)财务会计信息……"。《尽职调查指引》(2015年)第九条规定了承销机构采用的方法,"承销机构开展尽职调查可以采用查阅、访谈、列席会议、实地调查、信息分析、印证和讨论等方法"。本条款指出承销商应调查发行人基本情况、财务会计信息、资信情况、债券评级情况、募集资金用途、使用计划、专项账户管理安排、债券增信措施及相关安排等。

《尽职调查指引》(2015年)规定承销商在对发行人相关信息进行详尽的调查后,应尽快完成尽职调查,判断企业存在的主要风险。第十九条规定"根据尽职调查内容及过程,承销机构应当对发行人存在的主要风险及应对措施进行核查"。同时,《尽职调查指引》(2015年)第二十一条要求"承销商要保留尽职调查工作底稿,底稿应当内容完整、格式规范、记录清晰、结论明确";"工作底稿应当有调查人员及与调查相关人员的签字和索引编号。相互引用时,应当交叉注明索引编号"。

《尽职调查指引》(2015年)第四章对尽职调查报告作出了详细规定。第二十三条规定"尽职调查报告应当说明尽职调查涵盖的期间、调查内容、调查程序和方法、调查结论等"。第二十四条规定"尽职调查报告应当对发行条件相关的内容是否符合相关法律法规及部门规章规定、是否建议承销该项目等发表明确结论。对于非公开发行公司债券,承销机构应当对承接项目是否属于负面清单发表明确意见"。第二十五条规定"尽职调查人员应当在尽职调查报告上签字,并加盖公章和注明报告日期"。

三、注册制阶段

(一)《短期融资券管理办法》(2005年)

为管理与规范融资券发行与交易行为,使融资券利益相关者的权益得到保证,2005年5月9日,中国人民银行制定了《短期融资券管理办法》,并于当日起施行。《短期融资券管理办法》共六章四十一条。

《短期融资券管理办法》(2005年)第一章第一条首先指明,管理办法出台的目的。"为进一步发展货币市场,拓宽企业直接融资渠道,规范短期融资券的发行和交易,保护短期融资券当事人的合法权益,根据《中华人民共和国中国人民银行法》及相关法律、行政法规,制定本办法"。此办法适用于中华人民共和国境内具有法人资格的非金融企业在境内发行的短期融资券。

关于短期融资券承销商，《短期融资券管理办法》（2005年）也有相关规定。关于短期融资券的发行利率、价格等由企业和承销机构协商确定。第十四条规定"融资券发行利率或发行价格由企业和承销机构协商确定，承销商需协助企业向中国人民银行提交相关文件"。第十五条规定"企业申请发行融资券应当通过主承销商向中国人民银行提交下列备案材料：（1）发行融资券的备案报告；（2）董事会同意发行融资券的决议或具有相同法律效力的文件；（3）主承销商推荐函（附尽职调查报告）等"；"承销商应在融资券发行、兑付10日内将相关情况以书面形式向中国人民银行报告"。第二十二条，二十八条规定"主承销商应当在每期融资券发行、兑付工作结束后10个工作日内，将融资券发行、兑付情况书面报告中国人民银行"。同时短期融资券承销应由符合条件的金融机构承销，如需变更需及时备案。第十七条规定"融资券发行由符合条件的金融机构承销，企业自主选择主承销商，企业变更主承销商需报中国人民银行备案。需要组织承销团的，由主承销商组织承销团。企业不得自行销售融资券。承销方式及相关费用由企业和承销机构协商确定"。

《短期融资券管理办法》（2005年）对于短期融资券发行中承销商的监督和管理也做出相应规定。第三十三条规定"发行人未按照有关规定披露信息，或者所披露信息有虚假记载、误导性陈述或重大遗漏的，中国人民银行有权停止该企业继续发行融资券，并可按照《中华人民共和国中国人民银行法》第四十六条的规定进行处罚。对发行人披露虚假信息负有直接责任的董事、高级管理人员和其他直接责任人员，按照《中华人民共和国中国人民银行法》第四十六条规定处罚。主承销商未履行督促协助企业披露信息义务的，暂停其承销业务"。第三十四条规定"承销机构未按规定履行义务的，停止该承销机构从事融资券业务"。第三十五条规定"为融资券的发行、交易提供专业化服务的承销机构、信用评级机构、注册会计师、律师等专业机构和人员所出具的文件含有虚假记载、误导性陈述或重大遗漏的，其将不能再为融资券的发行和交易提供专业化服务；给他人造成损失的，应当就其负有责任的部分依法承担民事责任"。

（二）《银行间债券市场非金融企业债务融资工具管理办法》（2008年）等系列制度文件

2008年3月14日，中国人民银行制定了《银行间债券市场非金融企业债务融资工具管理办法》[以下简称"《中期票据管理办法》（2008年）"]，并规定自 2008 年 4 月 15 日起施行。本办法为非金融企业债务融资（主要是中期票据）提供了法律支持，规范了银行间的债券市场行为。

《中期票据管理办法》（2008 年）共二十一条，第二条指出"本办法所称非金融企业债务融资工具，是指具有法人资格的非金融企业在银行间债券市场发行的，约定在一定期限内还本付息的有价证券"。其中关于承销商的规定共两条。第八条规定"企业发行债务融资工具应由金融机构承销。企业可自主选择主承销商。需要组织承销团的，由主承销商组织承销团"。第十条规定"为债务融资工具提供服务的承销机构、信用评级机构、注册会计师、律师等专业机构和人员应勤勉尽责，严格遵守执业规范和职业道德，按规定和约定履行义务。上述专业机构和人员所出具的文件含有虚假记载、误导性陈述和重大遗漏的，应当就其负有责任的部分承担相应的法律责任"。

《中期票据管理办法》（2008 年）关于承销商的规定并不细致，只是一个总括介绍。因此，同年银行间市场交易商协会根据中国人民银行《中期票据管理办法》，进一步制定了七个规则，包括《银行间债券市场非金融企业债务融资工具注册规则》《银行间债券市场非金融企业债务融资工具信息披露规则》《银行间债券市场非金融企业债务融资工具中介服务规则》《银行间债券市场非金融企业债务融资工具募集说明书指引》《银行间债券市场非金融企业债务融资工具尽职调查指引》《银行间债券市场非金融企业短期融资券业务指引》和《银行间债券市场非金融企业中期票据业务指引》，经 2008 年 4 月 15 日中国银行间市场交易商协会第一届常务理事会第二次会议审议通过，并经中国人民银行备案，并公布施行。

上述七个规则关于承销商的描述详略不尽相同，都有所涉及。其中《银行间债券市场非金融企业债务融资工具中介服务规则》［以下简称"《中介服务规则》（2008 年）"］和《银行间债券市场非金融企业债务融资工具尽职调查指引》［以下简称"《尽职调查指引》（2008 年）"］对于承销商的责任等进行了较为详细的描述。

《中介服务规则》（2008 年）第一条指出，"为保护投资者合法权益，规范中介机构在银行间债券市场为非金融企业发行债务融资工具提供中介服务的行为，根据相关法律法规制定本规则"。第二条明确指出"本规则所称中介服务是指承销机构、信用评级机构、会计师事务所及律师事务所等中介机构在银行间债券市场为非金融企业发行债务融资工具所提供的专业服务"。进一步规定了承销机构应遵守法律法规，保证文件的真实可靠。第三条规定"中介机构在银行间债券市场提供债务融资工具中介服务，应当遵守法律、行政法规及行业自律组织的执业规范，遵循诚实、守信、独立、勤勉、尽责的原则，保证其所出具文件的真实性、准确性、完整性"。

《中介服务规则》（2008年）进一步明确了承销商在债券发行过程中的责任，向企业普及相关法律法规、协助企业披露所需文件、督促企业进行持续信息披露等。第八条规定"主承销商应建立企业质量评价和遴选体系，明确推荐标准，确保企业充分了解相关法律、法规及其所应承担的风险和责任，为企业提供切实可行的专业意见及良好的顾问服务"。第九条规定"主承销商应协助企业披露发行文件，为投资者提供有关信息查询服务，严格按照相关协议组织债务融资工具的承销和发行"。第十条规定"自债务融资工具发行之日起，主承销商应负责跟踪企业的业务经营和财务状况，并督促企业进行持续信息披露"。第十一条规定"主承销商应督促企业按时兑付债务融资工具本息，或履行约定的支付义务。企业不履行债务时，除非投资者自行追偿或委托他人进行追偿，主承销商应履行代理追偿职责"。承销商也需要建立内部控制制度，提高承销商服务能力。第十二条规定"主承销商应建立、健全内控制度，至少包括营销管理制度、尽职调查制度、发行管理制度、后续服务管理制度、突发事件应对制度、追偿制度及培训制度"。

《尽职调查指引》（2008年）第一条表明本指引是"为规范银行间债券市场非金融企业债务融资工具主承销商对拟发行债务融资工具的企业的尽职调查行为，提高尽职调查质量而制定的"。第二条表明"本指引所称的尽职调查是指主承销商及其工作人员遵循勤勉尽责、诚实信用原则，通过各种有效方法和步骤对企业进行充分调查，掌握企业的发行资格、资产权属、债权债务等重大事项的法律状态和企业的业务、管理及财务状况等，对企业的还款意愿和还款能力做出判断，以合理确信企业注册文件真实性、准确性和完整性的行为"。这要求承销人员具有良好的职业素养，尽职尽责，有助于提高承销业务质量。

《尽职调查指引》（2008年）指出承销商应制定完善的内部管理制度，勤勉尽责保证尽职调查质量。第四条规定"本指引是对尽职调查的指导性要求。主承销商应根据本指引的要求，制定完善的尽职调查内部管理制度"。第五条规定"主承销商应遵循勤勉尽责、诚实信用的原则，严格遵守职业道德和执业规范，有计划、有组织、有步骤地开展尽职调查，保证尽职调查质量"。

《尽职调查指引》(2008年) 也对承销商具体工作计划、人员、调查内容、方法做出规范。第六条指出"主承销商开展尽职调查应制定详细的工作计划。工作计划主要包括工作目标、工作范围、工作方式、工作时间、工作流程、参与人员等"。第七条规定"主承销商开展尽职调查应组建尽职调查团队。调查团队应主要由主承销商总部人员构成，分支机构人员可参与协助"。第八条规定"尽职调查的内容包括但不限于：(1) 发行资格；(2) 历史沿革；(3) 股权结构、控股股东和实际控制人情况；(4) 公司治理结构；(5) 信息披露能力；(6) 经营范围和主营业务情况；(7) 财务状况；(8) 信用记录调查；(9) 或有事项及其他重大事项情况"。第十条规定"主承销商开展尽职调查可采用查阅、访谈、列席会议、实地调查、信息分析、印证和讨论等方法"。第十八条规定"主承销商应按照工作计划收集详尽的资料，进行充分调查，编写工作底稿，并在此基础上撰写尽职调查报告。尽职调查报告应层次分明、条理清晰、具体明确，突出体现尽职调查的重点及结论，充分反映尽职调查的过程和结果，包括尽职调查的计划、步骤、时间、内容及结论性意见。尽职调查报告应由调查人、审核人和审定人签字"。

同时承销商也应注意后续的跟踪，不断完善对于发行方的了解。第十九条规定"主承销商应指派专人对已经注册的企业的情况进行跟踪，关注企业经营和财务状况的重大变化，并进行定期和不定期的调查"。第二十条规定"主承销商应于每期债务融资工具发行前，撰写补充尽职调查报告，反映企业注册生效以来发生的重大变化的尽职调查情况"。

2020年12月，银行间交易商协会发布《非金融企业债务融资工具主承销商尽职调查指引》，对主承销商在银行间市场的业务规则进行了进一步的规范。

(三) 全国法院审理债券纠纷案件座谈会纪要 (2020年)

2020年7月15日，最高人民法院正式发布《全国法院审理债券纠纷案件座谈会纪要》[以下简称"《座谈会纪要》(2020年)"]。《座谈会纪要》(2020年) 的颁布有助于统一审理标准、优化审理程序、疏通法制化救济渠道、提高纠纷处理效率，形成处罚合理、责任明确、权责清晰的治理约束机制。这也能进一步维护利益相关者的合法权益，提高债券市场的风险管理能力，推动债券市场的蓬勃发展，维护国家经济金融安全。

《座谈会纪要》(2020年) 明确关于案件审理的基本原则。审理侵权的民事案件时，应参考相关法规明确涉及人员及机构的义务与责任。将责任与其义务、能力和过失相匹配，结合民事责任追究的损失弥补功能和违法警示功能，从而保护相关利益者的合法权益，推动资本市场的健康发展。《座谈会纪要》（2020年）将责任与其义务、能力和过失相匹配，并将民事责任追究的损失弥补功能和违法警示功能结合起来。

《座谈会纪要》（2020年）认为在审理债券欺诈发行、虚假陈述案件时，首先要分别明确承销机构与服务机构的责任与义务，再将过失与相关责任对应起来。如果机构没有尽到专业业务中的特别注意义务或者其他业务中的普通注意义务，则应按照相关法规接受处罚。第二十九条指明债券承销机构的过错认定。"债券承销机构存在下列行为之一，导致信息披露文件中的关于发行人偿付能力相关的重要内容存在虚假记载、误导性陈述或者重大遗漏，足以影响投资人对发行人偿债能力判断的，人民法院应当认定其存在过错：（1）协助发行人制作虚假、误导性信息，或者明知发行人存在上述行为而故意隐瞒的；（2）未按照合理性、必要性和重要性原则开展尽职调查，随意改变尽职调查工作计划或者不适当地省略工作计划中规定的步骤；（3）故意隐瞒所知悉的有关发行人经营活动、财务状况、偿债能力和意愿等重大信息；（4）对信息披露文件中相关债券服务机构出具专业意见的重要内容已经产生了合理怀疑，但未进行审慎核查和必要的调查、复核工作；（5）其他严重违反规范性文件、执业规范和自律监管规则中关于尽职调查要求的行为"。第三十条指出债券承销机构的免责条款。"债券承销机构对发行人信息披露文件中关于发行人偿付能力的相关内容，能够提交尽职调查工作底稿、尽职调查报告等证据证明符合下列情形之一的，人民法院应当认定其没有过错：（1）已经按照法律、行政法规和债券监管部门的规范性文件、执业规范和自律监管规则要求，通过查阅、访谈、列席会议、实地调查、印证和讨论等方法，对债券发行相关情况进行了合理尽职调查；（2）对信息披露文件中没有债券服务机构专业意见支持的重要内容，经过尽职调查和独立判断，有合理的理由相信该部分信息披露内容与真实情况相符；（3）对信息披露文件中相关债券服务机构出具专业意见的重要内容，在履行了审慎核查和必要的调查、复核工作的基础上，排除了原先的合理怀疑；（4）尽职调查工作虽然存在瑕疵，但即使完整履行了相关程序也难以发现信息披露文件存在虚假记载、误导性陈述或者重大遗漏"。承销商对在约定范围内的承担赔偿，超出约定部分的由发行人等对其承担赔偿责任。

（四）《公司债券发行与交易管理办法》（2021年修订）

随着修订后的《证券法》已于2020年3月起施行，同时，国务院办公厅印发《关于贯彻实施修订后的证券法有关工作的通知》，明确指出我国债券市场正式实施注册制，并要求证监会制定相应的法律法规。因此，证监会重新修订了《公司债券发行与交易管理办法》[以下简称"《公司债管理办法》（2021年修订）"]，并于2021年2月26日起施行。

《公司债管理办法》（2021年修订）共九章八十条，较原办法新增十九条，修订四十三条，删除（含合并）十二条。这次修订中，发行人及实际控制人、其控股股东相关义务以及证券服务机构和压实主承销商的责任进一步强化，严禁逃废债，限制公司债券发行人自融，并增加了有关条款和罚则。

《公司债管理办法》（2021年修订）的颁布加强了对承销机构等中介机构的监管。《公司债管理办法》（2021年修订）明确了主承销商对公司债券发行文件真实性、准确性和完整性的审慎核查责任；新增第十八条规定"自注册申请文件受理之日起，发行人及其控股股东、实际控制人、董事、监事、高级管理人员，以及与本次债券公开发行并上市相关的主承销商、证券服务机构及相关责任人员，即承担相应法律责任"。第十九条规定"注册申请文件受理后，未经中国证监会或者证券交易所同意，不得改动。发生重大事项的，发行人、主承销商、证券服务机构应当及时向证券交易所报告，并按要求更新注册申请文件和信息披露资料"。第二十九条规定"存在下列情形之一的，发行人、主承销商、证券服务机构应当及时书面报告证券交易所或者中国证监会，证券交易所或者中国证监会应当中止相应发行上市审核程序或者发行注册程序"。

《公司债管理办法》（2021年修订）要求承销机构建立内部问责、防止低价竞争以及过度激励的相关机制。第四十条规定"承销机构承销公司债券，应当依据本办法以及中国证监会、中国证券业协会有关风险管理和内部控制等相关规定，制定严格的风险管理和内部控制制度，明确操作规程，保证人员配备，加强定价和配售等过程管理，有效控制业务风险。承销机构应当建立健全内部问责机制，相关业务人员因违反公司债券相关规定被采取自律监管措施、自律处分、行政监管措施、市场禁入措施、行政处罚、刑事处罚等的，承销机构应当进行内部问责。承销机构应当制定合理的薪酬考核体系，不得以业务包干等承包方式开展公司债券承销业务，或者以其他形式实施过度激励。承销机构应当综合评估项目执行成本与风险责任，合理确定报价，不得以明显低于行业定价水平等不正当竞争方式招揽业务"。

第四节 债券市场与承销商制度的实施成效和问题

债券市场经过三十多年的迅速发展和制度创新，在我国金融体系中发挥了重要作用。公司债券逐渐成为当今社会直接融资的主要渠道，为投资者和筹资者提供低风险的投资、融资工具。近年来，我国债券市场的交易主体日益增多，债券发行的总额不断上升，债券期限品种日趋丰富，债券增信方式逐步多样化。相关金融中介机构也日趋完善，各司其职，权责分明。发审制度从审批制发展到核准制，并全面推行注册制，相关法律法规也在不断完善。

承销商作为债券市场的主要"看门人"，在提供专业服务的同时，也一定程度上保证了发行债券的质量。过去我国相关法律法规对承销商这一角色没有给予足够的重视，主要是因为长期以来我国债券市场存在着零违约的刚性兑付现象，没有债券违约就无法有效发挥债券市场的资源配置作用。随着2014年以来债券市场的刚性兑付被逐渐打破，债券违约事件频频发生，我国债券市场也在不断走向成熟，承销商所起的作用也越来越重要。

随着债券市场的发展壮大，监管部门对于承销商的重视程度也在日益增加。有关承销商的法律制度不断完善，对于承销商的责任与义务都作出明确规定，包括承销商保证责任的具体内容、承销商违反保证责任的后果等。承销商的重要性正在不断提升，随着债券市场的制度创新，承销商不断发挥中介机构的作用，帮助企业融资和帮助投资者进行合理的投资决策，减少投资损失。同时，相关制度的更新与完善也为投资者提供了更加可靠与完备的法律保护体系。

但是我国公司债券市场也存在一些问题，比如说市场结构不均衡、市场机制不灵活、债券市场流动性不足、不同类型债券市场监管分割等。与欧美发达国家相比，我国债券市场仍然存在很大的发展空间。在政策制定中，我们需要不断完善法律体系，统一市场监管；从政策上全面推行注册制，提升发行与定价效率；规范债券发行过程中发行人、金融中介等行为；不断创新金融工具和产品，优化产品结构，提高资本市场可持续发展能力。我们还需要进一步完善市场机制，推动债券市场走可持续发展道路。

本章小结

本章介绍了我国债券市场及其承销商制度的创新发展历程,首先梳理了主要的公司债券类型以及债券市场的金融中介;然后,分析了我国公司债券市场发审制度经历了从审批制,到核准制,再到全面注册制的变化,审核程序不断简化,极大提高了发行效率,激发了市场活力。最后,分别从审批制、核准制和注册制三个阶段梳理了我国债券市场出台的相关重要法律法规,随着大量法律法规的出台,监管层进一步明确了承销商的责任与义务,以及对承销商的违规惩罚等,不断规范承销商行为,保护债券市场投资者的利益。

第十章

公司债券市场：承销商与债券发行效率

通过对债券市场制度创新的介绍，我们发现承销商在债券市场发挥着越来越重要的作用。本章将对承销商在公司债券市场的理论基础和相关文献进行梳理和总结，在此基础上，又进一步回顾了债券市场涉及承销商的相关研究成果，并进行观点归纳，为后续的实证研究提供理论参考。

第一节 承销商功能角色的理论基础

一、信息不对称理论

在公司债券市场，存在着债券发行人与投资者之间的信息不对称，他们对相关信息的掌握程度具有较大的差异，并可能导致一系列道德风险和逆向选择问题。在实践中，大部分企业信息由债券发行人掌握，而投资者只能通过企业的行为与政策了解到有限的信息，进而完成对公司债券的投资价值分析和作出投资决策。公司债券发行以及存续期间均存在着信息不对称的现象。在债券发行中,为了筹集资金,企业可能仅披露有利信息,而隐瞒真实状况,以降低融资成本。在获取资金后,为了谋取更多的利益,企业可能将其投资于风险较高的项目,这极大地增加了企业债务的违约风险,侵犯了债权人的利益。

二、委托代理理论

委托代理理论用于考察委托人和代理人之间的委托代理关系,这一理论在公司债券市场同样适用。在公司债券市场,存在着多种委托代理关系。第一类是债券投资者与发行人之间的委托代理关系,往往表现为传统的债权人与股东之间,债券投资者属于债权人,发行人代表股东的利益。第二类委托代理关系存在于承销商和债券投资者之间,委托方为债券投资者,承销商是代理方,代理委托方进行尽职调查和受托管理,承销商可能会隐瞒一些对于债券投资者不利的信息。如果缺乏有效的制度安排,代理人侵犯委托人权益的现象就会产生,甚至在规定时间内无法支付利息的违约风险也会出现。第三类委托代理关系存在于债券的信用评级之中。发行人付费模式和投资者付费模式为当前信用评级机构主要采用的模式,且穆迪、标普和惠誉均采用的为使用人数较多的发行人付费模式。长期以来,我国信用评级市场主要以发行人付费模式为主,发行人作为委托方聘请评级机构评级,评级机构作为代理方,该模式下评级机构由于委托代理关系扭曲,导致其在面临利益冲突时很可能作出不公正评级。

三、声誉机制理论

在公司债券市场,发行人需要聘请承销商负责债券的发行承销,调查发行人的财务状况和盈利能力,编写募集说明书等申报材料。承销商可以向投资者传递与企业相关的真实信息,发行人与投资者之间的信息不对称程度可以得到有效降低。中介机构之所以能够被发行人或投资者看重,源于其业务活动中积累的"声誉机制"。承销商声誉机制对债券价格的影响主要表现在"市场诚信"与"声誉担保"两个方面。一方面,当承销商认为投资者愿意持续买入或持有其承销的债券,通常会以诚信的态度对待投资者,不会选择以失去广大投资者对其的信任为代价来获取一次性收入。另一方面,承销商声誉是其经营能力、业务水平、市场价值的综合表现。承销商的声誉越高,其对自身专业知识水平、专业服务能力的要求也越高,高声誉的承销商更倾向于提供质量较高的信息、承销信用状况较好的债券以保护其声誉。

四、金融中介理论

在公司债券市场，承销商发挥着金融中介的作用，通过提供信息的方式来帮助债券投资者降低信息不对称程度。承销商在减少信息不对称的过程中，充分发挥金融中介功能。承销商不仅可以利用专业技术和规模经济效应，降低对发债企业进行事前调查的成本，还可以用持续督导和托管服务来减少事后监督成本。一方面，为了解决逆向选择问题，金融中介机构可以运用业务经验来获取额外信息，从而有利于债券投资者的利益保护；另一方面，为了解决道德风险问题，金融中介机构可以在债券发行中起到监督作用，落实相关监管措施，提高债券发行效率。此外，在债券发行后，承销商还往往担任着受托管理人的角色，对债券发行人进行持续督导，这也是金融中介功能的一种重要的表现形式。

第二节 承销商的功能角色与公司债券发行

一、承销商的选择、认证功能与声誉机制

(一) 承销商的选择

在债券市场有关承销商的选择，已有研究发现主要受到前期业务合作关系的影响。Yasuda（2005）研究发现客户与商业银行之间的"借贷关系"与债券承销商的选择之间存在正相关关系。当发行人信用等级较低，且商业银行为一家较好的金融机构时，这种影响表现得更为强烈。Yasuda（2006）研究在1993年解除管制后，银行借贷关系对日本债券市场承销商选择的影响，研究发现银行借贷关系对承销商选择具有显著的正向影响，关系公司得到的费用折扣虽小但很显著，并且多关系公司比单关系公司得到的折扣显著更大。另外，银行单独持股对承销商选择产生负向影响，而银行持股加贷款对承销商选择的正向影响显著高于单独贷款。Fernando et al.（2005）对"发行人—承销商"选择理论进行了深入研究，结果表明发行人与承销商的选择会受所进行的交易性质的影响，但是不受"关系"的影响。Takaoka and Mckenzie（2006）实证研究了商业银行作为承销商是否对承销佣金和收益率利差造成影响，结果表明商业银行进入债券承销领域显著降低了承销佣金和收益率利差，并且商业银行收取的佣金

远低于投资银行。发行方和承销商之间的借贷关系和持股关系,在决定佣金或收益率利差方面并不重要。在其他有关承销商选择的文献中,Saunders and Stover(2004)认为投资银行降低信用风险和发行价差的能力比商业银行弱,主要是因为商业银行既承销债券又进行信用担保所致。

承销商的选择可能会受机构所属地区的影响。Summers and Noland(2010)发现区域性的承销商比全国性的更能有效节省债券发行成本。George and Thomas(2010)发现当债券由地方承销商发行时,融资成本相对较低。上述研究表明,企业为了降低融资成本,会更容易选择所在地的金融机构作为承销商。Lau and Yu(2010)探讨地理邻近性对国际债券市场主承销商选择的影响,他们发现邻近银行更有可能承销风险债券和非评级债券。地理位置近的银行更容易获得发行公司的私人信息,如果主承销商是邻近的银行,总发行成本就会低,即地理邻近性决定着承销商的选择。

另外,承销商的选择也受到企业性质或承销方式的影响。Carbó-Valverde et al.(2017)发现相比金融企业,非金融企业更受承销商的欢迎,研究发现在发行债券时,非金融企业与信誉良好的承销商匹配的几率约为金融企业的 1.5 倍,尤其是在金融危机期间这种现象更为明显。Lyu and Yang(2019)发现第三方承销商承销的金融债券由于其事前认证可靠、事后监控有效,其信用价差低于自行承销的金融债券。此外,第三方承销商的认证有助于选择盈余管理水平较低、质量较好的债券发行人,而监督功能对债券发行后的盈余管理行为也起到了至关重要的约束作用。Carbó-Valverde et al.(2021)比较了企业在发行债券时进行第三方承销和自我承销之间的选择,结果表明信息共享关注度高的银行比信息共享关注度低的银行更有可能进行自我承销。

(二)承销商的认证功能

在债券市场中,承销商同时具有"信息生产者"和"认证中介"的功能。承销商作为中介机构是必不可少的参与者,其贯穿于整个债券的发行过程。在股票市场,承销商存在着信息功能与认证功能,在债券市场这一功能仍然成立。已有研究发现,承销商在债券市场上发挥着信息功能,是信息发掘者和制造者(Booth and Smith,1986)。

从信息功能角度,当投资者与发行人的信息不对称问题不能缓解时,就会形成"柠檬市场",而承销商的功能能够减少事前的信息不对称。承销商的信息挖掘能力能够降低发行人与投资者之间的信息不对称,从而降低信息不对称对债券定价的负面影响（Dong et al.，2011）。Erhemjamts and Raman（2012）也发现投资银行能够投入更多的资源对公司的私有信息进行挖掘，并对此信息进行公布，从而降低市场中的信息不对称。此外，从认证功能角度，承销商可以帮助投资者筛选优质的发债企业，鉴证企业质量，维护债券投资者的利益。认证功能需要通过承销商的声誉发挥作用，承销商通常把自身的声誉作为一种抵押，一旦出现问题，承销商声誉将受损，从而失去客户的信任（Daniels and Vijayakumar，2006）。

我国使用簿记建档方式发行公司债，发行人与承销商参考信用评级、市场利率、期限以及网下机构投资者询价结果共同决定发行价格，故发行定价受承销商影响较大。林晚发等（2019）从承销商的评级角度验证了其所发挥的功能，证监会在2009年实施了《证券公司分类监管规定》，即以证券公司的风险管理能力（具体包括资本充足率、公司治理、风险控制、信息安全、客户权益保护以及信息披露）为基础，再综合考虑市场竞争力以及合规情况确定证券公司的级别。林晚发等（2019）发现承销商评级的上升会使债券信用利差降低，且信息不对称和高信用风险会使影响程度增大，研究还表明根据承销商信用评级可以判断出企业的盈余操纵水平、未来的违约风险等。

（三）承销商的声誉机制

在声誉机制方面，Fang（2005）发现承销商对发行人信息披露的要求会随着声誉的升高而逐渐变得严格，这有利于提高债券市场的信息透明度，缓解信息不对称。Dong（2011）认为承销商声誉的高低会导致信息不对称程度的降低。Livingston and Miller（2000）将承销商声誉视为发行质量的保证，作为中介机构，承销商声誉被认为是一种抵押品，如果产生问题，承销商会遭受声誉损失同时客户也会丧失对承销商的信任。在筛选客户时，声誉越高的承销商越谨慎。聘请高声誉的承销商会帮助发行人传递其具有较高质量的信号。因此，发债公司的质量可以通过承销商的声誉来进行判断。

Titman and Trueman（1986）认为投资银行等中介机构的选择及其质量一定程度上会向市场传递相关信息，一般情况下，状况较好的企业会更倾向于聘请高质量的投资银行。Puri（1999）对商业银行担任债券发行承销商进行研究，研究结果发现承销商越好，越有动力去维持其声誉，传递的信息也更能反映实际情况。但是，Griffin et al.（2014）认为承销商的声誉并不总是有效，作者通过模型推导发现当发行的证券很复杂时，一家高声誉的承销商可能在市场低迷期间表现不佳，甚至出现较高的违约概率。

二、承销商认证功能和声誉机制对债券发行定价的影响

在公司债券市场，承销商具有认证功能，这一功能可以通过声誉机制发挥作用。承销商的认证能够提高信息透明度，降低发行人的债券发行成本以及投资者面临的信用风险。Peng and Brucato（2004）对美国证券市场上的各种金融认证机构进行了分析，发现信息不对称问题较为严峻时，承销商的认证功能可以明显降低债券的发行成本和信用风险。因此，为了降低发行成本，企业可以雇用高声誉的承销商。Fang（2005）以市场份额度量投资银行声誉，对承销商的声誉机制进行检验，并对承销商服务费用和质量与投资银行声誉进行了研究，发现承销商的声誉机制可以发挥有效作用，而且当聘请高声誉承销商减少的发行成本大于发行人所支付的承销费用时，发行人净利润仍大于零。Daniels and Vijayakumar（2007）发现企业的债券融资成本与承销商的声誉和规模呈显著负相关关系，并且这种关系在非投资级债券中更为显著，这也验证了声誉机制解决信息不对称的能力以及认证作用。

也有研究考察了商业银行的认证功能。Bushman（2012）研究发现商业银行的声誉认证功能越高，借款人会计和信贷质量越高。Narayanan et al.（2007）考察了商业银行在承销债券中的认证功能，商业银行将其银团贷款和私人借贷的声誉扩展到债券承销活动。私人债务市场的声誉使商业银行能够从其贷款客户那里赢得承销业务，从而以相对于投资银行承销商更高的发行价格获得更高的认证收益。商业银行利用私人客户的专有信息来帮助其降低融资成本，这对于客户而言也有好处，而且他们不会投机利用私人客户的贷款信息（Narayanan et al.，2004）。

Andres et al.（2014）提供了声誉良好的承销商认证有利于公司债券投资者的证据，他们发现在高收益债券市场中，由于低流动性和高不透明度，发行人质量认证对投资者来说是最有价值的，由声誉较高的承销商承销的债券通常违约风险更低。他们还发现当发行方和声誉良好的承销商传递私人信息时，对债券的信用利差有显著的正向影响。Halim et al.（2019）研究了中介机构在伊斯兰债券市场的认证效应，通过对2001—2014年在马来西亚发行的3462批债券的分析，发现由声誉良好的中介机构提供的认证功能与较低的平均债券息差相关。因此，债券发行者通常会雇用声誉良好的中介机构，来证明其产品并以较

低的价差获得经济利益。但也有少量研究发现承销商存在着过度认证的现象，导致债券的发行成本上升。Summers and Noland（2003）对认证功能和发行成本的关系进行研究时，发现发行成本会因过度的认证而上升。因此可以看出，认证功能不一定会使债券发行成本下降，只有合理使用才能使承销商的认证功能发挥积极作用。

近年来，基于国内债券市场，学术界关于承销商的认证功能、声誉机制开展了大量的研究。何志刚等（2016）研究发现承销商在债券发行中的认证功能可以有效提高信息透明度，降低企业融资成本，并且认证的效果随着债券发行时间的增加而逐渐增强。王雄元和高开娟（2017）研究表明拥有大客户的公司债券发行价差更高，这主要是由于大客户对公司债发行定价具有风险效应。排名差、费用高、分类级别低，以及承销商不同的承销团队中经常可以观测到此种现象，表明承销商声誉能够抑制这种风险效应，从而降低债券发行价格。魏明海等（2017）基于2002—2013年沪深两市的公司债券开展了实证研究，结果表明隐性担保能够降低债券盈余信息有用性，而审计师质量与承销商声誉对这种削弱作用存在负向调节效应，即存在治理效应。

三、承销商声誉机制与承销费用

实证研究发现，承销商声誉与债券承销费用呈正相关关系。Gilson and Kraakman（1984）、Benveniste and Spindt（1989）的实证研究都支持承销商声誉与其收费呈正相关关系这种观点，即高声誉的承销商能提供更为优越的服务，为了保护声誉更倾向于收取高额佣金。Chemmanur and Fulghieri（1994）发现承销商声誉越高，其要求的佣金越高。高声誉所带来的好处会促使他们为自己的声誉进行投资。这与认证理论的结果一致，即声誉好的承销商可以通过收取高额费用，来弥补其不断维护、提升声誉的成本。

但也有研究发现，承销商的声誉机制可以降低债券发行费用。Livingston and Miller（2000）研究发现在债券市场存在"声誉折扣"，即声誉高的承销商会利用自身优势与企业实现共赢。不仅承销商能够提高市场占有率，而且发行人也节省了支出。Chen and Ritter（2000）发现高质量企业为了在投资者心中打造良好的公司形象，会倾向于聘请声誉较高的承销商。树立良好的企业形象是高质量企业聘请声誉较高的承销商的主要动因，此时承销费用不是重要因素。Burcha et al.（2005）研究发现，承销商的声誉等级与承销费用之间存在显著的负相关关系。Takaoka and Mckenzie（2006）研究认为在债券市场中，承销费用会随着日本银行子公司的进入而剧烈下降，且证券公司的承销费用显著高于商业银行。Iannotta and Navone（2008）也发现声誉较高的银行收取的承销费用较低，通过分析欧洲公司在1993—2003年间完成的2202笔债券发行数据，考察了影响债券承销费用的主要因素。作者研究发现1999年单一货币的引入增加了银行之间的竞争，从而降低了承销费用，而且与发行者主要银行的关系密切程度也降低了承销费用的水平。最后，相对于那些已完成发行但未与银行建立任何牢固关系的公司，承销商向新发行人收取的承销商费用更低。

四、制度环境与声誉机制的交互作用

制度环境可以通过影响债权人的法律保护和企业的信息披露水平，进而影响企业融资能力、债务期限和融资成本等。皮天雷和汪燕（2007）聚焦转型时期的金融中介市场，提出法律制度的完善能提高金融中介机构的效率，促进银行业的良性竞争，有利于金融中介市场的有序发展。郑志刚和邓贺斐（2010）通过实证研究也表明法律环境的完善能促进金融市场规模和公司数量的扩大，并且我国地区间金融发展水平与法律环境影响到投资者的保护程度。

学术界一般基于银行信贷市场，从法律制度环境和司法保护的角度，考察制度环境对于债权人的作用。司法效率的提高能够督促发债企业履行到期还本付息的义务，加强对债权人的保护（Laeven and Majnoni，2005；Lepore et al.，2018）。公司一旦出现债务违约情况时，债权人通常面临两种选择：一是与债务人进行协商，根据债务人现阶段的偿债能力达成新的债务合约；二是走法律诉讼程序，强制债务人清偿债务，这其中就存在成本的权衡问题。从理论上看，这两种选择均会给债权人带来一定的损失，但与重新达成债务合约相比，选择法律途径解决需要更高的直接成本和间接成本，因为受到地方司法保护水平差异的影响（Mruk et al.，2019）。

在我国债券市场，制度环境对于债券定价的影响主要体现在发审制度和交易机制上。吕怀立等（2016）基于我国债券市场特殊的发审制度和交易机制，分别从发行抑价和市后表现两个视角考察了盈余信息（包括盈余持续性和盈余信息的季度变化）在非金融上市公司债券定价中的作用。研究发现在一级发行市场，盈余持续性具有定价功能，表现为发债企业的盈余持续性越高，债券的发行抑价水平越低；在二级交易市场，盈余信息的季度变化同样具有定价功能，表现为发债企业的季度增量盈余和季度增量现金流与投资者累计异常超额收益呈正相关,而季度增量应计与累计异常超额收益呈负相关。进一步研究发现盈余信息的定价功能在不同的发审制度和交易机制下差异显著,具体而言盈余持续性在"注册制"(相对于"核准制")的发审制度下以及盈余信息的变化在"公开竞价"(相对于"集中询价")的交易机制下的定价功能更强。也有研究考察了市场化程度这一制度环境与承销商声誉之间的关系。市场化程度越高,声誉机制的作用越强,声誉与制度环境之间呈负相关关系。叶康涛等(2010)发现银行等中介机构对声誉的依赖会随着市场化程度的加深而降低,因此企业债务融资受声誉的影响也会减弱,说明市场化程度与声誉之间存在着替代关系。

五、承销商的其他行为在债券市场中的作用

(一)关系型承销

在公司债券市场,承销商往往会与企业建立长期的合作关系。长期合作关系有助于承销商了解企业、处理信息不对称问题,从而降低和避免可能发生的亏损。由于大多公司债券的发行需要同一家主承销商多次进行,所以多次合作可以帮助主承销商充分了解公司信息。Erhemjamts and Raman(2005)认为承销商扮演着信息中介的角色,承销商会通过利用调查与自身社会网络来掌握和发布发行人与发行活动的相关信息,以撰写债券募集说明书,进行债券承销业务。投资者可以通过说明书了解企业信息,减少彼此之间的信息不对称。

承销商与发行人之间前期的借贷关系会影响到对承销费用的收取。Yasuda(2005)研究表明企业与银行之间的贷款关系会显著降低其承销费用,而且企业与银行之间的业务关系越多,企业享受的承销折扣越大。Nikolova et al.(2020)提供了关于公司债券市场承销商分配的实证证据,由于债券价格往往被低估,投资组合能为投资者带来巨额的首日收益,这些收益随着投资者在询价过程中的信息生产而增加。另外,当信息不对称程度高且代理问题严重时,随着投资者与承销商的事先交易而增加,会进一步增加首日收益。可见,企业与承销商的强大交易关系在决定债券发行首日收益时尤为重要。Dick-Nielsen et al.(2021)发现发行人与承销商的关系在债券展期中发挥作用,当债券发行人利用现有的承销商关系时,可以降低债券发行成本。当然,发行人也会受到承销商不利因素的影响,承销商的信用风险会溢出到发行人身上。

在国内研究中,也有研究关注关系型承销在债券市场中的作用。吕怀立等

（2016）研究发现关系型承销可以替代会计稳健性，企业的会计稳健性与关系型承销水平之间呈负相关关系，且这种关系在国有企业中更为显著。吕怀立（2017）研究 A 股市场 2008—2014 年债券融资数据发现，在债券发行过程中，一方面公司具有较强的盈余管理动机，另一方面债券具有一定程度的监督作用。进一步研究发现，盈余操纵随着关系型承销行为的影响而减少，同时债券的监督作用会随着关系型承销行为的影响而增强。吕怀立和杨聪慧（2019）发现承销商经办人和签字审计师合作次数越多，债券信用利差越高，即符合合谋假说。进一步研究发现，当承销商经办人的人力资本较高时，能够降低合谋行为对企业融资成本的不利影响。余峰燕等（2020）从区域管辖权和股权角度对城投债承销市场的"属地性"现象及其经济后果进行研究，发现地方关系承销与地方关系强度存在显著的正相关关系。另外，又从空间、时间两个角度刻画制度环境变化，发现高的地方政治不确定性可以减少政府对市场的干预，缓解地方关系承销的"利益冲突"效应。

（二）承销商的偏好

在债券市场中，承销商的行为会受其偏好的影响，承销商的偏好往往表现为对国家发展政策的偏好、对信息获取的偏好，或者对债券发行企业的特殊偏好等。中国人民银行上海总部课题组（2016）研究发现不同类型的承销商在其承销债券的过程中，对支持创新驱动是存在显著差异的，主要体现为与城商行和证券公司相比，创新驱动受到来自国有商业银行、政策性银行以及股份制银行的支持更多。从信息的传递方式来看，信息可分为硬信息和软信息，硬信息是通过一般渠道广泛传播的信息，软信息是仅在一定范围内以特定的方式传播的信息。Santiago et al.（2017）采用 2003—2013 年间欧洲银行和非金融企业发行的公司债券数据，考察声誉良好的承销商是偏好于承销金融机构还是工业企业发行的公司债券，研究发现与金融机构相比，承销商更愿意承销工业企业发行的债券，尤其是在金融危机期间。Lyu and Yang（2019）发现当存在监管资本时，我国债券市场会对非国企进行价格歧视，且承销商和债券类型的不同会导致价格歧视的差异。当自身实力强大的商业银行作为承销商时，价格歧视会显著增加发行企业的违约风险。这一研究采用转型经济的债券市场证据，揭示了市场势力观和承销商认证功能的共存现象。

（三）承销商其他方面的研究

也有研究关注承销商声誉对其承销市场份额的影响。Santiago et al.（2020）

通过实证分析发现，政府援助并资本重组后，声誉良好的承销商在承销市场份额上出现了损失，而声誉较差的承销商在政府援助后市场份额有所增加。同时还发现，声誉较高的受救助银行被选择为承销商的概率降低，而声誉较差的受救助银行被选择为承销商的概率增加。关于金融中介对隐性担保负面效应的影响，魏明海等（2017）实证发现隐性担保削弱了盈余信息的有用性，进一步分析了金融中介对此削弱效应的作用，研究表明削弱程度会被高质量的审计师、高声誉的承销商以及评级机构降低。由此可得，隐性担保的负面作用确实会受金融中介的影响。也有研究从承销团的角度考察了承销商的影响，Yang et al. (2016)认为主承销集团成员数量与债券发行成本之间存在负相关关系，且信息不对称会加剧这种关系。

在美国债券市场，债券发行时承销商会在潜在投资者中分配公司债券的发行，通常将发行价格定在低于二级市场交易预期的水平，以给二级市场的投资者让利。如果需求低于预期，承销商有义务稳定二级市场价格。而中国银行间债券市场采用不同的定价方案，规定公司债发行需要单独竞价，由承销商和其他符合条件的机构直接为自己或其客户竞标发行。承销商不分配发行，而是负责组织或联系参与竞价的潜在投资者。因此，承销商没有义务稳定二级市场交易价格，往往导致中国债券市场存在着公司债券发行定价过高的现象。Ding et al. (2022)发现在这种制度下，承销商为了争夺债券承销业务，往往会给予发行人回扣，以弥补为发行人带来的定价过高的损失。作者研究发现2017年10月银行间债券市场禁止给与回扣的禁令出台后，公司债券发行价格定价过高的现象明显减弱，超额定价水平从禁令出台前的7.44个基点降至禁令后的2.41个基点。

六、主要观点总结

通过对国内外学术界有关承销商在债券市场的功能及其影响的主要观点进行总结发现，承销商声誉和债券定价是理论界和实务领域的热点话题。现有研究的主要观点有：

第一，在公司债券市场，涉及承销商功能角色的理论主要有信息不对称理论、委托代理理论、声誉机制理论和金融中介理论等。这些理论成果对于我们理解承销商在公司债券市场的功能角色提供了有效支撑，为后续开展学术研究工作提供了理论基础。

第二，承销商的功能主要通过声誉机制发挥作用，承销商的声誉具有信息功能和认证功能,担负着"信息生产者"和"认证中介"的角色。承销商的声誉机制可以降低债券发行利差,并且与制度环境产生交互影响。但承销商的声誉机制对承销费用的影响往往出现正反两方面的作用,一方面高声誉的承销商能够提供更为优越的服务,收取声誉溢价,另一方面高声誉的承销商也可能存在"声誉折扣",会节约发行成本。

第三,关系型承销商也是当前研究的一个热点话题,将不同市场的承销商行为联系起来。在公司债券市场,承销商可能会与企业建立长期的合作关系。长期的业务合作一方面有利于降低信息不对称,另一方面也可能导致承销商与发行企业之间的合谋。也有研究从承销团的角度考察了承销商的行为。

综合来看,当前有关债券市场承销商行为的研究大多是关注于机构层面,而从个人层面研究的文献仍然较少。在公司债券市场,承销商在个人层面的代理人即承销商经办人发挥着重要作用,但其具体的作用形式和机理尚有待进一步的研究。另外,相对于股票市场,目前对于债券市场承销商监管和归位尽责的研究仍然不足。由于股票市场和债券市场都作为金融市场的重要组成部分,二者之间存在着天然的联系,金融中介在跨股票市场和债券市场的功能角色也是未来研究的重要方向。

本章小结

本章对有关承销商在公司债券市场的理论基础和研究文献,进行了梳理和总结。在理论基础部分,主要介绍了信息不对称理论、委托代理理论、声誉机制理论和金融中介理论等几个较有代表性的理论。在已有文献的研究观点梳理和总结部分,主要从承销商声誉机制的角度对相关文献进行了整理和评价,主要包括承销商声誉对债券定价、承销费用的影响,关系型承销、承销商的偏好等方面,从而为后续的实证研究奠定了理论基础。

第十一章

股票市场保荐经历对公司债券定价的影响研究

在我国公司债券市场，债券发行人需要聘请投资银行作为承销商，而承销商经办人是专门从事债券承销业务的执业代理人。本章基于债券市场的承销商经办人同时担任 IPO 市场的保荐代表人这一特殊制度背景，研究承销商经办人的声誉机制对公司债券定价的影响。本章的研究丰富了保荐人在跨股票市场和债券市场的研究成果。

第一节 制度背景

近年来，我国公司债券市场经历了快速增长，债券市场的总市值从 21 世纪初的不足 6000 亿美元增加到 2020 年的约 16 万亿美元，成为仅次于美国的全球第二大固定收益市场。但自 2014 年我国公司债券市场首次出现违约事件以来，近几年债券违约数量呈现出不断上升趋势。根据标准普尔评级公司（S&P Ratings）的数据，2019 年违约债券总额达到了 187.5 亿美元的历史新高，2020 年以来还在持续增加。随着公司债券市场在全球的重要性不断提高，对中国债券市场的研究越来越成为当前学术界关心的热点话题。

根据规定,在我国债券市场,企业在发行债券时需要聘请金融中介机构作为承销商。受聘承销商通常指定两名或两名以上合格的承销商经办人作为其代理人,进行尽职调查和相关风险评估。针对发债企业,承销商经办人应进行充分审查,确保发行人履行证监会规定的信息披露义务,确保发行过程中披露的信息真实、准确、完整、不存在误报。受聘的承销商经办人必须在债券招股说明书上签字,以承担他们的责任。他们还应担任受托管理人代表,监督债券契约的条款,并确保以及遵守相应的法律法规。

我国债券市场存在一个特殊的制度环境,即部分从事债券发行的承销商经办人也有资格担任 IPO 市场的保荐代表人。在注册制改革前,根据规定证券从业人员要获得 IPO 保荐代表人的资格,必须通过严格的资格考试,并满足中国证监会设定的一系列要求。截至 2019 年底,共有 3701 名证券从业人员获得了保荐代表人资格,自 2004 年引入 IPO 保荐制度以来,平均每年新增约 256 名。我们认为,相比不具备 IPO 资格的承销商经办人,具备 IPO 资格的承销商经办人拥有更高的声誉资本。主要是出于以下理由:

第一,我国 IPO 承销业务的利润远高于债券承销业务。承销商完成 IPO 交易所赚取的利润远高于承销债券。例如,我国最大的证券公司中信证券承销融资金额高达 10 亿元的债券所赚取的承销费只有不到 10 万元(债券代码:112629.SZ),而完成募资金额最小的一笔在 2017 年发起的 IPO 项目也获得了超过 1000 万元的承销费(股票代码:300130.SZ)。对于承销商的执业代理人即承销商经办人来说,他们的薪酬与他们为承销商机构赚取的承销费用直接挂钩,相比于股票市场的 IPO 业务,承销商经办人在债券市场的承销收益要小得多。

第二,承销商经办人在债券发行中的糟糕表现,不仅损害了他们在债券市场上的声誉,也损害了他们在 IPO 市场中的声誉。如果未能提供高质量的服务,甚至在债券交易中履职不当而损坏了声誉,将对承销商经办人在 IPO 市场的职业前景产生不利影响。在极端情况下,如果承销商经办人在承销债券时未履行尽职调查职责,严重损害债券投资者利益,证监会将对其予以处罚,甚至取消其从事证券相关业务的资格,包括担任 IPO 市场的保荐代表人。例如,德邦证券的两位承销商经办人,在承销五洋建设集团发行的总额 13.6 亿元的两只债券时(五洋债)未能做好尽职调查,导致该债券于 2017 年违约,最终两位承销商经办人被证监会禁止从事证券相关业务。

综上所述,具有 IPO 保荐资格的承销商经办人拥有更高的声誉,会更谨慎地选择承销对象、更努力地确保发行质量，并降低所承销债券的违约风险。因此，当债券投资者在了解到具备 IPO 保荐资格的承销商经办人的较高声誉后，可以从他们所承销债券中推断出一个积极信号，从而更愿意接受发行者提供的较低价格。

第二节 理论分析、主要发现与研究贡献

一、理论分析

当企业通过资本市场筹集资金时，承销商作为金融中介发挥着重要作用。大量文献研究了承销商在公司债券市场的作用（Carter and Manaster, 1990; Chemmanur and Fulghieri, 1994; Carter et al., 1998; Fang, 2005; Bajo et al., 2016）。但实务中，真正为承销商工作并提供承销服务的是其执业代理人，即承销商经办人。Chemmanur et al.（2019）从个人层面研究了财务顾问的人力资本在并购重组中的重要性，认为人力资本可以提升并购绩效。本章从个人层面，研究承销商经办人的声誉在债券市场中的作用，扩展了这一新兴领域的研究成果。

声誉是指观察者通过观察代理人的行为和特征而形成的对代理人的集体判断（Kreps and Wilson, 1982; Milgrom and Roberts, 1982; Diamond, 1989）。声誉对于代理人来说是一笔宝贵的财富，建立在他们的社会地位、职业经历和其他先前观察到的经验之上。长期以来，学术界对个人声誉的研究发现，维持良好的声誉是参与者在资本市场和劳动力市场提供高质量服务的主要动机。例如，Graham et al.（2005）发现企业管理者对自身事业和外部声誉的考虑，是进行自愿信息披露的重要驱动因素。Fang and Yasuda（2009）在关于卖方分析师的研究中发现，个人声誉是针对利益冲突的有效惩戒手段。另外，独立董事作为公司治理中的关键参与者，也受到声誉的激励以正确履行监督角色（Fama and Jensen, 1983; Jiang et al., 2016; Masulis and Mobbs, 2014）。

作为债券市场的主要参与者，承销商经办人的职业前景和薪资福利待遇与其声誉息息相关。承销商经办人在执行承销业务时，常常面临着在长期声誉受

损和短期利益之间的权衡,承销商经办人可能通过逃避尽职调查和提供较差的中介服务,而在短期内获得可观的承销利润,但会失去投资者眼中的认证价值,并因此放弃长期的职业前景。拥有高声誉的承销商经办人一旦声誉受损,将会失去更多的长期利益,因此更有可能在短期内避免机会主义(Fang,2005)。虽然从理论上讲个人声誉的作用是确定的,但学术界仍然缺乏有关承销商经办人声誉和证券定价之间关系的经验证据。本章的研究试图通过考察,承销商经办人声誉和他们所承销债券的定价之间的关系,来填补这一空白,其中如何有效衡量承销商经办人的声誉是研究的重点话题。

在本章的研究中,我们利用我国债券市场特殊的制度背景来获取承销商经办人的声誉。经过近几年的快速发展,我国债券市场已成为全球第二大债券市场。在公司债券发行中,政府监管部门通常要求债券发行人指定承销商(通常是合格的金融中介机构),负责在证券发行过程中进行必要的审查并出具专业意见。雇用的债券承销商机构,应指派两名或两名以上合格的承销商经办人作为其代理人,履行具体的监督职责,以确保符合监管要求和交易的公平性。为了确保承销商经办人履行承销责任,证监会要求所有参与的承销商经办人都应该在债券募集说明书上签字。

实际上,在我国债券市场,部分承销商经办人具有股票首次公开发行(IPO)市场的保荐代表人资格。我国资本市场于2004年建立IPO保荐制度,要求证券从业人员必须通过严格的资格考试,并在监管机构注册,才能担任IPO市场的保荐代表人。在注册制改革之前,证券从业人员通过保荐代表人资格考试是一件极难的事情,资格考试通常每年举行一次,通过率极低,有的年份甚至不到1%。

但是,无论是承销商机构还是参与其中的承销商经办人,承销债券的收入通常都远低于完成股票IPO的收入。统计发现,发行人为完成股票IPO所支付的平均费用大约是债券发行的100倍。因此,具有IPO保荐代表人资格的承销商经办人在从事债券承销业务时,会更加注重自己的声誉问题,因为承销商在债券市场的好声誉或坏声誉会迅速影响到股票的IPO市场。特别是当承销债券表现不佳而导致声誉受损时,将降低股票市场参与者对承销商经办人提供高质量IPO保荐业务能力的评估,从而不利于他们在IPO市场上的职业前景。承销商经办人也将受到监管机构的处罚,如果在债券承销过程中未能尽职尽责,甚至存在重大违规行为,可能会被暂停证券从业资格,甚至被取消保荐代表人资格。因此，我们预测具有保荐代表人资格的承销商经办人，更有动机通过提供高质量的债券承销服务来维护其个人声誉，从而帮助发行人获得更低的债券信用利差。

二、主要发现

本章基于2007—2019年我国企业发行的公司债券数据，采用保荐代表人资格来衡量承销商经办人的声誉，研究承销商经办人的声誉对债券发行定价的影响。结果显示，承销商经办人的声誉与债券信用利差之间存在显著的负相关关系。其中，具有保荐代表人资格的承销商经办人承销的公司债券的信用利差为7.88基点，比没有保荐代表人资格的承销商经办人承销的公司债券低4.05%。考虑到可能存在的内生性问题，我们使用工具变量方法和倾向得分匹配法（PSM）进行的进一步检验同样支持这一研究结论。另外，当控制一系列其他层面的固定效应之后，我们的研究结论仍然成立。进一步分析显示，拥有保荐代表人资格的承销商经办人承销的公司债券未来的违约概率较低，其招股说明书的文本信息内容也更加丰富。

我们认为声誉可以通过两种渠道发挥作用，一个渠道是通过声誉发挥认证功能，即高声誉的承销商经办人的知名度也更高，他们的声誉本身就是债券发行质量的保证；另一个渠道就是职业关注，即拥有保荐代表人资格的承销商经办人更加关注自身的职业生涯，比没有保荐代表人资格的同行进行更多的尽职调查。为了进一步区分由声誉发挥的认证渠道与职业关注渠道之间的差异，我们将具有保荐代表人资格的承销商经办人按年龄和资历进行分组，研究结果表明，债券信用利差与承销商经办人声誉之间的负相关关系，主要是由那些在资本市场中资历较浅的年轻人推动的，这些发现支持本章提出的职业关注渠道，因为较年轻的承销商经办人对未来的职业生涯会更加关注。

当然，拥有保荐代表人资格的承销商经办人也可能具有更高的人力资本，这在决定金融中介服务质量方面发挥着重要作用（Chevalier and Ellison，1999a；Chemmanur et al.，2019）。因此，我们的主要结果可能是由人力资本所驱动的，即具备保荐代表人资格的承销商经办人，在执行债券承销任务方面比没有保荐代表人资格的同行更有能力。为此，本章还进行了DID检验，排除了具有保荐代表人的承销商经办人与债券信用利差之间的关系，是由于他们相对于没有保荐代表人资格的同行更有能力的可能性。DID检验支持我们的预测，即出于声誉考虑，具有保荐代表人资格的承销商经办人，更有动机进行更多的尽职调查，提供更高质量的债券承销服务。

Fang（2005）指出承销商的声誉机制具有认证作用，所承销债券的违约风险越高，越容易损害承销商的声誉。为此，我们利用国家所有权和信用评级来衡量债券违约风险，进一步检验发现对于违约风险较低的债券，承销商经办人的声誉与债券信用利差之间的负相关关系较弱。另外，我们还发现个人和机构之间具有替代作用，表现为由声誉较高的投资银行承销的债券和由声誉良好的信用评级机构发行的债券，与拥有保荐代表人资格的承销商经办人之间相互替代。

最后，由于我国不同地区的市场化程度和监管效率存在很大差异，两者在企业融资中都发挥着重要作用（Allen et al.，2005；Boubakri and Ghouma，2010；Shah et al.，2017）。本章通过进一步检验发现，承销商经办人的声誉与信用利差之间的负相关关系在金融市场化水平落后、司法执行效率较低地区的企业发行的公司债券中更为显著。这表明在制度环境较弱的情况下，声誉较高的承销商经办人在促进公司从债券市场筹集资金方面能发挥更大的作用。

三、研究贡献

本章的研究从跨市场的角度，探索了个人层面金融中介的声誉问题，至少存在以下三个方面的贡献：

第一，本章从个人层面探讨承销商在债券市场的作用，补充了金融中介机构的研究文献。在机构层面，承销商的不同特征对承销结果的影响已经得到了检验（Carter and Manaster，1990；Chemmanur and Fulghieri，1994；Carter et al.，1998；Bajo et al.，2016）。特别是 Fang（2005）揭示了承销商的声誉是决定债券承销服务质量的重要因素。我们将有关机构层面的研究扩展到个人层面，阐明了承销商经办人的声誉对债券发行定价的影响。

第二，本章还拓展了有关个人在金融服务业中的功能这一重要领域的研究。不同方面的个人特征已经被认为是决定基金业绩（Chevalier and Ellison，1999a）、并购绩效（Chemmanur et al.，2019）和贷款合同条款（Herpfer，2021；Bushman et al.，2021）的重要因素。我们的研究首次为承销商经办人在债券市场的重要性提供了独到见解。

第三,在实践中,我们的研究结果为债券投资者,特别是海外的债券投资者提供了评价中国债券发行质量的重要思路。我国债券市场作为全球第二大债券市场,近年来逐步向境外机构开放,越来越受到世界各国债券投资者的关注。我们的研究结果有助于海外债券投资者更好地了解中国债券市场,更有利于他们通过承销商或经办人员来判断债券发行质量。

第三节 数据来源和研究方法

一、数据来源

本章的研究样本包括2007—2019年国内企业发行的所有公司债券数据。我们首先从债券募集说明书中手工整理出来承销商经办人的名字,然后将承销商经办人的名字与其个人信息相匹配,包括个人性别、学历等信息,承销商经办人的个人信息从中国证券业协会的网站上手工收集所得。其余的企业特征和债券特征数据均来源于 WIND 数据库。我们的初始样本包含 26630 个发债企业、承销商经办人和年度观测值,其中 2294 个观测值属于具有保荐代表人资格的承销商经办人承销的债券。

表 11-1 为按年度划分的样本分布。可以看出,从 2007 年开始,我国公司债发行经历了快速增长,并在 2012 年达到第一个峰值,随后出现下降,2015 年之后又快速上升,并在 2018 年达到另一个高峰。具有保荐代表人资格的承销商经办人承销债券的数量与债券发行总量呈现出相似的趋势,但 2010 年以来,具有保荐代表人资格的承销商经办人承销债券的比例总体呈下降趋势。

表 11-1 样本按年度分布

年度	样本量	无保荐代表人资格	占比	有保荐代表人资格	占比
2007	162	146	90.12%	16	9.88%
2008	300	268	89.33%	32	10.67%
2009	781	648	82.97%	133	17.03%
2010	692	541	78.18%	151	21.82%

续表

年度	样本量	无保荐代表人资格	占比	有保荐代表人资格	占比
2011	658	567	86.17%	91	13.83%
2012	1924	1701	88.41%	223	11.59%
2013	1359	1232	90.65%	127	9.35%
2014	1685	1537	91.22%	148	8.78%
2015	2042	1809	88.59%	233	11.41%
2016	4008	3631	90.59%	377	9.41%
2017	2934	2725	92.88%	209	7.12%
2018	6696	6287	93.89%	409	6.11%
2019	3389	3244	95.72%	145	4.28%

二、主要变量

（一）信用利差

因变量信用利差 Yield Spread，指公司债券的收益率与同期的国债收益率之间的差额。我们从 WIND 数据库中检索期限为 0.25、0.5、0.75、1、2、3、5、7、7、10、15、20 和 50 年的国债数据，根据期限对公司债券与国债进行匹配。对于期限无法匹配的，参考现有文献研究（Collin-Dufresne et al.，2001；吕怀立等，2021），我们采用线性插值法进行补充计算。

（二）承销商经办人的声誉

根据前文所述，我们认为具备保荐代表人资格的承销商经办人，将比不具备资格的承销商经办人会更加关注自身的声誉，他们有动力提供更高质量的承销服务，因为声誉受损会导致他们在股票市场的 IPO 业务中出现损失。因此，我们将关键解释变量 IPO Investment Banker，定义为一个虚拟变量，如果公司债券发行是由具有保荐代表人资格的承销商经办人承销，取 1，否则取 0。

三、回归模型

为了验证承销商经办人的声誉是否对债券信用利差产生影响，我们估计以下回归模型：

$$Yield\ Spreads_{it} = \alpha_0 + \alpha_1 IPO\ Investment\ Banker_{it} + \beta Controls_{it-1} + \gamma Fixed\ Effects + \varepsilon_{it} \tag{1}$$

其中 *Yield Spreads* 和 *IPO Investment Banker* 的定义如上所述。我们预测 α_1 为负值，即拥有保荐代表人资格的承销商经办人将更加尽职调查，并提供更高质量的承销服务，从而使得债券发行人付出较低的融资成本。

参考之前的研究（Fang, 2005; Yasuda, 2005; Easton et al., 2009; Lu et al., 2010），我们将机构层面的特征、债券特征和发债企业层面的特征作为控制变量。

第一，控制机构层面的特征，主要指承销商机构的声誉，采用 *Bank Bond Mktshare* 和 *Bank IPO Mktshare* 这两个变量来分别衡量承销商在债券市场和股票 IPO 市场中的声誉。*Bank Bond Mktshare* 是指承销商在债券市场的年承销金额，除以债券市场所有承销商的年度总承销额。同样，*Bank IPO Mktshare* 是指承销商的年度 IPO 市场承销金额，除以所有承销商的年度总承销额。

第二，控制债券特征，包括 *Bond Size*、*Bond Rating*、*Bond Maturity* 和 *Bond Collateral*。*Bond Size* 采用债券募集金额的自然对数。*Bond Rating* 是指债券的信用评级，AAA 评级的赋值为最高值 5，A 评级的赋值为最低值 1。中国的债券评级计划与标准普尔相似，但到目前为止还没有债券在发行时的信用评级低于 A。*Bond Maturity* 指的发行时债券到期日的年限。*Bond Collateral* 是一个虚拟变量，如果债券有抵押品为其进行担保，取 1；否则取 0。

第三，控制发行人特征，包括 *Size*、*Leverage*、*ROE*、*Largest Shareholdings*、*CFO*、*SOE* 和 *Big8*。*Size* 采用发行人总资产的自然对数；*Leverage* 定义为总债务除以总资产的比率；*ROE* 定义为净利润除以所有者权益的比率；*Largest Shareholdings* 定义为发行人最大股东的所有权比例；*CFO* 定义为经营净现金流除以所有者权益；*SOE* 定义为虚拟变量，如果债券发行人是国有企业取 1，否则取 0；*Big8* 为虚拟变量，当债券发行人是由国际四大和国内四大会计师事务所之一审计时取 1，否则取 0。

最后，我们控制行业、承销商机构、信用评级机构和年度固定效应。具体的变量定义详见表 11-2。

表 11-2　　　　　　　　　　变量定义表

变量	变量定义
Yield Spreads	债券收益率与同一期限国债收益率之差
IPO Investment Bankers	虚拟变量，若承销商经办人在 IPO 市场担任保荐代表人，则等于 1，否则为 0
Bank IPO Mktshare	承销商在 IPO 市场的年承销金额除以所有承销商的年度总承销额

续表

变量	变量定义
Bank Bond Mktshare	承销商在债券市场的年承销金额除以债券市场所有承销商的年度总承销额
Bond Size	债券募资金额的自然对数
Bond Rating	最高值 5 为 AAA 评级，其他评级按降序计算
Bond Maturity	债券到期的年数
Bond Collateral	虚拟变量，如果债券由第三方担保，则为 1，否则为 0
Size	债券发行人在债券发行前年末总资产的自然对数
Firm Age	企业年龄，指企业的成立年限
Leverage	债券发行前年末总负债与总资产的比率
ROE	债券发行前年末净利润除以所有者权益的比率
Largest Shareholder	债券发行前年末第一大股东持股比例
CFO	债券发行前年末经营活动产生的现金流量净额除以所有者权益
SOE	虚拟变量，如果债券发行人为国有企业，则为 1，否则为 0
Big8	虚拟变量，如果审计师是国际四大会计师事务所和中国四大会计师事务所，则为 1，否则为 0

第四节　实证结果

一、描述性统计和相关性分析

（一）描述性统计

表 11-3 报告了变量的描述性统计结果。在承销商经办人个人和承销商机构层面，Panel A 显示大约 8.6% 的债券发行由具备保荐代表人资格的承销商经办人（IPO Investment Banker）承销。在债券市场（Bank Bond Mktshare）和 IPO 市场（Bank IPO Mktshare）中，承销商机构的平均市场份额分别为 4.470% 和 3.645%。在债券特征方面，Panel B 显示信用利差（Yield Spread）的平均值（中值）为 194.395（166.840）bps；平均债券发行量为 156726 万元人民币（Bond Size）；平均到期日为 6.018 年（Bond Maturity）；大约 73.7% 的债券是由担保发行（Bond Collateral）；平均信用评级（Bond Rating）为 4.226（相当于

在 AA+和 AAA 之间），中值为 5（相当于 AAA），符合证监会等对债券发行公司最低信用评级和债项评级的要求（Hong and Lamar, 2016；Hu et al., 2020）。在发行人特征方面，Panel C 显示 81.72% 的债券发行人是国有企业（SOE）；34.9% 的企业是由八大会计师事务所审计（Big8）；发债企业平均成立年限约为 15.490 年（Age）；净资产收益率为 5.260%（ROE）；净资产现金比率为 0.077（CFO）；杠杆率（Leverage）为 61.183%。

表 11-3　　变量的描述性统计

	样本量	均值	中位数	标准差	最小值	25 分位数	75 分位数	最大值
Panel A：个人和机构层面的变量								
IPO Investment Banker	26630	0.086	0.000	0.281	0.000	0.000	0.000	1.000
Bank IPO Mktshare（%）	26630	3.645	1.422	5.427	0.000	0.000	5.169	32.701
Bank Bond Mktshare（%）	26630	4.470	2.860	4.522	0.005	0.980	6.275	30.184
Panel B：债券层面的变量								
Yield Spreads（BPs）	26630	194.395	166.840	126.642	0.130	91.840	287.038	593.994
Bond Size（in million）	26630	1567.260	1100.000	1709.153	50.000	750.000	1950.000	26000.000
Bond Rating	26630	4.226	5.000	0.865	1.000	3.000	5.000	5.000
Bond Maturity	26630	6.018	6.000	2.331	1.000	5.000	7.000	20.000
Bond Collateral	26630	0.737	1.000	0.440	0.000	0.000	1.000	1.000
Panel C：企业层面的变量								
SOE	26630	0.817	1.000	0.386	0.000	1.000	1.000	1.000
Big8	26630	0.349	0.000	0.477	0.000	0.000	1.000	1.000
Largest Shareholder	26630	78.770	99.310	27.424	4.080	54.470	100.000	100.000
Size（in million）	26630	321346.000	72983.102	810373.820	91.276	24898.209	278355.030	9811925.000
Firm Age	26630	15.490	15.000	7.802	0.000	10.000	20.000	65.000
ROE	26630	5.260	3.370	5.132	0.076	1.483	8.136	18.106
CFO	26630	0.077	9.340	57.618	-178.720	0.110	21.750	90.640
Leverage	26630	61.183	62.167	13.075	35.289	52.287	70.552	83.029

（二）相关性分析

表 11-4 列示了主要变量的皮尔逊相关系数。*Yield Spread* 与 *IPO Investment Banker* 在 1% 的水平上呈显著负相关，初步验证了由具有保荐代表人资格的承销商经办人承销的公司债券，具有较低的收益率利差这一研究假设。*Yield Spread* 也与 *Bank Bond Mktshare* 和 *Bank IPO Mktshare* 呈显著负相关关系，与以往的研究一致，即在机构层面声誉较高的承销商，可以使债券发行人付出较低的融资成本（Fang，2005）。另外，*IPO Investment Banker* 和 *Bank Bond Mktshare/Bank IPO Mktshare* 之间的正相关关系，表明我们在实证分析部分控制承销商机构层面的声誉是很有必要的。

二、主回归结果

表 11-5 列示了普通最小二乘法（OLS）回归结果，用于检验承销商经办人的声誉与债券信用利差之间的关系。第（1）列为没有加入控制变量时的回归结果，第（2）列为包含承销商机构声誉变量的回归结果，第（3）列为包含所有控制变量的回归结果。*IPO Investment Banker* 的系数在三个回归中都显著为负，表明由具有保荐代表人资格的承销商经办人承销的债券具有较低的信用利差。另外，通过系数的大小，我们推断承销商经办人的声誉问题对债券利差的影响也具有经济学含义。根据第（3）列的结果所示，由具备保荐代表人资格的承销商经办人承销的公司债券的信用利差为 7.879bps，比没有保荐代表人资格的承销商经办人承销的公司债券的信用利差低 4.05%（7.879/194.4 × 100%）。根据我们样本中平均的债券募资规模 156726 万元，信用利差降低 7.879bps 意味着利息费用平均每年节省 123.5 万元。

根据控制变量的回归结果可知，承销商机构的市场份额越高，其承销的公司债券信用利差一般较低；而且，规模较大、信用评级较高、有抵押物担保的公司债券往往具有较低的信用利差。国有企业、由八大会计师事务所审计的企业、规模越大、年龄较大和利润率较高的企业，拥有更低的信用利差。

表 11-4　变量的相关性分析

	(1)	(2)	(3)	(4)	(5)	(6)	(7)	(8)	(9)	(10)	(11)	(12)	(13)	(14)	(15)	(16)	(17)
(1) Yield Spreads	1.000																
(2) IPO Investment Banker	-0.054***	1.000															
(3) Local Fraction IPO Bankers	-0.209***	0.078***	1.000														
(4) Bond Size	-0.324***	0.020**	0.247***	1.000													
(5) Bond Rating	-0.570***	-0.012*	0.136***	0.341***	1.000												
(6) Bond Maturity	0.158***	-0.064***	0.094***	0.104***	-0.082**	1.000											
(7) Bank IPO Mat share	-0.213***	0.049***	0.103***	0.106***	0.217***	-0.114***	1.000										
(8) Bank Bond Mat share	-0.274***	0.013**	0.186***	0.252***	0.281***	-0.034***	0.567***	1.000									
(9) Bond Collateral	-0.259***	-0.008	0.094***	0.132***	0.025***	-0.208***	0.133***	0.102***	1.000								
(10) SOE	-0.094***	-0.134***	0.055***	0.098***	0.141***	0.260***	-0.032***	-0.004	-0.055***	1.000							
(11) Big8	-0.274***	0.087***	0.154***	0.183***	0.269***	-0.142***	0.117***	0.120***	0.095***	-0.115***	1.000						
(12) Largest Shareholding	0.080***	-0.202***	-0.005	0.081***	-0.037***	0.271***	-0.092***	-0.034***	-0.031***	0.455***	-0.213***	1.000					
(13) Size	-0.484***	-0.001	0.342***	0.563***	0.599***	-0.026***	0.256***	0.377***	0.336***	0.068***	0.259***	0.062***	1.000				
(14) Firm Age	-0.272***	0.036***	0.006	0.010*	0.266***	-0.217***	0.163***	0.122***	0.214***	-0.160***	0.089***	-0.254***	0.221***	1.000			
(15) ROE	-0.217***	0.096***	0.054***	0.069***	0.221***	-0.285***	0.176***	0.178***	0.139***	-0.408***	0.189***	-0.373***	0.173***	0.220***	1.000		
(16) CFO	-0.163***	0.062***	0.076***	0.085***	0.079***	-0.063***	0.066***	0.105***	0.115***	-0.089***	0.059***	-0.082***	0.177***	0.063***	0.116***	1.000	
(17) Leverage	0.244***	-0.043***	-0.115***	-0.140***	-0.268***	0.205***	-0.135***	-0.141***	-0.212***	0.136***	-0.205***	0.144***	-0.474***	-0.217***	-0.263***	-0.064***	1.000

注：此表列示了主要变量的相关分析结果。变量的定义见表 11-2。***、**、* 分别表示在 0.01、0.05 和 0.1 水平上显著。

表 11-5　　　　　　　　　　主回归结果

	(1)	(2)	(3)
	Yield Spreads	Yield Spreads	Yield Spreads
Constant	194.996*** (268.57)	207.423*** (41.91)	579.014*** (6.70)
IPO Investment Banker	-6.972*** (-2.72)	-8.024*** (-2.93)	-7.879** (-2.56)
Bank IPO Mktshare		0.097 (0.26)	0.035 (0.26)
Bank Bond Mktshare		-2.839*** (-3.08)	-1.582*** (-2.64)
Bond Size			-6.801 (-1.68)
Bond Rating			-64.218*** (-24.99)
Bond Maturity			6.733*** (6.03)
Bond Collateral			-42.903*** (-11.29)
SOE			-63.072*** (-7.85)
Big8			-17.560*** (-4.10)
Largest shareholder			0.148 (1.18)
Firm Size			-1.715 (-0.67)
Firm Age			-0.898*** (-3.49)
ROE			-1.371*** (-4.80)
CFO			-0.047 (-1.54)
Leverage			0.204 (0.60)
Year	YES	YES	YES
Industry	YES	YES	YES
Investment Bank	YES	YES	YES
Bond Rating Agency	YES	YES	YES
Observations	26630	26630	26630
Adj-R^2	0.433	0.436	0.611

注：***、**、*分别表示在1%、5%和10%的水平上显著，括号内为t值，且经过行业和年度聚类的异方差调整（下同，不再赘述）。

三、内生性问题

在债券发行中,承销商经办人可能不会被随机地分配去承销公司债券,例如声誉较高的承销商经办人可以自行选择承销低违约风险的债券,或者优质的债券发行者倾向于雇用声誉较高的承销商经办人。因此,我们所发现的承销商经办人的声誉与信用利差的关系,将受到其和债券发行人之间的内生匹配的影响。在本节中,我们使用了工具变量方法、倾向得分匹配法(PSM)和控制其他层面固定效应的方法来解决内生性问题。

(一)工具变量方法

我们构建工具变量,并进行了两阶段最小二乘法(2SLS)回归,以纠正由于承销商经办人和债券发行人之间的内生匹配所造成的潜在偏差。具体来说,我们采用债券发行人所在省份所有证券从业人员中拥有保荐代表人资格的比例作为工具。Knyazeva et al. (2013) 曾采用独立董事的本地供应作为招募合格独立董事的工具变量,以规避企业在选择董事会治理机制时出现的内生性问题。有研究发现债券发行人也倾向于指定当地的承销商承销债券(Butler, 2008)。与 Knyazeva et al. (2013) 的逻辑类似,本地拥有的具备保荐代表人资格的证券从业人员数量对债券发行人的承销商任命具有重要影响,但理论上对发行人的债券成本没有直接影响。因此,我们有理由假设,在债券发行地区拥有保荐代表人资格的证券从业人员比例越大,符合条件的证券从业人员被任命为承销商经办人的可能性就越大。

我们从证券业协会网站上获取每家券商的证券从业人员数据信息,并根据券商所在地定义工具变量 *Local Fraction IPO Bankers*,即某省份的保荐代表人数量与该省份证券从业人员总数的比率。我们以 *Local Fraction IPO Bankers* 作为工具变量,采用两阶段最小二乘估计方法(2SLS),首先对关键解释变量 *IPO Investment Banker* 与工具变量 *Local Fraction IPO Bankers* 以及模型(1)中的所有控制变量进行回归,作为第一阶段。在第二阶段,我们用第一阶段回归的预测价值代替 *IPO Investment Banker*,重新对表 11-5 的第(3)列进行回归。

表 11-6 列示了 2SLS 的回归结果。第(1)列为第一阶段的回归结果,工具变量 *Local Fraction IPO Bankers* 的系数显著为正。最后几行的统计数据显示,我们的工具变量通过了弱工具变量和识别不足等有效性检验。第(2)列报告

了 Yield Spreads 在第二阶段中的回归结果，显示采用工具变量后 IPO Investment Banker 系数仍显著为负。2SLS 的回归同样支持我们的研究结果，即主要结论不完全受内生性问题的影响。

表 11-6　工具变量两阶段最小二乘法（2SLS）回归

	(1)	(2)
	IPO Investment Banker	Yield Spreads
Constant	-1.445 (-0.01)	571.819*** (6.63)
Local Fraction IPO Bankers	4.152*** (4.13)	
Pred. IPO Investment Banker		-65.503** (-2.36)
Bank IPO Mktshare	0.010*** (3.17)	0.696** (2.06)
Bank Bond Mktshare	-0.034*** (-5.80)	-3.772*** (-4.30)
Bond Controls	YES	YES
Firm Controls	YES	YES
Year	YES	YES
Industry	YES	YES
Investment Bank	YES	YES
Bond Rating Agency	YES	YES
Observations	26630	26630
First-stage partial F-test	21.27	
Kleibergen-Paap LM statistic	112.537	

（二）倾向得分匹配法

我们第二种解决内生性的策略是采用倾向得分匹配法（Propensity Score Matching，PSM）。具体而言，我们以 IPO Investment Banker 为因变量，以模型（1）中的所有控制变量为自变量进行 Probit 回归，以得到每次债券发行的倾向得分。然后，我们使用 1∶1 和 1∶3 最近邻匹配算法（卡尺距离分别为 0.03），将具有保荐代表人资格的承销商经办人承销的债券，与没有保荐代表人资格的承销商经办人承销的债券进行匹配。

表 11-7 报告了使用匹配样本的回归结果。我们的关键自变量 IPO Investment Banker，在两种回归中系数均为负值，具有一定的统计意义，且与表 11-5 中的结果一致。虽然匹配的样本不能完全解决潜在的内生性问题，但它们可以

提供一个有效的稳健性检验（Robert and Whited，2013）。因此，通过 PSM 分析我们可以进一步排除内生性的影响。

表 11-7　　　　　　倾向得分匹配（PSM）回归结果

	(1)	(2)
	Yield Spreads	Yield Spreads
	1∶1 最近邻匹配	1∶3 最近邻匹配
Constant	380.070***	232.793***
	(11.46)	(8.99)
IPO Investment Banker	-6.953***	-4.206*
	(-5.01)	(-1.82)
Bank IPO Mktshare	-0.440	0.201
	(-1.57)	(0.47)
Bank Bond Mktshare	-1.599***	0.296
	(-2.77)	(0.48)
Bond Controls	YES	YES
Firm Controls	YES	YES
Investment Bank	YES	YES
Bond Rating Agency	YES	YES
Investment Bank	YES	YES
Bond Rating Agency	YES	YES
Observations	4588	9176
Adj-R^2	0.526	0.552

（三）控制其他层面固定效应

为了进一步排除遗漏变量所导致的内生性问题，我们又对一系列其他层面的固定效应进行了控制，回归结果见表 11-8。第（1）列控制承销商机构和年度组合固定效应；第（2）列控制债券发行企业的固定效应；第（3）列控制债券发行企业所在地区和年度组合固定效应；第（4）列同时控制承销商机构和年度、债券发行企业、地区和年度组合固定效应。回归结果显示关键解释变量 *IPO Investment Banker* 在所有回归分析中仍显著为负，进一步排除了对于内生性的担忧。

表 11-8　　　　　　　　控制其他层面固定效应回归结果

	(1) Yield Spreads	(2) Yield Spreads	(3) Yield Spreads	(4) Yield Spreads
Constant	612.598*** (7.88)	567.852** (2.13)	555.711*** (7.49)	998.468*** (8.23)
IPO Investment Banker	-7.104** (-2.13)	-2.656** (-2.03)	-8.221** (-2.14)	-3.160* (-1.82)
Bank IPO Mktshare		0.470* (1.92)	0.442** (2.11)	
Bank Bond Mktshare		0.794 (1.52)	-0.717* (-1.80)	
Bond Controls	YES	YES	YES	YES
Firm Controls	YES	YES	YES	YES
Year	NO	YES	NO	NO
Industry	YES	NO	YES	NO
Investment Bank	NO	YES	YES	NO
Bond Rating Agency	YES	YES	YES	YES
Bank-Year	YES	NO	NO	YES
Firm	NO	YES	NO	YES
Region-Year	NO	NO	YES	YES
Observations	26601	26463	26622	26431
Adj-R^2	0.652	0.826	0.663	0.908

四、其他解释

(一) 通过声誉发挥的认证功能

本章发现的拥有保荐代表人资格的承销商经办人降低债券发行利差的现象，可能存在两种渠道。一种渠道是出于职业考虑，拥有保荐代表人资格的承销商经办人有动力进行更多的尽职调查，并提供更高质量的债券承销服务，从而降低债券发行成本。正如我们之前所说的，保荐代表人的不良表现或任何不当行为，不仅会损害他们在债券市场的声誉，也会损害他们在 IPO 市场的声誉，声誉受损会反过来影响他们在 IPO 市场的职业前景和业务收入。另一种渠道是保荐代表人本身所具有的认证功能，在我国资本市场，相对于其他证券从业人员，保荐代表人的地位更高、知名度更高。因此，拥有保荐代表人资格的承销商经办人降低信用利差的现象并不是因为他们投入了更多精力，提供了更高质量的债券承销服务，而是发挥了认证功能或者吸引优质企业选择他们进行债券承销。

实际上这两个渠道并不相互排斥，而且差异非常微妙。我们试图区分哪个渠道发挥主导作用，具体而言，我们进一步分析拥有保荐代表人资格的承销商经办人与债券信用利差之间的关系，是否随其年龄和资历而变化。相对于年纪较长的保荐代表人，年纪轻的被认为有更强的动机来建立和保护自己的声誉，因为他们有更长的职业生涯（Gibbons and Murphy, 1992; Chevalier and Ellison, 1999b）。同样，在职业生涯的早期，他们也更愿意建立和保护声誉，因为未来的职业生涯还很长（Chemmanur et al., 2019）。因此，拥有保荐代表人资格的承销商经办人与债券信用利差之间负相关关系，对于年轻或职业生涯早期的保荐代表人来说可能会更为显著。

因此，我们将变量 *IPO Investment Banker* 拆分为两组指标：*Younger IPO Investment Banker* 和 *Older IPO Investment Banker*（*Earlier IPO Investment Banker* 和 *Later IPO Investment Banker*）。*Younger IPO Investment Banker*（*Older IPO Investment Banker*）等于 1 如果保荐代表人的年龄低于（高于）样本中位数（该值为 36 岁），否则为 0。*Earlier IPO Investment Banker*（*Later IPO Investment Banker*）等于 1 如果保荐代表人获得资格的从业年限低于（高于）样本中位数（该值为 7 年），否则为 0。我们将这两组指标代入回归模型（1），用于替换 *IPO Investment Banker*，估计结果见表 11 – 9。

表 11 – 9 的结果显示，*Younger IPO Investment Banker* 和 *Earlier IPO Investment Banker* 的系数均显著为负，而且系数差异的 F-检验显示 *Younger IPO Investment Banker* 和 *Earlier IPO Investment Banker* 的系数分别大于 *Older IPO Investment Banker* 和 *Later IPO Investment Banker*，表明我们研究发现的拥有保荐代表人资格的承销商经办人与债券信用利差之间的负相关关系，对于那些年轻或处于职业生涯早期的银行家来说更为显著。

表 11-9　通过声誉发挥认证功能的回归结果

	(1)	(2)
	Yield Spreads	Yield Spreads
Constant	588.736*** (6.56)	580.052*** (6.73)
Younger IPO Investment Banker	-20.855*** (-2.77)	
Older IPO Investment Banker	-5.693 (-0.77)	
Earlier IPO Investment Banker		-17.570*** (-2.81)
Later IPO Investment Banker		-4.098* (-1.77)
Bank IPO Mktshare	-0.050 (-0.36)	0.040 (0.30)
Bank Bond Mktshare	-1.648** (-2.54)	-1.604*** (-2.69)
Bond Controls	YES	YES
Firm Controls	YES	YES
Year	YES	YES
Industry	YES	YES
Investment Bank	YES	YES
Bond Rating Agency	YES	YES
Observations	24970	26630
Adj-R^2	0.622	0.611
F-value for difference in coefficient between the two key variables	3.16*	5.99**

(二) 人力资本的作用

人力资本一直被认为是决定金融中介服务质量的重要因素 (Chevalier and Ellison, 1999b; Chemmanur et al., 2019; Bushman et al., 2021)。Chemmanur et al. (2019) 发现具有更高人力资本的财务顾问能够提供更高质量的并购咨询服务, 带来更好的并购业绩。因此, 我们研究发现的拥有保荐代表人资格的承销商经办人与债券信用利差之间负相关关系, 可能是由于保荐代表人比一般的承销商经办人拥有更高的人力资本所致。当然, 保荐代表人的人力资本也会对他们的声誉资本产生影响, 我们试图进一步区分人力资本与职业生涯这两种机制。

具体来说, 我们采用在样本期间通过保荐代表人资格考试的承销商经办人,通过比较获得保荐代表人资格前后的一段时间（三年或两年），与从未获得保荐代表人资格的样本一起进行 DID 检验。我们将由新获得保荐代表人资格的承销商经办人承销的债券划分为处理组，并将由在同一承销商机构中不具有保荐代表人资格的同事承销的债券划分为控制组。我们分别对三年和两年的替代窗口期进行 DID 测试，并要求每个承销商经办人在事件前后的期间至少发行一次债券。我们认为，新获得保荐代表人资格的承销商经办人与没有获得保荐代表人资格的同事之间的能力差异，在我们这个相对较短的事件窗口期中倾向于保持稳定。

在我们的样本期间，有 2294 个承销商经办人获得了保荐代表人资格。我们在三年的窗口期中获取了 2490 个观测值（其中，处理组 138 个和控制组 2352 个），以及两年的窗口期中获取了 1482 个观测值（其中，处理组 51 个和控制组 1431 个）。我们构建如下 DID 回归模型：

$$Yield\ Spreads_{it} = \alpha_0 + \alpha_1 Treat_{it} + \alpha_2 Post_{it} + \alpha_3 Treat_{it} \times Post_{it} + \beta Controls_{it-1} + \gamma Fixed\ Effects + \varepsilon_{it} \qquad (2)$$

其中，$Yield\ Spreads$ 为债券信用利差。变量 $Treat$ 是一个虚拟变量，当为处理组债券发行时取 1，为控制组债券发行时取 0。$Post$ 是一个虚拟变量，当债券发行在事件后时取 1，在事件前时取 0。$Controls$ 表示与模型（1）中采用的相同的控制变量。同模型（1），我们包括了行业、年份、承销商机构和信用评级机构的固定效应。我们预测如果获得保荐代表人资格会增加承销商经办人的声誉关注，并激励他们进行尽职调查，提供更高质量的承销服务，即交乘项 $Treat \times Post$ 的系数 α_3 将为负值。

表 11-10 的结果显示交互项 $Treat \times Post$ 的系数为负，且在两个回归中均显著。结果表明，具有保荐代表人资格的承销商经办人承销的债券信用利差，低于之前未获得保荐代表人资格的同事承销的债券，这与我们提出的保荐代表人资格的获得增加了承销商经办人的声誉资本，并促使他们提供更高质量的债券承销服务以保护其声誉的观点一致。

表 11-10　　双重差分模型（DID）回归结果

	(1)	(2)
	Yield Spreads	*Yield Spreads*
	获得资格前后三年	获得资格前后两年
Constant	482.246***	611.802***
	(10.30)	(10.40)

续表

	(1)	(2)
	Yield Spreads	Yield Spreads
	获得资格前后三年	获得资格前后两年
Treated	47.239 (1.66)	41.225 (1.46)
Post	-7.138 (-1.25)	-12.209* (-1.78)
Treated × Post	-62.969** (-2.12)	-82.763*** (-2.69)
Bank IPO Mktshare	-0.624* (-1.74)	-0.483 (-1.13)
Bank Bond Mktshare	-1.583*** (-3.46)	-1.762*** (-2.95)
Bond Controls	YES	YES
Firm Controls	YES	YES
Year	YES	YES
Industry	YES	YES
Investment Bank	YES	YES
Bond Rating Agency	YES	YES
Observations	2490	1482
Adj-R^2	0.568	0.572

五、进一步分析

（一）不同违约风险债券的作用差异

已有基于机构层面的研究发现对于违约风险较高的债券，中介机构所发挥的认证功能越强（Fang，2005）。我们从承销商经办人个人层面研究发现，拥有保荐代表人资格的承销商经办人往往提供更高质量的承销服务，并能为他们所承销的债券获得更好的价格。因此，我们又进一步考察承销商经办人的声誉对债券利差的影响，是否随债券的违约风险而发生变化。

根据已有文献，我们采用两个变量来衡量债券的违约风险，包括 Bond Rating 和 SOE，具体的变量定义与之前相同。较高的信用评级意味着债券拥有较低的违约风险（Fang，2005）。而且，国有企业往往存在着政府的隐形担保问题，其违约的可能性也相对较低（Chen et al.，2010；Livingston et al.，2018）。我们将主要解释变量 IPO Investment Banker 分别与 Bond Rating 和 SOE 这两个变量进行交乘,并重新估算表 11-5 的回归,结果如表 11-11 所示。根据表 11-11 的回归结果,两个交乘项 *IPO Investment Banker × Bond Rating* 和 *IPO Investment Bankers × SOE* 均显著为正,这一结果与我们的推测相一致,即对于违约风险较高的债券,承销商经办人的声誉在降低债券收益率利差方面,发挥着更重要的作用。

表 11-11　　　　　　　　　　不同违约风险的回归结果

	(1) Yield Spreads	(2) Yield Spreads
Constant	341.825 *** (3.31)	342.229 *** (5.98)
IPO Investment Banker	-16.833 *** (-2.60)	-78.110 *** (-4.58)
IPO Investment Banker × SOE	13.844 * (1.95)	
SOE	-65.104 *** (-13.02)	
IPO Investment Banker × Bond Rating		16.671 *** (4.75)
Bond Rating		-65.659 *** (-23.58)
Bank IPO Mktshare	0.033 (0.12)	0.027 (0.20)
Bank Bond Mktshare	-1.563 *** (-3.01)	-1.587 *** (-2.66)
Bond Controls	YES	YES
Firm Controls	YES	YES
Year	YES	YES
Industry	YES	YES
Investment Bank	YES	YES
Bond Rating Agency	YES	YES
Observations	26630	26630
Adj-R^2	0.611	0.612

(二) 不同信息不对称程度债券的作用差异

信息不对称是影响证券定价的重要因素(Zhang,2006)。企业的信息不对称程度高,不仅增加了债券发行人的价值波动性,也使投资者对债券发行人的未来价值持更加保守的态度（Lu et al.，2010）。为此，我们进一步研究拥有保荐代表人资格的承销商经办人与债券信用利差之间的关系，是否随着债券发行人的信息不对称程度而产生变化。借鉴已有研究，我们采用了两种方法来衡量债券发行人的信息不对称。第一个指标是 *Firm Age*，定义与之前一致，企业成立的时间越久，越会有更多的信息提供给市场，表现出较低的信息不对称（Lu et al.，2010）。第二个指标是债券发行人与主要金融中心的地理邻近程度 *Distance to Fincenter*，地理上远离金融中心的公司会呈现出更大的信息不对称（Loughran，2007，2008；EI Ghoul et al.，2013）。根据 EI Ghoul et al.（2013）的定义，我们将变量 *Distance to Fincenter* 定义为债券发行人总部到中国三大金融中心（北京、上海和深圳）的最小距离的自然对数。

我们将主解释变量与两个信息不对称变量进行交乘，代入回归模型（1），检验结果见表 11-12。回归结果显示，第（1）列 *IPO Investment Banker* 与 *Firm Age* 的交乘项显著为正，说明对于年龄越大的发债企业来说，承销商经办人的声誉对债券信用利差的影响有所减弱。第（2）列 *IPO Investment Banker* 与 *Distance to Fincenter* 的交乘项显著为负，说明承销商经办人的声誉对债券信用利差的影响，在地理位置偏远且信息不对称程度较高的公司中更为显著。综合来看，这些结果表明对于信息不对称程度更高的债券发行人来说，拥有保荐代表人资格的承销商经办人的作用更强。

表 11-12　　　　　　　　不同信息不对称程度的回归结果

	（1）	（2）
	Yield Spreads	*Yield Spreads*
Constant	579.391***	487.891***
	(6.73)	(5.22)
IPO Investment Banker	-17.784***	2.798
	(-3.11)	(0.56)
IPO Investment Banker × Firm Age	0.603***	
	(2.77)	
IPO Investment Banker × Distance to Fincenter		-2.800**
		(-2.19)
Distance to Fincenter		4.491***
		(5.82)
Firm Age	-0.945***	-0.762***
	(-3.85)	(-3.16)
Bank IPO Mktshare	-0.047	0.029
	(-0.33)	(0.21)

续表

	(1)	(2)
	Yield Spreads	Yield Spreads
Bank Bond Mktshare	-1.397** (-2.14)	-1.595*** (-2.66)
Bond Controls	YES	YES
Firm Controls	YES	YES
Year	YES	YES
Industry	YES	YES
Investment Bank	YES	YES
Bond Rating Agency	YES	YES
Observations	26630	26630
Adj-R^2	0.611	0.616

（三）与承销商机构声誉的替代作用

Fang（2005）认为声誉良好的投资银行为了保护其声誉资本，会提供更高质量的承销服务。在债券承销过程中，承销商会与债券发行人签订合同，并指派承销商经办人作为其执业代理人来执行债券承销任务。在本小节中，我们进一步检查承销商机构声誉是否与承销商经办人的声誉之间存在着替代作用。我们认为，当承销商机构的声誉资本较低，且在债券市场上几乎不起认证作用时，承销商经办人的声誉可能更为重要。为了检验承销商经办人的声誉在影响债券信用利差方面是否与机构声誉之间具有替代作用，我们将主解释变量 IPO Investment Banker 与承销商机构声誉的衡量指标进行交乘，并重新估算表 11-5 第（3）列中的回归。承销商机构声誉的衡量指标一个是前面定义的 Bank Bond Mktshare，另一个是虚拟变量 Reputable Bank Underwriter，如果承销商机构一年内的债券市场承销份额在前五大承销商之列，则为 1，否则为 0。表 11-13 的结果表明，在回归（1）和（2）中，两个交乘项变量的系数均显著为正，表明承销商经办人声誉对债券利差的缓解作用随承销商机构声誉资本的增加而减小。

除了投资银行外，信用评级机构是另外一个重要的金融中介，通过对债券发行人的信用质量及其债务偿还能力的前瞻性预测，减少债券发行人和投资者之间的信息不对称，从而促进企业的债务融资更加市场化（Badoer et al.，2019）。信誉良好的信用评级机构可以提供更高质量的信用评级，因此我们又进一步检验承销商经办人的声誉在影响债券信用利差方面与评级机构声誉之间的替代作用。我们定义两个变量来衡量评级机构的声誉，*Rating Agency Mktshare* 和 *Global Rating Agency*，*Rating Agency Mktshare* 是指评级机构的市场份额，等于由信用评级机构评级的债券发行数量除以当年的债券发行总量；*Global Rating Agency* 为虚拟变量是否与国际信用评级机构进行业务合作，如果债券发行由与国际信用评级机构联合的信用评级机构进行评级，则该指标变量为 1，否则为 0。目前，我国九家信用评级机构中有三家与穆迪、标准普尔或惠誉建立了业务合作关系。在我国债券市场，这些全球合作的信用评级机构比单纯的国内评级机构拥有更好的声誉，发挥着更强大的认证作用（Livingston et al.，2018；Hu et al.，2020）。我们将主解释变量 *IPO Investment Banker* 与信用评级机构声誉的衡量指标进行交乘，并重新估算表 11 – 5 第（3）列中的回归。表 11 – 13 的回归（3）和（4）显示两个交乘项变量的系数均显著为正，表明承销商经办人声誉对债券利差的缓解作用随承销商机构声誉资本的增加而减小。

表 11 –13 个人和机构声誉的替代作用回归结果

	(1) Yield Spreads	(2) Yield Spreads	(3) Yield Spreads	(4) Yield Spreads
Constant	348.230 *** (6.04)	355.918 *** (21.10)	581.836 *** (6.84)	591.188 *** (5.27)
IPO Investment Banker	−18.293 *** (−3.56)	−12.625 *** (−3.93)	−18.358 *** (−2.98)	−16.317 *** (−3.27)
IPO Investment Banker × Bank Bond Mktshare	2.163 *** (3.47)			
IPO Investment Banker × Reputable Bank Underwriter		13.864 *** (3.07)		
IPO Investment Banker × Rating Agency Mktshare			0.486 ** (2.10)	
IPO Investment Banker × Global Rating Agency				22.226 *** (2.89)
Bank Bond Mktshare	−1.734 *** (−2.88)		−1.409 *** (−2.74)	−2.590 ** (−2.15)
Reputable Bank Underwriter		−1.556 (−0.29)		
Rating Agency Mktshare			−1.080 *** (−3.77)	
Global Rating Agency				−8.645 *** (−2.64)
Bank IPO Mktshare	0.046 (0.33)	−0.062 (−0.46)	0.023 (0.17)	0.106 (0.42)

续表

	(1)	(2)	(3)	(4)
	Yield Spreads	*Yield Spreads*	*Yield Spreads*	*Yield Spreads*
Bond Controls	YES	YES	YES	YES
Firm Controls	YES	YES	YES	YES
Year	YES	YES	YES	YES
Industry	YES	YES	YES	YES
Investment Bank	YES	YES	YES	YES
Bond Rating Agency	YES	YES	YES	YES
Observations	26630	26630	26630	26630
Adj-R^2	0.612	0.611	0.615	0.614

（四）地方金融市场化的变迁与司法效率

中国不同省份的金融市场化程度和司法效率存在较大差异，处于金融市场化程度较低地区的企业获得外部融资的机会有限，更容易陷入财务困境（Allen et al., 2005）。司法效率作为执法的一个关键决定因素，在很大程度上有助于保护债权人，并能在公司债务融资中发挥重要作用（Djankov et al., 2003；Boubakri and Ghouma, 2010；Shah et al., 2017）。更高的司法效率增加了资金的可获得性，在金融市场发达和司法效率较高的地区，资金可获得性的增加和债权人获得的更好保护可能在某种程度上取代声誉良好的承销商的认证作用。

为了检验这一可能性，我们利用 Fan and Wang（2016）编制的金融业市场化指数来衡量发行人所在省份的金融发展情况。市场化指数越高，金融市场越发达。具体来说，我们构造了一个虚拟变量 *High Market*，如果金融市场化指数高于样本中位数，则为1，否则为0。与 Shah et al.（2017）类似，我们使用法庭审判成本（包括法庭费用、执行成本和平均律师费）来衡量司法效率。司法效率数据来自于世界银行编制的《2008年中国营商环境报告》，我们定义了一个虚拟变量 *High Judicial*，如果一个省的营商环境排名高于样本中位数，则为1，否则为0。我们将上述两个变量与 *IPO Investment Banker* 进行交乘，并重新估计表11-5中的回归，结果如表11-14所示。结果显示两个回归中的交乘项均显著为正，而且 *IPO Investment Banker* 仍然显著为负。这说明对于金融市场较为发达、司法效率较高的省份，拥有保荐代表人资格的承销商经办人对债券信用利差的影响有所缓解。

表 11-14　　地方金融市场化与司法效率回归结果

	(1)	(2)
	Yield Spreads	*Yield Spreads*
Constant	393.652*** (23.04)	337.724*** (18.77)
IPO Investment Banker	-19.339*** (-4.76)	-22.208*** (-3.64)
IPO Investment Banker × High Market	24.298*** (2.85)	
High Market	-24.298*** (-5.00)	
IPO Investment Banker × High Judicial		20.091*** (2.60)
High Judicial		-21.754*** (-7.47)
Bank IPO Mktshare	-0.014 (-0.10)	-0.011 (-0.08)
Bank Bond Mktshare	-1.582** (-2.45)	-1.436** (-2.34)
Bond Controls	YES	YES
Firm Controls	YES	YES
Year	YES	YES
Industry	YES	YES
Investment Bank	YES	YES
Bond Rating Agency	YES	YES
Observations	26630	26550
Adj-R^2	0.617	0.615

（五）对债券违约程度或违约概率的影响

已有研究发现，债券违约会对承销商的声誉带来很大程度的负面影响，极有可能损害承销商的声誉。因此，我们进一步测试承销商经办人的声誉问题对债券违约概率的影响。借鉴以往文献（Gao et al., 2021；Hu et al., 2020），我们引入衡量债券违约概率的两个变量，一个是虚拟变量 *Default*，如果债券在其有效期内发生违约，则等于 1，否则等于 0。另一个是 *ZChina*，是 Altman Z-score（Altman, 1968）的修订版，针对中国不同的会计实践进行了调整（Zhang et al., 2010；Hu et al., 2020）：

$$ZChina = 0.517 - 0.460X1 + 9.320X2 + 0.388X3 + 1.158X4$$

其中，$X1$ 是总负债与总资产的比例，$X2$ 是营业收入与总资产的比例，$X3$ 是营运资本与总资产的比例，$X4$ 是留存收益与总资产的比例。$ZChina$ 值越高，表示违约风险越低。我们分别以 Default 和 ZChina 代替债券信用利差作为因变量重新估算表 11-5 第（3）列中的回归，结果如表 11-15 所示。主解释变量 IPO Investment Banker 在两个回归中均显著为负，表明具有保荐代表人资格的承销商经办人承销的债券违约概率较低。

表 11-15　　承销商经办人声誉与违约概率回归结果

	(1)	(2)
	Default	ZChina
Constant	0.037 (1.24)	2.395 *** (37.96)
IPO Investment Banker	-0.010 * (-1.80)	0.016 ** (2.53)
Bank IPO Mktshare	-0.001 ** (-2.23)	-0.002 *** (-4.94)
Bank Bond Mktshare	0.000 (0.64)	0.003 ** (2.51)
Bond Controls	YES	YES
Firm Controls	YES	YES
Year	YES	YES
Industry	YES	YES
Investment Bank	YES	YES
Bond Rating Agency	YES	YES
Observations	26630	23782
Adj-R^2	0.232	0.488

（六）对募集说明书文本信息的影响

在债券承销服务中，承销商需要与债券发行人共同编制募集说明书，债券募集说明书提供了投资者所需要的，有关发行人和债券相关的重要基本信息。根据证监会的规定，承销商及其经办人员必须确保募集说明书中披露的信息真实、准确、完整，没有错报。如果具备保荐代表人资格的承销商经办人更关注自身的声誉，他们将会在承销服务中付出更多努力，因此我们预计债券募集说明书将包含更多的信息内容。

因此，我们借鉴已有文献，采用文本分析的方法计算募集说明书中的文本信息含量（Dyer et al.，2017；Naughton et al.，2018；Blankespoor，2019）。我们定义两个指标：文本长度（*LnNumWords*）和文本"硬"信息含量（*HardInfoMix*）。文本长度可以在一定程度上代表承销商所付出的努力程度（Naughton et al.，2018），而包含数字的文本比一般性的描述更可验证、更精确（Dyer et al.，2017）。具体来说，我们将变量 *LnNumWords* 定义为募集说明书中总字数的自然对数；将变量 *HardInfoMix* 定义为募集说明书中数字数量占总字数的比例，数字数量不包括日期、页码等无效信息。我们用 *LnNumWords* 和 *HardInfoMix* 代替 *Yield Spreads* 作为因变量，重新估算模型（1）的回归，结果见表11-16。结果显示主解释变量 *IPO Investment Banker* 在两次回归中均显著为正，表明拥有保荐代表人资格的承销商经办人承销的债券募集说明书包含了更多的信息内容。这一发现与我们的预测相一致，即拥有保荐代表人资格的承销商经办人在承销债券时，出于对声誉的担忧而加大了努力程度。

表 11-16　承销商经办人声誉与募集说明书文本信息回归结果

	（1）	（2）
	LnNumWords	*HardInfoMix*
Constant	11.628 ***	1.358 ***
	(25.07)	(9.23)
IPO Investment Banker	0.065 ***	0.044 *
	(5.62)	(1.91)
Bank IPO Mktshare	0.005	−0.020 ***
	(1.13)	(−6.46)
Bank Bond Mktshare	−0.001	0.000
	(−0.32)	(0.11)
Bond Controls	YES	YES
Firm Controls	YES	YES
Year	YES	YES
Industry	YES	YES
Investment Bank	YES	YES
Bond Rating Agency	YES	YES
Observations	24196	24196
Adj-R^2	0.483	0.147

六、其他稳健性检查

（一）承销商经办人声誉的另一种衡量方法

在上述分析中，我们使用拥有保荐代表人的资格来衡量承销商经办人的声誉。现有文献通常使用市场份额来衡量承销商机构的声誉（Yasuda, 2005; Fang, 2005; Golubov et al, 2012）。按照同样的逻辑，我们又根据承销商经办人在IPO市场的市场份额来衡量其声誉。具体来说，我们定义了另一个变量 *Investment Banker IPO Mktshare*，即承销商经办人承销的IPO金额，除以当年发行的IPO募集总金额。然后我们使用 *Investment Banker IPO Mktshare* 代替原来的主解释变量 *IPO Investment Banker* 重新估算表11-5中的回归，结果如表11-17所示。回归结果显示变量 *Investment Banker IPO Mktshare* 的系数显著为负，这表明我们的主要结果对承销商经办人声誉的替代测量是稳健的。

表11-17　　承销商经办人声誉的替代衡量

	(1)	(2)	(3)
	Yield Spreads	*Yield Spreads*	*Yield Spreads*
Constant	194.457 *** (108.30)	206.647 *** (58.06)	576.020 *** (17.48)
Investment Banker IPO Mktshare	-2.315 ** (-2.15)	-2.718 ** (-2.35)	-2.440 ** (-2.38)
Bank IPO Mktshare		0.088 (0.25)	0.028 (0.10)
Bank Bond Mktshare		-2.797 *** (-4.38)	-1.548 *** (-2.98)
Bond Controls	NO	NO	YES
Firm Controls	NO	NO	YES
Year	YES	YES	YES
Industry	YES	YES	YES
Investment Bank	YES	YES	YES
Bond Rating Agency	YES	YES	YES
Year × Bond Rating Agency	YES	YES	YES
Observations	26630	26630	26630
Adj-R²	0.433	0.435	0.611

(二) IPO 前后的债券发行

Drucker and Puri (2005) 发现企业,可以在其股票增发 (SEO) 前后或在 SEO 准备阶段以较低的成本获得银行贷款。中国企业在 IPO 准备过程中,证监会等监管部门对其公司治理和信息披露都要进行极其严格的审查,IPO 或 IPO 准备工作也可以通过降低融资成本使债券发行方受益。因此,计划 IPO 的债券发行人更有可能与具有保荐代表人资格的承销商经办人配对,即我们所发现的具有保荐代表人资格的承销商经办人与债券信用利差之间的关系可能源于这一现象。

为了排除这种可能性,我们又对研究样本进行了删减,包括分别剔除:(1) 发行人首次公开募股前后一年内发行的债券;(2) 发行人首次公开募股前后两年内发行的债券;(3) 发行人首次公开募股前和发行人首次公开募股后两年内发行的债券;(4) 由承销过发行人 IPO 的承销商经办人承销的债券;(5) 由承销过发行人 IPO 的承销商承销的债券。对表 11-5 第 (3) 列中的回归进行了重新估算。表 11-18 的结果显示,在所有五个回归中,变量 *IPO Investment Banker* 的系数仍然显著为负,表明我们的主要发现并没有受到 IPO 前后债券发行样本的影响。

表 11-18　　　　　　　　剔除 IPO 前后的发债样本

	(1)	(2)	(3)	(4)	(5)
	Yield Spreads	Yield Spreads	Yield Spreads	Yield Spreads	Yield Spreads
	剔除 IPO 前后一年	剔除 IPO 前后两年	剔除所有 IPO 前后两年	剔除关系型承销(个人)	剔除关系型承销(机构)
Constant	341.681 *** (20.26)	341.107 *** (19.78)	346.433 *** (19.63)	337.817 *** (19.39)	342.112 *** (20.36)
IPO Investment Banker	-7.883 *** (-2.85)	-6.062 ** (-2.22)	-6.077 ** (-2.23)	-7.429 ** (-2.46)	-5.771 ** (-2.03)
Bank IPO Mktshare	0.036 (0.13)	0.075 (0.27)	0.085 (0.31)	0.039 (0.29)	0.090 (0.53)
Bank Bond Mktshare	-1.591 *** (-3.05)	-1.610 *** (-3.06)	-1.588 *** (-3.01)	-1.576 *** (-2.60)	-1.637 *** (-2.71)
Bond Controls	YES	YES	YES	YES	YES
Firm Controls	YES	YES	YES	YES	YES
Year	YES	YES	YES	YES	YES
Industry	YES	YES	YES	YES	YES

续表

	(1)	(2)	(3)	(4)	(5)
	Yield Spreads	*Yield Spreads*	*Yield Spreads*	*Yield Spreads*	*Yield Spreads*
	剔除 IPO 前后一年	剔除 IPO 前后两年	剔除所有 IPO 前后两年	剔除关系型承销（个人）	剔除关系型承销（机构）
Investment Bank	YES	YES	YES	YES	YES
Bond Rating Agency	YES	YES	YES	YES	YES
Observations	26496	26334	26085	26289	26594
Adj-R^2	0.612	0.618	0.626	0.618	0.612

本章小结

本章以 2007—2019 年我国公司债券数据为研究样本，考察了承销商经办人的声誉对债券融资成本的影响。本章采用保荐代表人资格来衡量承销商经办人的声誉，拥有保荐代表人资格的承销商经办人，出于债券市场表现不佳可能会对其在 IPO 市场的业务造成不利影响的担忧，因此他们在提供债券承销服务时会更在意声誉问题。我们发现，拥有保荐代表人资格的承销商经办人的公司债券发行利差较低，表明出于声誉的考虑，拥有保荐代表人资格的承销商经办人倾向于进行更多的尽职调查和提供更高质量的承销服务。本章的研究从个人层面拓展了有关保荐代表人的研究成果，也推动了有关金融中介跨市场功能角色的研究。在实务领域，本章的研究结论对于债券投资者在承销商经办人层面上评价债券发行质量也具有重要的启示。

第四篇

再融资市场与承销保荐制度

第十二章

我国再融资市场与承销保荐制度

再融资是上市公司重要的资金来源,随着我国证券市场的发展,再融资发挥着越来越重要的作用。近年来,我国不断推动再融资市场的制度创新,规范企业的再融资行为。随着资本市场的全面注册制改革,保荐人和承销商在上市公司再融资中所发挥的金融中介功能也日益凸显。

第一节 再融资市场概述

再融资(Seasoned Equity Offering, SEO)指上市公司在证券市场通过增发、配股和发行可转换债券等方式进行的直接融资行为。再融资能够较大程度满足上市公司的资金需求,推动上市公司发展,再融资市场受到实务界和学术研究的广泛关注。近年来,证监会对上市公司再融资行为的管制持续放松,合法筹资手段持续增加,不断向市场化迈进。逐渐放宽的市场制度给再融资带来活力,促进市场规模的发展壮大,为资源的优化配置和我国经济的转型升级提供了有力保障。

（一）配股

配股是指上市公司依据有关法律规定和程序，根据公司发展需要，按股票持股比例，并以低于市价的某一特定价格，向原有股东配售一定数量新股的融资活动。配股的对象是原有股东，最大的特点是按股票市价作一定折价确定配股价格，折价是为了鼓励股东出价认购。配股种类可以分为有偿配股和无偿配股两种。有偿配股是指公司办理现金增资，股东按照持股比例认购股票。无偿配股又称送红股，是盈余分配的方法之一，指公司经营所得按照股东大会决议分配盈余，股东依持股比例无偿领取股票。

（二）增发

增发是指已上市公司通过指定投资者或者全部投资者，额外发行股份以募集资金的融资行为，发行价格往往是发行前某一期间平均价的一定比例，是募集资金的一种融资方式。增发有利于企业筹集资金，满足生产经营的需要。同时为投资者开拓投资渠道，扩大投资范围，增强投资的流动性和灵活性。按不同分类方式，增发股份可以分为公开增发和定向增发。公开增发是向社会公众投资者公开发行股份募集资金的方式；定向增发指上市公司通过非公开方式，向特定对象发行股票的融资行为。定向增发的特定对象需要满足股东大会决议规定条件，且当发行对象被认定为境外战略投资者时，需要事先得到监管部门的批准。

（三）可转换债券

可转换债券属于债券的一类，其持有者能够依据债券发行时协定的价格将公司债券转换成普通股的一种融资方式。如果公司债券持有人不愿意转换，他们可以在偿还期满前继续持有债券，以收取本金和利息，或是在流通市场上出售。若债券持有人对发债公司股票增值潜力持乐观态度，可以在宽限期后进行转换，根据约定的转换价格将公司债券转换成股票。可转换债券的利率一般比普通债券利率低，因此公司发行可转换债券能够在一定程度上减少融资成本。发行人享有在满足一定条件下强制性赎回债券的权利，可转换债券兼具债权和股权的特征。

第二节 再融资市场的制度变迁

迄今为止，我国再融资市场的制度创新历程可以分为审批制阶段、核准制阶段以及注册制阶段。在不同阶段，监管层不断完善相关法律法规，建立具有中国特色的再融资制度，主要颁布了《关于上市公司配股工作有关的问题的通知》《股票发行与交易管理暂行条例》《上市公司证券发行管理办法》《科创板上市公司证券发行注册管理办法（试行）》《创业板上市公司证券发行注册管理办法（试行）》等。

一、审批制阶段

自资本市场建立之初到 2000 年左右，在股票发行制度的影响下，我国再融资市场逐渐形成，并进入了审批制阶段。证监会等监管部门出台了相关法律法规不断完善再融资市场的制度建设，有《股票发行与交易管理暂行条例》《关于上市公司配股工作有关的问题的通知》等。在该阶段，我国再融资市场的法规制度仍然不够健全，企业再融资中的违法违规行为时有发生。

（一）《股票发行与交易管理暂行条例》（1993 年）

证监会于 1993 年 4 月 22 日发布《股票发行与交易管理暂行条例》，并规定自发布之日起开始执行。本条例主要对上市公司的股票发行与交易等事项进行了规定。第十条规定"股份有限公司增资申请公开发行股票，除应当符合本条例第八条和第九条所列条件外，还应当符合下列条件：（1）前一次公开发行股票所得资金的使用与其招股说明书所述的用途相符，并且资金使用效益良好；（2）距前一次公开发行股票的时间不少于十二个月；（3）从前一次公开发行股票到本次申请期间没有重大违法行为；（4）证券委规定的其他条件"。本条款对增资公开发行股票的条件进行了列示，一定程度上规范了股票增发行为。第十一条规定"定向募集公司申请公开发行股票，除应当符合本条例第八条和第九条所列条件外，还应当符合下列条件：（1）定向募集所得资金的使用与其招股说明书所述的用途相符，并且资金使用效益良好；（2）距最近一次定向募集股份的时间不少于十二个月；（3）从最近一次定向募集到本次公开发行期间没有重大违法行为；（4）内部职工股权证按照规定范围发放，并且已交国家指定的证券机构集中托管；（5）证券委规定的其他条件"。本条款明确上市公司公开定向募集发行股票的条件，这有助于维护我国资本市场股票发行的秩序。

（二）《公司法》（1993 年）

国务院于 1993 年 12 月 29 日通过了《中华人民共和国公司法》，并规定自 1994 年 7 月 1 日开始实施。《公司法》第九十九条规定"有限责任公司依法经批准变更为股份有限公司，为增加资本向社会公开募集股份时，应当依照本法有关向社会公开募集股份的规定办理"。这对企业增加资本公开募集股份的行为提出了要求。第一百七十二条规定"上市公司经股东大会决议可以发行可转换为股票的公司债券，并在公司债券募集办法中规定具体的转换办法。发行可转换为股票的公司债券，应当报请国务院证券管理部门批准。公司债券可转换为股票的，除具备发行公司债券的条件外，还应当符合股票发行的条件。发行可转换为股票的公司债券，应当在债券上标明可转换公司债券字样，并在公司债券存根簿上载明可转换公司债券的数额"。本条款对可转换债的发行进行了要求，规范了企业发行可转换债券的行为。第一百七十三条要求"发行可转换为股票的公司债券的，公司应当按照其转换办法向债券持有人换发股票，但债券持有人对转换股票或者不转换股票有选择权"。这对可转换债券的持有人和公司的权力与义务进行了明确的规定。第一百八十七条要求"股份有限公司为增加注册资本发行新股时，股东认购新股应当按照本法设立股份有限公司缴纳股款的有关规定执行"。本条款对企业增发新股进行了相关规定，为我国企业增发行为提供了一定的法律依据。

（三）《关于上市公司配股工作有关问题的通知》（1999 年）

证监会于 1999 年 3 月 27 日发布《关于上市公司配股工作有关的问题的通知》[以下简称"《配股工作通知》（1999 年）"]，并于公布之日施行。《配股工作通知》（1999 年）对相关配股规定进行了修订，以进一步规范上市公司的配股行为。通知共十条，从配股的条件、申请核准程序、信息披露等各个方面对配股作出了详细规定。

《配股工作通知》（1999 年）对于上市公司配股条件作出严格的规定。第一条指出"上市公司配股的条件：（1）上市公司必须与控股股东在人员、资产、财务上分开，保证上市公司的人员独立、资产完整和财务独立。（2）公司章程符合《公司法》的规定，并已根据《上市公司章程指引》进行了修订。（3）配股募集资金的用途符合国家产业政策的规定。（4）前一次发行的股份已经募足，募集资金使用效果良好，本次配股距前次发行间隔一个完整的会计年度（1月1日—12月31日）以上。（5）公司上市超过 3 个完整会计年度的，最近 3 个完整会计年度的净资产收益率平均在 10% 以上；上市不满 3 个完整会计年度的，按上市后所经历的完整会计年度平均计算；属于农业、能源、原材料、基础设施、高科技等国家重点支持行业的公司，净资产收益率可以略低，但不得低于9%；上述指标计算期间内任何一年的净资产收益率不得低于6%。（6）公司在最近三年内财务会计文件无虚假记载或重大遗漏。（7）本次配股募集资金后，公司预测的净资产收益率应达到或超过同期银行存款利率水平。（8）配售的股票限于普通股，配售的对象为股权登记日登记在册的公司全体股东。（9）公司一次配股发行股份总额，不得超过该公司前一次发行并募足股份后其股份总额的30%，公司将本次配股募集资金用于国家重点建设项目、技改项目的，可不受30%比例的限制"。

《配股工作通知》（1999年）第二条指出"上市公司有下列情形之一的，其配股申请不予核准：（1）不按有关法律、法规的规定履行信息披露义务。（2）近3年有重大违法、违规行为。（3）擅自改变《招股说明书》或《配股说明书》所列资金用途而未作纠正，或者未经股东大会认可……申请配股的上市公司因存在上述（2）、（3）、（5）项规定的情形而未获中国证券监督管理委员会核准的，不得在一年内再次提出配股申请"。

《配股工作通知》（1999年）第五条规定了上市公司配股申请及核准程序，共三个步骤，"（1）上市公司在履行配股有关法定程序后，编制《配股申报材料》。（2）公司将《配股申报材料》报送公司所在地中国证监会监管机构初审；初审合格的，报中国证监会批准。（3）中国证监会发行审核委员会以投票方式进行表决，并提出审核意见后，由中国证监会依法核准"。有关发行上市程序的规定，"（1）上市公司在收到中国证监会核准其配股的通知后，与证券交易所协商确定有关的具体事项。证券交易所应当在收到公司配股文件后2个工作日内给予书面答复，并按照本通知的要求办理相关业务。（2）上市公司应当在配股缴款结束后20个工作日完成新增股份的登记工作，聘请会计师事务所出具验资报告，按照《公开发行股票公司信息披露的内容与格式准则第五号》的规定编制公司股份变动报告，并将上述2个报告报送证券交易所备案。（3）证券交易所在收到上市公司有关配股的股份变动报告和验资报告后，方可安排该项配售的股票上市交易"。

最后，《配股工作通知》（1999年）对于进行配股的上市公司的信息披露也作出相应规定，"（1）董事会在有关本次配股的方案表决通过后，应当在2个工作日内通知证券交易所，同时发出召开股东大会的通知；其内容应包括董事会决议、提交股东大会表决的配股具体方案及本通知第三部分第3项所规定的内容（注册会计师出具的《前次募集资金使用情况专项报告》除外），并载明

'该项决议尚须股东大会表决后，报中国证券监督管理委员会核准'字样。注册会计师出具的《前次募集资金使用情况专项报告》，应在股东大会的股权登记日前至少5个工作日公告。(2)股东大会表决通过配股方案后，应当按照证券交易所股票上市规则的有关规定公布股东大会决议，公告中应当载明'该方案尚须报中国证券监督管理委员会核准'字样。如果股东大会对董事会的配股方案有修改，还应公布修改后的方案。(3)上市公司接到中国证监会核准配股的通知后，应当在2个工作日内以公司董事会公告的形式公布配股申请获核准的信息，并在配股资格的股权登记日前至少10个工作日公布配股说明书。配股说明书刊登后，上市公司应当就该说明书至少再刊登一次提示性公告。公布的配股说明书内容应当与报送中国证监会核准的说明书内容一致；确有必要修改后，应当在公布前取得中国证监会的书面同意"。

二、核准制阶段

核准制是我国证券市场的重要阶段，在这一阶段，再融资市场的监管制度日益丰富。证监会出台了多个制度文件对上市公司的配股、增发等行为进行详细的规定，有《上市公司向社会公开募集股份操作指引（试行）》《上市公司向社会公开募集股份暂行办法》《关于做好上市公司新股发行工作的通知》《上市公司新股发行管理办法》《关于上市公司增发新股有关条件的通知》等。

（一）《上市公司向社会公开募集股份暂行办法》（2000年）

证监会于2000年4月30日发布《上市公司向社会公开募集股份暂行办法》[以下简称"《募集办法》（2000年）"]，并规定本办法自发布之日开始时正式实施。《募集办法》（2000年）共十二条。

《募集办法》（2000年）第一条指出"为规范上市公司以向社会公开募集方式增资发行股份（以下简称'公募增发'）的行为，建立市场约束机制，保护投资者的合法权益，根据有关法律、法规的规定，制定本暂行办法"。

《募集办法》（2000年）第二条明确要求"上市公司公募增发必须依法报经中国证券监督管理委员会核准"。本条款强调了证监会对上市公司公募增发的严格要求。第七条明确规定"上市公司应审慎地作出发行当年的盈利预测，并经过具有证券从业资格的注册会计师审核，如存在影响盈利预测的不确定因素，应作出敏感性分析与说明。如果上市公司不能作出预测，则应在招股意向书、发行公告和招股说明书的显要位置作出风险警示"。本条款要求上市公司进行盈利预测、提供敏感性分析与说明或者风险警示,通过对上市公司行为的约束,增加了对投资者权益的保护。

(二)《上市公司向社会公开募集股份操作指引(试行)》(2000年)

伴随《募集办法》(2000年)的出台,证监会于同日出台了《上市公司向社会公开募集股份操作指引(试行)》[以下简称"《操作指引》(2000年)"],用以指导上市公司的再融资行为。《操作指引》(2000年)共十条。

《操作指引》(2000年)第一条对向社会公开募集股份的定价进行了规定,要求"上市公司向社会公开募集股份(以下简称'公募增发')定价可以采取市价折扣或市盈率定价等方法"。

《操作指引》(2000年)第四条要求"配售中,申购数量高于配售上限时,可以采取等比例配售等方法进行。对于按某一标准将机构投资者分为不同类型,且不同类型按不同比例配售的,主承销商应披露有关标准。向机构投资者和股权登记日登记在册的股东以外的投资者发行新股,如有超额认购,可以按有效申购数量采取等比例分配、抽签等方法"。本条款对配售中出现的特殊情况进行了规定,增加其操作时的依据。

(三)《上市公司新股发行管理办法》(2001年)

证监会于2001年3月28日发布《上市公司新股发行管理办法》[以下简称"《新股发行管理办法》(2001年)"],并规定自发布之日开始实施。本办法共六章三十六条,分别从新股发行条件及关注事项、发行程序与审核事项、信息披露、法律责任等方面对上市公司新股发行行为进行相关规定。

《新股发行管理办法》(2001年)第一章从整体对新股发行行为进行了要求。第一条明确指出"为规范上市公司新股发行活动,保护投资者的合法权益和社会公共利益,根据《公司法》、《证券法》及其它相关法律、行政法规的规定,制定本办法"。第三条要求"上市公司发行前条所述新股,应当以现金认购方式进行,同股同价"。这对新股发行方式进行了要求。第四条明确要求"除金融类上市公司外,上市公司发行新股所募集的资金,不得投资于商业银行、证券公司等金融机构"。本条款对上市公司募集的资金用途进行了明确的规定。

《新股发行管理办法》(2001年)第二章主要对新股发行的条件及相关注意事项进行了规定。第十条规定"上市公司有下列情形之一的,中国证监会不予核准其发行申请:(1)最近3年内有重大违法违规行为;(2)擅自改变招股文件所列募集资金用途而未作纠正，或者未经股东大会认可；（3）公司在最近3年内财务会计文件有虚假记载、误导性陈述或重大遗漏；重组中进入公司的有关资产的财务会计资料及重组后的财务会计资料有虚假记载、误导性陈述或重大遗漏；（4）招股文件存在虚假记载、误导性陈述或重大遗漏；（5）存在为股东及股东的附属公司或者个人债务提供担保的行为；（6）中国证监会认定的其他情形"。本条款明确了证监会不予核准发行新股的相关情形，特别是对于违法违规和虚假信息披露行为进行了规定。

《新股发行管理办法》（2001年）第三章规定了发行的程序与审核事项。第十八条明确要求"发行申请经中国证监会核准后，上市公司应当与证券交易所协商确定新股发行上市的时间及登记等具体事项"。本条款规定发行上市时间及登记事项，上市公司需与证券交易所进行协商，不能独自确定。第二十条规定"发行申请未获核准的上市公司，自中国证监会作出不予核准的决定之日起6个月内不得再次提出新股发行申请"。本条款对发行上市资格进行了严格规定，一旦被证监会拒绝发行的，6个月内不得再次进行申请。

《新股发行管理办法》（2001年）第四章主要对信息披露进行了相关要求。第二十六条规定"上市公司增发披露盈利前景的，应当审慎地作出盈利预测，并经过具有证券从业资格的注册会计师审核，如存在影响盈利预测的不确定因素，应当就有关不确定因素提供分析与说明"。相比于《募集办法》（2000年）中关于盈利预测的要求，本条款要求上市公司对盈利情况进行披露，这减少了再融资中的信息不对称，有利于保护投资者权益。第二十七条要求"上市公司应当在新股发行完成后的三年年报中对本次募集资金投资项目的效益情况作出持续披露"。持续披露的要求有利于投资者获取募集资金的投资效益信息，有效降低了信息不对称程度，也有利于投资者对投资项目进行价值判断。

《新股发行管理办法》（2001年）第六章中的第三十五条明确要求"境内上市外资股（B股）公司发行B股原则上按照本办法执行"。这对境内上市的外资股进行了要求，说明A股和B股在再融资中面临着同样的监管制度。

（四）《关于做好上市公司新股发行工作的通知》（2001年）

证监会于2001年3月15日发布《关于做好上市公司新股发行工作的通知》[以下简称"《新股发行通知》（2001年）"]，并规定从发布日开始施行。《新股发行通知》（2001年）解答了上市公司在申请发行新股时会遇到的相关问题。

《新股发行通知》（2001年）规定申请配股时，上市公司既要满足《上市公司新股发行管理办法》相关规定，还要满足"（1）经注册会计师核验，公司最近3个会计年度加权平均净资产收益率平均不低于6%；扣除非经常性损益后的净利润与扣除前的净利润相比，以低者作为加权平均净资产收益率的计算依据；设立不满3个会计年度的，按设立后的会计年度计算。（2）公司一次配股发行股份总数，原则上不超过前次发行并募足股份后股本总额的30%；如公司具有实际控制权的股东全额认购所配售的股份，可不受上述比例的限制。（3）本次配股距前次发行的时间间隔不少于1个会计年度"。

《新股发行通知》（2001年）规定上市公司申请增发时，除应当符合《上市公司新股发行管理办法》的规定外，还应当符合"（1）经注册会计师核验，公司最近3个会计年度加权平均净资产收益率平均不低于6%，且预测本次发行完成当年加权平均净资产收益率不低于6%；加权平均净资产收益率按本通知第一条第一项的有关规定计算；设立不满3个会计年度的，按设立后的会计年度计算。（2）经注册会计师核验，如公司最近3个会计年度加权平均净资产收益率平均低于6%，则应符合以下规定：第一，公司及主承销商应当充分说明公司具有良好的经营能力和发展前景；新股发行时，主承销商应向投资者提供分析报告；第二，公司发行完成当年加权平均净资产收益率应不低于发行前一年的水平，并应在招股文件中进行分析论证；第三，公司在招股文件中应当认真做好管理层关于公司财务状况和经营成果的讨论与分析"。

《新股发行通知》（2001年）中要求"公司在本次增发中计划向原股东配售或原股东优先认购部分占本次拟发行股份50%以上的，应符合本通知第一条的规定"以及"公司发行新股申请文件在报中国证监会审核的同时，将2份申请文件报公司所在地中国证监会派出机构审核。派出机构应当在10个工作日内将审核意见报中国证监会"。本通知对上市公司申请发行新股的有关问题进行了要求，对上市公司新股发行活动进行了规范，从而有助于市场约束机制的建立和投资者合法权益的保护。

（五）《关于上市公司增发新股有关条件的通知》（2002年）

证监会于2002年7月24日发布《关于上市公司增发新股有关条件的通知》[以下简称"《增发新股通知》（2002年）"]，并规定自发行之日开始实施。同时，证监会规定废除2001年3月15日发布的《关于做好上市公司新股发行工作的通知》的第二条。

《增发新股通知》（2002年）对上市公司申请增发新股进行了补充规定，要求上市公司不仅要符合《上市公司新股发行管理办法》的规定，还要符合"（1）最近三个会计年度加权平均净资产收益率平均不低于10%，且最近一个会计年度加权平均净资产收益率不低于10%。扣除非经常性损益后的净利润与扣除前的净利润相比，以低者作为加权平均净资产收益率的计算依据。（2）增发新股募集资金量不超过公司上年度末经审计的净资产值。（3）发行前最近一年及一期财务报表中的资产负债率不低于同行业上市公司的平均水平。（4）前次募集资金投资项目的完工进度不低于70%。（5）增发新股的股份数量超过公司股份总数20%的，其增发提案还须获得出席股东大会的流通股（社会公众股）股东所持表决权的半数以上通过。股份总数以董事会增发提案的决议公告日的股份总数为计算依据。（6）上市公司及其附属公司最近12个月内不存在资金、资产被实际控制上市公司的个人、法人或其他组织及关联人占用的情况。（7）上市公司及其董事在最近12个月内未受到中国证监会公开批评或者证券交易所公开谴责。（8）最近一年及一期财务报表不存在会计政策不稳健（如资产减值准备计提比例过低等）、或有负债数额过大、潜在不良资产比例过高等情形。（9）上市公司及其附属公司违规为其实际控制人及关联人提供担保的，整改已满12个月。（10）符合《关于上市公司重大购买、出售、置换资产若干问题的通知》（证监公司字〔2001〕105号）规定的重大资产重组的上市公司，重组完成后首次申请增发新股的，其最近三个会计年度加权平均净资产收益率不低于6%，且最近一个会计年度加权平均净资产收益率不低于6%，加权平均净资产收益率按照本通知第一条的有关规定计算；其增发新股募集资金量可不受本通知第二条的限制"。本通知补充了上市公司增发新股的有关规定，完善了对上市公司增发新股行为的约束机制。

（六）《上市公司证券发行管理办法》（2006年）

证监会于2006年4月26日通过了《上市公司证券发行管理办法》[以下简称"《证券发行管理办法》（2006年）"]，并于2006年5月8日起正式实施。本管理办法共七章七十五条，有利于上市公司证券发行行为的进一步规范，同时维护投资者权益和社会公共利益，依据《公司法》《证券法》制定了本管理办法。

《证券发行管理办法》（2006年）第二条指出"上市公司申请在境内发行证券，适用本办法。本办法所称证券，指下列证券品种：（1）股票；（2）可转换公司债券；（3）中国证券监督管理委员会认可的其他品种"。第三条指出"上市公司发行证券,可以向不特定对象公开发行,也可以向特定对象非公开发行"。

《证券发行管理办法》(2006年)第二章对关于公开发行证券条件进行了罗列,总共有三节,依次是一般规定、发行股票和发行可转换公司债券。其中一般规定从企业盈利能力、组织机构、财务状况、违规违纪行为、募集资金的数额和使用等方面作出详细说明。第二节发行股票中对于企业再融资中配股、增发的规定较少,除了发行证券的一般规定外,专属规定只有三条,对配股的数量、增发条件作出了规定。第十二条规定"向原股东配售股份,除符合本章第一节规定外,还应当符合下列规定:(1)拟配售股份数量不超过本次配售股份前股本总额的百分之三十;(2)控股股东应当在股东大会召开前公开承诺认配股份的数量;(3)采用证券法规定的代销方式发行。控股股东不履行认配股份的承诺,或者代销期限届满,原股东认购股票的数量未达到拟配售数量百分之七十的,发行人应当按照发行价并加算银行同期存款利息返还已经认购的股东"。第十三条规定"向不特定对象公开募集股份,除符合本章第一节规定外,还应当符合下列规定:(1)三个会计年度加权平均净资产收益率平均不低于百分之六。扣除非经常性损益后的净利润与扣除前的净利润相比,以低者作为加权平均净资产收益率的计算依据;(2)除金融类企业外,最近一期末不存在持有金额较大的交易性金融资产和可供出售的金融资产、借予他人款项、委托理财等财务性投资的情形;(3)发行价格应不低于公告招股意向书前二十个交易日公司股票均价或前一个交易日的均价"。第二十五条规定"募集说明书应当约定转股价格调整的原则及方式。发行可转换公司债券后,因配股、增发、送股、派息、分立及其他原因引起上市公司股份变动的,应当同时调整转股价格"。

《证券发行管理办法》(2006年)第三节整整一节都在讲述发行可转换债券的相关规定。首先对发行可转换债券的条件进一步作出规定。第十四条规定"公开发行可转换公司债券的公司,除应当符合本章第一节规定外,还应当符合下列规定:(1)三个会计年度加权平均净资产收益率平均不低于百分之六。扣除非经常性损益后的净利润与扣除前的净利润相比,以低者作为加权平均净资产收益率的计算依据;(2)本次发行后累计公司债券余额不超过一期末净资产额的百分之四十;(3)三个会计年度实现的年均可分配利润不少于公司债券一年的利息。前款所称可转换公司债券,是指发行公司依法发行、在一定期间内依据约定的条件可以转换成股份的公司债券"。接着对可转换债券的期限、面值、利率、信用评级等作出细致规定。第十五条规定"可转换公司债券的期限最短为一年，最长为六年"。第十七条规定"公开发行可转换公司债券，应当委托具有资格的资信评级机构进行信用评级和跟踪评级。资信评级机构每年至少公告一次跟踪评级报告"。第十八条规定"上市公司应当在可转换公司债券期满后五个工作日内办理完毕偿还债券余额本息的事项"。

《证券发行管理办法》（2006年）同时明确了发行可转换债券中对其持有人合法权益保护的相关规定，如提供相应担保、召开债券持有人会议等。第十九条规定"公开发行可转换公司债券，应当约定保护债券持有人权利的办法，以及债券持有人会议的权利、程序和决议生效条件。存在下列事项之一的，应当召开债券持有人会议：（1）拟变更募集说明书的约定；（2）发行人不能按期支付本息；（3）发行人减资、合并、分立、解散或者申请破产；（4）保证人或者担保物发生重大变化；（5）其他影响债券持有人重大权益的事项"。第二十条规定"公开发行可转换公司债券，应当提供担保，但一期末经审计的净资产不低于人民币十五亿元的公司除外。提供担保的，应当为全额担保，担保范围包括债券的本金及利息、违约金、损害赔偿金和实现债权的费用。以保证方式提供担保的，应当为连带责任担保，且保证人一期经审计的净资产额应不低于其累计对外担保的金额。证券公司或上市公司不得作为发行可转债的担保人，但上市商业银行除外。设定抵押或质押的，抵押或质押财产的估值应不低于担保金额。估值应经有资格的资产评估机构评估"。

《证券发行管理办法》（2006年）规定可转换债券持有至少6个月，具体转换期限由公司财务状况决定。第二十一条规定"可转换公司债券自发行结束之日起六个月后方可转换为公司股票，转股期限由公司根据可转换公司债券的存续期限及公司财务状况确定。债券持有人对转换股票或者不转换股票有选择权，并于转股的次日成为发行公司的股东"。第二十二条规定了债券转换价格，"转股价格应不低于募集说明书公告日前二十个交易日该公司股票交易均价和前一交易日的均价。前款所称转股价格，是指募集说明书事先约定的可转换公司债券转换为每股股份所支付的价格"。管理办法进一步规定了可转换债的赎回、回售等。第二十三条规定"募集说明书可以约定赎回条款，规定上市公司可按事先约定的条件和价格赎回尚未转股的可转换公司债券"。第二十四条规定"募集说明书可以约定回售条款，规定债券持有人可按事先约定的条件和价格将所持债券回售给上市公司。募集说明书应当约定，上市公司改变公告的募集资金用途的，赋予债券持有人一次回售的权利"。

《证券发行管理办法》（2006年）对于可转换债券的价格调整也作出详细规定。第二十五条规定"募集说明书应当约定转股价格调整的原则及方式。发行可转换公司债券后，因配股、增发、送股、派息、分立及其他原因引起上市公司股份变动的，应当同时调整转股价格"。第二十六条规定"募集说明书约定转股价格向下修正条款的，应当同时约定：（1）转股价格修正方案须提交公司股东大会表决，且须经出席会议的股东所持表决权的三分之二以上同意。股东大会进行表决时，持有公司可转换债券的股东应当回避；（2）修正后的转股价格不低于前项规定的股东大会召开日前二十个交易日该公司股票交易均价和前一交易日的均价"。

《证券发行管理办法》（2006年）进一步规定了分离交易的可转换公司债券的发行市场、发行条件、资金用途、面值、期限等。第二十七条规定"上市公司可以公开发行认股权和债券分离交易的可转换公司债券。发行分离交易的可转换公司债券，除符合本章第一节规定外，还应当符合下列规定：（1）公司一期末经审计的净资产不低于人民币十五亿元；（2）三个会计年度实现的年均可分配利润不少于公司债券一年的利息；（3）三个会计年度经营活动产生的现金流量净额平均不少于公司债券一年的利息，符合本办法第十四条第（1）项规定的公司除外；（4）发行后累计公司债券余额不超过一期末净资产额的百分之四十，预计所附认股权全部行权后募集的资金总量不超过拟发行公司债券金额"。第二十八条规定"分离交易的可转换公司债券应当申请在上市公司股票上市的证券交易所上市交易。分离交易的可转换公司债券中的公司债券和认股权分别符合证券交易所上市条件的，应当分别上市交易"。第二十九条规定"分离交易的可转换公司债券的期限最短为一年。债券的面值、利率、信用评级、偿还本息、债权保护适用本办法第十六条至第十九条的规定"。第三十条规定"发行分离交易的可转换公司债券，发行人提供担保的，适用本办法第二十条第二款至第四款的规定"。第三十五条规定"分离交易的可转换公司债券募集说明书应当约定，上市公司改变公告的募集资金用途的，赋予债券持有人一次回售的权利"。

《证券发行管理办法》（2006年）第三章规定了非公开发行股票的条件，共四条。第三十六条指出"本办法规定的非公开发行股票，是指上市公司采用非公开方式，向特定对象发行股票的行为"。管理办法规定向特定对象非公开发行股票的条件，包括"（1）特定对象符合股东大会决议规定的条件；（2）发行对象不超过十名。发行对象为境外战略投资者的，应当经国务院相关部门事先批准"。第三十八条规定"上市公司非公开发行股票，应当符合下列规定：（1）发行价格不低于定价基准日前二十个交易日公司股票均价的百分之九十；（2）本次发行的股份自发行结束之日起，十二个月内不得转让；控股股东、实际控制人及其控制的企业认购的股份，三十六个月内不得转让；（3）募集资金使用符合本办法第十条的规定；（4）本次发行将导致上市公司控制权发生变化的，还应当符合中国证监会的其他规定"。同时当上市公司存在以下情形时，不得非公开发行股票，"（1）本次发行申请文件有虚假记载、误导性陈述或重大遗漏；（2）上市公司的权益被控股股东或实际控制人严重损害且尚未消除；（3）上市公司及其附属公司违规对外提供担保且尚未解除；（4）现任董事、高级管理人员最近三十六个月内受到过中国证监会的行政处罚，或者最近十二个月内受到过证券交易所公开谴责；（5）上市公司或其现任董事、高级管理人员因涉嫌犯罪正被司法机关立案侦查或涉嫌违法违规正被中国证监会立案调查；（6）最近一年及一期财务报表被注册会计师出具保留意见、否定意见或无法表示意见的审计报告。保留意见、否定意见或无法表示意见所涉及事项的重大影响已经消除或者本次发行涉及重大重组的除外；（7）严重损害投资者合法权益和社会公共利益的其他情形"。

《证券发行管理办法》（2006年）同样包含了上市公司发行债券的发行程序、信息披露、监管处罚的一般规定，其中对企业发行可转换债券的准备工作作出规定。第四十二条规定"股东大会就发行可转换公司债券作出的决定，至少应当包括下列事项：（1）本办法第四十一条规定的事项；（2）债券利率；（3）债券期限；（4）担保事项；（5）回售条款；（6）还本付息的期限和方式；（7）转股期；（8）转股价格的确定和修正"。第四十三条规定"股东大会就发行分离交易的可转换公司债券作出的决定，至少应当包括下列事项：（1）本办法第四十一条、第四十二条第（2）项至第（6）项规定的事项；（2）认股权证的行权价格；（3）认股权证的存续期限；（4）认股权证的行权期间或行权日"。

（七）《上市公司非公开发行股票实施细则》（2007年）

证监会于2007年9月17日根据《上市公司证券发行管理办法》制定发布《上市公司非公开发行股票实施细则》[以下简称"《实施细则》（2007年）"]，自发布之日起实施，有助于进一步规范上市公司非公开发行股票行为。《实施细则》（2007年）共五章三十三条。

《实施细则》（2007 年）第一条指出"为规范上市公司非公开发行股票行为，根据《上市公司证券发行管理办法》的有关规定，制定本细则"。第二条指出"上市公司非公开发行股票，应当有利于减少关联交易、避免同业竞争、增强独立性；应当有利于提高资产质量、改善财务状况、增强持续盈利能力"。

《实施细则》（2007 年）在《证券发行管理办法》（2006 年）的基础上对于上市公司非公开发行股票的对象和认购条件作出了规定。第七条指出了非公开发行股票定价基准日的具体规定，《证券发行管理办法》（2006 年）所称"定价基准日"，是指计算发行底价的基准日。定价基准日可以为关于本次非公开发行股票的董事会决议公告日、股东大会决议公告日，也可以为发行期的首日。上市公司应按不低于该发行底价的价格发行股票。《证券发行管理办法》（2006 年）所称"定价基准日前 20 个交易日股票交易均价"的计算公式为：定价基准日前 20 个交易日股票交易均价 = 定价基准日前 20 个交易日股票交易总额/定价基准日前 20 个交易日股票交易总量。

《实施细则》（2007 年）第八条对于管理办法中发行对象进一步阐述，证券投资基金管理公司以其管理的 2 只以上基金认购的，视为一个发行对象。信托公司作为发行对象，只能以自有资金认购。第九条、第十条规定了发行对象认购的股份禁售期，第九条规定"发行对象属于下列情形之一的，具体发行对象及其认购价格或者定价原则应当由上市公司董事会的非公开发行股票决议确定，并经股东大会批准；认购的股份自发行结束之日起 36 个月内不得转让：（1）上市公司的控股股东、实际控制人或其控制的关联人；（2）通过认购本次发行的股份取得上市公司实际控制权的投资者；（3）董事会拟引入的境内外战略投资者"。第十条规定"发行对象属于本细则第九条规定以外的情形的，上市公司应当在取得发行核准批文后，按照本细则的规定以竞价方式确定发行价格和发行对象。发行对象认购的股份自发行结束之日起 12 个月内不得转让"。

（八）《上市公司证券发行管理办法》（2008 年修订）

证监会于 2008 年 10 月 7 日对《上市公司证券发行管理办法》进行修订，并决定于 2008 年 10 月 9 日起正式实施。将《上市公司证券发行管理办法》第八条第五项将近三年以现金或股票方式累计分配的利润修改为"不少于最近三年实现的年均可分配利润的百分之三十"。此次修订重在提高上市公司股利分配比例，切实保障投资者的利益，从高股利分配来反映企业的经营状况。

（九）《创业板上市公司证券发行管理暂行办法》（2014 年）

证监会于 2014 年 5 月 14 日颁布《创业板上市公司证券发行管理暂行办法》

[以下简称"《创业板暂行办法》(2014年)"],自公布之日起施行。该办法分总则、发行证券的条件、发行程序、信息披露、监管和处罚、附则共六章六十八条。

《创业板暂行办法》(2014年)第九条规定"上市公司发行证券,应当符合《证券法》规定的条件,并且符合以下规定:(1)最近2年盈利,净利润以扣除非经常性损益前后孰低者为计算依据。(2)会计基础工作规范,经营成果真实。内部控制制度健全且被有效执行,能够合理保证公司财务报告的可靠性、生产经营的合法性,以及营运的效率与效果。(3)最近2年按照上市公司章程的规定实施现金分红。(4)最近3年及一期财务报表未被注册会计师出具否定意见或者无法表示意见的审计报告;被注册会计师出具保留意见或者带强调事项段的无保留意见审计报告的,所涉及的事项对上市公司无重大不利影响或者在发行前重大不利影响已经消除。(5)最近一期末资产负债率高于45%,但上市公司非公开发行股票的除外。(6)上市公司与控股股东或者实际控制人的人员、资产、财务分开,机构、业务独立,能够自主经营管理。上市公司最近12个月内不存在违规对外提供担保或者资金被上市公司控股股东、实际控制人及其控制的其他企业以借款、代偿债务、代垫款项或者其他方式占用的情形"。这一规定对创业板上市公司发行股票进行再融资的具体条件进行了要求,相比于主板市场,创业板市场的发行条件做了进一步的放松。

《创业板暂行办法》(2014年)第四十条规定"上市公司公开发行证券,应当由证券公司承销。非公开发行股票符合以下情形之一的,可以由上市公司自行销售:(1)发行对象为原前10名股东;(2)发行对象为上市公司控股股东、实际控制人或者其控制的关联方;(3)发行对象为上市公司董事、监事、高级管理人员或者员工;(4)董事会审议相关议案时已经确定的境内外战略投资者或者其他发行对象;(5)中国证监会认定的其他情形。上市公司自行销售的,应当在董事会决议中确定发行对象,且不得采用竞价方式确定发行价格"。该办法对于上市公司非公开发行股票的行为也作了进一步的规定。

三、注册制阶段

随着2019年3月科创板的推出,我国资本市场进入注册制阶段。在这一市场化股票发行阶段,监管部门对于再融资上市公司的限制进一步放松。在放松再融资要求的同时,证监会或交易所也出台了大量的法律文件来规范再融资行为,以保障我国再融资市场的安全平稳运行。

(一)《科创板上市公司证券发行注册管理办法(试行)》(2020年)

证监会于2020年5月14日发布《科创板上市公司证券发行注册管理办法(试行)》[以下简称"《科创板再融资办法》(2020年)"],并于7月3日起施行。《科创板再融资办法》(2020年)共七章九十三条,主要包括总则、发行条件、发行程序、信息披露、发行承销的特别规定、监督管理和法律责任、附则等。

《科创板再融资办法》(2020年)第二条明确适用范围,"上市公司申请在境内发行证券,适用本办法。本办法所称证券,指下列证券品种:(一)股票;(二)可转换公司债券;(三)存托凭证;(四)中国证券监督管理委员会认可的其他品种。前款所称可转债,是指上市公司依法发行、在一定期间内依据约定的条件可以转换成股份的公司债券"。第三条区分特定对象和不特定对象,"上市公司发行证券,可以向不特定对象发行,也可以向特定对象发行。向不特定对象发行证券包括上市公司向原股东配售股份、向不特定对象募集股份和向不特定对象发行可转债。向特定对象发行证券包括上市公司向特定对象发行股票、向特定对象发行可转债"。

《科创板再融资办法》(2020年)第二章、第三章对科创板公司发行股票、可转换债券的对象、发行条件、筹集资金用途、发行程序作出了明确规定。精简优化发行条件,区分向不特定对象发行和向特定对象发行,差异化设置各类证券品种的再融资条件。明确发行上市审核和注册程序。上交所审核期限为两个月,证监会注册期限为十五个工作日。同时,针对"小额快速"融资设置简易程序。

《科创板再融资办法》(2020年)第四章强调了信息披露要求,要求有针对性地披露行业特点、业务模式、公司治理等内容,充分披露科研水平、科研人员、科研资金投入等信息。第五章对发行承销作出特别规定,就发行价格、定价基准日、锁定期,以及可转债的转股期限、转股价格、交易方式等作出专门安排。第五十三条规定"上市公司配股的,拟配售股份数量不超过本次配售前股本总额的百分之五十,并应当采用代销方式发行。控股股东应当在股东大会召开前公开承诺认配股份的数量。控股股东不履行认配股份的承诺,或者代销期限届满,原股东认购股票的数量未达到拟配售数量百分之七十的,上市公司应当按照发行价并加算银行同期存款利息返还已经认购的股东"。第五十四条规定"上市公司增发的，发行价格应当不低于公告招股意向书前二十个交易日或者前一个交易日公司股票均价"。第六十一条规定"可转债应当具有期限、面值、利率、评级、债券持有人权利、转股价格及调整原则、赎回及回售、转股价格向下修正等要素。向不特定对象发行的可转债利率由上市公司与主承销商依法协商确定。向特定对象发行的可转债应当采用竞价方式确定利率和发行对象"。第六十二条规定"可转债自发行结束之日起六个月后方可转换为公司股票，转股期限由公司根据可转债的存续期限及公司财务状况确定。债券持有人对转股或者不转股有选择权，并于转股的次日成为上市公司股东"。

《科创板再融资办法》（2020年）第六章强化监督管理和法律责任，加大对上市公司、中介机构等市场主体违法违规行为的追责力度。

（二）《上市公司证券发行管理办法》（2020年修订）

证监会于2020年1月10日通过《关于修改〈上市公司证券发行管理办法〉的决定》[以下简称"《证券发行管理办法》（2020年修订）"]，该办法于2月14日实施。此次修改主要是优化非公开制度安排，支持上市公司引入战略投资者。上市公司董事会决议提前确定全部发行对象且为战略投资者等的，定价基准日可以是本次董事会决议公告日、股东大会决议公告日或发行首日；调整非公开发行股票定价和锁定机制，将发行价格由不得低于定价基准日前20个交易日公司股票均价的9折改为8折；锁定期由原来的36个月和12个月缩短为18个月和6个月；将非公开发行股票发行对象数量由不超过10名，调整为不超过35名。

《证券发行管理办法》（2020年修订）第三十七条修改为："非公开发行股票的特定对象应当符合下列规定：（1）特定对象符合股东大会决议规定的条件；（2）发行对象不超过三十五名。发行对象为境外战略投资者的，应当遵守国家的相关规定。"第三十八条修改为："上市公司非公开发行股票，应当符合下列规定：（1）发行价格不低于定价基准日前二十个交易日公司股票均价的百分之八十；（2）本次发行的股份自发行结束之日起，六个月内不得转让；控股股东、实际控制人及其控制的企业认购的股份，十八个月内不得转让；（3）募集资金使用符合本办法第十条的规定；（4）本次发行将导致上市公司控制权发生变化的，还应当符合中国证监会的其他规定。"增加一条，作为第七十五条："依据本办法通过非公开发行股票取得的上市公司股份，其减持不适用《上市公司股东、董监高减持股份的若干规定》的有关规定。"本次修改增加了批文有效期，从6个月延长到12个月，有利于上市公司方便地选择发行窗口。

《证券发行管理办法》（2020年修订）第四十七条修改为："自中国证监会核准发行之日起，上市公司应在十二个月内发行证券；超过十二个月未发行的，核准文件失效，须重新经中国证监会核准后方可发行。"

（三）《上市公司非公开发行股票实施细则》（2020年修订）

证监会于2020年2月14日修正《关于修改〈上市公司非公开发行股票实施细则〉的决定》，并于当日实施。此次修正最大的变化在于将发行对象认购股份的限售期缩短，由36个月、12个月变为18个月、6个月。

第七条修改为："《管理办法》所称'定价基准日'是指计算发行底价的基准日。定价基准日为本次非公开发行股票的发行期首日。上市公司应当以不低于发行底价的价格发行股票。上市公司董事会决议提前确定全部发行对象，且属于下列情形之一的，定价基准日可以为关于本次非公开发行股票的董事会决议公告日、股东大会决议公告日或者发行期首日，认购的股份自发行结束之日起十八个月内不得转让：（1）上市公司的控股股东、实际控制人或其控制的关联人；（2）通过认购本次发行的股份取得上市公司实际控制权的投资者；（3）董事会拟引入的境内外战略投资者……。"第八条修改为："发行对象属于本细则第七条第二款规定以外的情形的，上市公司应当在取得发行核准批文后，按照本细则的规定以竞价方式确定发行价格和发行对象。发行对象认购的股份自发行结束之日起六个月内不得转让……。"

同时，此次修订发行对象由原来的不超过十名变为了不超过三十五名，支持上市公司引入战略投资者。证券投资基金管理公司、证券公司、合格境外机构投资者、人民币合格境外机构投资者以其管理的两只以上产品认购的，视为一个发行对象。信托公司作为发行对象，只能以自有资金认购。此次修订删除第十条。

（四）《创业板上市公司证券发行管理暂行办法》（2020年修订）

证监会于2020年1月10日通过《关于修改〈创业板上市公司证券发行管理暂行办法〉的决定》，修订后的管理办法自公布之日起施行。创业板再融资制度部分条款调整的总体思路是：坚持市场化法治化的改革方向，落实以信息披露为核心的注册制理念，提升上市公司再融资的便捷性和制度包容性。一是精简优化再融资发行条件，规范上市公司再融资行为，支持优质上市公司利用资本市场发展壮大，大力推动提高上市公司质量。二是切实提高公司治理和信息披露质量，建立更加严格、全面、深入、精准的信息披露要求，督促上市公司以投资者决策为导向，真实准确完整地披露信息。三是调整再融资市场化发行定价机制，形成买卖双方充分博弈，市场决定发行成败的良性局面，充分发挥市场对资源配置的决定性作用，进一步提高上市公司再融资效率。

修改的主要内容有：一是精简发行条件，拓宽创业板再融资服务覆盖面。取消创业板公开发行证券最近一期末资产负债率高于45%的条件；取消创业板非公开发行股票连续两年盈利的条件；将创业板前次募集资金基本使用完毕，且使用进度和效果与披露情况基本一致由发行条件调整为信息披露要求。二是优化非公开制度安排，支持上市公司引入战略投资者。上市公司董事会决议提前确定全部发行对象且为战略投资者等的，定价基准日可以为关于本次非公开发行股票的董事会决议公告日、股东大会决议公告日或者发行期首日；调整非公开发行股票定价和锁定机制，将发行价格由不得低于定价基准日前20个交易日公司股票均价的9折改为8折；将锁定期由36个月和12个月分别缩短至18个月和6个月，且不适用减持规则的相关限制；将主板（中小板）、创业板非公开发行股票发行对象数量由分别不超过10名和5名，统一调整为不超过35名。三是适当延长批文有效期，方便上市公司选择发行窗口。将再融资批文有效期从6个月延长至12个月。

（五）《创业板上市公司证券发行注册管理办法（试行）》（2020年）

证监会于2020年6月1日颁布《创业板上市公司证券发行注册管理办法（试行）》［以下简称"《创业板再融资办法》（2020年）"］，并自6月12日起施行。《创业板再融资办法》（2020年）共七章九十三条，包括总则、发行条件、发行程序、信息披露、发行承销特别规定、监督管理和法律责任、附则。

《创业板再融资办法》（2020年）首先明确适用范围。第二条指出"上市公司申请在境内发行证券，适用本办法。本办法所称证券，指下列证券品种：（1）股票；（2）可转换公司债券；（3）存托凭证；（4）证监会认可的其他品种。前款所称可转债，是指上市公司依法发行、在一定期间内依据约定的条件可以转换成股份的公司债券"。第三条区分向不特定对象发行和向特定对象发行，规定"上市公司发行证券，可以向不特定对象发行，也可以向特定对象发行。向不特定对象发行证券包括上市公司向原股东配售股份、向不特定对象募集股份和向不特定对象发行可转债。向特定对象发行证券包括上市公司向特定对象发行股票、向特定对象发行可转债"。

《创业板再融资办法》(2020年)第二章、第三章对发行条件、发行程序作出规定,分别就股票、可转换债的发行对象、发行适用情况等作出明确规定,精简优化发行条件,明确发行上市审核和注册程序,深交所审核期限为两个月,证监会注册期限为十五个工作日。

《创业板再融资办法》(2020年)第四章强化信息披露要求,要求有针对性地披露业务模式、公司治理、发展战略等信息,充分揭示可能对公司核心竞争力、经营稳定性以及未来发展产生重大不利影响的风险因素。第五章对发行承销作出特别规定,就发行价格、定价基准日、锁定期,以及可转债的转股期限、转股价格、交易方式等作出专门安排。第五十三条规定"上市公司配股的,拟配售股份数量不超过本次配售前股本总额的百分之五十,并应当采用代销方式发行。控股股东应当在股东大会召开前公开承诺认配股份的数量。控股股东不履行认配股份的承诺,或者代销期限届满,原股东认购股票的数量未达到拟配售数量百分之七十的,上市公司应当按照发行价并加算银行同期存款利息返还已经认购的股东"。第六十二条指出"可转债自发行结束之日起六个月后方可转换为公司股票,转股期限由公司根据可转债的存续期限及公司财务状况确定"。

《创业板再融资办法》(2020年)第六章强化监督管理和法律责任,加大对上市公司、中介机构等市场主体违法违规行为的追责力度。

第三节 再融资市场的承销保荐制度

一、承销保荐制度的作用

保荐人与承销商作为证券市场上最重要的"看门人",共同发挥金融中介的作用。与股票的IPO市场类似,上市公司在再融资中同样需要聘请保荐人和承销商,而且二者往往由同一家证券公司担任。因此,本书为了与IPO市场的保荐人制度进行区分,我们将其称之为承销保荐制度。随着资本市场的发展,我国再融资市场的承销保荐制度所发挥的作用日益凸显。

在企业再融资过程中保荐人具有重要作用。2003年12月28日,证监会发布《证券发行上市保荐制度暂行办法》，并决定自2004年2月1日起正式实施保荐人制度。该办法指出保荐人制度适用于有限公司首次公开发行股票和上市公司再融资发行新股、可转换债券，并规定"保荐人需核实公司发行文件与上市文件中所载资料的真实性、准确性与完整性"。

保荐人往往具有专业的知识和丰富的保荐经验，需要对企业进行辅导和监督，在一定程度上可以抑制和约束上市公司的不规范发行行为，进而为上市公司的发行秩序提供保障。保荐人的重要任务之一就是筛选和推荐优质企业股票，并对公司股票进行合理定价。保荐人可以缓解资本市场投资人和上市公司之间的信息不对称程度，提高会计信息的真实性。保荐人需要对增发新股公司的股票发行信息披露的真实性、程序履行的合法性以及资金使用的合理性承担相应的持续督导责任，尽可能地减少企业在股票发行后出现"业绩变脸"的概率、降低其潜在的经营风险。

尤其是，声誉好的保荐人能够提高IPO、配股、公开增发新股公司的质量，对公司发行新股进行准确地定价，对发行新股公司的长期回报有正面的影响。对定向增发新股公司募集资金的使用情况，高声誉的保荐人能够起到一定的监督作用。保荐人能够提高公司募集资金的使用效率，抑制上市公司对投资者的利益侵占行为。

同样，承销商在再融资中也充当着重要角色。2006年9月19日，证监会颁布《证券发行与承销管理办法》，规定上市公司发行股票和可转换公司债券需要聘请承销商。证券公司在实施证券承销前，应当向证监会报送发行与承销方案，也可以由多家证券公司组成承销团进行证券承销。发行人和承销商在发行过程中，应当按照证监会规定的程序、内容和格式，编制信息披露文件，履行信息披露义务。

承销商和保荐人作为金融中介，其基本功能是降低信息不对称水平和交易成本。从降低信息不对称角度，承销商和保荐人履行尽职调查，对上市公司所提交文件的真实性、准确性和完整性进行核查验证。作为证券市场上最重要的"看门人"，承销商与保荐人共同保证再融资的有序运行，维护证券市场秩序。随着再融资市场的不断发展，承销保荐制度的作用日益凸显，越来越受到投资者和监管部门的重视。

二、承销保荐制度的规定

在企业再融资过程中，保荐人与承销商发挥着重要作用，近年来证监会陆续颁布多项制度文件不断完善再融资市场的承销保荐制度。有关保荐人的制度规定本书已经在第三章进行了梳理，再融资市场和 IPO 市场针对保荐人的制度规定基本类似，因此本章对保荐人的相关制度规定不再赘述。本章重点介绍再融资市场有关承销商的制度文件，梳理证监会等监管部门针对承销商的相关规定。

（一）《关于上市公司配股工作有关问题的通知》（1999 年）

证监会于 1999 年 3 月 27 日公布《关于上市公司配股工作有关问题的通知》[以下简称"《配股工作通知》（1999 年）"]，并于公布之日施行。该通知对于承销商的规定较少，只有两条规定了主承销商等中介机构应对配股过程中价格的公允性予以关注。

《配股工作通知》（1999 年）第三点规定"上市公司作出配股决议时应遵循以下规定：（1）董事会在作出配股决议前，应检查公司是否符合现行配股的规定，并对本次配股募集资金使用的可行性作出决议。参与决议的董事应对董事会的决议依法承担相应的责任。（2）对于与本次配股有关的关联交易，公司董事会应保证公司及在该项关联交易中非关联股东的利益不受侵害，并就该项交易是否符合公司最大利益以及对非关联股东是否公平合理明确表示意见；主承销商等相关中介机构应对关联交易价格的公允性予以关注。（3）董事会应对前次募集资金（最近一期审计报告截止日前）的使用及效益情况作出详细说明，为公司出具审计报告的注册会计师应编制《前次募集资金使用情况专项报告》。董事会应披露本次配股的投向及可行性；涉及运用募股资金收购资产或权益的，应按照重要性原则，对于预计收购后达到实质控股或收购（包括投资）金额占本次配股预计筹资总额 30% 以上的，董事会需向股东提供被收购企业的最近一期经审计的会计报表及被收购资产的评估报告。（4）股东大会应就下列事项进行逐项表决：第一，股东配股比例和本次配售股份的总额；第二，配股价格的定价方法；第三，本次募集资金的用途（如有关联交易，应就不涉及关联交易的用途与涉及关联交易的用途分别作出表决）；第四，关于本次配股决议的有效期限；第五，授权董事会办理的与本次配股有关的其他事项。在就有关关联交易进行表决时，任何与该项交易有利害关系的股东，必须放弃投票权"。

《配股工作通知》（1999 年）第四点指出主承销商要对进行配股的上市公司做好尽职调查，"担任本次配股主承销商的证券公司在报送申报材料前应做好尽职调查工作，对公开募集文件的真实性、准确性、完整性进行核查，并编制

《证券公司承销配股尽职调查报告》"。

(二)《上市公司向社会公开募集股份操作指引(试行)》(2000年)

证监会于2000年4月30日发布的《上市公司向社会公开募集股份操作指引(试行)》[以下简称"《募集股份指引》(2000年)"],对上市公司向社会公开募集股份时承销商所扮演的角色进行了规定。

《募集股份指引》(2000年)第二条对公募增发的方式进行了要求,规定"上市公司可以采用上网发行和配售相结合的方式公募增发。但应当保留一定比例的股份向机构投资者配售,且两个部分的股份可以根据投资者具体认购情况相互回拨。具体实施可以选择以下形式:(1)按机构投资者网下累计投标询价结果定价并配售,对公众投资者上网定价发行:承销期开始前,可以不确定发行定价和上网发行量(也可以确定上网发行量),发行人在指定报刊刊登招股意向书后,向机构投资者进行推介,根据机构投资者累计投标询价的结果,来确定发行价格及向机构配售的数量,其余部分向公众投资者(包括股权登记日登记在册的流通股股东)上网定价发行。(2)网下对机构投资者累计投标询价与网上对公众投资者累计投标询价同步进行:经发行人股票上市的证券交易所同意,发行人和主承销商可以在定价底限之上(包括定价区间),采取机构投资者网下累计投标询价和公众投资者网上累计投标询价同时进行的方式,通过累计计算对应不同价格的公众投资者和机构投资者的申购数量之和,按总申购量超过发行量的一定倍数,来确定发行价格以及配售与公开发行的数量。(3)经中国证券监督管理委员会认可的其他形式"。

《募集股份指引》(2000年)第三条明确指出"在配售中,发行人和主承销商应向机构投资者(包括战略投资者)和发行人股东说明新股申购及分配的方法"。本条款要求发行人和主承销商进行配售方法的说明,这在一定程度上可以保护投资者的利益。

《募集股份指引》(2000年)第六条对上市流通时间进行了要求,规定"主承销商和发行人可以与机构投资者商定,就配售部分的上市流通时间作出限制,并报告交易所,交易所应就有关配售股份的锁定作出相应安排"。

《募集股份指引》(2000年)第七条要求"投资者申购本次发行的股票后,持有发行人股份达到发行人股本总额5%以上的(包括5%),主承销商应当提醒发行人和该投资者及时履行信息披露义务"。本条款对发行人和投资者的披露条件进行了具体的规定。

《募集股份指引》(2000年)第八条规定"经中国证监会同意,发行人可以与主承销商在承销协议中约定授予主承销商超额配售选择权,在包销数额之外预留不超过本次拟发行股份数额15%的股份,预留股份应在发行人股东大会批准的本次发行股票的数量之内,为本次发行的一部分"。本条款对承销商的超额配售选择权进行了明确的规定,这规范了上市公司向社会公开募集的行为。

《募集股份指引》(2000年)第十条规定"发行完成后,主承销商和发行人应当在15个工作日内,向中国证监会报送发行承销报告,并将配售的详细情况备案"。本条款明确了证监会对发行行为的监督,有助于维护我国资本市场秩序。

(三)《上市公司向社会公开募集股份暂行办法》(2000年)

2000年4月30日,证监会发布《上市公司向社会公开募集股份暂行办法》[以下简称"《募集股份办法》(2000年)"],并规定本办法自发布之日开始时正式实施。本办法共十二条。

《募集股份办法》(2000年)规定了上市公司在公募增发时承销商的责任义务。首先规定在申请公募增发时,上市公司应当让具备主承销商资质的证券公司报送有关材料给证监会。第五条规定"上市公司申请公募增发,必须由具有主承销商资格的证券公司向中国证监会报送推荐意见,并同时抄报上市公司所在地的中国证监会派出机构。证券公司内核小组应按规定对该发行项目进行评审,并同意推荐。担任主承销商的证券公司负责向中国证监会报送上市公司公募增发申报材料"。

《募集股份办法》(2000年)同时规定承销商要保守相关信息秘密,出具研究分析报告等。第九条规定"担任本次发行主承销商的证券公司应参照《证券公司承销配股尽职调查报告指引(试行)》编制尽职调查报告。主承销商及上市公司应保证在有关本次发行的信息公开前保守秘密,不向参加配售的机构提供任何财务资助和补偿,并向中国证监会报送承诺函"。第十条规定"在获准发行后,上市公司与主承销商应组织市场推介活动,在不超越招股意向书的范围内向投资者介绍公司的情况。主承销商应组织承销团成员为本次发行出具研究分析报告,并应遵循《证券期货投资咨询管理暂行办法》的有关规定"。

《募集股份办法》(2000年)第十一条规定"上市公司公募增发后,凡不属于公司管理层事前无法预测且事后无法控制的原因,利润实现数未达到盈利预测的,上市公司董事长及其聘任的注册会计师、担任主承销商的证券公司法定代表人和项目负责人应在股东大会及指定报刊上公开作出解释；利润实现数未达到盈利预测 80% 的，如无合理解释，上市公司董事长及其聘任的注册会计师、担任主承销商的证券公司法定代表人和项目负责人应在指定报刊公开道歉。中国证监会实行事后审查，如发现上市公司有意出具虚假盈利预测报告误导投资者的，将予以查处；如发现注册会计师违规，存在重大疏忽、遗漏或弄虚作假的，将依法予以处罚"。

（四）《上市公司新股发行管理办法》（2001 年）

证监会于 2001 年 3 月 28 日发布的《上市公司新股发行管理办法》[以下简称"《新股发行办法》（2001 年）"]，对我国上市公司发行新股中的承销商行为提出了有关要求。

《新股发行办法》（2001 年）第五条明确要求"上市公司申请发行新股，应当由具有主承销商资格的证券公司担任发行推荐人和主承销商"。在新股发行时，上市公司应聘请证券公司来参与发行。第十九条规定"主承销商和上市公司根据投资者的认购意向确定发行价格后，编制招股说明书，并同时报中国证监会备案"。本条款要求主承销商和上市公司应该参考投资者意向进行定价，并且受证监会的监督，这有助于保护投资者权益，规范市场秩序。

《新股发行办法》（2001 年）第二十一条明确规定"上市公司和主承销商应当在申请文件中出具承诺函，保证在有关本次增发的信息公开前保守秘密，且不向在本次增发中参加配售的机构提供任何财务资助或补偿"。承销商和上市公司在信息公开前被要求保守秘密，使得信息不被泄露。这一定程度上减少了内幕交易的发生，促进了交易公平地进行。

《新股发行办法》（2001 年）第三十二条规定"上市公司增发完成后，凡不属于公司管理层事前无法预测且事后无法控制的原因，利润实现数未达到盈利预测的，上市公司董事长、公司聘请的注册会计师、担任主承销商的证券公司法定代表人、业务负责人和项目负责人应当在股东大会及指定报刊上公开作出解释；利润实现数未达到盈利预测 80% 的，如无合理解释，上述人员应当在指定报刊公开道歉；未达到盈利预测 50% 的，中国证监会对有关上市公司给予公开批评，自作出公开批评之日起 2 年内，不再受理该公司发行新股的申请"。相比于《募集股份办法》（2000 年），本条款对未达到盈利预测的情况进行了细分，明确了不同程度下，未实现预期盈利水平时，公司聘请的主承销商的法定代表人、上市公司董事长以及注册会计师等均应受到相应惩罚。

（五）《关于上市公司增发新股有关条件的通知》（2002 年）

证监会于 2002 年 7 月 24 日发布《关于上市公司增发新股有关条件的通知》，并规定自发行之日开始实施。同时，证监会规定废除 2001 年 3 月 15 日发布的《关于做好上市公司新股发行工作的通知》的第二条。

该通知补充规定了新股增发的要求，需要拥有主承销商资质的证券公司、上市公司不仅要符合《上市公司新股发行管理办法》的规定，还要符合"（1）最近三个会计年度加权平均净资产收益率平均不低于 10%，且最近一个会计年度加权平均净资产收益率不低于 10%。扣除非经常性损益后的净利润与扣除前的净利润相比，以低者作为加权平均净资产收益率的计算依据。（2）增发新股募集资金量不超过公司上年度末经审计的净资产值。（3）发行前最近一年及一期财务报表中的资产负债率不低于同行业上市公司的平均水平。（4）前次募集资金投资项目的完工进度不低于 70%。（5）增发新股的股份数量超过公司股份总数 20% 的，其增发提案还须获得出席股东大会的流通股（社会公众股）股东所持表决权的半数以上通过。股份总数以董事会增发提案的决议公告日的股份总数为计算依据。（6）上市公司及其附属公司最近 12 个月内不存在资金、资产被实际控制上市公司的个人、法人或其他组织及关联人占用的情况。（7）上市公司及其董事在最近 12 个月内未受到中国证监会公开批评或者证券交易所公开谴责。（8）最近一年及一期财务报表不存在会计政策不稳健（如资产减值准备计提比例过低等）、或有负债数额过大、潜在不良资产比例过高等情形。（9）上市公司及其附属公司违规为其实际控制人及关联人提供担保的，整改已满 12 个月。（10）符合《关于上市公司重大购买、出售、置换资产若干问题的通知》规定的重大资产重组的上市公司，重组完成后首次申请增发新股的，其最近三个会计年度加权平均净资产收益率不低于 6%，且最近一个会计年度加权平均净资产收益率不低于 6%，加权平均净资产收益率按照本通知第一条的有关规定计算；其增发新股募集资金量可不受本通知第二条的限制"。该通知对上市公司新股增发的相关规定进行了补充，对上市公司新股增发约束机制作出了进一步的完善。

（六）《上市公司证券发行管理办法》（2006 年）

证监会于 2006 年 4 月 26 日颁布《上市公司证券发行管理办法》，并于 2006 年 5 月 8 日起施行，共七章七十五条。本管理办法中关于金融中介的规定比较少，只有四条指出了根本性规范。第十六条规定可转换债券的利息由发行公司和主承销商协商确定，规定"可转换公司债券每张面值一百元。可转换公司债券的利率由发行公司与主承销商协商确定，但必须符合国家的有关规定"。

该管理办法规定上市公司申请公开发行证券或者非公开发行新股应当由保荐人保荐、发行证券要由证券公司承销。保荐人要向证监会报送相关材料，不得向投资人提供财务资助或补偿等。第四十五条规定"上市公司申请公开发行证券或者非公开发行新股，应当由保荐人保荐，并向中国证监会申报。保荐人应当按照中国证监会的有关规定编制和报送发行申请文件"。第四十九条规定"上市公司发行证券，应当由证券公司承销；非公开发行股票，发行对象均属于原前十名股东的，可以由上市公司自行销售"。第七十三条规定"上市公司和保荐机构、承销商向参与认购的投资者提供财务资助或补偿的，中国证监会可以责令改正；情节严重的，处以警告、罚款"。

（七）《证券发行与承销管理办法》（2006年）

证监会于2006年9月11日发布《证券发行与承销管理办法》，自2006年9月19日起施行。规定发行人在境内发行股票或者可转换公司债券、证券公司在境内承销证券，以及投资者认购境内发行的证券，适用本办法。该办法共七章六十八条。

《证券发行与承销管理办法》（2006年）第三章的第三十三至三十七条对于再融资企业的一些状况进行了规定。第三十三条规定"上市公司发行证券，存在利润分配方案、公积金转增股本方案尚未提交股东大会表决或者虽经股东大会表决通过但未实施的，应当在方案实施后发行。相关方案实施前，主承销商不得承销上市公司发行的证券"。第三十四条规定"上市公司向原股东配售股票，应当向股权登记日登记在册的股东配售，且配售比例应当相同"。第三十五条规定"上市公司向不特定对象公开募集股份或者发行可转换公司债券，主承销商可以对参与网下配售的机构投资者进行分类，对不同类别的机构投资者设定不同的配售比例，对同一类别的机构投资者应当按相同的比例进行配售。主承销商应当在发行公告中明确机构投资者的分类标准"。第三十六条规定"上市公司增发股票或者发行可转换公司债券，可以全部或者部分向原股东优先配售，优先配售比例应当在发行公告中披露"。第三十七条规定"上市公司非公开发行证券的，发行对象及其数量的选择应当符合中国证监会关于上市公司证券发行的相关规定"。

《证券发行与承销管理办法》（2006年）第四章的第四十九条和第五十条对

承销商作出了相应的规定。第四十九条规定"公开发行证券的,主承销商应当在证券上市后十日内向中国证监会报备承销总结报告,总结说明发行期间的基本情况及新股上市后的表现,并提供下列文件:(1)募集说明书单行本;(2)承销协议及承销团协议;(3)律师见证意见(限于首次公开发行);(4)会计师事务所验资报告;(5)中国证监会要求的其他文件"。第五十条规定"上市公司非公开发行股票的,发行人及其主承销商应当在发行完成后向中国证监会报送下列文件:(1)发行情况报告书;(2)主承销商关于本次发行过程和认购对象合规性的报告;(3)发行人律师关于本次发行过程和认购对象合规性的见证意见;(4)会计师事务所验资报告;(5)中国证监会要求的其他文件"。

(八)《证券发行与承销管理办法》(2014年修订)

证监会分别于2010年10月11日、2012年5月18日和2014年3月21日对《证券发行与承销管理办法》进行了修订,第三次修订的版本于2014年3月21日实施。2014年修订后的管理办法共六章四十二条,与2006年的初始版本相比做了大幅度精简和修改。《证券发行与承销管理办法》(2014年修订)最主要的修改是增加了有关监管处罚的规定。

《证券发行与承销管理办法》(2014年修订)增加一条,作为第三十五条:"中国证监会对证券发行承销过程实施事中事后监管,发现涉嫌违法违规或者存在异常情形的,可责令发行人和承销商暂停或中止发行,对相关事项进行调查处理。"

《证券发行与承销管理办法》(2014年修订)增加一条,作为第三十六条:"中国证券业协会应当建立对承销商询价、定价、配售行为和网下投资者报价行为的日常监管制度,加强相关行为的监督检查,发现违规情形的,应当及时采取自律监管措施。中国证券业协会还应当建立对网下投资者和承销商的跟踪分析和评价体系,并根据评价结果采取奖惩措施。"

《证券发行与承销管理办法》(2014年修订)第三十五条改为第三十七条,修改为:"发行人、证券公司、证券服务机构、投资者及其直接负责的主管人员和其他直接责任人员有失诚信、违反法律、行政法规或者本办法规定的,中国证监会可以视情节轻重采取责令改正、监管谈话、出具警示函、责令公开说明、认定为不适当人选等监管措施,或者采取市场禁入措施,并记入诚信档案;依法应予行政处罚的,依照有关规定进行处罚;涉嫌犯罪的,依法移送司法机关,追究其刑事责任。"

第四节 再融资市场与承销保荐制度的实施成效和问题

再融资是上市公司重要的资金来源,对上市公司的发展起到至关重要的作用。在我国资本市场,上市公司的再融资方式主要有配股、增发和发行可转换债券等。伴随着国内再融资市场的不断发展,证监会等监管部门也在不断推出新的法律法规,对发行公司资质、发行价格、发行方式、保荐人和承销商的职能等各方面都作了详细的规定,以规范上市公司的再融资行为。经过三十多年的发展,随着监管部门不断改进再融资审核流程、提高审核效率,我国再融资市场和承销保荐制度取得了重要的建设成效。

第一,再融资中的"圈钱"和违规使用资金的现象大大缓解。在我国再融资市场的早期,充斥着上市公司运用再融资进行违规"圈钱"的现象,导致投资者的利益受损。为此,证监会专门制定了再融资与股利政策相挂钩的监管制度,俗称半强制分红政策。半强制分红政策是指将上市公司的分红情况与公司的再融资计划联系在一起的政策。当上市公司要进行再融资时,必须满足在一定时间内达到一定比例的分红要求作为前提条件。该比例在2006年定为20%,在2008年改为30%。随着半强制分红政策的推出,规范了我国上市公司的再融资行为,提升了再融资资金的使用效率。

第二,再融资中的违规定向增发行为得到规范,防止了大股东对中小股东的利益侵占行为。在企业再融资中,大股东和中小股东的利益往往并不一致,大股东拥有公司的绝对控制权,上市公司的定向增发再融资往往以实现大股东利益最大化为最终目的,融资资金往往被大股东占用或者投资于效率低下的项目中,导致中小股东的利益受损。随着新股发行制度的不断完善,上市公司再融资中的违规定向增发现象得到大大缓解,股票发行更加规范有序,大股东的利益诉求明显降低,企业的再融资行为更加理性。

第三,再融资中的保荐人和承销商的功能大大加强。在我国资本市场承销保荐制度实施的早期,保荐人和承销商在上市公司再融资中的作用并不明显,甚至为了收取保荐或承销费用而对再融资企业进行违规保荐。随着我国承销保荐制度的不断完善，保荐人和承销商的功能得到有效提升，在增发股票定价，降低投资者和发行企业之间的信息不对称中起到了有效的金融中介功能。

但是目前来看，我国资本市场的再融资行为仍然存在一些不合理、不合规的问题。上市公司过度融资现象时有发生，内幕交易、操纵市场、股权再融资领域违规信息披露等违规行为仍然存在，这会严重损害投资者的合法权益，尤其是中小投资者的权益，此外还会对市场环境产生不好影响，不利于维护市场环境的"公开、公正、公平"。

为此，我们要在全面注册制下进一步推动资本市场的制度创新，提高相关政策的透明度和稳定性，尤其是股权再融资准入政策，减弱对审核节奏的控制，强化股权再融资持续信息披露监管；完善股权再融资募集资金管理与使用监管；健全投资者对于上市公司的市场约束机制；促进再融资市场化发展。长此以往，再融资作为企业融资途径，将为市场带来源源不断的活力，促进市场规模快速增长，有效发挥金融支持实体经济的功能。

本章小结

作为企业的重要融资方式之一，再融资受到上市公司的持续青睐。近年来，我国资本市场持续推动再融资的制度创新，不断发布与修订相关法律法规对再融资市场和承销保荐制度进行完善。随着注册制的实施，监管层对再融资制度进行了优化，补充了再融资中关于保荐人与承销商的相关规定。本章通过对再融资与承销保荐制度的梳理，总结再融资市场的发展情况、承销保荐制度建设和制度创新现状，为后续章节考察保荐人与承销商，在核准制市场与注册制再融资市场的跨市场功能角色提供了制度支撑。

第十三章

再融资市场：承销保荐与再融资效率

通过前文梳理我国再融资市场与承销保荐制度，我们对上市公司的再融资行为和制度创新现状有了全面的了解。本章将对公司再融资行为相关的理论进行梳理，包括控制权理论、信息不对称理论、自由现金流理论和机会之窗理论等。在理论分析的基础上，我们进一步梳理和总结再融资的主要观点，以便为后面章节的研究提供理论支撑与借鉴。

第一节 再融资市场的理论基础

一、控制权理论

在企业融资中，从控制权的角度来看，股权融资与债权融资对公司治理结构和决策机制产生的影响并不相同。上市公司的融资方式选择往往是由控股股东来决定，控股股东参与企业的运营和管理，能够决定企业的资金筹措和其他重大事项。因此，控股股东在上市公司融资决策时会考虑控制权和资本结构的变化，凭借其控制权优势维护自身权益，大多选择对自身最有利的方式。Cronqvist and Nilsson（2004）研究发现拥有控制权的股东能够在很大程度上影响股权再融资的方式，从而获取控制权私有收益。因此，控股股东并非只考虑企业利益最大化，也会凭借其控制权来让自身利益最大化。

二、信息不对称理论

在企业再融资中，投资者和管理层之间存在着信息不对称，信息不对称理论同样可以用于解释再融资现象。管理层对于项目的风险与收益、企业价值以及资金用途等均有着更为全面的了解，而外部投资者则不然，无法全面细致地了解这些信息，且无法确保信息的准确性与可靠性，所以投资者无法准确知道企业价值和未来的收益状况。由于存在着信息不对称，投资者往往会选择安全性高的投资计划。例如，他们倾向于选择更为出名的公司，导致那些规模小，但有优质项目的公司很难通过公开增发来应对资金不足的问题，只能通过其他方式筹集资金。可以看出，信息不对称性对公司的融资决策产生很大的影响，甚至出现信贷配给现象。

三、自由现金流理论

自由现金流是指企业在满足经营营运资本变动与再投资需求后，可以用来向公司债权人和股东自由发放的现金流量，自由现金流属于企业真正的可支配资金。当存在着委托代理问题时，自由现金流经常被管理层或大股东"滥用"，或超额花费，或过度投资，或闲置。这些机会主义行为引起股东财富的损失，就是自由现金流量的代理成本。在实际经营中，管理层盲目投资或者选择净现值为负或收益较低的项目。此时，虽然公司通过股权再融资拥有了足量的现金，却出现现金流被滥用的现象。

四、机会之窗理论

机会之窗理论认为当公司股价超过正常股价时，上市公司往往抓住时机公开发行股票，从而利用机会之窗获取超出正常股价的超额资金。通过"机会之窗"，公司能够获取足量资金，但若公司在进行投资项目决策时，盲目选择了那些净现金流量为负且不适合的项目，也会出现过度投资的现象，带来长期经营业绩的下降。管理层往往会利用机会之窗发行估值过高的股票，当有些年份价值被高估的公司比较多时，再融资的公司数量会增加，而当有些年份价值被高估的公司比较少时，再融资企业的数量也会大大减少。

第二节　再融资效率与承销保荐功能

一、再融资方式和时机选择

（一）再融资的方式选择

在关于再融资方式选择的研究中，Cronqvist and Nilsson（2005）采用一个嵌套的 Logit 模型来研究公司如何在配股和增发之间进行选择，发现家族控制的公司为了避免稀释控制权而在配股和增发之间做出选择。当公司的信息不对称程度较高时，倾向于选择配股的再融资方式，而当信息不对称程度较低时选择定向增发。Anand et al.（2019）研究了机构投资者的交易对增发公司主承销商选择的影响，发现机构投资者买卖股票的交易更有利于其成为该公司的承销商。将交易集中在特定股票上的投资银行，获得这些股票 SEO 承销权的可能性更高，而且交易强度对于增发新股的抑价水平产生重要影响。

国内资本市场再融资的主要方式也包括配股和增发，在股权分置改革之前，已有学者对上市公司再融资方式的选择问题展开了研究。李康等（2003）从财富再分配效应的角度得出结论，发现相较于增发，配股更有利于各方利益的均衡。陆正飞和叶康涛（2004）研究发现企业资本规模和自由现金流越低，净资产收益率和控股股东持股比例越高，越有可能选择股权融资方式。管征等（2008）在 Myers 和 Majluf 的框架模型下，分析了上市公司选择增发或配股方式进行股权融资，建立了中国市场的修正模型。结果显示我国上市公司的首选股权再融资方式是增发，然而配股能够更大程度地提高流通股股东利益和市场效率。祝继高和陆正飞（2011）以 1998—2004 年符合配股条件的 A 股上市公司为研究对象发现，民营企业选择配股作为再融资方式的比率低于国有企业。但这并非民营企业的外部融资需求更低，而是证券监管部门在配股审批中优先照顾国有企业，而且监管部门在配股审批中对国有企业的照顾损害了民营企业股东的利益，影响了资源配置效率。

在股权分置改革之后，定向增发成了国内股权再融资方式的热点，相关研究也出现了新的视角。章卫东（2008）研究了三种股权再融资方法的选择问题，发现我国定向增发由于其具备的诸多优势，成为股权再融资的最佳选择，即股权再融资的最优方式为定向增发。在全流通后，邓路和廖明情（2013）考察了投资者异质信念对上市公司定向增发方式选择的影响，研究发现对于实施定向增发的上市公司来说，投资者异质信念越大，越倾向于选择向机构投资者增发新股。而且，投资者异质信念越大，上市公司实施定向增发后公司股价长期市场表现越差（邓路和王化成，2015）。

当然，也有研究认为定向增发是大股东机会主义行为所产生的结果，即定向增发是上市公司的控股大股东进行财富转移的一种工具，即大股东的机会主义行为动机是影响上市公司进行定向增发的重要因素（张鸣和郭思永，2009）。张祥建和徐晋（2005）认为股权再融资偏好的根本原因，在于大股东可以通过"隧道行为"获得中小股东无法得到的隐性收益。邓路和王化成（2012）从信息不对称和控制权结构两个角度，利用 Logit 模型研究了我国上市公司增发方式选择的影响因素，发现信息不对称程度越大，上市公司越倾向于定向增发，并且向大股东发行。同时，大股东控制力越弱，更倾向于认购新增股份。章卫东等（2017）研究发现较高的研发支出会导致利润降低，而外部投资者会觉得其经营业绩不好，不会考虑长期投资。此时公司内部股东由于更易获得关于企业价值的信息，会更加积极认购企业增发的股份，所以上市公司研发支出较高时，企业更倾向于定向增发。

也有学者专门考察了可转债的融资方式。Luca and Menatalla（2019）对公司选择发行可转换债券动机进行了研究，作者提出了一个理论模型，通过比较两种选择的现金流，以最大限度地提高公司对现有股东的价值，来解释发行人在筹集资本时在可转换债券和股权融资之间的选择。在不存在违约风险和存在违约风险的情况下，得到了理论模型的一个封闭解，模型表明当可转债的预期收益低于普通股的预期收益时，发行可转债优于直接发行股票。Evrim et al.（2020）研究公司治理水平指数和使用可转换债券之间的关系。研究发现公司治理水平越高（G 指数越低）的公司，其发行可转换债券的可能性越大。更重要的是，股东治理与可转换债券使用之间的互补关系是由这些可转换证券所附带的契约所驱动。作者进一步发现这一效应在规模较小、市场账面价值较高、研发和无形资产较高以及贝塔值较高的公司中更为突出。王正位等（2013）研究发现当公司存在破产成本、管理层对公司经营乐观的情况下，可转债可能是最优的融资选择。

（二）再融资的择时

再融资的择时是企业选择合适的时间窗口，即在股价高时发行股票从而降低权益融资成本的再融资行为。DeAngelo et al.（2010）研究发现企业所处的生命周期阶段和市场择时都对再融资产生显著影响，而生命周期发挥的作用更强。但是这两种效应都不能充分解释再融资政策，因为几乎大多数发行公司都不是成长型公司，因为那些 M/B 比率高、回报率高的公司很难正常发行股票。由于在没有发行收益的情况下，62.6%的发行人在增发后的一年内将耗尽现金，81.1%的发行人将拥有低于正常水平的现金余额。Melia et al.（2018）认为信息不对称、资本需求和投资情绪，以及市场时机的变化是出现 SEO 择时的重要因素。Hovakimian and Hu（2016）认为市场择时并不是因为原股东和新股东之间的利益冲突所致，实证检验发现更高的机构投资者持股比例会导致更少的 SEO 择时。作者认为原股东并不会利用市场择时通过 SEO 的形式来牺牲新股东的利益，使现有股东受益。

在国内学术研究中，王亚平等（2006）研究发现，中国资本市场也存在着再融资的择时现象。王正位等（2007）认为市场择时行为在再融资中显著存在，在市场价格上升的时候，申请再融资的企业会增加，并且筹资额也会增加。进一步研究还发现，市场择时有基于再融资管制政策择时和基于股价择时这两类，市场择时可以使再融资当年的杠杆率降低，然而因为规模和发行价格限制，市场择时只是暂时影响资本结构。束景虹（2010）认为股权融资偏好的根本原因在于股票价格的高估，实证研究表明利用"机会窗口"再融资的公司无论是公司质量还是融资后的表现都明显低于其他时期再融资的公司，这损害了流通股股东的利益。罗琦和付世俊（2014）研究发现市场择时是控股股东选择的结果，往往代表了大股东的利益。最近也有研究发现董事会秘书的专业背景有利于再融资的择时，孙乾等（2021）研究发现具有投行背景的董事会秘书能够帮助上市公司更好地把握定向增发时机，即在股价位于批文有效期内的高位时开展定向增发。

二、再融资中的盈余管理、利益输送与监管

（一）再融资中的盈余管理

关于再融资中的盈余管理行为，国外学者普遍研究发现企业再融资中存在

着盈余管理现象，认为盈余管理行为导致企业再融资后的业绩表现较差（Rangan，1998；Teoh et al.，1998）。Shivakumar（2000）发现净利润和应计项目在股票发行前后异常高，而发行前异常的应计项目预示着随后净利润的下降。在股票发行公告时，投资者可以理性地推断出这种盈余管理行为，他们对股票发行公告后公布的意外收益的价格反应降低。作者认为发行方的盈余管理行为并非是为了误导投资者，可能是发行方在发布公告时对预期市场行为的理性反应。Hong and Yi（2016）用可操控性应计利润作为盈余管理的指标，探讨了配股增发再融资、债券发行和资本结构对可操控性应计利润的影响。从资本融资类型和资本结构与盈余管理的关系来看，盈余管理主要有两个目的：一是直接影响股价，二是改善资本结构。在再融资股票发行之前，公司可能会利用盈余管理来抬高股票价格。一般来说，高杠杆率的公司可以利用盈余管理来改善资本结构。再融资股票的发行改善了资本结构，而债券发行恶化了资本结构。在再融资股票发行之前，高杠杆的公司可能不会使用改善资本结构的盈余管理，因为再融资股票发行似乎足以增强资本结构。高杠杆公司会做大量的盈余管理来支撑股价，而很少做改善资本结构的盈余管理。

Ahn et al.（2015）认为盈余管理程度会在三种类型的再融资方式（配股、公开发行、定向增发）中有所不同，考虑到财富转移结构的差异，在配股的情况下，经理人提高报告收益以提高发行价的动机可能比其他两种增发类型更弱。如果有部分内部人参与定向增发，增发公司可能会有动机为了内部人的利益降低发行价而降低报告收益，导致现有股东的财富损失。因此，盈余管理会在三种不同类型的 SEO 中变化。另外，上市公司更有可能在进行 SEO 前进行季度盈余管理，表明 SEO 公司可以通过管理 SEO 前一个季度的收益来提振股价，从而影响股票发行。

国内学者也考察发现，上市公司存在着再融资前的盈余管理行为。陆正飞和魏涛（2006）发现上市公司配股前会进行盈余管理，且有后续融资行为的公司在配股后会继续盈余管理，从而保持较好的业绩，而无后续融资行为的公司在配股后会导致业绩的下滑。章卫东（2010）发现定增对象为控股股东或子公司时，上市公司会负向盈余管理；定增对象为其他机构投资者时，上市公司会正向管理盈余。章卫东等（2013）研究发现因为在股权再融资时大股东有动机获取个人私利，所以在融资前会进行正向的盈余管理。李晓溪等（2015）研究中国上市公司增发前分类转移与由此产生的核心盈余异象，研究结果显示增发公司业绩门槛法规的变化会增强公司公开增发前分类转移，削弱可操控应计盈余管理，降低核心盈余持续性，增强核心盈余异象。王克敏和刘博（2012）研究发现，公司公开增发前确实通过可操控应计向上盈余管理，但随着业绩门槛提高公司间业绩差异缩小，公司应对低质量公司冒充的盈余管理激励减弱。研究表明高业绩门槛因传递公开增发公司间业绩差异缩小的信息，而具有抑制公司盈余管理作用，即高业绩门槛可以筛选高质量公开增发公司。

（二）再融资中的利益输送

已有研究发现，企业再融资中存在着利益输送现象。朱红军等（2008）通过案例分析发现上市公司大股东可能通过定增前长期停牌、盈余管理、注入不良资产、定增后高分红等行为进行利益输送。张鸣和郭思永（2009）研究发现，我国上市公司较为集中的股权导致了较强的大股东利益输送动机，他们往往采用定向增发的方式实现自己的机会主义行为。章卫东和李海川（2010）考虑了定增资产注入的不同类型，研究结果表明注入与业务相关资产的企业有着显著更好的长期超额收益，显示出注入不相关资产的定增有向控股股东输送利益的行为。王良成等（2010）认为，采用掏空理论比盈余管理观点更能直接解释我国上市公司配股业绩下滑之谜，研究发现公司配股后会计业绩和真实业绩同时出现了显著下滑，表明上市公司配股业绩的下滑，不但与盈余管理有关，而且与上市公司大股东的掏空行为有关。

也有研究发现，大股东在定向增发后会选择高现金股利或者股份减持的行为来实现输送利益的目的。赵玉芳（2011）研究发现，相对于没有实施任何再融资方式的公司而言，实施了定向增发的中国上市公司倾向于在增发后派发更多的现金股利。而且，相对于没有大股东参与增发的上市公司而言，大股东参与定向增发的上市公司在增发后派发的现金股利更多。章卫东等（2011）对定增股份解禁后有关利益输送现象展开了研究，结果显示当关联股东需要减持时，企业存在正向盈余管理行为，且减持需求越大，正向盈余管理水平越高，证明了利益输送现象的存在。崔宸瑜等（2017）研究了定向增发后的高送转行为，结果发现上市公司在定向增发的新股解禁期附近推出"高送转"的频率显著提高，这一举动主要是为了迎合参与定向增发的外部投资者，帮助外部投资者进行股票减持，是一种动机异化的机会主义股利分配行为。

（三）监管政策与再融资

在再融资中，为防止发行人出现违规融资行为，监管层往往会出台多种监管措施，例如对信息披露的监管、对股份锁定期的监管、对满足一定业绩门槛的监管，以及将再融资与股利政策相挂钩的监管等。美国证券交易委员会于2005年颁布了证券发行改革，以放宽对SEO的信息披露限制。SEC认为证券发行改革将改善信息环境，但批评人士声称它将增加公司的炒作动机。Clinton et al.（2014）研究发现证券发行改革为企业再融资提供了良好的信息环境，表现为在企业SEO前，管理层的盈余预测更加准确、更多的8-K申请，而且在SEO后，投资者会获得更大的股票回报。Karpoff（2013）考察了锁定期监管的效果，研究发现SEO锁定期持续时间的长度与发行人的信息不对称程度呈正相关。锁定期与承销商价差和抑价率呈负相关，表明锁定期降低了股票发行成本，带来正向的效果。作者认为采用锁定期的形式进行监管是一种解决信息不对称和代理问题的契约方案，有助于确保SEO质量，并防止内幕交易行为。

股权再融资监管在我国资本市场长期存在，因此国内学者持续关注着这种监管所导致的上市公司盈余管理动机。Chen and Yuan（2014）研究说明了监管门槛的重要性，同时还指出我国会计环境的不成熟为盈余管理提供了"肥沃土壤"。再融资政策引入后，很多上市公司凭借调节非经常收益取得配股权，且其配股后的业绩相较于未进行盈余管理的企业较差。由此可见，业绩门槛未使市场的资源配置效率得到大幅度提高，相反，它使得很多企业进行积极的盈余管理（陈小悦，2000）。吴文峰（2005）对1998—2001年上市公司的再融资业绩门槛与其长期业绩的关系展开了研究，配股经历了2001年前10%的业绩门槛和2001年以后6%的业绩门槛，公开增发的业绩门槛经历了从无至有。研究发现配股或公开增发后，企业的业绩一般会暴跌，投资者没有得到保护，政策目的没有达成。黄晓薇和郭敏（2014）发现，配股的业绩门槛所引起的盈余管理行为会导致上市公司长期表现更差，在业绩门槛放宽后，企业的盈余管理行动明显减弱。王克敏和刘博（2012）则研究了监管门槛的积极意义，主要在于业绩门槛的存在能够帮助筛选出优质的企业。

由于我国资本市场存在着再融资与股利分红相挂钩的监管政策，即半强制分红政策，学术界也将股利政策作为研究的重要方向。李常青等（2010）认为2008年发行的《关于修改上市公司现金分红若干规定的决定》存在监管悖论，不仅不利于满足成长企业的再融资需求，也不利于企业分红情况的改善。王志强和张玮婷（2012）发现分红门槛明显提高了上市公司迎合困难程度，再融资企业会采用迎合战略来减少高速增长企业的再融资活动。魏志华等（2014）发现与 2001 年和 2004 年的指导性政策约束力相比，2006 年和 2008 年的分红政策的约束力较弱，发放微股利以及门槛股利的上市公司数量大幅上升。此外还发现半强制分红政策不能对无再融资需求的企业起到强制作用，但对于有再融资需求的企业起到了强制的作用。同时，分红门槛对整体的分红水平有显著的负向影响，对之前高分红企业造成的消极激励，应该采用迎合战略或合规分红。

在我国其他有关监管政策的研究中，发现监管层对不同类型的定向增发在审批时间上存在明显的倾向性，对于那些不符合当时政策发展方向的定向增发，审批时间相对更长。熊发礼和林乐芬（2020）研究发现以定价发行方式进行定向增发的上市公司的政策运行时间对其发行折价具有显著的正向影响。李青原和黄佳琪（2019）研究发现执行严格的事中监管制度能最大程度地规范 SEO 企业的募资使用，并有效减少由于募资变更带来的企业绩效滑坡。进一步研究发现，相较于一般变更，政府监管对风险变更的抑制作用更有效。覃家琦等（2020）以 2007—2016 年的 A 股上市公司为样本，实证检验中国再融资监管制度是否促进了企业的理性投资行为。研究发现监管规则对事前再融资动机缺乏有效把控，导致再融资资格出现错配；而对事后募资用途的监管不严，则导致部分企业对募集资金的用途进行随意变更，使得企业投资理性程度降低。

三、再融资的公告效应

在企业完成股权融资后，往往呈现出长期为负的股价表现，被称为"新股发行之谜"。对于增发股份，Loughran and Ritter（1995）研究发现企业在 SEO 后，五年内的平均年化收益率为 7%，明显低于那些没有增发的企业，它们的平均年化收益率为 15% 左右。Denis and Sarin（2001）研究在 SEO 之后的五年内股票价格对收益公告的反应，发现平均而言，增发后的收益公告会对股价产生显著的负面影响。但是，Cooney et al.（2003）基于日本资本市场的研究发现增发后的股票市场反应显著为正，研究认为股票市场的积极公告效应与承销商对发行公司价值的认证是一致的。也有学者从行为金融学的角度考察增发的公告效应，Hibbert et al.（2020）研究异质信念的变化与整个 SEO 事件窗口的股价波动率之间的关系。随着与 SEO 事件相关的管理信息的发布，投资者和企业之间的信息不对称程度降低，投资者信念的异质性也下降。此外，异质信念与收益率波动之间的关系随着卖空约束的收紧而变弱。

在国内研究中，自 1998 年股权再融资方式引入增发后，研究公告效应的文献逐渐增加。胡乃武等（2002）认为增发再融资存在着老股东圈钱的现象，导致公司股价下跌，整体来看，增发给公司股价带来负面影响。章卫东（2007）也发现公告增发或配股的时候，股价会降低，并且股价随着原先非流通股比例的增加而降低。章卫东（2008）发现由于定向增发引入了机构投资者，使得企业的监督管理得到大大的加强，降低了代理成本，进而有利于公司股价和业绩的提升，同时定向增发公告效应优于配股和公开增发新股。宋献中等（2009）用均值检验法、分组检验法、回归分析法实证分析了上市公司股权分置与配股公告效应，结果表明股权分置改革能够显著提升配股公告效应。Chen（2017）研究探讨了改善公司治理和投资者保护对中国市场股票发行公告的反应，发现市场对 2005 年股权分置改革以后的 SEO 反应是积极的，而对 2005 年以前的 SEO 反应是消极的。何德旭和饶明（2011）研究发现，配股融资公告后，股票价格表现出阶段性特征，并不完全为负价格效应，而且各条途径影响股价的机制也随时间长度而变化。

还有一些学者研究发现，可转换债券也存在着股东财富的公告效应。Abhay and Alison（1999）研究考察了发行不同类型可转换债券对股东财富的影响，发现其对股东财富有显著的负向影响。如果发行可转债是为先前的债务再融资或为实现特定的并购目的融资时，所表现出的负向效应更明显。然而，为资本支出计划融资而发行可转换债券的公告表现出显著的正向财富效应。付雷鸣等（2011）研究考察了国内企业公告不同融资方式的市场表现，就累计异常收益率而言，增发优于公司债，可转债优于增发，表明国内企业倾向于股权再融资，从公告效应角度来看，再融资应当优先选择可转债。

也有学者考察了负的公告效应产生的原因，例如发行价过高、盈余管理，以及圈钱动机等。Rangan（1998）研究表明，进行 SEO 的公司在发行后的股票价格和盈利表现都很差。作者调查了发行时的盈余管理是否可以部分解释股票表现不佳的原因。与这种解释相一致的是，作者证明了发行前后一年的盈余管理可以预测下一年的盈余变化和经市场调整后的股票回报。这些发现表明，股票市场暂时高估了发行公司的价值，随后盈余管理导致可预测的盈余下降。Teoh et al.（1998）发现企业在 SEO 前如果向上调整盈利，在股份增发后将带来显著为负的股价长期表现。Shivakumar（2000）提供了 SEO 中进行盈余管理的证据，发现操控性应计在发行前增长，在发行年度达到顶峰，之后迅速下降，而且发行前的操纵性应计与股票回报呈显著的负相关关系。因此，作者认为在

SEO 中，由于投资者和发行人之间存在着信息不对称，在一个信息不完善的市场，投资者在增发股票时过于乐观，而在随后的高收益无法持续时又变得失望。沈洪涛（2003）认为负的公告效应主要是由增发行为所增加的管理者滥用企业资源的机会所导致的，而不是因为增发向市场传递的不利消息。杜丽虹和朱武祥（2003）认为，导致上市公司增发公告产生负面反应的主要原因是股民对上市公司圈钱行为的忧虑。

四、再融资与长期业绩

对于长期业绩，一般通过再融资后企业的盈利能力等基本面信息的变化来反映。Teoh et al.（1998）发现在发行前调整当期可操控性应计项目以报告较高的净收益的发行人，发行后的长期异常股票收益和净收益均较低。Dubois and Jeannerel（2000）分析了股权再融资对其长期业绩的影响，结果显示上市公司股权再融资后的长期业绩未出现下滑情况。Liu（2009）研究发现上市公司在1999—2006 年经营业绩是整体性的下滑。将股权再融资虚拟变量引入模型后，分年度的 OLS 回归结果显示与未股权再融资的上市公司相比，2000 年实施股权再融资的企业经营业绩下滑更多；在高分位点处的样本公司股权再融资不会引起业绩的显著变化，这不同于其他公司，说明了股权再融资后的经营业绩存在着内部差异，在各分位点企业的规模扩大都会对业绩产生积极的影响，负债率对经营业绩提高有着负面效果。

大量国内学者研究了我国企业再融资的经营绩效，普遍认为股权再融资会导致公司业绩表现不佳或下降。原红旗（2002）对中国上市公司配股的研究发现，对照基准为市场收益率时，配股往往会导致长期业绩下滑。杜沔和王良成（2006）研究表明，我国上市公司配股融资后业绩出现显著的下降，和没有配股的配比公司相比，在配股后第 3 年开始逊色于配比公司，并且公司配股后业绩的下降幅度大于配比公司。张金清和刘烨（2010）构建了股权再融资的创造函数，评估了股票再融资行为为股东创造价值的能力，研究发现相较于内地公司，香港上市公司股权再融资对业绩的负面影响相对较弱。

关于增发后的长期业绩，多数研究基于投资者的特征或发行企业特征进行研究。邓路和王化成（2014）研究结果表明投资者异质信念越大，上市公司实施定向增发后公司股价长期市场表现越差；当发行对象为机构投资者时，异质信念对定向增发后股价的负向作用更加显著。滕飞等（2020）实证研究了客户关系对定向增发后经营绩效的影响效果,结果表明定向增发后客户集中度越高,则营业收入增长率越高,公司的客户关系投资水平越高,则客户的这种促进作用越强。章卫东等(2020)研究了不同类型机构投资者对定向增发新股公司绩效的影响,发现定向增发引入机构投资者比非定向增发更能显著增加公司业绩,这在战略机构投资者和关联机构投资者身上效果最为明显。王化成(2020)分析了大股东参与在不同定价模式下如何影响定向增发折价,发现大股东参与在定价发行模式下正向影响定向增发折价,在公司治理环境较差的企业这种正向影响效果更为显著;大股东参与在询价发行模式下负向影响定向增发折价,在信息不对称程度较高的企业这种负向影响效果更为显著。

关于股权再融资引起长期业绩变差的原因,主要有圈钱、掏空、滥用资金等。阎达五等(2001)研究发现,非理性融资导致了我国股权再融资的低绩效。孙铮(2004)认为中国上市公司资产重组"掏空"上市公司、关联交易导致了股权再融资的低绩效。王乔和章卫东(2005)认为再融资绩效低下主要是由非流通股股东控制和内部人控制所引起的,源于特有的股权结构,包括股权分置、机构投资者和管理层持股比例较低等。刘忠生(2009)研究发现公司的负债率越高,对其股权再融资后的经营业绩的消极作用越大。章卫东等(2017)认为无论是公开增发还是定向增发都会使上市公司出现过度投资行为,并且公开增发会比定向增发引起更为严重的过度投资行为,导致业绩下滑。

五、承销商与再融资

(一)承销商声誉与认证角色

在再融资中,承销商发挥着至关重要的作用,可以降低再融资中的盈余管理行为和增发折价。Jo et al.(2007)以再融资股票发行为样本,探讨了金融中介机构选择与盈余管理之间的关系。在更严格的认证标准和严格的监督下,享有盛誉的承销商会限制配股增发公司的盈余管理行为,以保护其声誉并避免可能的诉讼风险,而盈余管理激励下的公司会雇用低质量承销商来避免严格的监督。作者发现,承销商质量与发行人的盈余管理呈负相关关系。此外,还发现即使在控制盈余管理的影响后,承销商质量仍与上市后绩效呈正相关,低承销商声誉和高盈余管理水平的公司表现最差。Huang and Zhang(2011)研究发现,增发公司的承销商数量与增发折价呈负相关,特别是当增发相对规模较大且股票收益波动较大时。Calomiris et al.(2021)发现承销商声誉对再融资定价的影响取决于发行定价方式，发行定价方式的市场化程度越高，承销商声誉发挥的作用越强。

已有研究发现，承销商在再融资中发挥着金融中介的认证功能。Silva and Bilinski（2015）考察了承销商的认证角色，发现由高质量券商承销的股票在发行后没有出现异常收益，而由低质量券商承销的股票发行则表现为负的异常业绩。Cao et al.（2015）研究了承销商与发行者的匹配选择和公司风险对股票发行成本的影响，证明了承销商与发行者的匹配不是随机的，它反映了承销商的声誉和对风险的考量，发行人的质量以及股票市场状况等。在股票承销费用中，配对选择导致发行者系统性风险与公司特定风险的定价存在相当大的异质性。邹晓峰和傅强（2013）认为制度设计的缺陷是国内承销商声誉认证失效的直观原因，也是国内承销商交易操纵的重要因素，增发新股中交易操纵使得国内承销商声誉认证失效。潘越和戴亦一（2013）对投行与上市公司的"关系"在投行竞争SEO承销业务中的作用进行实证考察，并进一步探讨"关系"与"声誉"这两种影响机制的相互替代作用。研究结果表明，投行与上市公司"关系"越紧密，即如果该投行是公司IPO的承销商，或者在公司IPO时的承销份额越高，或者持有上市公司的股权，那么它越有可能获得公司SEO的承销业务；然而"声誉"会削弱"关系"的影响，只有在投行声誉较弱的情况下，"关系"才能发挥作用。

（二）承销商变更

由于企业在IPO和SEO的时候都需要聘请承销商，往往会出现变更承销商的现象。Krigman et al.（2001）发现在美国资本市场大约有30%的企业在SEO的时候会变更承销商，将IPO的承销商换掉，而且换掉承销商的企业募集到的资金会少于预期，而那些没有更换承销商的公司募集资金反而更多。作者认为企业更换承销商的目的主要是获得分析师的覆盖，从高声誉的承销商那里获得有影响力的分析师报告。Grullon et al.（2014）考察了共用同一家承销商的企业的股价同步性的问题，研究发现在股票发行过程中使用同一主承销商的公司，其股价往往会同步波动。当公司在IPO和SEO之间更换承销商时，股价的同步性会下降。张学勇等（2017）实证发现，相对于质量好的公司，质量差的公司在SEO时被迫更换承销商的概率更高，进一步探究了承销商变更对公司市场表现的影响，结果显示未变更IPO承销商的公司SEO时比变更了承销商的公司可以得到更高的股票长期回报率，以及更低的折扣率。

六、主要观点总结

通过对相关理论基础,以及有关再融资和承销商的文献梳理,我们发现保荐人和承销商在再融资市场的功能角色也是当前学术界的热点话题,而且形成了大量较为丰富的理论成果。具体研究观点如下:

第一,在再融资市场,解释企业的再融资现象及其效率的理论基础主要有控制权理论、信息不对称理论、自由现金流理论和机会之窗理论等。当然除了上述理论之外,有关 IPO 的理论文献也同样可以用于解释企业的再融资行为和承销保荐制度。

第二,当前国内外学术界有关再融资的文献首先考察再融资的方式,以及再融资中的盈余管理和利益输送行为,然后进一步研究监管层对于企业再融资的监管,以及企业再融资的效率等。普遍研究认为配股增发是常用的再融资方式,而且存在着控制权私利的动机,尤其是定向增发。再融资中存在着盈余管理和利益输送现象,一般而言,企业再融资后会出现显著为负的股票市场反应,而且长期基本面绩效表现也较差。

第三,在企业再融资中,承销商能够发挥认证功能,尤其是高声誉的承销商,研究发现承销商的声誉越高,越能够降低再融资中的盈余管理行为,而且在融资后,企业的股价表现也较好。对于 IPO 企业,在随后的 SEO 中,经常出现承销商变更的现象,已有研究发现相对于质量好的公司,质量差的公司在 SEO 时更换承销商的概率更高。

综上可以看出,学术界对再融资行为进行了大量的研究,形成了丰富的理论成果和研究观点。但目前来看,有关承销商在再融资中的功能角色研究主要集中在机构层面,研究投资银行在再融资中所发挥的作用,而有关个人层面的研究仍然不足。当前我国资本市场的注册制改革,为我们从个人层面研究保荐人和承销商的功能提供了特殊的制度环境。

本章小结

本章梳理了有关再融资行为的理论基础和相关文献。首先,在理论基础部分，介绍了控制权理论、信息不对称理论、自由现金流理论和机会之窗理论等。其次，在文献回顾部分，评价和整理了国内外与再融资相关的文献，包括再融资的方式、再融资的动机、市场择时，以及再融资的公告效应和长期业绩表现等。本章起到承上启下的作用，为接下来的实证研究提供理论基础和方法论借鉴。

第十四章

核准制承销保荐对注册制 SEO 定价的影响研究

本章结合全面注册制改革的大背景，采用我国上市公司的再融资数据，研究保荐代表人在核准制市场积累的承销保荐经历，即人力资本对注册制再融资市场增发价格的影响。本章的研究对于提升保荐代表人在跨核准制与注册制 SEO 市场中的功能角色，具有重要的理论价值和实践意义。

第一节　制度背景

我国资本市场于 1990 年 11 月成立，即在上海证券交易所（SHSE）和深圳证券交易所（SZSE）设立最初的主板市场（Main-board），主板市场的设计是为了让大型盈利公司特别是国有企业筹集资金。在 2001 年 4 月之前，股票发行采取配额制度管理，股票市场被认为是完全处于中央政府的控制之下（Su，2015）。从 2001 年 4 月到 2004 年 2 月，中国证监会实施了新的股票发行制度改革，将上市公司的数量分配给投资银行。为进一步推进股票发行的市场化，2004 年 2 月开始推行核准制改革，并引入保荐人制度，包括主板市场、中小板市场，以及 2009 年成立的创业板市场。其中，中小板市场专门为盈利能力快速增长的中小企业提供融资；创业板市场为成长型创业企业提供融资，准入门槛相对较低。

虽然在核准制下，部分发行审批权已从证监会转移到投资银行，投资银行变得更加重要，但证监会仍然拥有最终批准或否决 IPO 和 SEO 申请的权利（Su，2015）。因此在核准制下，保荐人最重要的作用就是帮助发行人通过证监会的审批。为了成功过会并顺利发行，在保荐人的参与下，核准制市场出现了许多欺诈发行的典型案例，如湖南万福生科（股票代码 300268）和辽宁欣泰电气（股票代码 300372）、浙江中捷（股票代码 002021）和河北金谷园（股票代码 000408）等等。

为让市场在资源配置中起决定性作用，我国资本市场自 2019 年 3 月起开始进行注册制改革，成立科创板并实行注册制，旨在为创新型企业提供融资。2020 年 6 月，我国创业板在 IPO 和 SEO 中也开始实行注册制，而中小板并入主板，继续采用核准制。迄今为止，我国资本市场已经建立了主板采用核准制，科创板和创业板采用注册制的多层次资本市场体系。截至 2021 年底，上市公司总数为 4557 家，其中主板 3129 家、创业板 1066 家、科创板 362 家。中国的多层次资本市场体系如图 14-1 和图 14-2 所示。

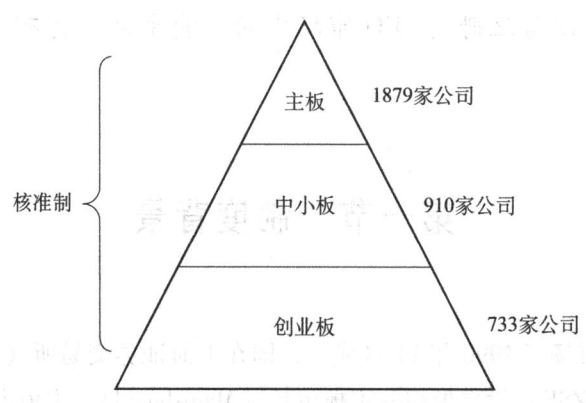

图 14-1　注册制改革前的资本市场结构（截至 2018 年 12 月 31 日）

与核准制相比，注册制主要有以下两个方面的变化。第一，发行审批权限从证监会转移到证券交易所。证监会进一步将审批权限下放，发行审核权限由交易所来完成。由于证券交易所只做形式上的审查，投资银行成为真正的"看门人"，它们在股票发行前的指导、保荐，以及发行后的持续监督等都变得更加

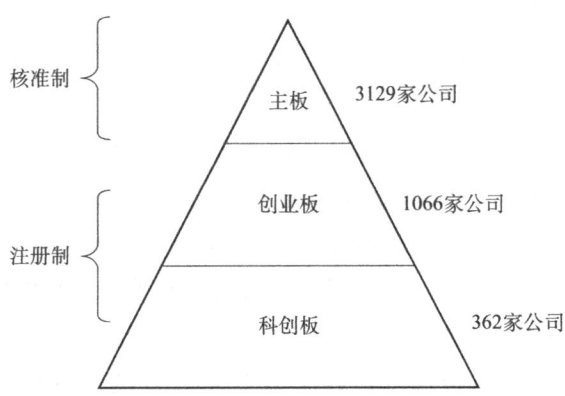

图 14-2　注册制改革后的资本市场结构（截至 2021 年 12 月 31 日）

重要。第二，信息披露的广度和范围进一步扩大。在核准制下，投资者只能获得上市公司的申请文件，包括招股说明书等，而难以获得整个审查过程中的信息，包括投资银行的复核、证监会的问询、发行人的回应，证监会的批复和表决过程等。在注册制下，所有的信息都是面向投资者公开的，包括最初的申请文件，证券交易所的问询，发行人、保荐人和其他中介的回答，发行人、保荐人和其他中介提供的证据以及最终的申请文件等。这些变化使得整个审查过程对投资者完全透明，投资者成为披露信息的真正使用者，信息披露不再以监管机构为导向。

目前，我国再融资市场规模不断扩大，无论是频次还是额度都已经超过了 IPO 市场。随着注册制改革，监管政策强度逐渐弱化，向注册制市场靠拢。再融资市场的发展缓解了上市公司融资难的问题，使大量企业满足资金需求，摆脱融资困境，有利于发挥资本市场服务实体经济的功能。

第二节　理论分析与研究假设

一、理论分析

再融资可以缓解上市公司在发展过程中面临的资金短缺问题，但是上市公司在再融资过程中存在着较为严重的信息不对称，主要是发行人和投资者之间、发行人和发行审核机构之间的不对称。当信息不对称非常严重时，投资者可能面临的风险就无法得到补偿，由此导致再融资市场成为柠檬市场（Akerlof, 1970）。

保荐代表人在再融资市场发挥的作用主要是降低交易成本和信息不对称程度（张学勇等，2017）。市场中各个参与再融资的主体都存在较高的交易成本，如发行人需要搜寻、学习和处理信息，此时付出的资金和时间成本都是巨大的；投资者也需要收集、筛选和处理大量发行公司的相关信息来作出投资决策。因此，保荐代表人不仅可以通过自身的专业优势降低再融资过程中的发行成本，还可以利用自身的关系资源降低投资方和发行方的搜寻成本（Benston and Smith, 1976）。

相关研究发现当公司采用定向增发等，特别是大股东参与认购的增发进行融资时，容易出现大股东"掏空"和"掠夺"的现象，其中盈余管理、折价发行等都是他们进行利益输送的主要手段（章卫东，2010）。因此，在再融资市场发展迅速，但与其相配套的法律法规和监管措施又不完善的情况下，保荐人在再融资过程中所起到的鉴证与持续督导作用就更为重大（白云霞等，2014）。高声誉的保荐代表人更加注重对公司质量的把关，其保荐的公司拥有更稳定和高水平的业绩（戴亦一等，2014）。另外，行政处罚能够引起保荐代表人对职业能力的重视，在受到行政处罚后保荐代表人所承接项目的质量有明显提高（易阳等，2019）。

在机构层面，许多文献已经对承销商的特征进行了研究（Carter and Manaster, 1990; Chemmanu and Fulghieri, 1994; Carter et al., 1998; Krigman et al., 2001; Chemmanur et al., 2009; Bajo et al., 2016）。保荐代表人为承销商和保荐机构工作，是实际提供中介服务的代理人，其在资本市场中的作用已成为一个重要的研究领域。Chemmanur et al.（2019）对并购交易的研究发现人力资本较高的财务顾问主办人，即具有更多经验的财务顾问主办人与更高的并购回报和并购后的经营业绩相关。基于中国资本市场，Wan et al.（2021）提供了一些其他证据，他们将财务顾问主办人的学历作为衡量人力资本的另一项指标，发现财务顾问主办人的学历与并购后的绩效正相关。

人力资本是保荐代表人在职业生涯中积累的技能、知识、社会关系和专业声誉，它在很大程度上决定了保荐代表人为客户创造价值的能力。拥有更多人力资本的保荐代表人更有能力为客户提供高质量的服务。尽管 Chemmanur et al.

(2019) 和 Wan et al. (2021) 在并购交易中探讨了财务顾问主办人的积极影响，但对保荐代表人在股票增发中的作用却知之甚少。

在本章的研究中，我们利用我国资本市场注册制改革的独特制度环境来获取保荐代表人人力资本的衡量方法，并研究保荐代表人的人力资本对增发折价的影响。2019 年 3 月以来，中国资本市场开始实施注册制改革，成立了科创板（STAR-board），并对创业板（GEM-board）市场进行了改革。注册制改革前，IPO 和 SEO 都必须经过证监会的批准。在注册制下，企业上市或股票发行是真正的自发性市场行为，无需经过证监会的批准。与核准制相比，投资银行及其执业代理人保荐代表人在证券发行中的认证作用在注册制中变得越来越重要。

二、研究假设

在机构层面，承销商作为金融中介在股票发行中发挥着重要作用（Carter and Manaster，1990；Wang et al.，2019；Carter et al.，1998；Chemmanur and Fulghieri，1994；Huang and Zhang，2011；Dunbar and Foerster，2008；Jo et al.，2007）。Carter and Manaster（1990）发现承销商的声誉与 IPO 抑价之间存在负相关，表明高声誉的承销商可以降低 IPO 风险。Wang et al.（2019）发现承销商的基本能力有助于降低增发折价，也与 IPO 和 SEO 股票的长期表现呈正相关，进一步肯定了承销商在 IPO 中的认证作用（Carter et al.，1998；Huang and Zhang，2011）。承销商的认证角色之所以起作用，是因为它们可以提高信息质量并降低信息风险，高声誉的承销商可以限制公司的盈余管理行为（Jo et al.，2007）。

保荐代表人是实际提供中介服务的代理人，然而保荐代表人在资本市场中的作用却很少被讨论。最近，Chemmanur et al.（2019）和 Wan et al.（2021）讨论了财务顾问主办人的人力资本在并购交易中的重要性，使用不同衡量指标，他们均发现保荐代表人的人力资本与并购后绩效之间存在正相关关系。但是，学术界对保荐代表人在股票增发中的作用却知之甚少。我国资本市场的注册制改革，为我们提供了一个独特的环境，来获取保荐代表人的人力资本的衡量指标，并研究其在股票增发中的作用。

在注册制下，发行人聘请的保荐代表人有些具有核准制市场保荐经验，而有些则没有。如前文所述，保荐人最重要的作用是帮助发行人通过证监会的审批，因此具有核准制市场经验的保荐代表人可能具备"粉饰发行人"的能力。一些实务证据也支持这种观点，例如在浙江中捷（股票代码002021）的增发过程中，其控股股东占用了大量资金，但保荐代表人并未向投资者披露这一信息。如果这种情况成立，保荐代表人在核准制市场积累的人力资本可能无法在注册制下发挥作用。"粉饰"无法减少信息不对称，反而可能增加投资者面临的风险，不能满足投资者的需求。所以那些有核准制经验的保荐代表人，如果搞不清楚两种制度的区别，重新定位自己的角色，可能与增发的价格折价正相关。据此，我们提出假设 H1a 如下。

假设 H1a：有核准制经验的保荐代表人会增加 SEO 的增发折价。

从另一个角度来看，保荐代表人的过往经验可能会对注册制度起到积极的作用。Su（2015）发现 2001 年 IPO 制度改革后，投资银行的声誉变得越来越重要。募集说明书是投资者做出投资决策的最重要依据，对比两种制度下的募集说明书，我们发现披露的信息内容非常相似，但在结构上有所不同。因此，核准制下的尽职调查和上市文件准备的经验，也可以在注册制下发挥作用。有核准制经验的保荐代表人可以在新的增发制度下提高发行人的信息披露质量。另一方面，有核准制经验的保荐代表人通常有更高的声誉，他们往往会因为交易不佳而受到损失（Duca，2016）。如果不能减少投资者面临的信息不对称，他们的声誉就会受损，因此有核准制经验的保荐代表人可能会在增发中投入更多精力。据此，我们提出假设 H1b 如下。

假设 H1b：有核准制经验的保荐代表人会降低 SEO 的增发折价。

第三节 数据来源和变量定义

一、样本选择和数据

本章的研究样本包括在注册改革后，上市公司在科创板和创业板增发的所有股票。我们首先从募集说明书中手工识别出承销股票的保荐代表人，然后从中国证券业协会（SAC）网站上收集到每个保荐代表人的详细信息（http://www.sac.net.cn/）。我们从 WIND 数据库中提取增发定价数据，从 CSMAR 中提取公司财务数据。剔除数据缺失的样本，对发行公司和保荐代表人个人信息进行匹配筛选后,最终得到 308 个研究样本,涵盖 2020 年至 2021 年 154 家上市公司(每家公司雇用约 2 名保荐代表人)。样本按年份、市场、行业分布情况见表 14-1。

表 14-1 显示了按年份、市场板块和行业划分的样本分布。Panel A 显示我国资本市场的增发数量从 2020 年到 2021 年快速增长;Panel B 显示创业板的增发数量高于科创板,创业板有 299 个观测值,科创板只有 9 个观测值,是由于科创板是 2019 年 3 月设立的,新上市公司对增发的需求不那么强烈;Panel C 显示,资本货物、技术硬件和设备以及材料等行业的增发比例较高,而在能源、交通和电信服务等行业,对增发的需求非常低。

表 14-1 样本分布

	样本量	占比
Panel A:按年份划分的样本分布		
2020	113	36.69%
2021	195	63.31%
Panel B:按板块划分的样本分布		
创业板	299	97.08%
科创板	9	2.92%
Panel C:按行业划分的样本分布		
资本货物	77	25.00%
技术硬件与设备	63	20.45%
材料 Ⅱ	41	13.31%
软件与服务	28	9.09%
制药、生物科技与生命科学	25	8.12%
半导体与半导体生产设备	22	7.14%
汽车与汽车零部件	15	4.87%
媒体 Ⅱ	10	3.25%
医疗保健设备与服务	7	2.27%
食品、饮料与烟草	6	1.95%
商业和专业服务	5	1.62%
耐用消费品与服装	4	1.30%
能源 Ⅱ	2	0.65%
运输	2	0.65%
电信服务 Ⅱ	1	0.32%

二、主要变量的定义

（一）增发折价

因变量是 *SEO Discount*，定义为市场价格和发行价之间的百分比差异。根据已有文献（Chemmanur et al., 2009; Chan 和 Chan, 2014），我们采用三个子变量来衡量增发折价。*SEO Discount*1 以公告前一天的收盘价和发行价的百分比差异衡量；*SEO Discount*2 以公告日收盘价和发行价的百分比差异衡量；*SEO Discount*3 以公告后十天的收盘价均值和发行价之间的百分比差异衡量。

（二）人力资本

主要自变量是 *Human Capital*，定义为保荐代表人的先前经验（Chemmanur et al., 2019; Wan et al., 2021）。如前所述，我国资本市场经历了从核准制市场到注册市场的改革。我们研究的是保荐代表人在一个市场的人力资本是否会影响他们在另一个市场的表现。因此，我们使用保荐代表人在核准制市场的经验来衡量人力资本。2019 年 3 月 1 日注册制改革前，我国核准制市场包括主板、中小板和创业板。具体而言，*Human Capital* 是指保荐代表人在注册制市场（2019 年 3 月 1 日）开展业务之前，在核准制市场的 IPO 和 SEO 中担任保荐代表人的次数。

第四节 实证模型和回归结果

一、实证模型

借鉴已有研究（Chemmanur et al., 2009; Chan and Chan, 2014; Akiyoshi, 2019），我们构建了一个基本的回归模型用于估计保荐代表人的人力资本对增发折价的影响。模型如下：

$$SEO\ Discount_{it} = \alpha_0 + \alpha_1 Human\ Capital_{it} + \beta Controls_{i,t-1} + \gamma Fixed\ Effects + \varepsilon_{it} \tag{1}$$

其中 *SEO Discount* 和 *Human Capital* 的定义同上。因变量 *SEO Discount* 包括三个子变量 *SEO Discount*1、*SEO Discount*2 和 *SEO Discount*3。我们预测拥有丰富

经验的保荐代表人将进行更多的尽职调查并提供高质量的承销，$α_1$ 将为负，反之则 $α_1$ 为正。

除此之外，我们还引入了保荐代表人个人、保荐机构和发行公司层面的控制变量，这些变量被认为是增发折价的潜在决定因素。首先，为了单独考虑保荐代表人个人特征的影响，我们借鉴 Wan et al.（2021），设置了变量 *Career Year*，*Education* 和 *Male*。*Career Year* 定义为保荐代表人从取得资格证书到承销增发的总年数。*Education* 是一个虚拟变量，如果保荐代表人拥有硕士或以上学位，则等于 1，否则等于 0。*Male* 也是一个虚拟变量，如果保荐代表人是男性，则该变量等于 1，女性则等于 0。其次，我们还控制了可能影响增发折价的承销商特征变量。*Bank SEO* 是指承销商再融资前一年在 SEO 市场的市场份额，*Bank IPO* 是承销商再融资前一年在 IPO 市场的市场份额。高质量的承销商可以提高客户的增发绩效（Grullon et al.，2014；Akiyoshi，2019）。*Bank Capital* 则是承销商的注册资本，以资本价值的自然对数计算。根据之前的研究（Chemmanur et al.，2009；Huang and Zhang，2011），我们控制公司层面的特征，包括 *Size*、*Leverage*、*ROA* 和 *SOE*。*Size* 为发行方总资产的自然对数；*Leverage* 为总负债除以总资产的比率；*ROA* 的定义为净利润除以总资产的比率；*SOE* 为虚拟变量，如果发行人是国有企业，则该变量等于 1，否则为 0。最后，我们控制年度和行业固定效应。详细的变量定义见表 14-2。为了降低异常值的潜在影响，我们在回归中对所有连续变量进行 1% 和 99% 的缩尾处理。

表 14-2　　　　　　　　　　　变量定义表

变量	定义与测量
*SEO Discount*1	市场价与发行价之差的百分比，以再融资公告前一日的收盘价为市场价
*SEO Discount*2	市场价与发行价之差的百分比，以再融资公告日的收盘价为市场价
*SEO Discount*3	市场价与发行价之差的百分比，以再融资公告后 10 日内的收盘价均价为市场价
Human Capital	保荐代表人的经验，即保荐代表人在核准制市场承担 IPO 或 SEO 业务的次数
Career Year	保荐代表人取得资格证书以来的实际从业年限
Education	虚拟变量，当保荐代表人为硕士及以上学历时取值为 1，否则为 0
Male	虚拟变量，当保荐代表人为男性时取值为 1，否则为 0
Bank SEO	承销商的 SEO 市场份额
Bank IPO	承销商的 IPO 市场份额
Bank Capital	承销商的注册资本，即注册资本的自然对数

续表

变量	定义与测量
SOE	虚拟变量,当增发企业为国有企业时取值为1,否则为0
ROA	总资产收益率
Leverage	资产负债率
Size	总资产的自然对数
Poor Market	虚拟变量,当保荐代表人取得资格证书时的市场条件位于样本最后五分位时取值为1,否则为0
Early Career	虚拟变量,当保荐代表人取得资格证书年份与发行公告年份之间的时间小于样本中位数时取值为1,否则为0
*Dummy Discount*1	虚拟变量,如果 *SEO Discount*1 在注册市场中的值减去核准制市场中的值为负,则取值为1,否则为0
*Dummy Discount*2	虚拟变量,如果 *SEO Discount*2 在注册市场中的值减去核准制市场中的值为负,则取值为1,否则为0
*Dummy Discount*3	虚拟变量,如果 *SEO Discount*3 在注册市场中的值减去核准制市场中的值为负,则取值为1,否则为0
Dummy DACC	虚拟变量,如果股票发行当年的操纵性应计利润为正取值为1,否则为0,操纵性应计利润是根据 Dechow et al. (1995) 修正的琼斯模型计算所得
*BHAR*120	增发后120天内发行人买入并持有超额收益
*BHAR*240	增发后240天内发行人买入并持有超额收益
*Positive Tone*1	募集说明书语调,即积极和消极词数之差除以积极、消极和中性的总词数
*Positive Tone*2	募集说明书语调,即积极和消极词数之差除以积极和消极的总词数
Human Capital Team	保荐团队中所有保荐人代表人的平均人力资本
Deal Amount	保荐代表人在核准制市场中担任 IPO 和 SEO 承销商的总交易金额的自然对数

二、描述性统计

表 14-3 列示了主要变量的描述性统计结果。解释变量 *SEO Discount*1、*SEO Discount*2 和 *SEO Discount*3 三个指标的平均值约为 0.2,表明我国上市公司的股票增发有近 20% 的增发折价。增发折价比美国资本市场大,之前的研究显示美国资本市场的折价幅度约为 3%—5%(Kim and Park, 2005; Chan and Chan, 2014)。解释变量 *Human Capital* 的均值为 1.818,表示每个保荐代表人在核准制市场中拥有近两次的成功保荐经验。*Human Capital* 的变化也非常大,最小值为 0,最大值为 14。对于控制变量,*Career Year* 的平均值和中位数分别为 3.896 和 4,与 Wan et al.(2021)的结果相同,说明保荐代表人从获得资格证书开始的平均从业年限约为四年;*Education* 的平均值为 0.792,意味着

79.2% 的保荐代表人拥有硕士及以上学历；Male 的平均值为 0.841，说明样本中的大部分保荐代表人是男性，比例达到 84.1%。此外，公司层面的控制变量 SOE 的均值为 0.107，说明大部分增发企业是非国有企业；ROA 的均值为 0.05；Leverage 的平均值为 0.407；Size 的平均值为 21.8。

表 14-3　　　　　　　　　　描述性统计

	样本量	均值	中位数	标准差	最小值	25 分位数	75 分位数	最大值
SEO Discount1	308	0.209	0.189	0.166	-0.176	0.094	0.282	0.753
SEO Discount2	308	0.209	0.188	0.167	-0.147	0.091	0.294	0.819
SEO Discount3	308	0.203	0.171	0.197	-0.169	0.062	0.276	0.893
Human Capital	308	1.818	0.000	2.668	0.000	0.000	3.000	14.000
Career Year	308	3.896	4.000	2.754	0.000	1.000	6.000	9.000
Education	308	0.792	1.000	0.406	0.000	1.000	1.000	1.000
Male	308	0.841	1.000	0.366	0.000	1.000	1.000	1.000
Bank SEO	308	3.786	1.794	3.637	0.000	0.768	8.256	11.853
Bank IPO	308	3.428	2.405	3.372	0.000	0.568	4.757	11.123
Bank Capital	308	22.098	22.298	1.125	18.931	21.702	22.945	24.675
SOE	308	0.107	0.000	0.310	0.000	0.000	0.000	1.000
ROA	308	0.050	0.050	0.075	-0.354	0.020	0.092	0.346
Leverage	308	0.407	0.409	0.179	0.057	0.269	0.536	0.938
Size	308	21.800	21.556	0.896	20.294	21.204	22.290	25.342

三、主要回归结果

（一）保荐代表人人力资本和增发折价

表 14-4 报告了普通最小二乘法（OLS）回归结果，该回归检验了保荐代表人人力资本与增发折价之间的关系。第（1）—（3）列分别报告了以 SEO Discount1、SEO Discount2 和 SEO Discount3 作为因变量的回归结果。t 值是基于公司层面聚类的稳健标准误计算所得。Human Capital 的系数在三个回归中都显著为负，表明由具有较高人力资本的保荐代表人，即具有核准制市场经验的保荐代表人承销的注册制市场股票有较低的折价。保荐代表人人力资本的影响在经济上也很重要。以第（3）列的结果为例，假设我们样本中人力资本的平均值为 1.818，则意味着保荐代表人人力资本的价格折价为 0.015（0.013×1.818），比没有核准制市场经验保荐代表人承销的股票增发折价低约 65.22%（0.015/

0.023×100%）。总体而言，我们的结果支持假设 H1b，即具有核准制保荐经验的保荐代表人与注册市场上的增发折价呈负相关。

在控制变量方面，从业年限（Career Year）较高的保荐代表人承销的股票增发折价较高，说明从业年限较高与人力资本完全不是一回事，因为大多数保荐代表人获得了从业资格证书，并不意味着他们有机会在 IPO 或 SEO 市场上拥有承销业务。此外，盈利能力（ROA）较高的公司以较低的价格折价发行股票。有趣的是，与 Wan et al.（2021）认为学历可以促进保荐代表人在并购交易中的监督作用不同，我们发现保荐代表人的学历对增发定价没有显著影响。

表 14-4　　保荐代表人的人力资本与增发折价

	(1)	(2)	(3)
	SEO Discount1	SEO Discount2	SEO Discount3
Constant	-0.454	-0.314	-0.323
	(-1.01)	(-0.73)	(-0.63)
Human Capital	-0.008**	-0.007*	-0.013***
	(-2.04)	(-1.89)	(-2.91)
Career Year	0.007	0.006	0.012**
	(1.61)	(1.47)	(2.36)
Education	-0.030	-0.033	-0.015
	(-1.25)	(-1.36)	(-0.55)
Male	-0.009	-0.011	-0.021
	(-0.37)	(-0.46)	(-0.78)
Bank SEO	0.011	0.011	0.018
	(1.03)	(1.15)	(1.64)
Bank IPO	-0.011	-0.011	-0.018
	(-1.08)	(-1.08)	(-1.55)
Bank Capital	0.013	0.016	0.018
	(1.18)	(1.42)	(1.41)
SOE	-0.040	-0.005	-0.043
	(-0.88)	(-0.11)	(-0.92)
ROA	-0.322	-0.299	-0.531**
	(-1.41)	(-1.29)	(-2.27)
Leverage	-0.006	0.009	0.022
	(-0.06)	(0.09)	(0.18)
Size	0.018	0.009	0.007
	(1.11)	(0.58)	(0.38)
Industry	YES	YES	YES
Year	YES	YES	YES
Observations	308	308	308
Adj-R^2	0.119	0.106	0.134

注：***、**、*分别表示在 1%、5% 和 10% 的水平上显著，括号内为 t 值，且经过公司层面聚类的异方差调整（下同，不再赘述）。

（二）不同信息不对称的影响差异

信息不对称是影响证券定价的重要因素，常常导致错误的股票定价（Lee，2021）。股票发行方和潜在投资者之间的信息不对称会导致增发公告时股票价格大幅下跌（Kim et al.，2013）。为了研究不同信息不对称企业的保荐代表人人力资本对增发折价的影响，我们对信息不对称程度不同的企业进行分类。参考相关文献，我们使用股票波动率和分析师预测来衡量信息不对称程度（Dierkens，1991；Chan and Chan，2014）。我们使用增发后30天内股票收益率的标准差来衡量股票价格的波动。当股票波动率高时，意味着信息不对称程度高。此外，作为市场上的重要中介，证券分析师拥有更准确的信息和更多的专业知识，这一作用对于减少信息不对称尤为重要。当没有分析师预测时，意味着信息不对称程度高，保荐代表人的人力资本在股票定价中发挥的作用会更大。

表14-5报告了以不同程度的信息不对称对企业分组后的回归结果。在表14-4的第（1）和（2）列中，我们根据股票波动率将样本分为两组，一组股票波动率高，另一组股票波动率低。股票波动率大于样本中位数的公司被归类为高股票波动率组。第（1）列显示 Human Capital 的系数显著为负，但第（2）列显示 Human Capital 的系数不显著。我们可以发现，当企业信息不对称程度较高时，保荐代表人的人力资本作用更重要，可以有效抑制增发折价。在表14-4的第（3）和（4）列中，我们根据分析师预测对样本进行了分类。结果显示在第（3）列中当公司没有分析师预测时，Human Capital 的系数显著为负，而在第（4）列中当存在分析师预测时，该系数不显著，表明当没有分析师预测，即信息不对称程度高时，保荐代表人的人力资本发挥更大的作用。

表14-5　　不同信息不对称程度的影响差异

	(1)	(2)	(3)	(4)
	高股价波动	低股价波动	无分析师覆盖	有分析师覆盖
	SEO Discount3	SEO Discount3	SEO Discount3	SEO Discount3
Constant	-0.913 (-1.45)	0.397 (0.45)	-0.326 (-0.45)	-0.768 (-0.83)
Human Capital	-0.017*** (-2.76)	-0.003 (-0.39)	-0.015*** (-2.79)	-0.008 (-1.06)
Controls	YES	YES	YES	YES
Industry	YES	YES	YES	YES
Year	YES	YES	YES	YES
Observations	153	155	264	44
Adj-R^2	0.248	0.133	0.111	0.790

(三) 不同代理问题的影响差异

在企业再融资中,许多增发活动面向大股东,尤其是控股股东。增发很可能成为控股股东剥夺少数股东权利的手段 (Aharony et al., 2000; Bo et al., 2011)。为了研究保荐代表人人力资本对具有不同代理问题公司的增发折价的影响,我们根据控制权和所有权的分离程度对企业进行了分类。已有文献表明,控制权与所有权分离的公司更容易受到控股股东对小股东的侵占 (Claessens et al., 2002; Lemmon and Lins, 2003; Jiang et al., 2010)。我们预计人力资本对增发折价的影响对于更容易受到掏空影响的公司来说会更加明显。因此,我们将样本分为两组,并重新估计模型 (1) 中的回归。

回归结果如表 14-6 所示,表明在第 (1)—(3) 列中对控制权和所有权不分离的样本,Human Capital 系数不显著,这表明在控股股东和中小股东之间的代理问题较低的公司,人力资本的作用并不明显。然而,在控制权和所有权分离即代理问题较严重的公司,如第 (4)—(6) 列所示,Human Capital 的系数显著为负,即保荐代表人的人力资本在增发定价中发挥的作用更大。

表 14-6   不同代理问题的影响差异

	(1)	(2)	(3)	(4)	(5)	(6)
	不存在控制权与现金流权分离			存在控制权与现金流权分离		
	SEO Discount1	SEO Discount2	SEO Discount3	SEO Discount1	SEO Discount2	SEO Discount3
Constant	0.141 (0.25)	0.132 (0.22)	-0.225 (-0.36)	-1.087* (-1.68)	-0.710 (-1.19)	-0.422 (-0.63)
Human Capital	-0.004 (-0.91)	-0.004 (-0.87)	-0.013 (-1.66)	-0.012* (-1.76)	-0.011* (-1.74)	-0.015** (-2.45)
Controls	YES	YES	YES	YES	YES	YES
Industry	YES	YES	YES	YES	YES	YES
Year	YES	YES	YES	YES	YES	YES
Observations	151	151	151	157	157	157
Adj-R^2	0.238	0.239	0.085	0.271	0.258	0.368

(四) 是否存在欺诈发行的影响差异

在注册制改革前的核准制市场 IPO 和 SEO 中,欺诈发行非常普遍 (Lee et al., 2015; Li et al., 2021)。为了通过证监会的审批,具有核准制市场保荐经验的保荐代表人可能存在"粉饰发行"的现象。我们认为由于在核准制市场存在欺诈发行,保荐代表人的人力资本对注册制市场增发折价的积极影响可能会减弱。

为了检验这种可能性，我们根据保荐代表人在先前客户 IPO 或 SEO 前一年的平均操纵性应计利润，以及 IPO 和 SEO 后一年的平均权益回报率将样本分为欺诈发行和非欺诈发行两组。操纵性应计利润是根据 Dechow et al. (1995) 修改后的琼斯模型计算所得。当 IPO 和 SEO 前客户的操纵性应计利润为正值，或者 SEO 和 IPO 后客户的 ROE 为负值时，意味着欺诈发行的可能性更高。因此，我们将样本分为两组，并重新估计模型（1）中的回归。

回归结果如表 14-7 所示，在第（1）列和第（3）列回归中使用欺诈发行的样本，*Human Capital* 系数不显著，表明基于欺诈发行的先验经验对增发折价没有影响。但是，在第（2）列和第（4）列中使用没有欺诈发行的样本回归，*Human Capital* 的系数显著为负，表明没有欺诈发行的先验经验对增发折价有积极影响。

表 14-7　　　　　　　　是否存在欺诈发行的影响差异

	(1)	(2)	(3)	(4)
	SEO Discount3	SEO Discount3	SEO Discount3	SEO Discount3
	欺诈发行	非欺诈发行	欺诈发行	非欺诈发行
Constant	-0.590 (-0.63)	-0.695 (-1.22)	-0.387 (-0.44)	-0.550 (-0.93)
Human Capital	-0.013 (-1.12)	-0.014** (-2.57)	-0.020 (-1.48)	-0.011* (-1.82)
Controls	YES	YES	YES	YES
Industry	YES	YES	YES	YES
Year	YES	YES	YES	YES
Observations	87	221	61	247
Adj-R^2	0.119	0.104	0.133	0.112

四、内生性问题

在再融资中，保荐代表人可能不会被随机地分配到股票增发中，即保荐代表人的人力资本与增发折价之间的关联受到内生性问题的影响。人力资本的内生性既可能来自高质量的保荐代表人对高质量承销商的潜在选择，也可能来自高质量的发行公司对高质量的保荐代表人的潜在选择。例如，通常只有那些符合承销商或公司定价要求的人才能被选为增发的保荐代表人。如果是这种情况，先前我们观察到的保荐代表人人力资本对增发折价的影响将是由保荐代表人、承销商和股票发行公司之间的内生匹配所驱动。在本节中，我们采用工具变量方法，添加各种维度的固定效应，并在公司层面控制不变因素来解决内生性问题。

（一）工具变量法

我们使用工具变量法来解决保荐代表人的潜在内生性问题。参考其他研究（Chemmanur et al., 2019; Wan et al., 2019），我们构建了一个虚拟变量 *Poor Market*，如果在我们的样本中保荐代表人获得保荐资格证书时的市场条件（用市场指数的收益率来衡量）处于所有样本中的后五分位，则取值为1，否则取值为0。我们还构建了另一个虚拟变量 *Early Career*，如果保荐代表人收到保荐资格证书的年份与发行公告的年份之间的时间差小于样本中值，则该变量等于1，否则为0。参照 Chemmanur et al. (2019)，我们使用 *Poor Market* 与 *Early Career* 的交乘项作为工具变量，预计交乘项与保荐代表人的人力资本呈负相关。我们认为，在市场环境不景气的情况下获得资格证书的保荐代表人往往会有更糟糕的初始职业表现（Schoar and Zuo, 2017; Wan et al., 2021），因此积累承销经验的时间更长，尤其是在早期职业生涯中（Chemmanur et al., 2019）。

表14-8报告了2SLS回归结果，第（1）列显示第一阶段的回归结果，工具变量 *Poor Market × Early Career* 系数显著为负。下面几行数据显示，第一阶段回归的F统计量通过了弱工具变量检验，Kleibergen-Paap LM 统计量通过了识别不足检验，支持了我们工具变量的有效性。该检验的t统计量也通过了弱工具变量检验（Wooldridge, 2002; Butler, 2008）。第（2）列报告了将第一阶段预测的 *Pre. Human Capital* 作为因变量的第二阶段回归结果，显示 *Pre. Human Capital* 的系数仍然显著为负，而且系数几乎是表14-4中的3倍，结果表明在控制了可能存在的内生性问题后，进一步验证了我们的研究假设H1b。

表14-8　　　　　　　　内生性检验：工具变量法

	(1)	(2)
	Human Capital	*SEO Discount3*
Constant	-8.799* (-1.94)	-0.502 (-1.01)
Poor Market × Early Career	-3.457*** (-5.41)	

续表

	(1)	(2)
	Human Capital	*SEO Discount3*
Pre. Human Capital		-0.035**
		(-2.12)
Controls	YES	YES
Industry	YES	YES
Year	YES	YES
Observations	308	308
First-stage partial F-test	18.31	
Kleibergen-Paap LM statistic	87.56	

（二）控制不同维度的固定效应

我们还通过控制不同维度的固定效应来进行进一步的检验，以解决不同水平上与遗漏变量相关的内生性问题。表14-9报告了结果，列（1）以行业和年份的组合固定效应替代行业和年份单独的固定效应，以控制随时间变动的行业特征；第（2）列包括承销商机构层面的固定效应，以控制某些银行特定特征；第（3）列进一步控制银行和年份的组合固定效应，以控制随时间变动的机构特征。我们的结果报告在表14-9中。在第（1）—（3）列中，我们的关键解释变量 *Human Capital* 的系数在所有回归中仍然显著为负，这也有助于减轻内生性问题。

表14-9 内生性检验：控制其他维度固定效应

	(1)	(2)	(3)
	SEO Discount3	*SEO Discount3*	*SEO Discount3*
Constant	-0.285	0.444	-0.265
	(-0.52)	(0.65)	(-0.51)
Human Capital	-0.011**	-0.011**	-0.012***
	(-2.53)	(-2.22)	(-2.94)
Controls	YES	YES	YES
Industry	NO	YES	YES
Year	NO	YES	YES
Bank	NO	YES	NO
Industry × Year	YES	NO	NO
Bank × Year	NO	NO	YES
Observations	308	308	308
Adj-R^2	0.162	0.269	0.133

(三) 控制公司层面的不变因素

另外，我们的结果可能会受到某些公司特定的、不可观察的、不变因素的影响。为了解决这个问题，我们采用同一家公司在注册制改革前后增发折价的变化 $\Delta SEO\ Discount$ 来控制公司级别的不变因素。$\Delta SEO\ Discount$ 定义为注册市场的增发折价减去核准制市场的增发折价。由于创业板市场在注册制改革之前采用了核准制制度，为我们提供了一个很好的场景来获取增发折价的变化。我们使用这种方法来计算我们的三个子变量 $\Delta SEO\ Discount\ 1$、$\Delta SEO\ Discount\ 2$ 和 $\Delta SEO\ Discount\ 3$，并将它们用作回归中的因变量。

表14-10为控制公司层面不变因素后的回归结果，列（1）—（3）列分别报告了以 $\Delta SEO\ Discount1$、$\Delta SEO\ Discount2$ 和 $\Delta SEO\ Discount3$ 为因变量的回归结果。结果显示 Human Capital 的系数均显著为负，说明创业板注册制改革后，人力资本较高的保荐代表人承销的增发股票抑价率得到更大程度的下降。因此，在考虑了企业的不可观测的不变因素后，结果也证实了我们的假设。

表14-10 内生性检验：控制公司层面的不变因素

	(1)	(2)	(3)
	$\Delta SEO\ Discount1$	$\Delta SEO\ Discount2$	$\Delta SEO\ Discount3$
Constant	-2.092 (-1.48)	-1.920 (-1.46)	-2.012 (-1.31)
Human Capital	-0.023** (-2.23)	-0.024** (-2.30)	-0.029** (-2.31)
Controls	YES	YES	YES
Industry	YES	YES	YES
Year	YES	YES	YES
Observations	304	304	304
Adj-R^2	0.354	0.319	0.320

第五节 进一步检验

一、对其他方面的影响

(一) 对企业盈余管理的影响

许多研究表明，公司在增发前通过盈余管理来提高发行价格的动机尤其强烈（Teoh et al., 1998；DuCharme et al., 2004）。采用激进会计决策的增发公司也更积极地提高他们的发行价格（Kim and Park, 2005）。盈余管理难以识别并且总是会给外部投资者带来负面影响。Jo et al. （2007）发现高质量的承销商在增发时限制了公司对盈余管理的激励。

在我国资本市场，对发行实体的持续监督和督导是保荐代表人最重要的工作，尤其是在注册制改革之后。注册制改革前，监管工作主要由证监会来完成。但在注册市场，中介机构的作用越来越重要。因此，具有高人力资本的保荐代表人更有能力减少公司的盈余管理，最终使公司及其外部投资者受益。

我们检验了具有高人力资本的保荐代表人是否可以更好地减少公司的盈余管理行为。我们定义了一个虚拟变量 Dummy DACC 来衡量公司的盈余管理水平，如果在股票发行当年的操纵性应计利润 Dummy DACC 为正，则该变量等于 1，否则为 0。操纵性应计利润是参考 Dechow et al. （1995）根据修正的琼斯模型计算所得。然后，我们在回归模型中使用 Dummy DACC 作为因变量，重新估计模型（1）的回归。表 14-11 的第（1）和（2）列分别披露了 OLS 和 Logit 的回归结果，显示 Human Capital 的系数在 OLS 和 Logit 回归中均显著为负，表明人力资本较高的保荐代表人可以更好地减少与增发相关的盈余管理行为。这些发现与人力资本有助于保荐代表人成为更好的资本市场监督者的观点是一致的。

表 14-11　　　　　　　　　对识别公司盈余管理的影响

	(1)	(2)
	Dummy DACC	Dummy DACC
Constant	0.721 (0.55)	1.202 (0.20)
Human Capital	-0.028* (-1.97)	-0.148* (-1.84)
Controls	YES	YES
Industry	YES	YES
Year	YES	YES
Observations	308	308
Adj-R^2	0.113	0.141

（二）对增发募集说明书语调的影响

注册制更加重视企业信息披露，让承销商等中介机构及其代理人保荐代表人能够发现有价值的信息,而不是依赖政府对强制信息披露的监管。保荐代表人通过募集说明书向公众传达信息,因此在注册制市场,更需要保荐代表人发挥信息披露和信息发现的功能。如果保荐代表人的信息披露和信息发现功能越强,募集说明书的语调会更加积极。因此,我们还考察了人力资本对募集说明书语调的影响。

参考 Loughran and McDonald(2011)和 Huang et al.(2014)的研究,我们使用台湾大学出版的《中文情感极性词典》中的词汇来定义语调变量 $Positive\ Tone1$ 和 $Positive\ Tone2$,它们是通过将积极词和消极词的数量之差除以总词汇量来计算的。其中,$Positive\ Tone1$ 的总词汇量包括积极词、消极词和中性词,$Positive\ Tone2$ 的总词汇量包括积极词和消极词。表 14-12 的结果显示在列(1)和(2)中,$Human\ Capital$ 的系数也都显著为正,这一结果支持了保荐代表人的人力资本与募集说明书语调正相关的观点。

表 14-12 对增发募集说明书语调的影响

	(1)	(2)
	$Positive\ Tone1$	$Positive\ Tone2$
$Constant$	9.936 ***	86.272 ***
	(6.87)	(13.75)
$Human\ Capital$	0.042 *	0.154 **
	(1.85)	(2.10)
$Controls$	YES	YES
$Industry$	YES	YES
$Year$	YES	YES
$Observations$	216	230
Adj-R^2	0.152	0.212

(三)对增发后长期绩效的影响

我们进一步研究了保荐代表人的人力资本,对增发后客户长期股价表现的影响。我们认为保荐代表人的人力资本对长期绩效有积极影响,主要出于两个方面的原因。首先,在承销过程中,人力资本较高的保荐代表人往往会选择高质量的增发公司,这些公司必然长期业绩良好;其次,根据证监会的要求,保荐代表人在增发后充当一个持续监管者,人力资本较高的保荐代表人将更好地发挥这一持续督导作用。

因此,根据之前的研究(Denis and Sarin, 2001; Chemmanur et al., 2009;

Lin and Wu，2013），我们使用购买并持有期超额收益（BHAR）来衡量增发后的长期表现。我们分别使用 T = 120 和 T = 240 来衡量在股票发行后的 120 天和 240 天内的买入和持有超额回报。表 14 - 13 列示了回归结果，第（1）列和第（2）列均显示 *Human Capital* 的系数显著为正，即核准制市场的保荐经验使买方 120/240 天的 *BHAR*120 和 *BHAR*240 分别增加 10.36%（0.057 × 1.818）和 23.45%（0.129 × 1.818）。总体而言，我们的结果认为保荐代表人的人力资本与增发后更高的长期绩效相关。

表 14 - 13 对增发后长期业绩的影响

	(1)	(2)
	*BHAR*120	*BHAR*240
Constant	2.744 **	0.921
	(2.30)	(0.31)
Human Capital	0.057 *	0.129 *
	(1.70)	(1.77)
Controls	YES	YES
Industry	YES	YES
Year	YES	YES
Observations	214	128
Adj-R^2	0.143	0.412

二、稳健性检验

（一）团队层面人力资本的作用

在增发承销中，通常由两到三个保荐代表人组成一个团队来完成交易。在之前的分析中，我们将每个保荐代表人视为观察对象并衡量他们的人力资本。在稳健性检验中，我们又检验了保荐代表人团队层面的人力资本对增发折价的影响。因此，借鉴 Chemmanur et al.（2019）和 Wan et al.（2021），我们构建了一个团队层面的衡量指标 *Human Capital Team*，是指保荐代表人团队在核准制市场中的平均保荐经验数量。然后，我们使用团队层面变量代替个人层面变量重新估计表 14 - 4 中的回归。结果如表 14 - 14 所示，在团队层面，我们得到与个人层面相同的结果，*Human Capital Team* 的系数在 10% 和 5% 水平上均显著为负，并具有经济意义，这些结果表明团队层面的人力资本也在增发定价中发挥着重要作用。

表 14-14　　　　　　　　团队层面人力资本的作用

	(1)	(2)	(3)
	SEO Discount1	SEO Discount2	SEO Discount3
Constant	-0.328 (-0.60)	-0.148 (-0.28)	-0.050 (-0.08)
Human Capital Team	-0.012* (-1.74)	-0.014* (-1.92)	-0.022** (-2.49)
Controls	YES	YES	YES
Industry	YES	YES	YES
Year	YES	YES	YES
Observations	164	164	164
Adj-R^2	0.024	0.019	0.056

(二) 人力资本的替代衡量

我们还对保荐代表人的人力资本使用其他的衡量方法进行替代衡量，按照 Chemmanur et al. (2019) 的方法，使用交易金额而不是交易数量来衡量保荐代表人的人力资本。我们定义了一个新变量 Deal Amount，它等于保荐代表人在注册制市场开展业务前（2019 年 3 月 1 日），在核准制市场的 IPO 和 SEO 中担任承销商的总交易金额的对数。

然后，我们使用 Deal Amount 作为新的人力资本衡量指标，重新估计表 11-4 中的回归，结果在表 14-15 中报告。显示在第 (1)—(3) 列中，Deal Amount 的系数显著为负，表明在使用人力资本的替代衡量指标后，我们的研究结论仍然成立，即核准制市场的保荐经验在股票增发中发挥着重要作用。

表 14-15　　　　　　　　人力资本的替代衡量

	(1)	(2)	(3)
	SEO Discount1	SEO Discount2	SEO Discount3
Constant	-0.533 (-1.20)	-0.406 (-0.97)	-0.435 (-0.88)
Deal Amount	-0.002** (-2.22)	-0.002** (-2.15)	-0.003** (-2.23)
Controls	YES	YES	YES
Industry	YES	YES	YES
Year	YES	YES	YES
Observations	308	308	308
Adj-R^2	0.128	0.117	0.142

本章小结

本章利用 2020 年至 2021 年中国上市公司股票增发的样本数据,研究了我国资本市场保荐代表人的人力资本对增发折价的影响。自 2019 年 3 月起,我国资本市场开始进行注册制改革。在注册制改革前,上市公司 IPO 和 SEO 的股权发行均采用核准制,必须经过证监会的核准,而注册制改革打破了这一现象。我们使用保荐代表人在核准制市场的保荐经验衡量人力资本,研究发现保荐代表人的人力资本与增发折价之间存在显著负相关,尤其是对于信息不对称程度较高或控股股东和少数股东之间存在代理问题的公司,这表明人力资本较高的保荐代表人可以提供高质量的承销服务。但对于先前客户存在欺诈发行的保荐代表人,人力资本和增发折价之间的关系不显著。我们进一步地分析发现,保荐代表人的人力资本可以减少客户的盈余管理,与增发募集说明书的语调有正相关关系,还能帮助客户在增发后取得良好的长期业绩。本章的研究有助于理解保荐人在跨 IPO 市场与 SEO 市场的功能角色,有助于推进保荐代表人归位尽责,回归"看门人"的角色本位。

第十五章

结论、建议与展望

第一节 研究结论

本书结合全面注册制改革的大背景,研究了我国资本市场的制度创新和保荐人的功能演进,主要从首次公开发行、并购重组、公司债券以及再融资四个市场对我国资本市场保荐人的跨市场功能角色及其作用进行了相应的研究。本书主要考察保荐人在跨核准制与注册制 IPO 市场、跨股票市场与并购重组市场、跨股票市场与债券市场,以及跨核准制与注册制 SEO 市场的功能角色。研究发现,保荐人作为金融中介,是资本市场的主要"看门人",保荐人的功能角色在跨市场中发挥着重要作用,对我国资本市场的发展具有深远影响。

一、制度梳理的结论

从相关法律法规的颁布与修订方面,本书对我国资本市场的制度创新现状进行了全面梳理。我们梳理了四个方面的制度创新,包括国内外的发审制度与保荐人制度、并购重组与财务顾问制度、公司债券市场与承销商制度、再融资市场与承销保荐制度。

第一，我国股票市场的发审制度和保荐人制度经历了从审批制到核准制再到注册制的创新发展历程，而且随着全面注册制改革，发审制度和保荐人制度还在不断完善。国外发达资本市场的发审制度和保荐人制度起步相对较早，积累了较为丰富的建设经验。我国股票市场的发审制度和保荐人制度是在借鉴国外发达资本市场的先进经验基础上建设起来的，从审批制到核准制再到注册制，我国资本市场正在向着市场化的方向不断前进。在制度建设中，证监会等监管部门颁布的代表性的制度文件有《证券发行上市保荐制度暂行办法》《证券发行上市保荐业务管理办法》等，并随着注册制改革不断修订与完善。在实施全面注册制的趋势与背景下，我国不断颁布与修订保荐人相关法律法规，提高了上市公司质量、信息透明度、证券市场效率等。在全面注册制的市场环境，我国应从建立完善的中介机构声誉体系、优化保荐人的遴选机制、提升保荐人的信息挖掘与价值发现功能等角度对保荐人制度进行更新与完善，以进一步规范保荐人的行为。

第二，我国并购重组市场与财务顾问制度共经历了初始阶段、发展阶段与完善阶段，而且随着股票市场的全面注册制改革，并购重组市场与财务顾问制度也在不断深化市场化改革。随着财务顾问制度建设和制度创新，我国并购重组市场财务顾问的专业能力得到大幅度提升，在服务企业并购重组中发挥的作用越来越明显。在制度建设中，证监会等监管部门颁布的代表性的制度文件有《上市公司收购管理办法》《上市公司并购重组财务顾问业务管理办法》《上市公司重大资产重组管理办法》等，并随着并购重组市场的发展不断修订与完善。在并购重组市场建设中，我国坚持完善相关法律法规，不断扩大并购重组规模、优化资源配置、加深市场化程度，努力促进并购重组市场与财务顾问制度的建立与健全。伴随着资本市场的全面注册制改革，我们应进一步加强信息披露、优化并购程序、充分发挥中介机构作用，提升并购重组市场在服务实体经济、推进产业升级中的功能。

第三，我国公司债券市场经历了由审批制、核准制到全面注册制的发展阶段，而且随着债券市场的发展，公司债券的承销商制度也在逐渐完善。在我国公司债券市场，最常用的信用类债券形式有四类，分别是公司债、企业债、中期票据和短期融资券，而且每类债券的监管机构不同。在制度建设和制度创新中，债券监管部门颁布的代表性的制度文件有《公司债发行试点办法》《公司债券发行与交易管理办法》《公司债券承销业务规范》等,并随着公司债券市场的发展不断修订与完善。随着债券市场建设,公司债券交易主体日益增多,债券发行的总额不断上升,我国债券市场不断走向成熟,尤其是近几年随着刚性兑付的打破,公司债券市场在淘汰落后产能,实现资源优化配置方面发挥着越来越重要的作用。在全面注册制背景下,承销商在公司债券市场的责任与义务需要进一步加强,通过完善市场机制及相关法律法规,以加强监管,不断规范承销商行为,保护投资者权益和促进我国债券市场的快速健康发展。

第四,我国再融资市场经历了由审批制向核准制再到注册制的发展阶段,监管层不断更新与完善再融资制度,以规范市场行为,建立与健全具有中国特色的再融资制度。再融资是上市公司重要的资金来源,对上市公司的发展起到至关重要的作用。在我国资本市场,上市公司的再融资方式主要有配股、增发和发行可转换债券等。伴随着国内再融资市场的不断发展,证监会等监管部门也在不断推出再融资法律法规,证监会等监管部门颁布的代表性的制度文件有《上市公司新股发行管理办法》《上市公司证券发行管理办法》《证券发行与承销管理办法》等,并随着再融资市场的发展不断修订与完善。随着再融资市场的制度建设,我国上市公司再融资中的"圈钱"和违规使用资金的现象得到缓解,再融资中的定向增发行为得到规范,防止了大股东对中小股东的利益侵占现象,而且再融资中的保荐人和承销商的功能大大加强。随着证券发行的全面注册制改革,证监会还需要从信息披露、加强中介机构监管等方面入手进一步完善再融资市场制度建设,推动再融资市场制度创新。

二、文献回顾的结论

本书整理与归纳了国内外学者对不同市场保荐人、财务顾问和承销商等中介机构的研究。我们梳理了四个方面的文献成果,包括在首次公开发行市场,保荐人与 IPO 发行效率;在并购重组市场,财务顾问与 M&A 效率;在公司债券市场,承销商与债券发行效率;在再融资市场,承销保荐与再融资效率。

第一,在首次公开发行市场,学术界针对 IPO 市场保荐人与承销商等金融中介的功能角色这一重要问题开展了大量丰富的研究,形成了较为成熟的理论成果。从机构层面,学术界研究较多的是保荐人和承销商的声誉问题和监管问题。从个人层面,国内学者对保荐代表人的功能角色开展了一些探索性研究,包括保荐代表人的声誉问题、社会网络,保荐代表人的变更和监管等问题。综合来看，国内外关于保荐机构或者承销商的研究大都是关注于同一个市场，而没有从跨市场的角度分析保荐人的功能角色和影响。因此，对我国跨市场保荐人功能角色及其影响是未来研究的重要方向。

第二，在并购重组市场，学术界对财务顾问这一重要角色进行了大量完善的研究工作，形成了丰硕的理论成果。财务顾问的声誉机制、认证功能和行业专长是其发挥金融中介功能的关键所在，也是当前学术研究的热点话题。针对财务顾问的跨市场功能，当前研究最多的是从机构层面，认为投资银行所扮演的双重角色更有助于其在并购重组市场发挥重要作用。在我国资本市场，财务顾问的角色一般由其执业代理人，即财务顾问主办人来担任，从财务顾问主办人出发来研究其在并购重组市场的功能角色将是一个重要的突破点。

第三，在公司债券市场，承销商声誉和债券定价是理论界和实务领域的热点话题。承销商的功能主要通过声誉机制发挥作用，承销商的声誉具有信息功能和认证功能，担负着"信息生产者"和"认证中介"的角色。公司债券市场，承销商可能会与企业建立长期的合作关系，即形成关系型承销，关系型承销将不同市场的承销商行为联系起来，也是当前研究的热点话题。当前有关债券市场承销商行为的研究大都是关注于机构层面，而从个人层面研究的文献仍然较少。

第四，在再融资市场，保荐人和承销商在再融资市场的功能角色也是当前学术界的热点话题，而且形成了大量较为丰富的理论成果。当前学术界有关再融资的文献有再融资的方式、动机，再融资中的盈余管理和利益输送行为，再融资的监管，以及再融资的效率等。在企业再融资中，承销商能够发挥认证功能，尤其是高声誉的承销商，研究发现承销商的声誉越高，越能够降低再融资中的盈余管理行为，而且在融资后，企业的股价表现也较好。但目前来看，有关承销商在再融资中的功能角色研究主要集中在机构层面，研究投资银行在再融资中所发挥的作用，而有关个人层面的研究仍然不足。

三、实证检验的结论

伴随着资本市场的制度创新，保荐人的功能角色不断演进。本书从跨市场的角度开展了四个方面的实证检验，包括跨核准制市场与注册制IPO市场、跨股票市场与并购重组市场、跨股票市场与债券市场、跨核准制市场与注册制SEO市场。

第一，有关跨核准制市场与注册制IPO市场，本书研究了保荐人的核准制保荐经历对注册制IPO定价的影响。研究发现当保荐代表人曾经承担过核准制市场的保荐业务时，或者在核准制市场的保荐次数较多或客户业绩较优时，其科创板客户的 IPO 定价效率较高，具有较低的 IPO 抑价水平。进一步检验发现，在上市过程中，保荐代表人的核准制保荐经历可以降低其科创板客户遭受的监管问询次数，问询语调也更加偏向积极；在上市后，保荐代表人的核准制保荐经历可以降低短期股价波动率，而且能够为投资者带来更多的长期超额回报；另外，有核准制保荐经历的保荐代表人会收取一定费用作为声誉溢价。

第二，有关跨股票市场与并购重组市场，本书研究了保荐人的股票市场保荐经历对并购重组定价的影响。我们认为如果财务顾问主办人在 IPO 市场中担任保荐代表人，他们会更加关注自身的声誉，一旦声誉受损将会溢出到 IPO 市场中，对其职业前景造成影响。研究发现在 IPO 市场具有较高市场份额的财务顾问主办人通常会提供更高质量的咨询服务，降低收购方支付的交易溢价，提高交易的完成率。进一步的研究结果还表明在 IPO 市场中拥有较高市场份额的财务顾问主办人通常会为其客户带来更好的并购后业绩表现。这一研究发现对于探讨保荐人的跨市场功能角色具有重要的理论价值和实践意义。

第三，有关跨股票市场与债券市场，本书研究了保荐人的股票市场保荐经历对公司债券定价的影响。我们采用承销商经办人的保荐代表人资格来衡量他们的声誉问题。有资格担任首次公开发行市场保荐代表人的承销商经办人，由于债券市场表现不佳，可能会对其在首次公开发行市场的业务前景造成不利影响，因此在提供债券承销服务时，他们往往会更在意声誉问题。我们发现具有 IPO 资格的承销商经办人的公司债券发行利差较低。本章的研究结果对于债券投资者，尤其是外国投资者，在承销商经办人层面上从承销商的特征来评价公司债券具有重要的启示。

第四，有关跨核准制市场与注册制 SEO 市场，本书研究了保荐人的核准制承销保荐对注册制 SEO 定价的影响。我们发现保荐代表人的人力资本与增发折价之间存在显著负相关，尤其是对于信息不对称程度较高或控股股东和少数股东之间存在代理问题的公司，这表明人力资本较高的保荐代表人可以提供高质量的承销服务。但对于先前客户存在欺诈发行的保荐代表人，人力资本和增发折价之间的关系不显著。我们进一步地分析发现，保荐代表人的人力资本可以减少客户的盈余管理，与增发募集说明书的语调有正相关关系，还能帮助客户在增发后取得良好的长期业绩。

第二节 政策建议

一、提升保荐人在首次公开发行市场的功能

在全面注册制的环境，注重以信息披露为核心的理念，监管部门对保荐人尽职调查的专业能力、执业质量都提出了更高要求，需要保荐人在尽职调查工作中落实注册制的相关规定，发挥"保"和"荐"的功能。在"保"的方面，要求保荐人要保优质的企业、优秀的项目上市；在"荐"的方面，要求保荐人充分运用自己的专业能力，推荐优秀的企业，让资本市场充分发挥优化资源配置的功能。

目前，我国资本市场正处在不断发展的过程中，不可避免地存在一些问题。我国经济正处于"新兴加转轨"的发展期，要在注册制的背景下坚持实施保荐人制度，努力实现资本市场的健康成长。在未来，**我们应坚持及时更新与补充相关法律法规，从多方面对保荐人制度进行完善，以确保保荐人制度充分发挥其重要作用，促进证券市场蓬勃发展**。

在注册制下，保荐人制度是现阶段证券市场发展的重要制度，保证保荐人制度有效实施可以提高证券市场效率，促进资本市场健康发展。因此，我们应该将保荐人的职责提到更重要的位置，充分发挥其在优质企业发掘、信息披露和投资价值判断方面的前瞻性作用。完善保荐人制度应从建立健康高效的金融市场角度出发，以服务社会的责任理念为指引，以严格的治理规则设计为方向，以渐进式改革模式作为完善金融中介机构法律监管机制的实现路径。

保荐人制度应增强对持续督导的相关规定，以增加事中事后监管强度。我国对保荐机构及保荐代表人的约束存在一定的限制，这可能使其进行短期投机行为，增大"只荐不保"的可能性。针对存在的"只荐不保"的现象，可以采用延长保荐期限的方式强制增加事中事后的监管。同时，发行企业可分期向保荐机构支付持续督导费用，激励保荐机构及保荐代表人主动进行合理、有效的持续督导。此外，证监会还可以通过厘清保荐业务相关人员及机构的责任、建立保荐诚信记录体系等方面来完善保荐人制度，规范保荐业务，提高证券市场

效率。通过行业内外力量协同建立完备的声誉评价与约束机制,将成为注册制下完善市场保荐人自我约束、自我监管的重要路径。例如,要求拟发行企业在招股说明书中披露保荐人或保荐代表人的声誉信息,以便投资者直观知悉,既可激励保荐人勤勉尽责,亦可促使发行人选任声誉良好的保荐人,形成良性循环。

二、提升财务顾问在并购重组市场的功能

随着全面注册制改革,我国并购重组市场也进入了注册制时代。当前在并购重组市场,证监会等监管部门需进一步加大财务顾问的金融中介功能,强化其在并购重组中的"看门人"责任。财务顾问是并购重组业务的重要把关人,在证监会、交易所等的带领下,应尽力辅助上市公司进行并购重组并进行持续督导。一方面,证监会等督促财务顾问坚持勤勉尽责原则,在事前、事中及事后为并购重组提供相关咨询服务并坚持进行独立判断;另一方面,明确财务顾问选任程序,保证财务顾问的资格与独立性,使其能够公正地提出合理的建议,提高并购重组质量。

监管部门应进一步优化财务顾问的信息披露责任,加强信息披露相关要求,提高信息透明度。并购重组的高风险性质,决定了对信息披露的要求要持续不断加强,我国要坚持以信息披露为核心,不断建立与完善相关信息披露制度。除要求财务顾问对并购重组的事前、事中进行严格的把关外,应强化财务顾问在事后信息披露中的责任,以保证并购重组质量,充分发挥并购重组对我国资本市场的作用。

当前,随着注册制改革,资本市场财务顾问机构的遴选由审批制改为备案制,是监管部门包容监管和底线监管的要求。但是,备案制不是"一备了之",在过渡期可以通过设置条件选拔符合条件机构从事相关业务,从长远来看,备案制需要放权市场,引入市场化选拔机制,让各方可以合理参与财务顾问机构的竞争。同时,要建立相应的事后监管制度,通过行业评级标准、信用等级制度、黑名单制度、行政处罚等多种手段增加监管的威慑力度。最后,还要积极培育和提升财务顾问在并购重组市场的行业专长和声誉机制,发挥声誉功能,尤其是跨市场的声誉功能角色,提升注册制环境下的并购重组绩效。

三、提升承销商在公司债券市场的功能

在公司债券承销中,承销商承担着推荐优质企业进行债券融资的责任。因

此，若承销商推荐企业的经营管理出现问题，导致债券无法按时还本付息，造成投资者出现损失，对承销商日后的债券承销业务必然造成不利影响。近年来，我国公司债券市场频频出现低价承销的不正当竞争现象，债券市场出现承销费"白菜价"，导致承销商为了获得较高的债券承销市场份额而采取打价格战、扰乱行业秩序的行为，承销商的认证功能无法有效发挥。

监管层应进一步出台政策引导债券承销由"数量竞争"向"质量竞争"的转变，例如制定承销商低价报价的负面清单，将对承销商的考核由注重数量考核向注重质量考核转变。随着债券市场的注册制改革推进，债券违约已经成为新常态，监管层应通过加强承销商的自律精神，加强承销过程中的监管和惩戒来规范债券发行体系，通过厘清责任和加强问责来规范我国公司债券市场秩序。证监会等监管部门要继续健全风险预警监测评估体系，探索完善债券违约处置机制，包括明确细化对中介机构的要求，更好地发挥债券持有人会议的作用等。

同时，我国债券市场还应重视承销商在跨市场中的功能角色。在机构层面，进一步发挥股票市场和债券市场的联动作用，尤其是激发投资银行在两个市场所扮演的不同功能。相对于股票市场，由于债券市场的承销费用相对较低，难以有效激发承销商在债券市场的积极性。因此，进一步规范债券承销费用的定价机制，将债券市场和股票市场提升到相互对等的地位将显得尤为重要。在个人层面，监管部门也要发挥承销商经办人的遴选机制，既要让承销商经办人通过声誉机制起到认证功能，又要通过严监管使其更好地归位尽责。

四、提升保荐人和承销商在再融资市场的功能

保荐人和承销商可以解决再融资市场中存在的信息不对称问题。作为再融资市场的主要金融中介，保荐人和承销商在重复博弈中会形成市场声誉。作为证券市场"看门人"的保荐人和承销商，将自己的声誉资本抵押给拟发行公司，从而使投资者可以相信发行人的信息披露和证券价值。

长期以来，我国再融资领域违法违规事件较多，市场风波不断，出现了内幕交易、操纵股价、虚假信息披露、欺诈上市、明股实债等诸多不法行为。但在注册制推进的背景下，再融资市场化、法治化的理念逐渐完善，监管部门不断提升市场监管水平，有效落实以信息披露为核心的注册制要求，督促上市公司以投资者决策为导向，真实准确完整地披露信息。通过制度创新，不断提高公司治理和财务信息披露质量，增强投资者对市场的合理预

期,推动上市公司合规管理和守法经营,实现高效便利融资。

随着全面注册制改革,保荐人和承销商的"看门人"责任将更加明确,中介机构的声誉机制将发挥越来越大的作用。保荐人不再以满足监管机构的合规要求与包装上市为主业,而是转变为发挥真正专业估值与定价能力,依靠技术团队的专业知识与眼光、行业专长,进行价值发现与项目发掘的投资银行家。保荐人和承销商以自身声誉作为担保,对于发行人的资质进行评估和调查,有助于再融资市场对保荐人和承销商的价值发现和信息挖掘能力进行评判,形成市场的良性循环。证监会等监管部门应进一步出台政策,规范保荐人和承销商的同质化竞争现象,注重承销商的定价能力、承销渠道和信誉中介作用,使优秀的保荐人和承销商与行业团队享有业界口碑,通过市场认可获得更高的收益回报。在个人层面,也要加大对保荐代表人声誉机制的培养,形成首次公开发行市场和再融资市场的联合声誉机制,共同推动企业融资行为的良性发展。

第三节 研究展望

一、机构层面

全面注册制改革是我国资本市场出现的重大政策事件,这一重大事件是否能够产生预期的效果,需要学术界进行广泛而深入的研究。注册制改革放松了证券发行前端的管制,但增强了发行中和发行后的监管,即"放松管制"和"加强监管"之间的协同推进。上述"放松管制"和"加强监管"的监管规制行为和保荐人的功能定位之间是否存在对应关系?如果存在,如何考察监管规制对于保荐人功能定位的影响及其作用机制?在全面注册制的环境,是否存在提升保荐人功能定位的具体路径?保荐人功能定位的提升会带来哪些经济后果?

另外,近年来随着"互联网+金融"和"金融科技"的发展,数字化技术已经迅速向金融领域渗透,证券公司正在推进数字化转型。大数据、云计算、人工智能、区块链、低代码、RPA、极速交易等技术,正在为证券公司的数字化转型提供强有力的支撑。未来,学术界可以进一步考察的问题包括证券公司的数字化转型是否有利于提升股票市场、并购重组市场和债券市场的定价效率?

是否有利于保荐人和承销商筛选优质企业？是否有利于提升证券的信息披露质量和发行效率等？而且，随着环保理念的增强，尤其是近两年"双碳"目标的提出，环境保护和环境信息披露也必将成为保荐人关注的重点内容。对上述问题的考察将成为有关金融中介的重要研究方向之一。

二、个人层面

作为金融中介机构的执业代理人，保荐代表人、财务顾问主办人、承销商经办人可以降低信息不对称的程度，提高企业上市、并购重组、再融资的合规性，提升 IPO、M&A 和 SEO 的定价效率，而且在持续督导期间也能够发挥积极作用。基于个人层面，未来的学术研究可以进一步考察保荐代表人、财务顾问主办人、承销商经办人的归位尽责问题。随着全面注册制改革的推进，归位尽责成为监管部门关心的重点问题。

现有研究仍然没有关注监管政策、金融中介及其执业代理人的功能角色和责任界定之间的逻辑关系，更是没有将这一逻辑关系放到注册制的监管规制框架下进行研究。当前，全面注册制改革为我们提供了一个绝佳的场景，将监管规制、功能角色、责任界定和行政处罚等放到统一的分析框架。在全面注册制的资本市场，保荐代表人、财务顾问主办人、承销商经办人是架构监管层、上市企业和广大投资者的桥梁。因此，在个人层面，深入研究保荐代表人、财务顾问主办人、承销商经办人的归位尽责问题，将是全面注册制环境下的重要研究方向。

三、团队层面

本书在研究保荐人的跨市场功能角色时，主要从保荐代表人、财务顾问主办人、承销商经办人的个人层面来考察其担任的不同角色在跨市场中所发挥的作用。但是，在股票 IPO 和 SEO、债券发行和并购重组中，保荐人、承销商和财务顾问等往往是以团队的形式出现。团队的特征也会影响到保荐代表人的跨市场功能角色，甚至与个人或者机构层面的功能产生替代作用，未来学术界也可以对此展开进一步的研究工作。

基于当前全面注册制改革的市场背景，我们可以考察保荐人团队、财务顾问团队和承销商团队的特征及其经济后果，包括团队的成员数量、团队质量、团队行业专长，团队成员及其负责人的性别特征，团队的业务合作经历、关系网络等对股票 IPO 市场、并购重组市场、债券市场和再融资市场定价、信息披露的影响。另外，还可以进一步考察行政处罚、监管层的监管问询对于团队的作用及其机制，以及保荐人团队和审计师团队之间的职责边界和责任分工情况等。

主要参考文献

[1] 白云霞，严梦莹，钟宁桦．保荐代表人变更与保荐制度的有效性——基于定向增发的实证研究［J］．金融研究，2014（03）：138—151.

[2] 陈冬华，章铁生，李翔．法律环境、政府管制与隐性契约［J］．经济研究，2008（03）：60—72.

[3] 陈运森，邓祎璐，李哲．证券交易所一线监管的有效性研究：基于财务报告问询函的证据［J］．管理世界，2019（03）：169—185.

[4] 陈运森，宋顺林．美名胜过大财：承销商声誉受损冲击的经济后果［J］．经济学（季刊），2018，17（01）：431—448.

[5] 崔宸瑜，陈运森，郑登津．定向增发与股利分配动机异化：基于"高送转"现象的证据［J］．会计研究，2017（07）：62—68.

[6] 戴亦一，潘越，陈静．双重保荐声誉、社会诚信与IPO过会［J］．金融研究，2014（06）：146—161.

[7] 邓路，廖明情．上市公司定向增发方式选择：基于投资者异质信念视角［J］．会计研究，2013（07）：56—62.

[8] 邓路，王化成．投资者异质信念与定向增发股价长期市场表现［J］．会计研究，2014（11）：38—45.

[9] 杜沔，王良成．我国上市公司配股前后业绩变化及其影响因素的实证研究［J］．管理世界，2006（03）：114—121.

[10] 管征，卞志村，范从来．增发还是配股？上市公司股权再融资方式选择研究［J］．管理世界，2008（01）：136—144.

[11] 郭海星，万迪昉，吴祖光．承销商值得信任吗——来自创业板的证据［J］．南开管理评论，2011，14（03）：101—109.

[12] 郭泓，赵震宇．承销商声誉对IPO公司定价、初始和长期回报影响实

证研究 [J]. 管理世界, 2006 (03): 122—128.

[13] 何德旭, 饶明. 配股融资、市场反应与投资者收益 [J]. 金融研究, 2011 (12): 147—162.

[14] 何雁, 孟庆玺, 李增泉. 保荐代表人本地关系网络的违规治理效应: 来自IPO的经验证据 [J]. 会计研究, 2020 (11): 71—84.

[15] 胡乃武, 阎衍, 张海峰. 增发融资的股价效应与市场前景 [J]. 金融研究, 2002 (05): 32—38.

[16] 胡志颖, 周璐, 刘亚莉. 风险投资、联合差异和创业板IPO公司会计信息质量 [J]. 会计研究, 2012 (07): 48—56.

[17] 黄春铃. 证券监管效率和承销商声誉——基于南方证券"麦科特事件"的案例研究 [J]. 管理世界, 2005 (07): 129—138.

[18] 黄亮华, 谢德仁. 核准制下IPO市场寻租研究——基于发审委员和承销商灰色关联视角 [J]. 中国工业经济, 2016 (03): 20—35.

[19] 黄顺武, 余霞光. IPO信息披露与监管的演化博弈分析 [J]. 中国管理科学, 2020 (08): 1—8.

[20] 黄晓薇, 郭敏. 股权再融资门槛变迁与政策诱导型盈余管理——基于双重倍差法的经验研究 [J]. 中国软科学, 2014 (08): 162—172.

[21] 李常青, 魏志华, 吴世农. 半强制分红政策的市场反应研究 [J]. 经济研究, 2010, 45 (03): 144—155.

[22] 李康, 杨兴君, 杨雄. 配股和增发的相关者利益分析和政策研究 [J]. 经济研究, 2003 (03): 79—87.

[23] 李晓溪, 刘静, 王克敏. 公开增发公司分类转移与核心盈余异象研究 [J]. 会计研究, 2015 (07): 26—33.

[24] 林晚发, 刘颖斐, 赵仲匡. 承销商评级与债券信用利差——来自《证券公司分类监管规定》的经验证据 [J]. 中国工业经济, 2019 (01): 174—192.

[25] 刘白璐, 吕长江. 基于长期价值导向的并购行为研究——以我国家族企业为证据 [J]. 会计研究, 2018 (06): 47—53.

[26] 柳建华, 孙亮, 卢锐. 券商声誉、制度环境与IPO公司盈余管理 [J]. 管理科学学报, 2017, 20 (07): 24—42.

[27] 陆正飞, 魏涛. 配股后业绩下降: 盈余管理后果与真实业绩滑坡

[J]. 会计研究，2006（08）：52—59.

［28］陆正飞，叶康涛. 中国上市公司股权融资偏好解析——偏好股权融资就是缘于融资成本低吗？［J］. 经济研究，2004（04）：50—59.

［29］吕怀立，贾琬娇，李婉丽. 核准制保荐经历与科创板 IPO 定价——来自保荐代表人的经验证据［J］. 会计研究，2021（05）：95—106.

［30］吕怀立，王文明，鄢姿俏，侯亮. 金融政策竞争中性与民营企业融资纾困——来自突发公共卫生事件的准自然实验［J］. 金融研究，2021（07）：95—114.

［31］吕怀立，杨聪慧. 承销商与审计师合谋对债券发行定价的影响——基于个人层面的经验数据［J］. 审计研究，2019（03）：111—119.

［32］吕怀立，钟宇翔，李婉丽. 发审制度、交易机制与盈余信息的债券定价功能［J］. 管理评论，2016，28（12）：14—29.

［33］吕怀立，钟宇翔，林艳艳. 公募债券融资、关系型承销与会计稳健性［J］. 预测，2016，35（02）：29—36.

［34］邵新建，王兴春，贾中正，廖静池. 投资银行—机构投资者关系、"捧场"与 IPO 中的利益问题［J］. 金融研究，2019（11）：170—188.

［35］邵新建，薛熠，江萍，赵映雪，郑文才. 投资者情绪、承销商定价与 IPO 新股回报率［J］. 金融研究，2013（04）：127—141.

［36］宋贺，段军山. 财务顾问与企业并购绩效［J］. 中国工业经济，2019（05）：155—173.

［37］孙亮，刘春，柳建华. 御用会计师：合作抑或合谋［J］. 管理科学学报，2016，19（02）：109—126.

［38］覃家琦，杨雪，陈艳，孙凌霞. 再融资监管促进企业理性投资了吗？——来自中国上市公司的证据［J］. 金融研究，2020（05）：170—188.

［39］滕飞，夏雪，辛宇. 客户关系与定向增发经营绩效表现［J］. 南开管理评论，2020，23（03）：212—224.

［40］王华杰，王克敏. 应计操纵与年报文本信息语气操纵研究［J］. 会计研究，2018（04）：45—51.

［41］王克敏，廉鹏. 保荐制度改善首发上市公司盈余质量了吗？［J］. 管理世界，2010，22（8）：21—34.

［42］王克敏，刘博. 公开增发业绩门槛与盈余管理［J］. 管理世界，

2012（08）：30—42.

［43］王良成，陈汉文，向锐. 我国上市公司配股业绩下滑之谜：盈余管理还是掏空？［J］. 金融研究，2010（10）：172—186.

［44］王雄元，高开娟. 如虎添翼抑或燕巢危幕：承销商、大客户与公司债发行定价［J］. 管理世界，2017（09）：42—59.

［45］王亚平，杨云红，毛小元. 上市公司选择股票增发的时间吗？——中国市场股权融资之谜的一种解释［J］. 金融研究，2006（12）：103—115.

［46］王正位，朱武祥，赵冬青，马菁蕴. 管理层乐观与可转债融资——模型与福记食品案例研究［J］. 金融研究，2013（11）：180—192.

［47］王志强，张玮婷. 上市公司财务灵活性、再融资期权与股利迎合策略研究［J］. 管理世界，2012（07）：151—163.

［48］魏明海，赖婧，张皓. 隐性担保、金融中介治理与公司债券市场信息效率［J］. 南开管理评论，2017，20（01）：30—42.

［49］魏志华，曾爱民，李博. 金融生态环境与企业融资约束——基于中国上市公司的实证研究［J］. 会计研究，2014（05）：73—80.

［50］徐浩萍，罗炜. 投资银行声誉机制有效性——执业质量与市场份额双重视角的研究［J］. 经济研究，2007（02）：124—136.

［51］许荣，蒋庆欣，李星汉. 信息不对称程度增加是否有助于投行声誉功能发挥？——基于中国创业板制度实施的证据［J］. 金融研究，2013（07）：166—179.

［52］阎达五，耿建新，刘文鹏. 我国上市公司配股融资行为的实证研究［J］. 会计研究，2001（09）：21—27.

［53］叶康涛，张然，徐浩萍. 声誉、制度环境与债务融资——基于中国民营上市公司的证据［J］. 金融研究，2010（08）：171—183.

［54］易阳，田涵艺，宋顺林，谭劲松. 重典能治乱吗：行政处罚保荐代表人违规行为的经济后果分析［J］. 会计研究，2019（05）：33—41.

［55］余峰燕，李温玉，梁琪. 中国城投债市场制度环境与地方关系承销研究［J］. 管理科学学报，2020，23（08）：78—100.

［56］余峰燕，梁琪. 地方关系承销与市场定价有效性研究——基于承销商独立性视角［J］. 金融研究，2017（05）：143—159.

［57］张金清，刘烨. A股上市公司的股权再融资对价值创造的影响［J］.

管理科学学报, 2010, 13 (09): 47—54.

[58] 张鸣, 郭思永. 大股东控制下的定向增发和财富转移——来自中国上市公司的经验证据 [J]. 会计研究, 2009 (05): 78—86.

[59] 张祥建, 徐晋. 股权再融资与大股东控制的"隧道效应"——对上市公司股权再融资偏好的再解释 [J]. 管理世界, 2005 (11): 127—136.

[60] 张晓东. IPO保荐机构主动担责与投资者利益保护 [J]. 中国工业经济, 2017 (02): 79—97.

[61] 张学勇, 陈然, 魏旭. 承销商与重返IPO表现: 基于信息不对称的视角 [J]. 经济研究, 2020, 55 (01): 164—180.

[62] 张学勇, 张秋月, 魏旭. 承销商变更对股权再融资的影响: 理论与实证 [J]. 管理科学学报, 2017, 20 (09): 85—101.

[63] 章卫东. 定向增发新股与盈余管理——来自中国证券市场的经验证据 [J]. 管理世界, 2010 (01): 54—63.

[64] 章卫东, 黄一松, 李斯蕾, 鄢翔. 信息不对称、研发支出与关联股东认购定向增发股份——来自中国证券市场的经验数据 [J]. 会计研究, 2017 (01): 68—74.

[65] 章卫东, 邹斌, 廖义刚. 定向增发股份解锁后机构投资者减持行为与盈余管理——来自我国上市公司定向增发新股解锁的经验数据 [J]. 会计研究, 2011 (12): 63—69.

[66] 赵玉芳, 余志勇, 夏新平, 汪宜霞. 定向增发、现金分红与利益输送——来自我国上市公司的经验证据 [J]. 金融研究, 2011 (11): 153—166.

[67] 郑建明, 白霄, 赵文耀. "制度绑定"还是"技术溢出"？——外资参股承销商与IPO定价效率 [J]. 会计研究, 2018 (06): 62—69.

[68] 周孝华, 陈鹏程. 锁定制度、投资者情绪与IPO定价: 基于承销商视角的理论与数值分析 [J]. 管理工程学报, 2017, 31 (02): 84—90.

[69] 朱宝宪, 王怡凯. 1998年中国上市公司并购实践的效应分析 [J]. 经济研究, 2002 (11): 20—26.

[70] 祝继高, 陆正飞. 产权性质、股权再融资与资源配置效率 [J]. 金融研究, 2011 (01): 131—148.

[71] 邹晓峰, 傅强. 基于增发新股交易操纵的国内承销商声誉模型 [J]. 中国管理科学, 2013, 21 (06): 177—184.

[72] Aharony, J., Lee, C. J., Wong, T. J. Financial packaging of IPO firms in China [J]. Journal of Accounting Research, 2000, 38 (1): 103 – 126.

[73] Akerlof, G. The market for "Lemons": Quality uncertainty and the market mechanism [J]. The Quarterly Journal of Economics, 1970, 84 (3): 488 – 500.

[74] Akiyoshi, F. Effects of separating commercial and investment banking: Evidence from the dissolution of a joint venture investment bank [J]. Journal of Financial Economics, 2019, 134 (3): 703 – 714.

[75] Allen, F., Faulhaber, G. R. Signalling by underpricing in the IPO market [J]. Journal of Financial Economics, 1989, 23 (2): 303 – 323.

[76] Allen, F., Qian, J., Qian, M. Law, finance, and economic growth in China [J]. Journal of Financial Economics, 2005, 77 (1): 57 – 116.

[77] Altman, E. I. Financial ratios, discriminant analysis and the prediction of corporate bankruptcy [J]. The Journal of Finance, 1968, 23 (4): 589 – 609.

[78] Anand, A., Irvine, P., Liu, T. Does institutional trading affect underwriting? [J]. Journal of Corporate Finance, 2019, 58 (C): 1014 – 1095.

[79] Andres, C., Betzer, A., Limbach, P. Underwriter reputation and the quality of certification: Evidence from high-yield bonds [J]. Journal of Banking and Finance, 2014, 40 (3): 97 – 115.

[80] Asquith, P. Merger bids, uncertainty and stockholder returns [J]. Journal of Financial Economics, 1983 (11): 51 – 83.

[81] Bajo, E., Chemmanur, T. J., Simonyan, K., Tehranian, H. Underwriter networks, investor attention, and initial public offerings [J]. Journal of Financial Economics, 2016, 122 (2): 376 – 408.

[82] Bao, J., Edmans. A. Do investment banks matter for M&A returns? [J]. The Review of Financial Studies, 2011, 24 (7): 2286 – 2315.

[83] Benston, G. J., Smith, C. W. A transactions cost approach to the theory of financial intermediation [J]. The Journal of Finance, 1976, 31 (2): 215 – 231.

[84] Benveniste, L. M., Spindt, P. A. How investment bankers determine the offer price and allocation of new issues [J]. Journal of Financial Economics, 1989, 24 (2): 343 – 361.

[85] Boeh, K. K., Dunbar, C. Underwriter deal pipeline and the pricing of

IPOs [J]. Journal of Financial Economics, 2016, 120 (2): 383 - 399.

[86] Booth, J. R., Smith, R. L. Capital raising, underwriting and the certification hypothesis [J]. Journal of Financial Economics, 1986, 15 (1 - 2): 261 - 281.

[87] Bushman, R., Gao, J., Martin, X., Pacelli, J. The influence of loan officers on loan contract design and performance [J]. Journal of Accounting and Economics, 2021, 71 (2 - 3): 101384.

[88] Butler, A. Distance still matters: Evidence from municipal bond underwriting [J]. The Review of Financial Studies, 2008, 21 (2): 763 - 784.

[89] Calomiris, C., Izhakian, Y., Zender, J. Underwriter reputation, issuer-underwriter matching, and SEO performance [J]. Journal of Financial and Quantitative Analysis, 2021: 1 - 40.

[90] Carter, R. B., Dark, F. H., Singh, A. K. Underwriter reputation, initial returns, and the long-run performance of IPO stocks [J]. The Journal of Finance, 1998, 53 (1): 285 - 311.

[91] Carter, R. B., Manaster, S. Initial public offerings and underwriter reputation [J]. The Journal of Finance, 1990, 45 (4): 1045 - 1067.

[92] Chan, K., Chan, Y. C. Price informativeness and stock return synchronicity: Evidence from the pricing of seasoned equity offerings [J]. Journal of Financial Economics, 2014, 114 (1): 36 - 53.

[93] Chemmanur, T. J., Ertugrul, M., Krishnan, K. Is it the investment bank or the investment banker? A study of the role of investment banker human capital in acquisitions [J]. Journal of Financial and Quantitative Analysis, 2019, 54 (2): 587 - 627.

[94] Chemmanur, T. J., Fulghieri, P. Investment bank reputation, information production, and financial intermediation [J]. The Journal of Finance, 1994, 49 (1): 57 - 79.

[95] Chemmanur, T. J., Fulghieri, P. Reputation, renegotiation, and the choice between bank loans and publicly traded debt [J]. The Review of Financial Studies, 1994, 7 (3): 475 - 506.

[96] Chemmanur, T. J., He, S., Hu, G. The role of institutional investors in seasoned equity offerings [J]. Journal of Financial Economics, 2009, 94 (3):

384 – 411.

[97] Chen, H., Chen, J. Z., Lobo, G. J., Wang, Y. Association between borrower and lender state ownership and accounting conservatism [J]. Journal of Accounting Research, 2010, 48 (5): 973 – 1014.

[98] Chen, Z. H., Morrison, A. D., Wilhelm, W. J. Traders vs. relationship managers: Reputational conflicts in full-service investment banks [J]. The Review of Financial Studies, 2015, 28 (4): 1153 – 1198.

[99] Chevalier, J., Ellison, G. Are some mutual fund managers better than others? Cross-sectional patterns in behavior and performance [J]. The Journal of Finance, 1999, 54 (3): 875 – 899.

[100] Claessens, S., Djankov, S., Fan, J., Lang, L. H. P. Disentangling the incentive and entrenchment effects of large shareholdings [J]. The Journal of Finance, 2002, 57 (6): 2741 – 2771.

[101] Claessens, S., Djankov, S., Lang, L. H. P. The separation of ownership and control in East Asian Corporations [J]. Journal of Financial Economics, 2000, 58 (1 – 2): 81 – 112.

[102] Clinton, S. B., White, J. T., Woidtke, T. Differences in the information environment prior to seasoned equity offerings under relaxed disclosure regulation [J]. Journal of Accounting and Economics, 2014, 58 (1): 59 – 78.

[103] Collin-Dufresn, P., Goldstein, R. S., Martin, J. S. The determinants of credit spread changes [J]. The Journal of Finance, 2001, 56 (6): 2177 – 2207.

[104] Cooney, J. W., Kato, H. K., Schallheim, J. S. Underwriter certification and Japanese seasoned equity issues [J]. The Review of Financial Studies, 2003, 16 (3): 949 – 982.

[105] Corwin, S. A., Schultz, P. The role of IPO underwriting syndicates: Pricing, information production, and underwriter competition [J]. The Journal of Finance, 2005, 60 (1): 443 – 486.

[106] Cronqvist, H., Nilsson, M. The choice between rights offerings and private equity placements [J]. Journal of Financial Economics, 2005, 78 (2): 375 – 407.

[107] DeAngelo, H., DeAngelo, L., Stulz, R. M. Seasoned equity offer-

ings, market timing, and the corporate lifecycle [J]. Journal of Financial Economics, 2010, 95 (3): 275 – 295.

[108] Dechow, P., Sloan, R., Sweeney, A. Detecting earnings management [J]. The Accounting Review, 1995, 70 (2): 193 – 225.

[109] Denis, D. J., Sarin, A. Is the market surprised by poor earnings realizations following seasoned equity offerings? [J]. The Journal of Financial and Quantitative Analysis, 2001, 36 (2): 169 – 193.

[110] Diamond, D. W. Reputation acquisition in debt markets [J]. Journal of Political Economy, 1989, 97 (4): 828 – 862.

[111] Ding, Y., Xiong, W., Zhang, J. Issuance overpricing of China's corporate debt securities [J]. Journal of Financial Economics, 2022, 144 (1): 328 – 346.

[112] Dodd, P., Ruback, R. Tender offers and stockholder returns: An empirical analysis [J]. Journal of Financial Economics, 1977, 5 (3): 351 – 373.

[113] Drucker, S., Puri, M. On the benefits of concurrent lending and underwriting [J]. The Journal of Finance, 2005, 60 (6): 2763 – 2799.

[114] DuCharme, L., Malatesta, P., Sefcik, S. Earnings management, stock issues, and shareholder lawsuits [J]. Journal of Financial Economics, 2004, 71 (1): 27 – 49.

[115] Dunbar, C. G. Factors affecting investment bank initial public offering market share [J]. Journal of Financial Economics, 2000, 55 (1): 3 – 41.

[116] Dunbar, C. G., Foerster, S. R. Second time lucky? withdrawn IPOs that return to the market [J]. Journal of Financial Economics, 2008, 87 (3): 610 – 635.

[117] Easton, P. D., Monahan, S. J., Vasvari, F. P. Initial evidence on the role of accounting earnings in the bond market [J]. Journal of Accounting Research, 2009, 47 (3): 721 – 766.

[118] Ertugrul, M., Krishnan, K. Investment banks in dual roles: Acquirer M&A advisors as underwriters [J]. Journal of Financial Research, 2014, 37 (2): 159 – 189.

[119] Fang, L. H. Investment bank reputation and the price and quality of

underwriting services [J]. The Journal of Finance, 2005, 60 (6): 2729 - 2761.

[120] Fang, L. H., Yasuda, A. The effectiveness of reputation as a disciplinary mechanism in sell-side research [J]. The Review of Financial Studies, 2009, 22 (9): 3735 - 3777.

[121] Fuller, K., Netter, J., Stegemoller, M. What do returns to acquiring firms tell us? Evidence from firms that make many acquisitions [J]. The Journal of Finance, 2002, 57 (4): 1763 - 1793.

[122] Fung, S. Y. K., Gul, F. A., Radhakrishnan, S. Investment banks' entry into new IPO markets and IPO underpricing [J]. Management Science, 2014, 60 (5): 1297 - 1316.

[123] Gao, H., Li, K., Ma, Y. Stakeholder orientation and the cost of debt: Evidence from state-level adoption of constituency statutes [J]. Journal of Financial and Quantitative Analysis, 2021, 56 (6): 1908 - 1944.

[124] Golubov, A., Petmezas, D., Travlos, N. G. When it pays to pay your investment banker: New evidence on the role of financial advisors in M&As [J]. The Journal of Finance, 2012, 67 (1): 271 - 311.

[125] Graham, J. R., Harvey, C. R., Rajgopal, S. The economic implications of corporate financial reporting [J]. Journal of Accounting and Economics, 2005, 40 (1 - 3): 3 - 73.

[126] Grullon, G., Underwood, S., Weston, J. P. Comovement and investment banking networks [J]. Journal of Financial Economics, 2014, 113 (1): 73 - 89.

[127] Gu, F., Lev, B. Overpriced shares, ill-advised acquisitions, and goodwill impairment [J]. The Accounting Review, 2011, 86 (6): 1995 - 2022.

[128] Herpfer, C. The role of bankers in the U. S. syndicated loan market [J]. Journal of Accounting and Economics, 2021, 71 (2 - 3): 101383.

[129] Hibbert, A. M., Kang, Q., Kumar, A., Mishra, S. Heterogeneous beliefs and return volatility around seasoned equity offerings [J]. Journal of Financial Economics, 2020, 137 (2): 571 - 589.

[130] Hoberg, G. The underwriter persistence phenomenon [J]. The Journal of Finance, 2007, 62 (3): 1169 - 1206.

[131] Huang, Q., Jiang, F., Lie, E., Yang, K. The role of investment banker directors in M&A [J]. Journal of Financial Economics, 2014, 112 (2): 269-286.

[132] Huang, R., Zhang, D. Managing underwriters and the marketing of seasoned equity offerings [J]. Journal of Financial and Quantitative Analysis, 2011, 46 (1): 141-170.

[133] Huang, X., Teoh, S. H., Zhang, Y. Tone management [J]. The Accounting Review, 2014, 89 (3): 1083-1113.

[134] Hunter, W. C., Jagtiani, J. An analysis of advisor choice, fees, and effort in mergers and acquisitions [J]. Review of Financial Economics, 2003, 12 (1): 65-81.

[135] James, C. Relationship-specific assets and the pricing of underwriter services [J]. The Journal of Finance, 1992, 47 (5): 1865-1885.

[136] Jiang, G., Lee, C., Yue, H. Tunneling through intercorporate loans: The China experience [J]. Journal of Financial Economics, 2010, 98 (1): 1-20.

[137] Jiang, W., Wan, H., Zhao, S. Reputation concerns of independent directors: Evidence from individual director voting [J]. The Review of Financial Studies, 2016, 29 (3): 655-696.

[138] Jo, H., Kim, Y., Park, M. S. Underwriter choice and earnings management: Evidence from seasoned equity offerings [J]. Review of Accounting Studies, 2007, 12 (1): 23-59.

[139] Griffin, J., Lowery, R., Saretto, A. Complex securities and underwriter reputation: Do reputable underwriters produce better securities? [J]. The Review of Financial Studies, 2014, 27 (10): 2872-2925.

[140] Kale, J. R., Kini, O., Ryan, H. E. Financial advisors and shareholder wealth gains in corporate takeovers [J]. Journal of Financial and Quantitative Analysis, 2003, 38 (3): 475-501.

[141] Kim, Y., Li, S., Pan, C., Zuo, L. The role of accounting conservatism in the equity market: Evidence from seasoned equity offerings [J]. The Accounting Review, 2013, 88 (4): 1327-1356.

[142] Kim, Y., Park, M. Pricing of seasoned equity offers and earnings management [J]. Journal of Financial and Quantitative Analysis, 2005, 40 (2): 435-463.

[143] Krigman, L., Shaw, W. H., Womack, K. L. Why do firms switch underwriters? [J] Journal of Financial Economics, 2001, 60 (2): 245-284.

[144] Lee, C. M. C., Li, K. K., Zhang, R. Shell games: The long-term performance of Chinese reverse-merger firms [J]. The Accounting Review, 2015, 90 (4): 1547-1589.

[145] Lee, J. Information asymmetry, mispricing, and security issuance [J]. The Journal of Finance, 2021, 76 (6): 3401-3446.

[146] Lemmon, M. L., Lins, K. V. Ownership structure, corporate governance, and firm value: Evidence from the East Asian financial crisis [J]. The Journal of Finance, 2003, 58 (4): 1445-1468.

[147] Li, B., Liu, Z. The oversight role of regulators: Evidence from SEC comment letters in the IPO process [J]. Review of Accounting Studies, 2017, 22 (5): 1229-1260.

[148] Loughran, T., McDonald, B. IPO first-day returns, offer price revisions, volatility, and form S-1 language [J]. Journal of Financial Economics, 2013, 109 (2): 307-326.

[149] Loughran, T., McDonald, B. When is a liability not a liability? Textual analysis, dictionaries, and 10-Ks [J]. The Journal of Finance, 2011, 66 (1): 35-65.

[150] Loughran, T., Ritter, J. R. The operating performance of firms conducting seasoned equity offerings [J]. The Journal of Finance, 1997, 52 (5): 1823-1850.

[151] Lyandres, E., Fu, F. J., Li, E. X. N. Do underwriters compete in IPO pricing? [J]. Management Science, 2018, 64 (2): 925-954.

[152] Lyu, H., Wang, W. Individual financial advisor's reputation concern and M&A performance: Evidence from China [J]. Pacific-Basin Finance Journal, 2020, 60 (4): 101281.

[153] Lyu, H. Wang, W., Xu, S., Zhou, J. Individual investment banker reputation concerns and bond yield spreads: Evidence from China [J]. Journal of

Banking and Finance, 2022, 140 (7): 106508.

[154] Lyu, H., Yang, C. Regulatory capital constraint and its effects on price discrimination and default risk: Evidence from China's bond market [J]. Emerging Markets Finance and Trade, 2019, 55 (3): 584 – 612.

[155] Lyu, H., Yang, C. Third-party underwriting and its effects on credit spreads and earnings management: Evidence from China's financial bond market. China Finance Review International. 2020, 10 (1): 75 – 94.

[156] Masulis, R. W., Mobbs, S. Independent director incentives: Where do talented directors spend their limited time and energy [J]. Journal of Financial Economics, 2014, 111 (2): 406 – 429.

[157] McLaughlin, R. M. Does the form of compensation matter? Investment banker fee contracts in tender offers [J]. Journal of Financial Economics, 1992, 32 (2): 223 – 260.

[158] Megginson, W. L., Weiss, K. A. Venture capitalist certification in initial public offerings [J]. The Journal of Finance, 1991, 57 (3): 1171 – 1200.

[159] Murat, M. B., Vladimir, A. G., Christo, A. P. The role of underwriter-investor relationships in the IPO process [J]. Journal of Financial and Quantitative Analysis, 2007, 42 (3): 785 – 809.

[160] Nikolova, S., Wang, L., Wu, J. Institutional allocations in the primary market for corporate bonds [J]. Journal of Financial Economics, 2020, 137 (2): 470 – 490.

[161] Officer, M. S. Termination fees in mergers and acquisitions [J]. Journal of Financial Economics, 2003, 69 (3): 431 – 467.

[162] Petersen, M. A. Estimating standard errors in finance panel data sets: Comparing approaches [J]. The Review of Financial Studies, 2009, 22 (1): 435 – 480.

[163] Narayanan, R. P., Rangan, K. P., Rangan, N. K. The effect of private debt underwriting reputation on bank public debt underwriting [J]. The Review of Financial Studies, 2007, 20 (3): 597 – 618.

[164] Narayanan, R. P., Rangan, K. P., Rangan, N. K. The role of syndicate structure in bank underwriting [J]. Journal of Financial Economics, 2004, 72

(3): 555-580.

[165] Rangan, N. K. Earnings management and the performance of seasoned equity offerings [J]. Journal of Financial Economics, 1998, 50 (1): 101-122.

[166] Rau, P. R. Investment bank market share, contingent fee payments, and the performance of acquiring firms [J]. Journal of Financial Economics, 2000, 56 (2): 293-324.

[167] Rock, K. Why new issues are underpriced [J]. Journal of Financial Economics, 1986, 15 (1-2): 187-212.

[168] Ross, S. A. The economic theory of agency: The principal's problem [J]. The American Economic Review, 1973, 63 (2): 134-139.

[169] Savor, P. G., Qi, L. U. Do stock mergers create value for acquirers? [J]. The Journal of Finance, 2009, 64 (3): 1061-1097.

[170] Schenone, C. The effect of banking relationships on the firm's IPO underpricing [J]. The Journal of Finance, 2004, 59 (6): 2903-2958.

[171] Schoar, A., Zuo, L. Shaped by booms and busts: How the economy impacts CEO careers and management styles [J]. The Review of Financial Studies, 2017, 30 (5): 1425-1456.

[172] Shi, S., Sun, Q., Zhang, X. Do IPOs affect market price? Evidence from China [J]. Journal of Financial and Quantitative Analysis, 2018, 53 (3): 1391-1416.

[173] Shivakumar, L. Do firms mislead investors by overstating earnings before seasoned equity offerings [J]. Journal of Accounting and Economics, 2000, 29 (3): 339-371.

[174] Sibilkov, V., McConnell, J. J. Prior client performance and the choice of investment bank advisors in corporate acquisitions [J]. The Review of Financial Studies, 2014, 27 (8): 2474-2503.

[175] Teoh, S. H., Welch, I., Wong, T. J. Earnings management and the underperformance of seasoned equity offerings [J]. Journal of Financial Economics, 1998, 50 (1): 63-99.

[176] Titman, S., Trueman, B. Information quality and the valuation of new issues [J]. Journal of Accounting and Economics, 1986, 8 (2): 157-172.

［177］Wan, L., Ren, L., Lin, B., Xu, X. Does investment banker human capital matter in acquisitions? Evidence from China ［J］. Journal of Corporate Finance, 2021（70）: 102048.

［178］Yang, J., Guariglia, A., Guo, J. To what extent does corporate liquidity affect M&A decisions, method of payment and performance? Evidence from China ［J］. Journal of Corporate Finance, 2019, 54（2）: 128 – 152.

［179］Yasuda, A. Bank relationships and underwriter competition: Evidence from Japan ［J］. Journal of Financial Economics, 2006, 86（2）: 369 – 404.

［180］Yasuda, A. Do bank relationships affect the firm's underwriter choice in the corporate-bond underwriting market? ［J］. The Journal of Finance, 2005, 60（3）: 1259 – 1292.